✦ 이 책을 미리 읽어본 사람들의 한마디 ✦

- 주위 친구들에게 한 권씩 선물하고 싶은 책 - 서연(7세) 서○○
- 아이 영어에 대한 조급함과 불안함을 진정시켜 주는 ○○○
- 아이의 영어에 한 줄기 빛, 평생의 길동무이자 소화행○
- 뭣이 중헌지를 뼈 때리게 알려주는 거울 - 재원(14세) 아빠 김기○○
- 《영읽힘》으로 영어 독립 만세! - 범어동 할머니♡박재경
- 다른 건 모르겠어요. 1년 동안 저의 영어가 쑥 늘었어요. - 외국계기업 근무중인 Lois
- 교육부 장관님께 추천합니다. 공교육 영어도 《영읽힘》으로! - 시은(9세) 나은(7세) 유찬(4세) 엄마 최지나
- 무릎을 탁! 치게 하고 마음속 깊이 스며드는 마법의 책 - 승우(14세) 승희(12세) 승주(5세) 엄마 중등교사 정소영
- 엄마표 영어의 끝판왕, 모두가 행복한 즐다잘의 세계로 오세요. - 세영(11세) 다영(9세) 엄마 정숙경
- 영어책을 읽으며 아이와 소통하고 의미를 만들어 가고 있습니다. - 준우(초4) 엄마 국어교사 정연재
- 아이의 영어를 위해 시작했으나 엄마가 더 힘을 얻습니다. - 윤서(8세) 엄마 정정은
- 내가 먼저 빠져들고 아이도 절로 좋아하게 되는 미러클 - 지민(초4) 준서(초2) 엄마 정주영
- 이 책이 지닌 소통의 힘을 알면 따뜻한 정서와 행복한 마음을 선물 받을 거예요.
  - 책을 사랑하는 엄마 이승희
- 어떤 질문이든 답을 찾을 수 있는 《영읽힘》 - 채영(초2) 엄마 정현아
- 정말일까?(1회독), 조금 알 것 같아(2회독), 이 책 왜 안 읽어?(3회독) - 다인(4세) 엄마 정혜선
- 영어 그림책에 눈을 뜨고 시야가 넓어지며 나를 칭찬하는 책 - 다연(7세) 민지(5세) 엄마 정희정
- 30년 전으로 돌아가 우리 엄마에게 주고 싶은 책 - 아현(초2) 무헌(6세) 엄마 조민아
- 작심삼일에서 벗어나게 해준 고마운 슬로우 미러클, 쭉쭉 나아갑니다. - 우혁(10세) 우빈(9세) 엄마 안수진
- 즐거운 영어가 뭔지 꼭 알게 해주고 싶다면 《영읽힘》부터 만나보세요. - 지우(7세) 지한(4세) 엄마 장희정
- 씹어야 맛있다. 오래 씹으면 더 맛있다. 《영읽힘》도 그렇다. - 데이비드(10세) 애나(8세) 엄마 성경미
- 넘치는 정보들 속에서 진짜를 찾고 싶다면 《영읽힘》을 선택하세요. - 남매 아빠 오명길
- 나의 육아 지침서. 태어나 이렇게 많이 선물해본 책은 처음이에요! - 가온(7세) 라온(5세) 엄마 최여울
- 영어는 즐거움이고 설레임. 가르치지 마시고 함께 읽어주세요. - 영어가 너무 좋은 할머니 강정희
- 영어학습 유랑자의 길잡이 북극성 - 세 아이 엄마 영어교사 조정은
- 지혜로운 엄마의 현명한 선택, 가성비 갑! - 보미(12세) 엄마 조유리
- 나의 엄마표 영어가 즐다잘이었다고 칭찬해 준 책 - 수하(18세) 엄마 임숙연
- 아이들에겐 영어책의 즐거움을, 엄마에겐 힐링을 선사해 준 책 - 아인(6세) 아름(4세) 엄마 중등교사 정다슬
- 스트레스 없이 영어 배우는 아이를 원하신다면! - 신(9세) 난(7세) 챈(4세) 아빠 연구원 박규만
- 헤매던 우리 집 엄마표 영어 여정에 나침반이 된 인생 책 - 영알못 평범한 아빠 손민준

- 《영읽힘》은 내 인생의 멘토! - 태리(3세) 엄마 김지혜
- 영어책 읽기는 견고한 영어 실력 향상의 소중한 마중물 - 서연(중2) 종윤(초5) 엄마 김태은
- 영어책으로 아이와 깊은 유대감을 쌓도록 이끌어주는 친절한 안내서 - 효창(초1) 윤재(3세) 엄마 김하영
- 아이와 함께 영어책을 즐기도록 해주는 지혜와 영감의 책 - 태인(4세) 엄마 김효정
- 《영읽힘》과 함께 영어 그림책 읽고 있어요. - 초등학생 손승현 손유지
- 생활 패턴이 변합니다. 평생 함께하고 싶어요! - 연우(4세) 삼촌 김진우
- 어느새 내 아이와 남편까지 슬며(슬로우 미러클에 빠져) 들었다. - 현세(5세) 엄마 김보람
- 《영읽힘》, 알게 해 주신 분 고마워요. 절 받으세요. - 초등교사 임현철
- 친절하고 든든하게 나를 잡아준 황금 동아줄 - 현식(6세) 예림(5세) 엄마 김보영
- 즐겁고 신나며 기적을 불러오는 영어 습득의 A to Z - 승우(고1) 승주(중1) 엄마 채지연
- 소중한 우리 아이를 위한 영어교육의 길잡이 - 주원(7세) 엄마 윤민이
- 즐거운 영어 습득의 실패 없는 길을 안내하는 한줄기 빛 - 지범(8세) 한결(4세) 도현(2세) 엄마 임수지
- 영어책 읽고 안뽀사 하고, 한 번에 두 마리 토끼를 잡는 방법! - 재연(7세) 호연(5세) 엄마 정미나
- 어두운 밤 바다의 등대같은 존재 - 서진(8세) 지안(6세) 엄마 한정주
- 영어를 모르는 사람들에게 감동을 주는 마성의 책 - 하람(8세) 하윤(7세) 엄마 박주영
- 다수의 평범한 아이들이 영어를 즐길 수 있도록 따뜻한 마음과 지혜를 내어주신 교수님
  - 은행원 박범수
- 그림책 읽는 것이 얼마나 행복한지 알게 해준 책 - 채윤(5세) 엄마 최혜령
- 머리로 방법을 알려고 했는데 진짜 중요한 것들을 마음에 심어준 책 - 승혁(9세) 승진(6세) 엄마 한혜원
- 길 잃고 헤매던 나에게 보물 같은 나침반이 되어준 책! - 아람(7세) 엄마 김은영
- 내 아이를 운 좋은 아이로 키워가는 부모들의 지침서 - 유찬(고2) 하윤(5세) 엄마 김은영
- 영어책 읽기의 재미와 감동을 느낄 수 있게 길을 밝혀 주는 책 - 남우(초5) 시우(초3) 엄마 김인화
- 사랑하는 아이가 영어와 친구 되는 비결들이 가득 담겨 있는 책 - 원이(7세) 아빠 송선환
- Bibliotherapy(독서치료)가 필요할 때엔 주저 없이 바로 이 책을! - 소율(9세) 동율(7세) 하율(5세) 엄마 김장현
- 《영읽힘》, 영어교육의 바이블! - 상우(4세) 정우(2세) 엄마 김희연 스텔라
- 나에게 영어를 진짜로 시작하게 만들어 준 책 - 코애(중1) 유이(초1)의 성장하고 있는 엄마 나영숙
- 아이를 진정한 영어 고수로 만들고 싶은 엄마 아빠의 필독서 - 연우(8세) 엄마, 고교 영어교사 노미영
- 집에서 놀고만 있는 영어책을 보물로 만들어 준 마법의 책 - 소라(초2) 세나(초1) 엄마 류호연
- 《영읽힘》, 대한민국 엄마표 영어의 고전이 될 책 - 예지(5세) 예준(5세) 엄마 문상미
- 읽고 나면 나도 할 수 있다는 자신감을 얻습니다. - 승현(초4) 유재(초2) 엄마 곽경남
- 어딜 펼치든 꼭 필요한 말이 쓰여 있는 영어책 읽기의 바이블 - LIG넥스원 수석연구원 김광수
- 영어책도 즐길 수 있다는 기적을 알려주는 책 - 효준(7세) 효민(3세) 엄마 안희경
- 영어 울렁증을 치유해 주는 영알못들의 바이블 - 재연(7세) 호연(5세) 아빠 김균필

- 엄마표 영어를 시작한 나에게 크라센이 말한 첫 키스 같은 한 권의 책 - 현수(3세) 엄마 민경진
- 책 두께만큼의 깊이, 해리 포터를 뛰어넘는 재미, 내 아이와 꾸준한 즐다잘 시작! - 승현(5세) 엄마 민정선
- 이 책과의 운명적 만남이 나와 아이들의 행운을 만들어 가고 있다. - 소연(8세) 지홍(6세) 엄마 박경원
- 온 가족이 영어책 보는 거실 풍경을 현실로 이루어 준 책 - 주호(8세) 엄마 박라영
- 《영읽힘》, 옛 현인들의 지혜 같은 책. 함께 읽으며 길을 잃지말아요. - 재유(8세) 재겸(6세) 엄마 이미숙
- 미러클의 여정을 담은 나침반 같은 책 - 하율(4세) 하온(4세) 하안(3세) 엄마 정지경
- 자녀와 교감하면서 느리더라도 꾸준히 책을 읽는 방법 - 준영(12세) 수민(10세) 준일(6세) 엄마 이언정
- 즐다잘과 안뽀사로 영어의 본질을 깨닫게 해주는 책 - 깜지영어 세대를 겪은 이유진
- 《영읽힘》, 영어의 올(all)바른 힘을 키우는 책입니다. - 승빈(5세) 엄마 이은실
- 걱정과 조급함을 버리고 딸의 바람대로 영어를 돕게 해준 책 - 희진(6세) 유진(2세) 엄마 이정경
- 영어교육 지침서가 아닌 부모 교육서라고 말하고 싶다. - 유진(초4) 예진(초1) 엄마 이정민
- 책 속에서 누구나 즐겁게 할 수 있다는 격려의 목소리가 들려요. - 문수(7세) 태희(6세) 엄마 이주영
- 영어 정복의 가장 간단하고, 가장 쉽고, 가장 강력한 방법을 알려주는 책 - 지효(7세) 엄마 이현숙
- 아이와 엄마 모두 성장하는 영어의 키 자람 프로젝트 - 아인(초5) 엄마 이현정
- 영어에 대한 새로운 발견, 보석같은 책입니다. - 윤(13세) 준(10세) 엄마 이현주
- 영어책 읽기의 본질과 방법을 배우며 아이와 즐거운 여행을 한다.
  - 성하(8세) 엄마. 전 중고등 영어교과서 연구원 이지현
- 암흑 속의 한줄기 빛이 되어준 마법의 책 - 해성(3세) 엄마 초등교사 임정연
- 더 이상 현란한 멘트에 흔들리지 않아요. - 유정(4세) 엄마 장미령
- 영어, 늦지 않았습니다. 《영읽힘》과 함께 다시 시작해요. - 서운(초2) 엄마 장윤이
- 《영읽힘》, 나와 아이의 황금 동아줄. 꽉 잡고 올라갑니다. - 동건(초3) 유래(초1) 엄마 전성미
- 여태껏 제대로 알려주는 책이 없었다. 평생 끼고 읽을 책! - 지우(11세) 지빈(6세) 엄마 전주연
- 그림책을 하나의 작품으로 감상할 수 있게 해준 나의 인생책 - 아들과 안뽀사하는 엄마, 예술강사 정광은
- 육아서, 영어교육서, 심리서를 한 권으로! - 진정한 책 읽기를 경험한 어른이 · 두 아이 엄마 손유나
- 읽을수록 강력해지는, 영어 전투 백전백승을 위한 책 - 림(15세) 율(13세) 승현(9세) 엄마 위원혜
- 아이들이 자꾸 한 권만 더 읽어달라고 외치도록 만들어요! - 하윤(7세) 연우(6세) 엄마 윤미숙
- 읽는 순간 변화가 일어나는 책. 작가의 경험을 우리의 경험으로! - 남매둥이(8세) 엄마 이진희
- 영어교육서의 종지부. 함께해서 더욱 빛나는 슬로우 미러클을 위한 책 - 성준(10세) 가인(7세) 엄마 이현
- 아이와 저의 영어공부는 이 책을 만나기 전과 후로 나뉘었어요. - 수원 사는 두 아이 아빠 박민수
- 책을 보고 마음을 나누었는데 영어가 자연스럽게 따라오네요. - 지수(초1) 초보 엄마 전민경
- 우리 모두가 즐다잘하는 그날까지! - 영어교육 희망의 끈을 놓지 않는 교사, 은호(7세) 엄마 정소라
- 매일매일 아이와 영어책을 꾸준히 읽을 수 있게 되었어요. - 승후(9세) 서연(8세) 엄마 정승아
- 영어를 배우는 유일한 방법. 아이의 미래를 준비하는 엄마들의 필독서! - 재령(초3) 엄마 함정희

- 나에게 운(luck)이 아닌 운(fortune)이 되어준 책 - 해인(6세) 해윤(3세) 엄마 박혜영
- 내가 지금 하고 있는 영어의 든든한 빽 - 영어 짝사랑 20년째 박호영
- 영어가 공부가 아니라는 것을 알게 해준 책 - 남매 엄마 배은영
- 《영읽힘》을 읽은 건 큰 행운! 진정한 필독서! - 유슬(7세) 규리(4세) 엄마 서을희
- 영어 공부의 로드맵. 믿고 따라오세요! - 다둥이 아빠 구택수
- 엄마표 영어, 그 망설임과 불안함에 설레임이란 마법을 걸어준 책 - 남매 엄마 성미진
- 영어는 기본! 관계 향상은 덤! - 근호(13세) 태경(10세) 지광(6세) 맘 이산지나
- 아이들이 진짜 책을 만나도록 돕는 엄빠들의 필독서 - 슬미키즈 두 아이 아빠 최동호
- 《영읽힘》과 함께 하루 한 권 매 순간 기적을 맞이합니다. - 예은(5세) 엄마 구효정
- 영유아(=영어가 유창한 아이)를 바란다면 왼손엔 영어책, 오른손엔 《영읽힘》! - 가은(9세) 엄마 이은주
- 영어, 육아, 행복, 우리집의 만병통치약 《영읽힘》 한 권 - 딸바보 IT연구원 이승우
- 사랑, 칭찬, 격려, 즐다잘이라는 마법으로 채워진 책 - 아들 둘 맘 김은혜
- 아이만 잡지 말고 엄마 아빠가 먼저 솔선수범! - 재욱(초5) 엄마 이주옥
- 영어 떠난 엄빠도 귀가시킨 책. "아들아, 같이 하자." - 부모표 영어 초보 아빠 유철
- 엄마표 영어의 길을 잃고 방황하는 분들에게 꼭 필요한 등불 - 예승(7세) 예핸(4세) 엄마 박민지
- 지속 가능한 영어, 슬로우 미러클을 위한 책! - 관영(10세) 관윤(8세) 미교(6세) 아빠 박부성
- 시골 작은 학교 학생들에게 엄마표 영어 하려는 내게 운명처럼 다가온 책
  - 산골 동네 13명의 엄마 마음 박선향
- 그대여, 아무 걱정하지 말아요. 《영읽힘》의 속삭임 - 재윤(9세) 재준(6세) 엄마 박수미
- 다행이다! 《영읽힘》이 나온 시대에 아이를 키워서! - 소훈(6세) 엄마 박연주
- 20년 전엔 by myself, 이제는 《영읽힘》과 together! - 진(21세) 민(16세) 은성(5세) 삼형제 엄마 박지혜
- 《영어책 읽기의 힘》은 알록달록 모든 빛깔이 어우러진 아름다운 무지개 - 윤서(13세) 다경(10세) 엄마 박진희
- 아이를 위해 시작했으나 어느새 영어책의 매력에 빠져 함께 읽는 책 - 예림(11세) 예은(8세) 엄마 박하영
- 넘치는 영어교육 홍수 속에서 만난 찐교육! 《영읽힘》만 보세요. - 승원(초2) 예현(5세) 엄마 박해경
- 내 청춘 갈아 넣은 착즙 육아, 내 아이에게 제대로 먹일 바른 주스 - 낸시(6세) 조조(4세) 엄마 손다은
- 영어책 읽기의 힘뿐만 아니라 인생을 살아갈 힘까지 얻게 된 책 - 서해(1세) 엄마 손정음
- 16개월인 우리 아이도 즐다잘의 마법에 함께 빠지게 될거라 믿게 해주는 책 - 이진(2세) 엄마 송보나
- 앞이 깜깜한 왕초보 엄마에게 다가온 단 하나의 등불 - 윤솔(7살) 엄마 초등교사 신송인
- 이미 팩트 체크! 최선이자 유일한 방법을 알려주는 책 - 세아이 엄마 전성아
- 41년 영어 공부, 이 책에 정착했네! - 예은(10세) 필립(6세) 모세(3세) 엄마 김지형
- 모든 가정의 필독서, 일(《영읽힘》)거 양(영어,인생)득! - 다준(10세) 다현(7세) 아빠 김종우
- 보고 또 봐도 마법같이 술술 읽히는 책 - 삼형제 아빠 김성환
- 《영읽힘》 따라 즐다잘하면 아이의 미래가 달라집니다. - 다엘(7세) 라엘(5세) 엄마 이유영

즐독 ✦ 다독 ✦ 잘독

영어가 유창한 아이들의 비밀

영어책 읽기의 힘

고광윤 지음

길벗

영어교육의 올바른 방향과
구체적인 방법을 담은 바이블급의 책

● ㈜아이포트폴리오 대표이사 **김성윤** ●

저는 좋은 책을 읽거나 감동적인 영화를 보고 나면 벌떡 일어나 박수를 치곤 합니다. 이번에는 《영어책 읽기의 힘》을 읽은 후 저도 모르게 기립박수를 쳤습니다. 책 읽기를 통한 영어교육의 올바른 방향을 제시하고 구체적인 방법까지 설명한 책을 찾을 수 없어 아쉬워하던 차에 그 갈증을 해소해 줄 바이블급의 책이 드디어 나왔습니다. '향후 우리나라는 이 책을 읽고 실천한 부모 밑에서 자란 아이들이 이끌어 가겠구나!' 하는 생각이 들었습니다.

"저자 이름을 '고광윤'에서 '김성윤'으로 바꿔도 어머니들이 믿겠어요."

영어교육에 대해 제가 지향하는 바를 잘 아는 지인이 이 책을 언급하며 한 말입니다. 아마도 제가 지난 5년간 100회 이상 진행해 온 학부모 대상 영어 교육 강연과 이 책의 핵심 내용이 매우 흡사하여 그런 반응을 보인 것이라 생각합니다.

듣기 좋은 소리였지만 저는 이런 책을 쓸 실력이 없습니다. 이런 방대한 전문 지식을 갖추고 있지 못합니다. 뿐만 아니라 결정적으로 이 책 안에 스며 있는 저자의 독자에 대한 '사랑'과 '인내'가 제게는 없습니다. 저는 70년이 넘도록 바뀌지 않는 헛발질 영어교육에 대한 개탄과 분노로 사업을 시작하여 줄곧 개혁을 외쳐 댔지만 그 안에는 훈계하려 드는 아마추어의 몸부림만 있었습니다. 요란한 것에 비해 설득력이 없었습니다. 그러나 이 책은 누구도 공격하지 않고, 누구도 훈계하지 않으면서, 영어책 읽기의 본질을 꿰뚫는 자상한 설명을 하고 있습니다. 강한 양념으로 자극하기보다는 슴슴하지만 맛의 깊이가 있는 평양냉면 같은 친절한 안내서입니다.

저자는 영어책의 다독(즐독)이 왜 영어 실력을 키우는 최선의 방법이 아니라 유일한 방법인지를 설명하고 있습니다. 자녀의 영어 실력이 늘었으면 하는 생각으로 책장을 넘기다 보면 이 책이 단순히 영어교육에 관한 책이 아니라는 것을 알게 됩니다.

> 영어를 배우는 것보다 책 읽기의 기쁨과 가치를 일찍부터 깨달아 평생 책 읽기
> 를 즐기도록 해주는 게 중요합니다. - p.56

아이의 자존감을 높여주면서, 자기 주도적인 아이로 커가게 할 수 있는 교육의 기본 중의 기본을 깨닫게 됩니다. 아이를 올바로 '사랑'하는 법의 다른 이름이 바로 '인내'라는 것을 알아차렸다면 그것은 이 책을 통해 얻은 또 다른 소득이 될 것입니다. 기다려 주고, 지켜봐 주고, 들어주고, 칭찬해 주고, 그러면서 느리게 가도 기적은 일어난다는 사실을 네 자녀를 키운 선배 부모로서, 영어교육과 영어영문학 전문가로서 기본 개념부터

실천 방법까지 자세히 기록하고 있습니다. 속도보다 방향이 중요하다는 것을 깨달았을 때 그 방향대로 가는 법을 세세하게 설명하고 있습니다. 파닉스의 본질적 접근부터 다독의 성공 비법, 그리고 읽기 책 추천까지. 기승전 '시험'이 걱정이신 부모님들에게도 역시 답은 영어책 읽기라는 것을 알게 해 줍니다.

이 책의 1장에는 이런 말이 나옵니다.

> 성공의 비결은 개인의 타고난 재능이나 노력보다는 운이라고 생각합니다. —p.26

여기서 '운'은 우연히 주어지는 통제 불가능한 운(luck)이 아니라 능동적으로 만들어낼 수 있는 운(fortune)을 뜻한다고 합니다. 유창한 영어 실력의 비결을 제대로 이해하고, 단순한 앎이나 이해에 그치지 않고 실천에 옮길 줄 아는 엄마나 아빠를 만나는 바로 그 행운!

그런 행운을 누리는 아이들이 더 많아졌으면 합니다. 더 나아가 그 행운이라는 것이 자신의 노력으로 획득한 것이 아니라 일방적으로 주어진 것임을 깨달아 겸손과 감사의 마음을 갖게 되면 좋겠습니다. 그렇게 된다면 그 아이들은 자신이 받은 것을 대가 없이 다른 사람에게 내어줄 것이기 때문입니다.

> "너희가 거저 받았으니 거저 주어라." (마 10:8)
>
> (*Freely you have received, freely give.*)

왜 영어책 읽기인가?

많은 영어교육 전문가와 영어의 고수들은 유창한 영어 실력의 비결로 단연 영어책 읽기를 꼽습니다. "영어책의 다독은 최선의 방법이 아니라 유일한 방법"이라고 말하는 사람도 있습니다. 다른 방법으로는 진짜 유창한 실력을 얻기가 매우 힘들다는 뜻입니다. 그렇다면 왜 영어책 읽기일까요?

영어책 읽기가 최선의 방법인 일곱 가지 이유

첫째, 영어책 읽기는 우리의 환경에서 충분한 입력을 얻을 수 있는 가장 현실적인 방법입니다. 유창한 영어 실력을 기르려면 먼저 흘러넘칠 만큼의 충분한 입력을 쌓을 필요가 있습니다. 그렇지 않으면 말하기와 쓰기는 물론 읽기와 듣기도 제대로 되지 않기 때문입니다. 하지만 우리의 일상생활에서 영어를 접할 기회를 충분히 갖기는 매우 어렵습니다.

이런 상황의 해법은 단연 영어책 읽기입니다. 재미있는 영어책을 골라 계속 읽어나가면 입력이 차고 넘치는 것은 그야말로 시간문제가 되기 때문입니다. 더구나 읽기는 동일 시간 대비 입력의 양이 듣기의 두 배나 됩니다. 따라서 영어책 읽기는 부족한 시간을 절약할 수 있는 가장 경제적인 공부 방법이기도 합니다.

둘째, 영어책 읽기는 영어를 실제로 활용할 수 있게 해줍니다. 의도적으로 노력하지 않는 한 말하기나 쓰기, 듣기를 통해서는 일상 속에서 영어를 써먹을 기회를 갖기가 매우 어렵습니다. 하지만 영어책 읽기는 다릅니다. 굳이 책상에 앉을 필요가 없기 때문에 교실 밖에서도 얼마든지 가능합니다. 재미있는 책 한 권만 휴대하면 언제 어디서나 읽기를 즐길 수 있습니다. 책 읽기의 즐거움을 만끽하며 필요한 정보도 습득할 수 있기 때문에 지속하기도 그만큼 더 쉽습니다.

셋째, 영어책 읽기는 수준에 상관없이 누구에게나 적합한 방법입니다. 왕초보부터 진짜 고수에 이르기까지 누구나 자신의 수준에 맞는 책을 골라 읽기를 즐길 수 있기 때문입니다. 영화나 드라마 시청, 뉴스 청취도 물론 훌륭한 선택이 될 수 있습니다. 하지만 그런 것들은 실력이 어느 정도 있어야 가능한 방법입니다.

넷째, 영어책 읽기는 속도도 각자 알맞게 조절할 수 있습니다. 영화나 뉴스 등을 활용한 듣기는 수준에 맞는 것을 고르기도, 속도를 조절하는 것도 쉽지 않습니다. 하지만 영어책 읽기는 각자 자신의 빠르기에 맞추어 진행할 수 있습니다. 느리면 느린 대로 여유 있게 천천히 가면 됩니다. 꾸준히만 하면 속도와 수준은 점점 빨라지고 높아지게 되어 있습니다. 따라서 누구나 성공할 수 있는 방법입니다.

다섯째, 영어책 읽기는 누구나 자신의 흥미에 맞추어 진행할 수 있습니다. 무엇이든 진짜 잘하려면 즐기는 것이 최고입니다. 즐기기 위해서는 무조건 재미가 있어야 합니다. 이런 점에서도 영어책 읽기는 아주 유리합니다. 정말 쉬운 것부터 높은 수준에 이르기까지 다양한 장르와 주제의 엄청나게 많은 영어책이 존재하므로 누구나 자신의 흥미에 맞는 책을 고를 수 있기 때문입니다.

재미있는 책을 골라 스토리의 마법 속에 빠지기만 하면 다음에 어떤 이야기가 전개될지 궁금하기 때문에 알아서 더 읽게 되어 있습니다. 당연히 영어 공부에 대한 압박감이나 스트레스 같은 것은 염려할 필요가 없습니다.

여섯째, 영어책 읽기는 반복을 위해서도 이상적입니다. 유창한 영어를 위해 반복은 필수입니다. 충분히 반복해야 필요한 어휘와 문장구조 지식을 확고히 다질 수 있기 때문입니다. 하지만 단순한 반복은 지루해지기 마련입니다. 영어책 읽기는 이런 문제를 아주 쉽게 해결해줍니다. 푹 빠져 즐기다 보면 지루함 없이 필요한 반복이 저절로 이루어지기 때문입니다.

계속 많이 읽으면 영어 표현들은 알아서 필요한 만큼 반복하여 나타나게 되어 있습니다. 더구나 각 표현은 매번 문맥을 달리하여 약간씩 다른 모습을 보여줍니다. 결과적으로 표현에 대한 이해가 깊어지고 더 명확해집니다. 굳이 애쓰지 않아도 효과적이고 효율적인 학습이 이루어집니다.

마지막으로, 영어책 읽기는 지적인 발전과 정서적인 안정을 위해서도 최고의 투자가 됩니다. 스토리의 세계 속에 푹 빠져 읽기를 즐기다 보면 언어능력이 발달하고 지식과 지혜가 늘어납니다. 책 속에서 얻은 감동과 영감을 통해 정서적으로도 풍부해지고 타인에 대해서도 너그럽고 열린 마음을 갖게 됩니다. 다른 방법으로는 쉽게 얻을 수 없는 매우 중요한 효과입니다.

비결은 영어책 읽기의 즐다잘이다

당신의 아이가 유창한 영어 실력을 갖게 되길 바라십니까?

그러한 바람은 바로 영어책 읽기의 즐다잘을 통해 가장 잘 달성할 수 있습니다. 무엇보다 아이가 영어책 읽기의 즐거움을 깨달을 수 있도록 도와줘야 합니다. 영어책을 읽는 것이 즐거워 더 많이 더 열심히 읽고 싶어 하도록 해야 합니다. 그리하여 좋아하면 더 많이 읽게 되고, 더 많이 읽으면 더 잘 읽게 되고, 더 잘 읽으면 더 좋아하게 되어 더 많이 읽게 되는 즐독과 다독과 잘독의 선순환이 시작되도록 해주어야 합니다.

그렇다면 이제 영어책 읽기의 즐다잘에 성공하기 위해 무엇을 어떻게 해야 하는지 묻고 싶으시겠죠? 이 책에는 바로 그 질문에 대한 자세한 답변이 담겨 있습니다.

실제 성공 경험을 담았다

이 책은 우리 아이들의 영어교육, 특히 영어책 읽기를 통해 아이의 영어 문제를 해결하는 데 진지한 관심을 가진 모든 분들을 위해 쓰였습니다. 이 책의 모든 내용은 아동 영어교육과 영어책 읽기에 관한 학술적 연구 결과는 물론 저의 네 자녀 각각과 적어도 10년 이상씩 영어 친해지기와 영어책 읽기를 직접 진행하고 성공에 이른 실제 경험에 바탕을 두고 있습니다.

일상생활 속에서 조금씩 영어 동영상을 보고 즐기도록 돕고 영어 동화책을 꾸준히 읽어주는 것에서부터 시작합니다. 이렇게 출발해 영어를 하나도 모르던 아이가 영어를 듣고 이해하는 능력을 기르고 원하는 영어책을 자유자재로 읽고 즐기며 영어로 자기 생각을 표현할 수 있는 수준에 이르기까지 옆에서 지켜보고 이끌어왔습니다. 더 나아가 그 과정에서 얻은 깨달음을 기회가 있을 때마다 이런저런 인연으로 연결된 주변 아이들에게 적용하며 발전시켜왔습니다. 이 책에는 바로 그런 모든 과정을 통해 누적된 생생한 경험과 공부 결과가 담겨 있습니다.

책의 장별 개요는 다음과 같다

이 책은 크게 7개 부분으로 구성되어 있습니다. 우선 1장은 모든 논의의 시작으로 그토록 많은 노력을 쏟아부었음에도 불구하고 영어 실력이 늘지 않는 이유는 무엇이며 또 우리의 일반적인 현실에서 이런 문제를 해결하는 가장 좋은 방법은 무엇인지 알아봅니다.

2장과 3장은 영어 실력의 기초 쌓기와 영어책 읽기의 기본 바탕 다지기입니다. 2장에서는 모든 영어의 시작이라 할 수 있는 보고 듣기를 어떻게 진행해야 하는지 설명하고, 3장에서는 아이에게 영어책을 읽어주는 구체적인 요령과 그 과정에서 생기는 문제점들의 해결 방법에 대해 살펴봅니다.

4장과 5장은 영어 읽기를 배우고 준비하는 과정을 다룹니다. 4장에서는 문자를 해독하여 단어를 읽어내는 파닉스 학습의 허와 실을 알아보고 우리 아이들에게 파닉스를 가르치는 올바른 원칙과 방법을 설명하며, 5장에서는 아이들이 영어책 읽기를 시작하기 위해 우선적으로 알아야 할 영어 단어들과 단어 학습 방법을 소개합니다.

마지막으로, 6장과 7장에서는 영어책의 선택과 본격적인 영어책 읽기에 대해 설명합니다. 6장에서는 알맞은 영어책을 고르는 기준과 요령을 알아보고, 7장에서는 엄마 아빠의 읽어주기나 함께 읽기를 뛰어넘어 혼자 읽기로 진행하는 과정과 마음에 드는 영어책을 골라 거침없이 읽어나가는 다독의 방법과 지혜를 살펴봅니다.

이 책을 통해 우리나라의 많은 아이들이 신기하고 멋진 영어책 속의 세계에 푹 빠져 책 읽기를 즐기고 그 가치를 깨닫게 되길 바랍니다. 때와 장소를 가리지 않고 자신의 관심과 흥미를 좇아 아주 쉬운 것부터 높은 수준에 이르기까지 좋은 영어책을 닥치는 대로 읽어나감으로써 영어로부터 충분히 자유로워질 만큼 유창한 영어 실력을 갖게 되길 바랍니다. 나아가 다독을 통해 지식의 폭과 깊이를 더하면서 논리적이고 비판적인 사고 능력을 기르며 황당할 정도의 상상력과 통통 튀는 창의성까지 갖춤으로써 말 그대로 지식과 지혜를 겸비한 훌륭한 인재로 성장하길 바랍니다.

Soli Deo Gloria!
Glory to God Alone!
새로운 기대와 소망으로
2020년 새해를 맞이하며

차례

1장 | 아이들의 영어 문제를 해결할 수 있는 최선의 방법

2장 | 모든 것은 귀에서 시작된다

3장 | 영어책 읽어주기, 이렇게 한다

4장 | 영어 파닉스 학습의 허와 실 그리고 학습 방법

7장 | 본격적인 영어책 읽기와 다독의 성공 비법

1장

아이들의 영어 문제를
해결할 수 있는
최선의 방법

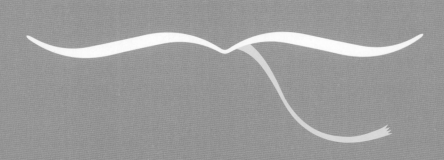

01

대체 비결이 뭔가요?

재능이나 환경의 혜택을 받지 않은 영어 영재의 비결은 뭘까?

자세히 알고 보면 영어를 쓰는 나라에서 생활한 경험도 없고 어릴 때부터 영어 유치원을 다닌 것도 아닌데 두꺼운 영어책을 술술 읽고 영어로 말하며 쓰기까지 하는 아이들이 있습니다. 우리는 가끔씩 그런 아이에 대해 듣기도 하고 그런 아이라고 믿어지는 경우를 주변에서 종종 보기도 합니다. 방송이나 언론에서는 그런 아이들을 영어 영재라 부르는 것 같습니다.

개중에는 물론 언어적인 재능이 아주 뛰어난 아이도 있을 겁니다. 하지만 타고난 언어 재능을 가진 것도 아니고 남다른 언어 환경의 혜택을 입은 것도 아닌데 유창한 영어 실력을 갖춘 아이가 많지는 않지만 분명 존재합니다.

그런 아이를 보면 부럽고 신기하게만 느껴지시나요? 내 아이와는 비교하기 힘들 정도로 뛰어난 영어 실력을 가졌는데 언어 재능이나 지능, 부모의 사회·경제적 능력과 언어 환경이 보통 아이와 크게 다르지 않다면 어떻게 그러한 일이 가능했는지 궁금하지 않으신가요?

대체 무슨 비밀이나 비결이 있는 걸까요? 내 아이와는 어떤 차이가 있으며 부모는 또 어떻게 다를까요?

가장 우선적으로 해야 할 일은?

질문을 약간 바꾸어보겠습니다.

"당신은 아이가 정말로 영어를 잘하길 원하시나요?"
"유창한 영어 실력을 갖춰 영어로부터 진짜로 자유로워지길 바라시나요?"
"그리하여 아무리 중요하다 해도 결국 수단에 불과한 영어에서 벗어나 좀 더 본질적인 것에 가급적 많은 시간과 노력을 집중하길 바라시나요?"

진심으로 그런 바람을 가지고 있다면 당신이 부모로서 가장 우선적으로 해야 할 일은 바로 이것입니다.

"아이가 영어를 충분히 보고 들음으로써 머릿속에 양질의 영어 입력이 차고 넘치도록 적절한 환경과 도움을 제공한다."

이미 잘 아는 이야기라고요?

하지만 명심하십시오. 아는 것만으로는 아무 소용이 없습니다. 개인
적으로나 국가적으로 영어에 엄청난 비용과 노력을 쏟아부었음에
도 불구하고 제대로 된 성공 사례를 찾기 힘든 이유가 바로 여기에
있습니다. 아이에게 아직 기회가 있을 때 이 원칙을 제대로, 꾸준히
실천해야 합니다. 물론 먼저 무엇을 어떻게 해야 하는지 명확히 알
아야 하겠지요. 하지만 알게 된 것을 실천에 옮기지 않으면 아무 소
용이 없습니다.

《성경》(〈야보고서〉 2:17)에서는 "행함이 없는 믿음은 그 자체가
죽은 것"이라고 합니다. 《아웃라이어 (Outliers)》의 저자로 1만 시간
의 법칙을 역설한 말콤 글래드웰(Malcolm Gladwell)과 《재능은 어
떻게 단련되는가? (Talent is Overrated)》의 저자 제프 콜빈(Geoff
Colvin)에 따르면 성공의 비결은 타고난 재능이 아니라 올바른 방법
으로 부단히 행한 연습과 실천이라고 합니다.

단순한 앎이나 불충분한 실행에 그치지 않고 아는 것을 끝까지
제대로 실천에 옮기는 것, 이것이 바로 유창한 영어 실력 획득의 가
장 중요한 열쇠입니다. 아이가 매우 뛰어난 언어 습득 재능과 엄청
난 끈기를 지닌 것이 아니라면, 그리고 부모가 아이에게 최적의 영
어 환경을 제공할 사회·경제적인 능력을 가진 것이 아니라면 더욱

그러합니다.

충분히 보고 들으면 생기는 변화

아이가 머릿속에 차고 넘칠 만큼 충분히 영어를 보고 들으면 우선 영어의 소리를 구분하여 듣는 능력이 생깁니다.* 이 능력이 제대로 자리 잡으면 모르는 단어라도 그 소리 형태를 꼭 집어내 발음할 수 있으며 엄마나 아빠에게 무슨 단어인지 물어보게 됩니다. 또 자기도 모르는 사이에 소리 형태로 영어의 단어와 문장 구조를 상당히 많이 알게 됩니다.

그리고 이와 함께 엄마나 아빠가 평소에 영어책을 꾸준히 읽어주고 함께 보면, 파닉스의 기초도 상당 부분을 자연스레 익히게 됩니다. 그래서 나중에는 약간의 교육만으로도 문자를 해독해 단어를 인식하고 영어를 읽을 수 있게 됩니다. 뿐만 아니라 이와 같이 시나브로 축적된 살아 있는 영어 지식은 영어 말하기와 글쓰기의 기본 토대도 든든히 갖추도록 도와줍니다.

● 영어에 노출되고 입력을 축적해 구어 영어 능력을 발전시켜나가는 과정은 단순한 듣기보다는 (영상이나 책 속의 삽화를 눈으로 보면서 듣는) 보고 듣기를 통해 이루어지는 것이 바람직합니다. (특히 세상에 대한 지식이 부족하고 영어를 전혀 모르는 아이의 경우) 단지 듣기만 하면 내용 파악이 매우 어렵습니다. 하지만 영상이나 그림을 함께 보면서 들으면 영어 표현과 이야기를 훨씬 쉽게 이해할 수 있습니다.

두 번째로 해야 할 일은?

아이의 유창한 영어를 위해 부모로서 당신이 두 번째로 해야 할 일은 아이가 영어책 읽기에 푹 빠지도록 이끌어주는 것입니다. 구체적으로, 영어책 읽어주기를 통해 영어에 대한 눈과 귀를 열어주면서 동시에 영어책 읽기가 얼마나 즐겁고 신나는 일인지 깨닫게 해주어야 합니다.

또 준비가 되었다고 판단될 때 문자를 해독해 단어를 읽어내는 요령을 가르쳐주고 동시에 아이의 흥미와 수준에 맞는 영어책을 지속적으로 제공해 그야말로 흥미진진한 스토리의 세계 속에 푹 빠져 마음껏 즐기도록 도와주어야 합니다.

최선이 아닌 유일한 방법

영어책을 많이 읽는 것은 영어 문제를 해결하기 위한 최선의 방법이 아니라 유일한 방법이라고 합니다. 이러한 주장은 영어 노출의 기회가 매우 제한적인 우리나라와 같은 EFL 환경에 특히 잘 적용됩니다.* 영어책의 다독이야말로 절대다수의 보통 아이들에게도 현실

* EFL은 English as a Foreign Language의 약자로 영어를 모국어나 제2언어가 아닌 외국어로 배우는 경우를 가리킵니다.

적으로 가능한 최선의 방법일 뿐 아니라 유일한 방법이라고 확신합니다.

왜 영어책 읽기가 유일한 방법인지, 영어책 읽기의 즐거움을 깨닫도록 하려면 어떻게 해야 하는지, 실제 영어책을 읽을 수 있게 하려면 어떤 준비가 필요한지, 우리 아이에게 알맞은 영어책은 어떻게 골라야 하는지, 영어책 읽기는 어떻게 시작하며 또 어떻게 진행해야 하는지, 그리고 영어책 읽기의 긴 여정에서 발생하는 문제점은 어떻게 대처해야 하는지 등에 대해서는 이 책의 해당 부분에서 기회가 있을 때마다 자세히 설명합니다.

이제 정리하겠습니다. 오랜 세월의 경험을 통해 제가 직접 확인한 유창한 영어 실력 달성의 확실한 비결은 한마디로 다음과 같습니다.

"머릿속에 차고 넘치도록 영어를 보고 들어 구어 영어 능력의 기초
를 든든히 하라. 그런 후 흥미진진한 스토리의 세계 속에 푹 빠져
영어책을 닥치는 대로 읽어나가라."

물론 이것을 실제로 실천에 옮기는 것은 말처럼 쉽지만은 않습니다. 따라서 이 책의 첫 번째 장을 제외한 나머지 부분에서는 이러한 비결을 현실 속에서 실천하기 위해 무엇을 어떻게 해야 하는지, 그 방법을 구체적으로 설명하려고 합니다.

성공의 진짜 비결은 재능도 노력도 아니다

개인적으로 성공의 비결은 개인의 타고난 재능이나 노력보다는 운이라고 생각합니다. 여기에서 운이란 어느 날 갑자기 엄청난 액수의 복권에 당첨되는 것처럼 순전히 우연에 의해 주어지는 통제 불가능한 운(luck)이 아니라, 우리의 선택에 의해 좌우되고 능동적으로 만들어낼 수 있는 운(fortune)을 의미합니다. 유창한 영어 실력의 비결을 제대로 이해하고, 단순한 앎이나 이해에 그치지 않고 실천에 옮길 줄 알며, 주변의 많은 유혹을 뿌리치고 무소의 뿔처럼 혼자서라도 끝까지 갈 수 있는 그런 엄마나 아빠를 만나는 행운을 당신의 아이도 누리게 하고 싶지 않으십니까?

02

그래서 책을 읽으면
어떤 점이 진짜로 좋다는 거죠?

책 읽기가 좋다는 것은 누구나 다 인정합니다. 하지만 얼마나 많은 사람이 책 읽기의 가치를 진짜로 알고 있을까요? 그 가치를 진심으로 안다면 마음과 시간의 여유가 있을 때는 물론, 바쁘고 힘들 때에도 어떻게든 책을 읽으려 할 겁니다. 사실은 상황이 어렵고 힘들수록 책 읽기의 가치를 더욱 크게 느낄지도 모릅니다. 책을 읽으면 어렵고 힘든 상황도 꿋꿋하게 버티어나갈 힘과 지혜와 용기를 얻을 수 있으니까요.

환상의 세계 속으로 풍덩

책 읽기는 남녀노소를 불문하고 누구에게나 좋습니다. 그중에서도 어릴 때의 책 읽기는 매우 특별합니다. 우선, 어릴 때 좋은 책을 많이 읽으면 어린 시절을 환상의 세계 속에서 살 수 있습니다. 매일매일을 마법의 신비로 가득 채우고 많은 곳을 여행하며 다양한 모험을 즐기게 됩니다. 따라서 책 읽기에 빠진 아이는 대부분 괴상한 의상과 마술지팡이 등의 소품을 가지고 놀기를 좋아합니다. 요정과 괴물, 마녀와 마법사, 왕자와 공주, 말을 탄 기사와 행진하는 병정들, 화려한 궁전과 숲속의 동굴 등, 책 속의 세계에서 만난 많은 주인공들과 그들의 모험에 대해 생각하고 이야기하길 즐기며 꿈도 꾸게 됩니다.

평생을 지탱해주는 힘과 영감의 원천

또 어린 시절 좋은 책에서 얻은 감동과 깨달음은 평생을 지탱해주는 힘과 영감의 원천이 됩니다. 나이가 들면서 신비한 환상의 세계에서 벗어나 점점 더 많은 시간을 현실에서 살게 되지만 어릴 때 경험하고 즐겼던 환상의 세계와 그 속에서 만난 친구들을 잊을 수 없습니다. 유치원을 마치고 초등학교에 들어가도, 중고생이 되고 대학생이 되어도, 사회에 나가 도시의 정글을 헤매는 직장인이 되어도, 결혼해 가정을 이루고 부모가 되어도, 심지어 백발이 성성한 할머니 할아버지가 되어도 마찬가지입니다.

　머릿속 한쪽 구석에 자리 잡아 사라지지 않는 어린 시절의 기억과 느낌들이 이후의 삶을 이끌어주는 영감이 되고 시련과 역경을 이겨낼 힘과 지혜의 근원이 됩니다.

지적 발전과 성공의 가능성

어릴 때의 책 읽기는 아이의 지적 발전을 위한 최고의 방법이기도 합니다. 사실 좋은 책을 많이 읽는 것만큼 다양한 지식을 효과적으로 쌓는 방법은 없을 겁니다. 책 속에는 우리가 배우길 원하는 거의 모든 것이 담겨 있습니다. 시간과 공간의 제약으로 인해 직접 찾아가 경험할 수 없는 많은 것들을 경험하도록 도와줍니다. 비록 간접 경험이기는 하지만 충분히 생생하며 때로는 더 효과적인 경험이 될 수도 있습니다. 시대와 국가를 뛰어넘어 최고의 선생님에게서 가르침을 받고 시골의 아낙이나 촌부에게서 삶의 지혜를 배울 수도 있습니다. 책 읽기를 통해 지식과 지혜가 늘고 창의성이 발달하면 나중에 더 좋은 직업이나 직장을 갖게 되고 그만큼 더 크게 성공할 가능성도 높습니다.

호기심 충족과 세상 탐험

그렇다면 어린아이들에게 책 읽기가 그토록 특별한 이유는 무엇일까요? 여러 가지가 있겠지만 그중 가장 중요한 이유는 책이 아이의 지적 호기심을 충족시켜주고 세상을 탐험하게 해주는 훌륭한 도구이기 때문일 것입니다. 인간은 본래 호기심의 동물입니다. 특히 어린아이들은 누구나 세상의 많은 것에 큰 호기심을 가지고 있습니다. 무엇이든 꼬치꼬치 캐묻기를 좋아하고, 끊임없이 온갖 것들에 대해 궁금해하고, 어떤 일에건 열의가 넘치고, (어른이나 더 큰 아이들과 비교할 때) 자신이 원하는 것을 말하거나 행동으로 옮기는 걸 부끄러워하지 않습니다. 흥미로운 이야기에 빠져 주인공처럼 생각하고 말하고 행동하며, 환상의 세계 속에도 쉽게 빠져들고, 용감하게 탐험하기를 멈추지 않습니다.

어린아이들의 이런 특별한 호기심과 탐구심을 어떻게 하면 충족시켜줄 수 있을까요? 여러 가지 좋은 방법이 있을 겁니다. 여행, 영화 시청, 좋은 선생님과의 만남, 엄마 아빠와의 대화 등등. 하지만 그중에서도 책을 통해 세상의 다양한 것들을 경험하고 탐구하며 마음껏 상상력을 펼치도록 해주는 것이야말로 최고의 방법이 아닐까요? 그 내용이 헤아릴 수 없을 만큼 많고 다양하며 그 범위도 무한에 가까울 정도로 광대합니다. 또 누구에게나 열려 있어 접근도 용이합니다. 이러한 점들을 고려하면 아마 책 읽기보다 더 바람직한 방법은 없을 겁니다.

너무 늦기 전에 책 읽기의 묘미를

아동의 읽기 교육에 관한 미국 국립읽기위원회(National Reading Panel)의 보고서와 관련 연구들에 따르면 만 5~7세 사이, 즉 유치원과 초등 저학년 시기가 책 읽기를 배우기에 가장 적합하며, 제일 빨리 배우고 효과도 오래 지속된다고 합니다(NRP 2000). 하지만 그 시기가 지나면 점점 자의식이 커지고 호기심이나 열정은 조금씩 줄어들게 됩니다. 따라서 다시는 돌아오지 않을 황금 같은 시기가 모두 지나기 전에 우리 아이들의 왕성한 호기심과 탐구심과 모험 정신을 충분히 북돋아주어야 하지 않을까요? 그냥 흘려보내면 평생을 후회하고 아쉬워하며 살아가게 될 유일무이한 기회를 놓치기 전에 우리 아이들이 책 읽기의 묘미를 깨닫고 책 속의 세계에 푹 빠져 마음껏 탐험하고 탐구하며 상상력을 펼쳐나갈 수 있도록 격려하고 도와주어야 하지 않을까요?

어떤 아이도 차별하지 않는다

책은 어떤 아이도 차별하지 않습니다. 관심이나 취향이 달라도, 지닌 재능의 종류와 크기가 아무리 다양해도, 아이의 현재 수준이 높거나 낮아도 전혀 상관이 없습니다. 책 속에는 어떤 아이라도 순식간에 빨아들일 수 있는 환상의 세계와 각양각색의 다양한 주제가 있습니다.

요정과 난쟁이, 마녀와 마법사, 괴물과 도깨비, 공주와 왕자, 왕과 여왕 등 수많은 주인공이 있고, 땅과 하늘의 공룡, 코끼리와 코뿔소, 사자와 호랑이, 늑대와 여우, 기린과 사슴, 소와 말, 개와 고양이, 각종 새와 벌레 등 다양한 모습의 크고 작은 동물도 있습니다. 땅 위를 달리는 마차와 자동차와 기차, 하늘을 나는 비행기와 헬리콥터와 열기구, 바다를 가로지르는 돛단배와 군함과 잠수함, 광활한 우주를 여행하는 로켓과 우주선 등 다양한 탈것이 있고, 또 야구와 축구, 배구와 농구, 골프와 테니스, 달리기와 던지기 등 여러 스포츠도 있습니다. 그리고 무엇보다 개성 넘치는 영웅과 주인공의 손에 땀을 쥐게 하는 사랑과 모험 이야기들로 가득합니다.

방법은 하나뿐이다

어떻게 하면 이 모든 것들에 아이들을 자연스럽게 노출시키고 마음껏 탐험을 즐기며 상상의 나래를 펼치게 해줄 수 있을까요?

가장 좋은 방법은 바로 책 읽기입니다. 사실 책 읽기 외에 다른 방법은 없습니다.

그렇다면 이러한 책 읽기는 어떻게 해야 가능해질까요?

그렇게 하려면 아이들이 어릴 때부터 책을 읽어주어 책 읽기의 즐거움을 깨달을 수 있도록 해주어야 합니다. 그래서 스스로 책 읽기를 계속 즐기도록 해주어야 합니다. 그렇게 하는 것이 최선의 방법이며, 제가 아는 유일한 방법입니다. 아이들의 성장은 물론 행복을 위해서라도 어릴 때 책을 읽어주고 책 읽기를 즐기도록 도와주어야 합니다.

왜 굳이 영어책을 읽어야 하죠?

이렇게 질문하는 엄마 아빠들이 많이 있습니다.

"책 읽기는 어차피 다 같은 것 아닌가요?"
"왜 굳이 영어책을 읽어야 하죠?"
"영어로든 한국어로든 책만 제대로 읽으면 되는 것 아닐까요?"

영어와 우리말 책 읽기

네, 맞습니다. 어떤 언어로든 좋은 책을 많이 읽으면 아이들의 정서, 언어, 인지 발달에 큰 도움이 되며, 동시에 세상을 경험하고 알아갈 다양한 기회를 얻을 수 있습니다. 따라서 아이가 충분한 준비가 되어 있다면 원칙적으로는 한국어든 영어든 전혀 언어를 가릴 필요가 없습니다. 다만 어린아이들에게는 모국어가 우선이니 모국어 읽기가 어느 정도 자리를 잡는 시점까지는 외국어 읽기를 무리하게 서두를 필요가 없습니다. 더구나 한국 아동들은 대부분 외국어인 영어보다 모국어인 한국어에 훨씬 능숙할 테니 당연히 우리말 책을 읽는 것이 더 효과적이고 효율적입니다.

또 이렇게들 물어봅니다

"영어 공부를 위해서라면 영어책 읽기 말고도 다른 좋은 방법이 많지 않나요?"
"요즘에는 돈이 좀 들어서 그렇지 컴퓨터 기술과 온갖 첨단 기법을 동원한 새로운 학습 도구가 있어 굳이 큰 힘을 들이지 않아도 얼마든지 쉽게 공부할 수 있다고 하던데요?"
"거기에 비하면 영어책 읽기는 시간도 많이 걸리고, 원하는 효과가 바로 나타나는 것도 아니고, 그렇다고 당장 급한 영어 시험에 도움이 되는 것도 아니잖아요?"

네, 이 말도 맞습니다. 영어책 읽기 외에도 영어 공부 방법은 많이 있고, 영어책을 몇 권 읽는다고 당장 눈에 띄는 큰 효과가 나타나는 것도 아닙니다. 시험 점수가 갑자기 크게 올라갈 가능성도 기대하기 힘들고요.

영어책 읽기에는 놓치기 아까운 그 무엇이 있다

하지만 그럼에도 불구하고 여전히 영어책 읽기가 중요하다고 말한 다면 영어책 읽기에 우리말 책 읽기와는 다른 그 무엇이라도 있다 는 것일까요? 다른 방식의 영어 공부와 구별되는 무슨 특별한 점이 라도 있는 걸까요?

네, 그렇습니다. 우리 아이들에게는 우리말 책 읽기가 거의 모든 면에서 우선되어야 함에도 불구하고, 그리고 효과적인 다른 영어 공 부법이 얼마든지 있음에도 불구하고 영어책 읽기가 필요한 매우 중 요한 이유가 있습니다.

그 이유는 바로 한국어로만 책을 읽고 영어책 읽기는 외면한다면 아이의 성장과 발전을 위한 매우 아까운 기회를 놓치게 되기 때문 입니다. 그리고 영어책 읽기가 아니면 대다수 보통 아이는 다른 어 떤 방법으로도 영어 문제를 해결하기가 쉽지 않을 것 같기 때문입 니다.

우선, 세상에는 엄청나게 많은 책이 있고 우리나라에서도 해외에 서도 계속 책이 쏟아져 나오지만 한국어로 된 책보다는 영어로 된 책이 훨씬 많습니다. 그러다 보니 좋은 책도 영어책 가운데 더 많을 가능성이 큽니다. 더욱이 이와 상관없이 한국어로 된 책과 영어로 된 책은 많은 점에서 다릅니다. 언어는 물론이고 담긴 문화도, 정서 도 다릅니다. 내용에서도 차이가 있습니다. 그리고 정보의 접근성에 서 특히 커다란 차이가 있습니다. 따라서 영어책을 자유자재로 읽을 수 있다면 추가적인 경험과 배움의 기회를 누릴 수 있습니다. 하지만 영어책을 읽지 못하거나 영어책 읽기 자체에 관심을 두지 않는 다면 아이의 더 나은 성장과 발전을 위한 매우 소중한 기회를 잃게 될 것입니다.

영어 문제의 해법, 책 읽기의 노다지

한편, 영어는 단순히 "목적이 아닌 수단"이라고 규정하고 말기에는 우리 아이들에게 너무나도 중요한 그 무엇입니다. 모두가 그 점을 잘 알기에 지금 이 순간에도 힘든 것도, 지루한 것도 다 이겨내면서 많은 시간과 노력을 들여 영어 공부에 매진하고 있는 것이겠지요. 하지만 그렇게 열심히 공부하는데도 불구하고 충분히 유창한 영어 실력을 갖추어 영어로부터 자유로워질 가능성이 그다지 커 보이지 않는다고 한다면 지나치게 비관적인 것일까요?

이런저런 방법을 다 동원해도 영어는 정말 쉽지 않다고들 하지만 영어책 읽기는 다릅니다. 요령을 알고 제대로만 실천한다면 누구나 유창한 영어 실력을 키울 수 있는 방법이기 때문입니다. 특별한 언어 재능이 없는 아이라도 문제없습니다. 더군다나 이 방법을 활용하면 다른 중요한 것을 포기하거나 미루어둘 필요도 없습니다. 왜냐하면 영어책 읽기는 아이의 언어와 정서, 인지 발달에 가장 바람직하며, 그렇게도 중요한 아이들의 책 읽기를 더욱 풍성하고 알차게 만들어줄 수 있는, 말 그대로 책 읽기의 노다지이기 때문입니다.

04

우리 아이는 책 읽기를 싫어해요

아이가 책 읽기 자체를 좋아하지 않아 고민하는 엄마 아빠가 적지 않습니다. 그런 분들에게는 영어책 읽기가 사치처럼 느껴질 수도 있습니다. 또 단기간에 이 문제를 해결할 방법은 사실상 없기 때문에 솔직히 안타까운 마음이 앞섭니다.

가장 좋은 방법은 아마도 관련 전문가를 찾아 상담하여 아이의 현재 상태를 이해하고, 해결 방안에 대한 조언을 충분히 들은 후, 시간적 여유를 가지고 꾸준히 변화를 위해 노력하는 것일 듯합니다.

다른 유혹에 깊이 빠지기 전에

어린아이들은 실로 온갖 다양한 것에 관심과 호기심을 가지고 있습니다. 그렇기에 어린 시절부터 일상생활 속에서 아이에게 알맞은 책을 골라 꾸준히 읽어주면 아이들은 대부분 이야기 속의 신기한 세계에 매료되어 책을 좋아하고 읽어주기를 고대하게 됩니다. 내용의 이해와 크게 상관없이 책 보는 것을 좋아하고 책 읽는 흉내를 내기도 합니다. 따라서 아이가 세상의 다른 유혹에 깊이 빠지기 전에 어려서부터 좋은 책을 많이 읽어주어야 합니다. 책 읽기의 재미를 깨닫게 해주고 책과 친해지도록 해준다면 아이가 책 읽기를 좋아하고 즐기도록 만드는 것은 크게 어려운 일이 아닙니다.

선호와 적성의 문제가 아니다

사실 책 읽기를 본래부터 좋아하지 않는 아이가 있는지도 의문입니다. 유난히 책을 좋아하고 책 읽기가 적성에 잘 맞는 아이도 있고 그렇지 않은 아이도 있을 겁니다. 드물게는 무슨 이유에서건 책 읽기와는 정말 상극인 아이도 있을지 모릅니다.

하지만 책 읽기는 단지 선호나 적성의 문제가 아닙니다. 어떤 의미에서 책 읽기는 건강한 생활을 위한 운동과 같다고 할 수 있습니다. 좋아하는 사람도 있고 싫어하는 사람도 있으며, 잘하는 사람도 있고 못하는 사람도 있을 겁니다. 그러나 선호나 타고난 적성의 문제를 떠나 적어도 어느 정도까지는 누구에게나 꼭 필요한 것입니다. 따라서 이왕 할 필요가 있고 하는 것이 바람직하다면 가급적 즐길 수 있도록 하는 것이 가장 좋지 않을까요?

주변을 책으로 채우고

아이가 책 읽기를 즐기는 사람으로 성장하길 원한다면 오늘 당장이라도 아이가 좋아하는 책을 골라 시간을 정해 매일 조금씩이라도 읽어주고 함께 읽기를 시작해야 합니다. 매주 도서관에 가서 아이가 좋아하는 책을 한 아름 골라 읽어주고, 집에 빌려와 또 읽어줍니다. 취침 전에도 짧은 책을 읽어주거나 책을 녹음한 오디오를 들려줍니다. 집 안의 책장이나 테이블뿐 아니라 화장실이나 자동차 안에도 아이들이 좋아하는 책을 늘 비치해 언제든 책 읽기를 즐길 수 있도록 합니다. 아이 주변을 책과 스토리와 노래로 가득 채워 삶의 자연스런 일부가 되도록 해야 합니다.

고양이처럼 야옹거리고 호랑이처럼 어흥 대며

여기서 더 나아가 고양이처럼 야옹거리고 호랑이처럼 어흥 대며, 토끼처럼 껑충거리고 펭귄처럼 뒤뚱거리며 걸을 수 있어야 합니다. 무엇이든 아이들이 즐기는 방식으로 함께 참여해 진심으로 즐겨야 합니다. 무엇보다 엄마 아빠의 책상과 침대에도 책을 비치해 틈나는 대로 읽고, 읽는 모습을 보여주어야 합니다. 그렇게 하면 아이들은 거의 예외 없이 책 읽기를 좋아하고 즐기는 사람으로 성장하게 될 것입니다. 먼 훗날 돌이켜보며 엄마도 아빠도 아이도 모두 흐뭇하고 행복한 미소를 짓게 될 것입니다.

단지 영어로 되어 있을 뿐이다

아이에게 영어책을 읽어줄 때 한 가지 꼭 기억해야 할 것이 있습니다. 그것은 바로 영어책 읽기도 보다 본질적으로는 그냥 책 읽기란 점입니다. 단지 그 책이 영어로 되어 있을 뿐입니다. 따라서 핵심은 그냥 좋은 책을 읽고 즐기는 것입니다. 영어 텍스트를 읽고 해석하는 것이 아니라 책을 통해 아이가 흥미를 느끼는 세상의 많은 것들을 탐구하고 탐험하는 것입니다. 그러므로 아이에게 영어책을 읽어줄 때는 영어 학습에 대한 욕심이나 부담을 모두 버려야 합니다. 단지 아이들이 좋아하고 큰 관심을 가지고 있는 것을 찾아 엄마도 아이도 여유 있게 함께 살펴보고 대화하고 공감하고 즐겨야 합니다.

내리막길에서의 멈추기 힘든 질주

영어책 읽기가 이와 같다면 그것을 싫어하기만 할 아이가 과연 몇이나 될까요? 아이가 일단 영어책 읽기의 즐거움을 제대로 깨달아 그 속에 빠지게 되면 때와 장소를 가리지 않게 됩니다. 새로움과 신기함과 흥미진진함과 긴장감의 연속이기 때문에 시간 가는 줄도 모릅니다. 그런 아이에게 영어책 읽기는 아무리 멈추려 해도 쉽게 멈출 수 없는 가파른 내리막길에서의 질주가 되는 것입니다.

2장

모든 것은
귀에서 시작된다

진짜 영어책 읽기는
귀에서 시작된다

영어든 한국어든 어린아이가 읽기를 배울 때는 보통 종이에 쓰인 단어를 눈으로 보고 문자를 해독해 그 단어의 발음을 소리 내 읽게 됩니다. 하지만 읽기는 사실 (문자로 적힌 단어를 보는) 눈도 아니고 (단어의 발음을 읽는) 입도 아닌 귀에서 시작됩니다.

특히 아동의 영어책 읽기는 귀에서 시작됩니다. 귀에서 시작되어야 하며 또 그렇게 되도록 하는 것이 바람직합니다. 이 말이 무슨 뜻인지, 왜 그러한지 궁금하시다고요? 이를 제대로 이해하려면 먼저 읽기가 무엇인지 살펴볼 필요가 있습니다.

말을 새로 배우는 게 아니다

우리나라 아동의 한글 떼기 과정을 생각해봅시다. 처음에 아이는 보통 한 글자씩 읽는 법을 배우고 단어를 떠듬떠듬 소리 내 읽으며 의미를 떠올립니다.

따라서 읽기를 배운다는 것은 말을 새로 배우는 게 아닙니다. 종이에 쓰여 있는 글이 무슨 말을 나타내는지 알아내기 위해 주로 글자 읽는 요령을 배우는 것입니다. 영국이나 미국의 아이들도 마찬가지입니다. 영어 읽기를 배울 때 대부분은 먼저 영어의 문자와 소리 사이의 관계인 파닉스를 공부합니다. 이런 파닉스 지식을 바탕으로 영어의 단어를 적는 각 문자들이 어떤 말소리를 나타내는지 알아냅니다. 그리고 그 소리들을 조합해 단어의 발음을 읽어내는 요령을 익히고 실제 읽기에 적용하는 연습을 하게 됩니다.

구어 형태로 이미 준비되어 있다

여기에서 중요한 사실은 아이들이 (모국어) 읽기를 배울 때 이미 해당 언어를 귀로 듣고 입으로 표현할 수 있는 능력을 충분히 갖춘 상태라는 점입니다. 글로 쓰여 있는 단어나 문장이 어떤 말을 나타내는지 알아내는 요령을 익히는 것이지 말이나 언어 자체를 새로 배우는 것이 아닙니다. 영어든 한국어든 아이들의 머릿속에는 이미 해당 언어가 구어의 형태로 충분히 준비되어 있습니다. 만일 해당 언어를 제대로 알지 못하는 상태에서 단지 문자를 해독해 단어의 발음을 읽어내는 요령만 배운다면, 소리 내어 읽기는 잘할 수 있어도 단어와 문장의 의미 이해는 힘들 것입니다.

어휘와 문법을 함께 공부하면?

물론 단어 읽기 요령을 배우면서 동시에 필요한 단어와 문법 공부를 병행할 수도 있습니다. 실제 한국의 많은 영어 학습자들은 구어 영어 능력을 제대로 갖추지 못한 상태에서 단어의 스펠링과 발음과 의미를 한꺼번에 익혀 읽기, 듣기, 말하기, 쓰기에 활용하고 있습니다. 이런 방식은 특히 초등학교 졸업 이후의 영어 학습에서 흔히 채택되는 듯합니다.

하지만 어린아이가 파닉스 학습과 다른 영어 공부를 함께 진행하는 것은 여러 면에서 바람직하지 않습니다. 영어 읽기를 처음 배우는 아이에게는 단어 읽는 요령을 알려주고 쉽게 읽어낼 수 있는 책을 가급적 많이 읽도록 격려해야 합니다. 그렇게 해서 (새로운 지식의 습득이 아니라) 읽는 기술과 읽기 능력 자체를 발전시키고 영어책 읽기를 즐기는 데 집중하도록 해야 합니다. 읽기와 함께 부족한 어휘와 문법을 동시에 익히도록 한다면 아이는 과도한 부담으로 인해 영어책 읽기를 즐길 수 없게 됩니다. 또 영어 학습의 효과와 효율성

● 나이 든 학습자들은 어린아이와 달리 굳센 의지와 뚜렷한 목표 의식을 가지고 능동적으로 학습에 임해 과도한 학습 부담을 이겨낼 수 있을지 모릅니다. 하지만 구어 영어 능력은 유창한 영어 실력의 핵심이며 영어 읽기와 쓰기의 기본 토대가 되므로 여전히 중요합니다. 따라서 나이 든 학습자들도 구어 영어 능력을 향상시키기 위해 부단한 노력을 기울여야 합니다. 한편, 단어의 스펠링과 발음, 의미를 동시에 학습하면 단어를 보고 바로 의미를 알 수 있기 때문에 파닉스를 굳이 따로 배울 필요가 있는지 의문입니다. 그런 경우 파닉스는 주로 모르는 단어의 발음을 예측하는 데 도움이 될 것입니다.

이 떨어질 뿐 아니라 영어를 싫어하게 될 가능성도 매우 큽니다.*

파닉스 학습의 진짜 이유는?

아이에게 파닉스를 가르치는 목적이나 이유는 무엇일까요? 그것은
바로 아이가 머릿속에 이미 가지고 있는 구어 영어 능력, 특히 단어
와 문장 구조 지식을 문자 형태로도 활용할 수 있도록 하기 위한 것
입니다. 다시 말해, 이전에는 소리로만 알고 있던 단어와 문장을 (단
어의 발음을 읽어내는 요령인 파닉스를 배워) 이제는 눈으로도 이해할
수 있게 하는 것입니다.

　이 말은 무엇보다 아이가 영어 읽기를 제대로 즐기게 하려면 그전
에 구어 형태로 영어의 단어와 문장 구조를 충분히 알고 있어야 함을
의미합니다. 읽기를 배우기 전에 먼저 영어를 알아야 하는 것입니다.

구어 능력이 없으면

읽기 교육에 대한 연구 결과를 종합적으로 고찰한 미국 국립읽기위
원회의 보고서(NRP 2000)에 따르면 미국의 아동들에게 읽기를 가
르치는 가장 효과적인 방법은 파닉스라고 합니다. 또 파닉스 전문
가들은 대부분 성공적인 파닉스 학습을 위해 먼저 음소 인식 능력
(phonemic awareness)을 갖출 필요가 있다고 합니다. 여기서 음

소 인식 능력이란 단어에 포함된 말소리의 가장 작은 단위인 음소(phoneme)를 구분해 개별 소리로 인식하고 조작할 수 있는 능력을 말합니다.*

그런데 이러한 음소 인식 능력은 언어를 귀로 들어 이해하고 입으로 말할 줄 아는 구어 능력과 동일하지는 않지만 구어 능력에 바탕을 두고 있으며, 구어 능력이 있어야만 무리 없이 습득할 수 있습니다. 구어 능력이 없거나 부족하면 음소 인식 능력의 습득도 매우 어려운 것입니다.

모든 것은 귀로 듣는 것에서부터

언어를 듣고 이해하며 입으로 말하는 구어 능력은 귀로 듣는 것에서부터 시작됩니다. 한국어든 영어든 마찬가지입니다. 영어를 꾸준히 들으면 머릿속에 영어 입력이 쌓이면서 조금씩 영어의 말소리를 감지하고 단어와 문장을 듣고 이해하는 능력이 생깁니다.

때가 되어 입력이 차고 넘치면 자연스럽게 입으로도 영어가 튀어나오게 됩니다. 이 정도가 되면 영어 단어와 문법의 기본 틀이 머릿

● 음소란 한 언어에서 단어의 의미를 구별하게 하는 가장 작은 소리 단위입니다. 예를 들어, 한국어 단어 빵과 방의 첫소리인 /ㅃ/과 /ㅂ/, 그리고 영어 단어 pat과 bat의 첫소리인 /p/와 /b/는 한국어와 영어에서 각각 두 단어의 의미를 구분해주는 음소입니다.

속에 갖추어진 것입니다. 바로 이런 준비가 되어 있어야만 글로 쓰여 있는 단어의 발음을 읽어냈을 때 단어와 문장의 의미를 파악할 수 있고, 그래야만 비로소 성공적인 읽기가 가능합니다.

가장 빨리 가장 멀리 갈 수 있는 방법

그렇습니다. 영어책 읽기를 포함한 모든 것은 귀에서부터 시작됩니다. 이 말은 무엇보다 아이가 영어책 읽기를 통해 유창한 영어 실력을 갖추길 진심으로 원한다면 아무리 급해도 듣는 것부터 시작해야 함을 의미합니다. 다른 아이에 비해 늦었다고 생각되면 조급한 마음이 들어 한꺼번에 많은 것을 해결하고 싶은 유혹이 생길 수 있습니다. 듣기부터 제대로 하려면 시간도 걸리고 속도도 느린 것 같아 답답하고 다른 아이들과의 경쟁에서 뒤처지지 않을까 하는 우려가 생기는 것도 당연합니다.

그렇지만 듣기부터 순서대로 제대로 하는 것이 결국에는 가장 빨리 그리고 가장 멀리까지 갈 수 있는 방법입니다. 이것이 제가 경험으로 확인한 영어 문제 해결의 유일한 방법이기도 합니다.

02

"충분한 듣기 우선"은
왜 제대로 실천되지 않을까?

사실 영어책 읽기도 영어를 듣는 것에서부터 시작하는 게 자연스럽고 바람직하다는 것은 웬만한 일반인도 이제는 잘 압니다. 그런데 이렇게 듣기 우선의 중요성과 가치를 잘 아는데도 "충분한 듣기부터"가 실생활에서 좀처럼 실천되지 않는 이유는 대체 무엇일까요? 충분한 영어 듣기에 성공하여 아이에게 탄탄한 영어 실력의 기초를 쌓아주려면 무엇을 어떻게 해야 할까요?

마음속의 지나친 조급함

"듣기부터 시작해 넘치도록 충분히 듣기"의 성공적인 실천이 어려운 이유는 우선 우리 속에 지나친 조급함이 있기 때문입니다. 충분히 들으려면 무엇보다 여유와 기다림이 필요합니다. 그럼에도 불구하고 하루라도 빨리 아이의 학습 성과를 보고 싶어 하는 엄마 아빠의 바람과 그런 기대를 쉽게 외면하기 어려운 교사의 입장이 어우러져 아이의 머릿속에 영어가 차곡차곡 쌓이고 흘러넘쳐 입에서 자연스럽게 튀어나올 때까지 기다리는 것을 어렵게 만들고 있습니다.

결국 충분한 듣기로 영어 기초를 튼튼히 쌓는 일은 어느새 뒷전으로 물러나고 단기간에 눈으로 확인 가능한 결과를 만들어내는 데 모든 노력을 기울이게 됩니다. 그 노력이 결실을 맺어 학원이나 과외 수업을 받은 지 불과 몇 개월 만에 아이가 기특하게도 영어 말하기와 글쓰기를 제법 하는 듯 보입니다. 학원과 학교의 이런저런 시험에서도 좋은 점수를 받아 엄마 아빠의 마음을 흡족하게 만듭니다. 하지만 명심하십시오, 그러는 사이 아이의 소중한 기회비용은 낭비되고 진짜 제대로 된 영어 실력 갖추기는 점점 멀어져가고 있다는 사실을.

지루하고 힘든 공부

조급함 못지않게 중요한 또 한 가지 이유는 지나치게 학습적인 관점으로 접근하여 영어 듣기를 지루하고 힘든 공부로 만들고 있기 때문입니다. 무엇이든 진짜 잘하려면 오랜 시간에 걸쳐 꾸준히 열심히 해야 하고, 그러려면 즐기는 것이 최고입니다. 하지만 대다수 아이들에게 영어 듣기는 즐겁기는커녕 인내심을 가지고 억지로 해야 하는 어려운 공부인 것입니다.

흘러넘칠 만큼의 충분한 듣기에 성공하려면 영어 듣기가 아이 스스로 기꺼이 하고 싶은 놀이와 오락이 되어야 합니다. 재미가 있고 즐거워 매일 계속하고 싶은 일이 되어야 합니다. 그래야만 가장 멀리 그리고 가장 빠르게 갈 수 있으며 그 과정도 아이와 엄마 아빠를 포함한 모두에게 행복한 경험이 됩니다.

즐거운 일로 만들어야 한다

아동용 영어 듣기 교재나 학습 프로그램이 넘쳐납니다. 그중 효과도 뛰어나고 교육적으로 우리 아이에게 좋은 것도 꽤 있습니다. 하지만 교재가 아무리 좋아도 아이가 영어를 보고 듣는 것이 정말 재미있어 푹 빠져들게 할 수 있는지, 그래서 영어 듣기를 시간 가는 줄 모르고 즐기게 되는 신나는 일로 만들 수 있는지 의문입니다.

그런 의미에서 제가 추천하고 싶은 두 가지는 바로 영어 동화책 읽어주기와 영어 동영상 활용입니다. 모두들 잘 아는 이야기라고요? 맞습니다. 하지만 제대로 하는 요령을 알고 실천하여 성공에 이르는 것은 전혀 다른 차원의 문제입니다.

영어 동화책과 동영상을 즐기다 보면

아이가 좋아하는 영어 그림책과 동화책을 꾸준히 읽어주고 함께 살펴보십시오. 동시에 영어가 한마디도 나오지 않을 만큼 쉽고 직관적인 것에서부터 시작해 조금씩 수준을 높여 흥미로운 영어 동영상을 꾸준히 즐기도록 도와주십시오. 그러면 영어를 전혀 모르는 아이라도 영어와 쉽게 친해지고 영어 말소리도 구분해 듣게 됩니다. 아는 단어도 하나둘 늘어나고 문장 구조에도 점점 익숙해져 신기하게도 영어로 듣고 이해할 수 있게 됩니다.

그뿐이 아닙니다. 영어책 읽어주기와 영어 동영상 보고 듣기를 계속하면 영어 알파벳에도 익숙해지고 파닉스도 상당 부분 자기도 모르는 사이에 자연스럽게 배우게 됩니다. 또 때가 되면 독립적인 영어책 읽기로 무리 없이 진행할 수 있게 됩니다. 무엇보다 이 모든 것은 실제 벌어지는 일이고 당신의 아이에게도 얼마든지 가능한 일입니다.

03

읽어주기:
영어의 눈과 귀를 열어주는
최고의 방법

그림책이나 동화책을 함께 보고 읽어주는 것은 미국이나 영국에서
도 아이의 언어, 인지, 정서 발달을 위해 가장 우선적으로 추천하는
일입니다. 적절한 시기가 따로 있는 것도 아닙니다. 나이가 어려도,
초등학교에 들어가서도, 초등 고학년이 되어도 언제든 바람직하고
가치 있는 일이기 때문입니다. 또 마음만 먹으면 거의 누구나 쉽게
할 수 있는 작은 일이지만 조금씩이라도 제대로 꾸준히만 실천하면
그 결과나 효과는 한마디로 놀랍습니다.

왜 영어책을 읽어주어야 하는지, 읽어줄 영어책은 어떻게 고르고
어떻게 읽어주어야 하는지, 또 주의할 점은 무엇이고 문제가 생기면
어떻게 대처해야 하는지 등에 대해서는 본서의 각 해당 부분에서
자세히 다룹니다.

따라서 여기에서는 아이에게 영어책을 읽어줄 때 명심해야 할 커
다란 원칙에 대해서만 이야기하겠습니다.

아이를 위한 최고의 선생님

아이들에게 영어책을 읽어주는 것은 누가 해도 좋지만 엄마나 아빠가 직접 읽어주는 것이 가장 좋습니다. 정말 그러한지 그리고 왜 그러한지에 대해서는 본서의 방법론 설명 부분에서 자세히 이야기합니다. 결론은 한마디로 영어 스토리텔링을 정말 잘하는, 재능도 경험도 많은 전문가 선생님보다 엄마나 아빠가 읽어줄 때 효과가 더 좋다는 것입니다. 설사 엄마 아빠가 영어를 잘하지 못해 발음이 엉터리라도 마찬가지입니다. 적어도 내 아이에게는 엄마나 아빠가 최고의 선생님입니다.

무엇보다 세상에서 가장 사랑하는 엄마 아빠의 따스함을 말과 표정뿐 아니라 스킨십을 통해 느끼면서 책 속의 세계를 함께 탐험하고 대화하고 공감하고 정서적으로 교감하는 것이 영어를 멋지게 읽어주는 것보다 훨씬 중요하기 때문입니다. 영어든 한국어든 엄마 아빠와 이런 책 읽기를 꾸준히 한 아이는 감성이 풍부해지고 여유와 차분함을 갖게 되며 집중력과 이해력도 뛰어납니다. 사실은 그렇게 하는 것이 아이의 영어 자체를 위해서도 장기적으로 볼 때 더 바람직합니다.

영어도 못하고 발음도 엉터리라서

영어를 잘하지 못하고 발음도 엉터리라서 고민이라고요? 정말 많은 분들이 염려하시는 문제입니다. 하지만 영어 실력이 모자라도 상관 없고 크게 걱정할 필요도 없습니다. 무엇보다 영어책 읽어주기에서 중요한 것이 무엇인지를 잘 이해하고 약간의 요령을 배운 후 보조 자료를 적절히 활용하면 큰 문제가 되지 않습니다. 경우에 따라서는 그런 약점이 오히려 강점이 될 수도 있습니다.

녹음 파일과 동영상 활용

요즘 웬만한 영어 그림책이나 동화책은 녹음 CD나 파일을 구할 수 있고, 원어민 선생님이 읽어주는 동영상도 인터넷에서 쉽게 찾을 수 있습니다. 부족하고 어색한 발음으로라도 아이와 함께 선택한 영어책을 애정을 듬뿍 담아 읽어준 후 그런 자료를 함께 보고 들어보십시오. 아이에게 엄마 아빠의 발음과 원어민의 발음이 어떻게 다른지도 알려달라고 하시고요. 책을 읽어주고 들으면서 흥미롭게 느낀 점이나 차이에 대해서도 함께 대화하고 교감을 나누어봅니다.

그러면 영어 실력과 상관없이 영어책 읽어주기는 아이에게나 엄마 아빠에게 훨씬 풍성하고 즐거운 경험이 됩니다. 물론 약간의 공부와 연습이 필요할 수 있습니다. 하지만 그것은 사랑하는 아이를 위한 작은 투자입니다. 그리고 그 정도는 일종의 기본 예의 아닐까요?

아이가 영어를 하나도 모르는 것도 문제 아니냐고요? 맞습니다. 하지만 그 부분도 크게 염려할 필요가 없습니다. 나중에 해당 질문에 대한 설명을 읽어보시면 아시겠지만 다 해결하는 방법이 있으니까요.

우리말 책도 함께

영어 동영상의 활용으로 넘어가기 전에 강조하고 싶은 것이 하나
더 있습니다. 앞에서 영어책을 읽어주거나 함께 읽는 것이 학습이
되면 곤란하며, 영어책 읽기보다는 그냥 책 읽기가 되어야 한다고
말씀드린 것 기억하시나요? 그런 의미에서 영어책과 함께 우리말
책도 같이 읽어주는 것이 좋습니다.

저와 제 아내는 자녀들이 어릴 때 좋은 영어책을 가급적 많이 읽
어주려고 노력했습니다. 그런데 저희는 아이들에게 영어책뿐 아니
라 우리말 책도 함께 읽어주었습니다. 적절히 균형을 맞추면서 말
이죠. 시간이 흐르면서 아이들이 혼자서도 영어책을 술술 읽을 수
있게 되었을 때 아이들은 (아마도 집에 재미있는 영어책이 훨씬 많았
기 때문에) 우리말 책보다는 영어책을 더 많이 읽으려 했습니다. 그
렇지만 저희는 영어책을 읽고 나면 반드시 우리말 책도 한 권 읽는
다는 기본 원칙을 고수했습니다.

책 읽어주기의 핵심

책 읽어주기의 핵심은 아이와 함께 스토리를 즐기고 세상을 탐험하
며, 대화하고 공감하고 고민하면서 아이도 엄마도 머리와 마음이 함
께 성장하는 것입니다. 아이가 정말로 영어를 잘하게 되길 원하십
니까? 그렇다면 엄마 아빠가 영어책을 읽어주는 것도 나중에 아이

가 혼자 영어책을 읽는 것도 공부가 아니라 즐거운 책 읽기가 되어야 합니다. 영어를 배우는 것보다 책 읽기의 기쁨과 가치를 일찍부터 깨달아 평생 책 읽기를 즐기도록 해주는 게 중요합니다. 책 읽기를 즐기고 그 가치를 깨닫는 데에는 영어와 한국어가 따로 없습니다. 언어를 가리지 말고 가급적 균형을 맞춰 읽어주고 함께 대화하는 것을 강추합니다.

0 4

동영상 시청:
영어를 보고 듣는 최고의 방법

요즘에는 서점이나 도서관, 인터넷에서 영어 동화책 녹음 파일뿐 아니라 흥미와 교육적 요소를 겸비한 동영상도 어렵지 않게 구할 수 있습니다. 그중 저는 우선적으로 아이에게 읽어준 영어책의 원어민 녹음이나 동영상, 미국이나 영국에서 제작된 어린이 대상의 애니메이션과 교육용 TV 프로그램을 추천합니다. 영어책의 원어민 녹음과 읽어주기 동영상은 앞서 설명한 바와 같이 특히 영어 실력이 부족한 엄마 아빠들에게 큰 도움이 될 수 있는 자료입니다. 여기에서는 애니메이션과 TV 프로그램을 중심으로 한 영어 동영상의 활용에 대해 설명합니다.

보고 듣기를 즐기기 위한 최고의 교재

아동용 영어 애니메이션이나 TV 프로그램은 즐거운 영어 공부를 위한 최고의 교재입니다. 아이들이 흥미로운 내용에 푹 빠져 동영상을 즐기는 과정에서 자연스럽게 영어를 많이 보고 들어 머릿속에 양질의 영어 입력을 차곡차곡 쌓아갈 수 있기 때문입니다. 더구나 다채로운 간접 경험을 통해 다양한 지식을 습득하고 영어권 문화에 대해서도 배울 수 있기 때문에 아이들의 지적 성장을 위해서도 아주 훌륭한 학습 자료가 됩니다.

그렇다면 영어 입력을 위해 영어 동영상을 활용하려고 할 때는 어떤 점에 유의해야 할까요? 핵심 비결은 크게 두 가지로 요약됩니다.

비결 #1: 학습은 잊어라

첫 번째 핵심은 적절한 영어 동영상을 선택하여 아이와 함께 조금씩 보기 시작하고 아이가 내용에 자연스럽게 빠져들어 마음껏 즐기도록 돕는 것입니다. 빠져들어 즐기게 하는 일이 쉽지 않을 것 같다고요? 사실은 신기하게도 아이의 수준과 흥미에 맞는 좋은 영어 동영상을 골라 엄마나 아빠가 여유를 가지고 진짜 함께해주기만 하면 시간이 흐르면서 자연스럽게 해결되는 일입니다.

처음 보는 동영상일 경우 시작하기 전에 약간의 안내가 도움이 될 수 있고, 이를 위해 해당 동영상에 대해 살짝 공부가 필요할 수도 있습니다. 하지만 그런 공부는 엄마나 아빠가 내용을 이해하고 아이와 더 잘 대화하며 공감하기 위한 것이지 아이에게 뭔가를 가르쳐 주기 위한 것이 아닙니다. 엄마나 아빠가 크게 도와주지 않아도 아이는 스스로 알아서 따라가고 때가 되면 잘 듣고 이해할 것입니다. 따라서 학습은 모두 잊고 내용 자체를 즐기는 데 집중하길 바랍니다. 실제 해보면 생각보다 훨씬 쉽다는 것을 알게 되실 겁니다.

비결 #2: 절제를 가르쳐라

두 번째 핵심은 절제를 가르치고 연습하도록 돕는 것입니다. 일단 아이가 빠져들어 즐기기 시작하면 점점 많은 시간을 동영상이 나오는 TV나 컴퓨터 화면 앞에 붙어 있으려 할 것입니다. 이때 아이가 영어 동영상 시청을 좋아하고 시키지 않아도 알아서 열심히 보려 한다고 너무 흡족해하지 마십시오. 동영상을 편리한 베이비시터로 활용하는 것은 더욱 곤란합니다. 특히 아이가 어릴 경우 혼자 동영상을 시청하도록 내버려두지 마십시오. 당장은 괜찮아 보이고 편리한 면도 있겠지만 장기적으로는 아이에게 바람직하지 않기 때문입니다.

아무튼 이때가 아이에게 절제를 가르칠 시점입니다. 단지 영어뿐 아니라 아이의 균형 잡힌 성장과 발전을 위해서라도 아이가 영어 동영상 시청에 빠지기 시작했을 때 적절히 통제하고 절제를 배워 실천할 수 있도록 도와주어야 합니다. 일반적으로 절제는 가급적 일찍부터 배우고 연습할 기회를 가지는 것이 좋습니다. 그렇게 하면 평생의 좋은 습관으로 발전할 수 있습니다.

05

아이가 TV나 영화만 보려고 해요,
어떻게 하면 좋을까요?

처음에는 대부분의 엄마 아빠들이 영어를 하나도 모르는 아이가 과연 영어 동영상을 이해하고 나아가 즐길 수 있게까지 될까 하며 고개를 갸우뚱거립니다. 하지만 아이가 일단 영어 동영상 시청의 재미를 알게 되면 걷잡을 수 없이 빠져들어 너무 많은 시간을 TV나 컴퓨터 앞에 앉아 있으려 할 것입니다. 그런 경우 엄마 아빠의 우려는 금세 아이의 지나친 영어 동영상 시청에 대한 것으로 바뀌게 됩니다. 어떻게 하면 어린아이에게 절제를 가르치고 실천하도록 도울 수 있을까요?

함께 정하고 인센티브로 활용하라

여러 좋은 방법이 있겠지만 제가 그동안의 경험을 통해 효과를 확인한 가장 좋은 방법은 아이가 그토록 보고 싶어 하는 영어 동영상을 다른 중요한 일(예: 식사, 놀이, 샤워, 운동, 산책, 책 읽기, 다른 공부나 과제 등)을 마친 후의 보상이나 인센티브로 활용하는 것입니다.

예를 들어, 영어 동영상을 시청하기 전에 먼저 학교 숙제를 마치도록 합니다. 혹은 시간을 정해 동영상 한 편을 시청하고 난 후 책을 한 권 읽도록 합니다.

아이와 관련된 중요한 일은 아이의 생각을 충분히 들은 후 의견을 적절히 반영해 결정하는 방식으로 아이에게 주도권을 부여하는 것이 좋습니다. 그렇게 하면 어린아이라도 스스로 책임감 있게 생각하고 행동하려 합니다. 아이 스스로 절제하며 엄마 아빠와 한 약속이나 규칙을 지키려고 노력합니다.

균형을 맞춰 진행하라

아이에게 절제를 가르치는 또 하나의 좋은 방법은 동영상 시청과 책 읽어주기의 균형을 맞추어 진행하는 것입니다. 이것은 나중의 영어책 읽기를 위해서도, 영어 실력의 발전을 위해서도 매우 중요합니다. 책 읽기와 균형을 맞춰 진행하는 것은 생각보다 쉬울 수 있습니다. 궁극적으로 아무리 좋은 영화나 비디오라도 좋은 책을 대체할 수는 없기 때문입니다.

영어든 한국어든 좋은 책을 골라 꾸준히 읽어주면 아이는 스토리의 세계에 빠져들어 상상의 나래를 펼칩니다. 그 과정에서 자연스럽게 책 읽기의 즐거움과 가치를 깨닫고, 동시에 책이 영화나 TV 프로그램보다 더 큰 재미와 만족감을 줄 수 있다는 것을 알게 됩니다. 그렇게 되기만 하면 약간의 통제만으로도 영어책 읽기와 균형을 맞추는 일은 물론 일상생활의 다른 영역에서도 절제를 배우고 실천하도록 하는 일이 어렵지 않게 됩니다.

06

영어를 전혀 모르던 아이가 어떻게 영어를 듣고 이해하게 될까?

엄마 아빠가 방법을 알고 제대로 실천하면 영어를 전혀 모르는 아이도 영어책 읽어주기와 영어 동영상 시청만으로 영어를 듣고 이해하게 됩니다. 조급한 마음을 버리고 꾸준히 진행해야 합니다. 영어를 공부한다든지 목표를 채운다든지 하는 것은 다 잊고 그냥 즐겨야 합니다. 그러면 시간이 흐름에 따라 아이의 머릿속에 영어 입력이 쌓여가면서 아는 영어 단어와 표현이 하나둘 늘고 영어를 듣고 이해하는 능력이 발전하게 됩니다.

가장 쉬운 것부터 시작해 아주 조금씩

이러한 일이 실제로 어떻게 가능한지 궁금하시다고요? 그 이유는 아무것도 모르는 아이라도 (영어가 거의 없거나 아예 없어) 언어와 무관하게 내용을 짐작하고 이해할 수 있는 가장 쉬운 책과 동영상부터 시작해 조금씩 수준을 높여나가는 방식으로 보고 듣기를 진행하기 때문입니다. 그러면 굳이 누가 가르쳐주지 않아도 영어책 속의 삽화와 동영상 장면을 통해 아이 스스로 무슨 일이 일어나고 있는지 짐작하게 됩니다.

또 그런 문맥적 단서와 상황에 대한 이해를 바탕으로 점점 명확하게 들려오는 영어 단어와 표현의 의미를 조금씩 파악하게 됩니다. 각 표현이 반복해서 나타날 때마다 의미 이해가 점점 명료해지고 확장되며 기억도 더 강화됩니다.[*]

표현의 정의가 아닌 쓰임

그런 경험을 하는 아이는 단어를 각 표현이 사용되는 적절한 상황과 문맥에서 반복적으로 만나 친해지고 조금씩 이해되는 과정을 거치므로 해당 표현이 언제 어떻게 쓰이는지를 배우게 됩니다. 따라서 한국식 영어 단어 시험에서처럼 정의를 물어보면 대답을 제대로 하지 못할 가능성이 큽니다. 하지만 그렇게 익힌 어휘는 한마디로 영

[*] 이를 전문 용어로 우연적 학습(incidental learning)이라 부릅니다. 학습자가 의식적인 학습 노력 없이 내용을 이해하고 즐기는 과정에서 어휘가 문맥을 통해 자연스럽게 자신도 모르는 사이에 부수적으로 학습되는 것을 가리킵니다(Nation 2013: 348).

양가가 높습니다. 실제 쓰임을 반영하기 때문에 영어를 읽을 때는 물론이고 영어로 말을 하거나 글을 쓸 때에도 적재적소에 바로 활용할 수 있기 때문입니다.

부분이 아닌 전체 덩어리

또 개별 단어의 의미를 각각 알고 이를 종합해 전체 의미를 파악하기보다는 (오히려 개별 단어의 의미는 잘 모르는 상태에서) 여러 단어가 합쳐진 덩어리 단위로 어구나 문장을 이해하는 경우가 많습니다.

예를 들어, Thank you나 Never mind 같은 표현이 있을 때 thank나 you, never나 mind의 의미는 정확히 모를 수 있습니다. 하지만 표현 전체가 어떤 상황에서 어떻게 쓰이는지를 알고 필요할 때 적절히 사용할 수도 있게 됩니다.

듣기보다는 보고 듣기

관찰력이 좋은 분들은 이미 파악하셨겠지만, 제가 영어책 읽어주기와 영어 동영상 시청을 통한 영어 입력을 설명할 때 단순한 듣기가 아니라 "보고 듣기"를 강조하고 있다는 것을 눈치 채셨나요? 영어를 비롯한 모든 언어의 습득은 귀로 듣는 것에서 시작되지만 실제 듣기를 할 때 오디오만 활용하는 것은 많은 경우 별로 바람직하지 않습니다. 오디오가 그림이나 영상과 함께 결합되는 것이 훨씬 좋습니다.

영어 듣기도 단순한 듣기보다 영어 그림책이나 동영상 등을 활용한 "보고 듣기"가 되어야 합니다. 영어를 처음 접하고 전혀 모르는 상태에서 배우는 아이의 경우에는 더더욱 그러합니다. 굳이 가르쳐주지 않아도 귀로 들려오는 영어가 무슨 의미인지 눈으로 보는 것을 통해 이해하고 짐작할 수 있기 때문입니다.

이제 영어를 전혀 모르던 아이가 어떻게 영어를 듣고 이해하게 되는지 아시겠습니까? 지금 이 시간에도 어디에선가 이와 똑같은 일이 일어나고 있습니다.

07

영어 파닉스,
즐기다 보면 저절로 해결된다

영어를 보고 듣는 과정에서 파닉스 또한 자신도 모르는 사이에 습
득할 수 있다는 게 정말이냐고요? 네, 정말입니다. 실제 그런 경우
를 꽤 많이 봐왔습니다. 지난 20여 년 동안 저의 네 자녀와 주변의
아이들이 영어를 보고 들으면서 실력을 늘려가는 과정을 처음부터
면밀히 관찰할 기회가 많았습니다. 그 아이들 중 상당수는 원하는
영어책을 술술 읽고 일상에서 읽기를 즐기게 되었습니다. 그런데 한
가지 재미있는 점은 그들이 정식으로 파닉스를 배우거나 체계적으
로 학습하는 것을 거의 보지 못했다는 사실입니다.

명시적으로는 알지 못하는 규칙

더군다나 흥미롭게도 그런 아이들의 대부분은 파닉스 규칙을 명시적으로 잘 알지 못했습니다. 다시 말해, 한국식 시험에서 종종 요구하는 것처럼 알맞은 파닉스 규칙을 제시하라고 하거나 특정 규칙을 설명하라고 하면 제대로 답변하지 못한다는 것입니다. 이는 아마 파닉스를 체계적으로 학습한 적이 없기 때문일 겁니다.

여기서 중요한 점은 그 아이들이 비록 파닉스 규칙은 잘 알지 못해도 영어 문자를 해독하고 단어를 읽어내는 데 큰 어려움이 없었다는 것입니다. 설사 잘 모르는 부분이 있어도 자기 수준에 맞는 영어책을 읽고 이해하는 데는 사실상 아무런 문제가 없었습니다.

꾸준한 읽어주기와 동영상 시청

그런 아이들에게는 대체 어떤 비밀이나 비결이 있을까요? 우선, 그 아이들의 공통점은 모두 영어를 보고 듣는 것부터 시작했고 때가 되었을 때 자연스럽게 영어책 읽기로 진행했다는 것입니다. 무엇보다 공부한다는 생각은 전혀 없이 영어 동영상 시청을 놀이나 오락처럼 평소에 꾸준히 즐겼습니다. 또 엄마나 아빠가 영어 그림책이나 동화책을 꾸준히 읽어준 경우가 대부분입니다.

결과적으로 그 아이들은 그러한 과정에서 자기도 모르는 사이에 파닉스를 상당 부분 저절로 익혔던 것입니다. 비록 파닉스 규칙이 체계적으로 잘 정리되어 있는 형태는 아니었을지라도 말입니다.

모르는 사이에 발전하는 문자 해독 능력

그렇다면 그 아이들은 어떻게 파닉스를 자신도 모르는 사이에 저절로 습득하게 되었을까요?

우선, 아이로 하여금 마음에 드는 영어 동영상을 골라 쉬운 것부터 조금씩 꾸준히 시청하게 합니다. 그러다 보면 영어 동영상 시청은 어느새 일상생활의 즐거운 일부가 되고 그 과정에서 주로 소리 형태로 영어 단어와 문법 지식이 머릿속에 차곡차곡 쌓이게 됩니다. 동시에 엄마나 아빠가 영어 그림책이나 동화책을 아이와 함께 보고 또 반복해 읽어줍니다. 이렇게 하다 보면 아이는 자연스럽게 영어 알파벳에 조금씩 익숙해지고 시간이 흐르면서 자주 등장하는 쉬운 단어는 엄마가 읽어주기도 전에 먼저 읽어버리기도 합니다.

물론 여기에서 아이가 단어를 읽는다고 해서 파닉스를 알고 문자 해독 능력을 갖게 되었다는 의미는 아닐 겁니다. 대부분은 자주 접하다 보니 마치 일견어휘(sight words)처럼 단어의 문자 형태와 발음을 통째로 기억해 읽는 것에 불과할 겁니다.* 하지만 영어책을 함께 보고 읽어주는 과정에서 자연스럽게 생긴 영어 알파벳과 단어에 대한 친숙함은 영어 동영상을 꾸준히 즐겨보는 과정에서 얻게 되는 영어 입력과 상승 작용을 일으켜 어느새 활용도가 아주 높은 파닉

● 일견어휘(一見語彙)란 영어의 sight words를 번역한 것으로 "한 번 힐끗 보면 바로 알아볼 수 있는 단어들"을 가리킵니다. 우리말로는 보통 "일견어휘, 일견단어, 사이트워드"라고 합니다.

스 지식으로 발전하게 됩니다.

읽어주기와 동영상 시청의 상승 작용

영어책 읽어주기와 영어 동영상 시청이 상승 작용을 일으키는 과정
을 구체적으로 묘사해보겠습니다.

많은 아이들이 좋아하고 즐겨 시청하는 미국의 어린이용 TV 프
로그램 가운데 우리에게도 널리 알려진 〈Sesame Street〉이 있습니
다. 이런 교육용 프로그램은 내용도 다채롭고 흥미롭지만 그 안에
아이가 영어 알파벳을 배우고 파닉스를 쉽게 익힐 수 있도록 돕는
부분이 포함되어 있습니다. 아이들은 TV 프로그램을 시청하면서 단
지 흥미로운 내용을 즐길 뿐이지만 영어 알파벳에도 자연스럽게 노
출되고 파닉스의 원리도 구체적인 적용 실례가 되는 단어들과 함께
반복적으로 접하게 됩니다.

그런데 이것이 전부가 아닙니다. 그런 영어 동영상 속에서 조
금씩 자연스럽게 친해진 영어 문자와 단어들이 엄마 아빠가 읽어
주고 함께 보는 흥미진진한 영어 동화책 안에서 멋진 그림과 어우
러져 자꾸만 나타나게 됩니다. 영어책의 단어를 보고 들을 때마다
〈Sesame Street〉을 시청할 때 저절로 흥이 나서 함께 따라 외치던
단어의 발음과 파닉스 원리가 떠오릅니다. 이런 일이 반복되면서 자
기도 모르게 파닉스를 적용해 단어를 읽는 것이 조금씩 몸에 배게
됩니다. 더욱 흥미롭게도 이 과정에서 이전에는 문자 형태와 발음을

통째로 암기했던 단어들도 이제는 왜 그렇게 발음되는지 깨닫게 됩니다.

결과적으로 적절한 때가 되면 많은 보고 듣기를 통해 머릿속에 쌓은 단어와 문법 지식 그리고 자신도 모르는 사이에 우연적으로 습득한 파닉스 지식을 바탕으로 이제는 영어책을 혼자서도 조금씩 읽기 시작하게 되는 것입니다.

08

영어 동영상은 어떤 것들을
어떻게 선택해야 하나?

컴퓨터와 인터넷 기술의 눈부신 발달과 보급으로 요즘에는 영어 학습에 활용할 수 있는 동영상 자료가 우리 주변에 넘쳐납니다. 유튜브나 네이버, 다음 카페를 비롯한 온라인 사이트와 각종 앱을 이용하면 과거처럼 굳이 서점이나 도서관에 가지 않아도 매우 다양한 자료를 접할 수 있고 갈수록 많은 사람들이 이를 영어 공부에 적극적으로 활용하고 있습니다.

하지만 그렇게 많은 동영상 자료와 관련 교재가 있음에도 불구하고 우리 아이들의 영어 실력이 전반적으로 크게 나아지고 있거나 그렇게 될 것이라고 기대하는 사람은 그리 많지 않은 듯합니다.

대체 그 이유가 무엇일까요? 그 이유는 여러분도 잘 아시는 것처럼 아무리 좋은 교재와 자료가 있어도 실제로 공부를 하지 않으면, 그리고 그 공부라는 것을 올바른 방법으로 제대로 하지 않으면 아무 소용이 없기 때문입니다.

많을수록 어려워지는 선택

이와 같은 실천의 문제와 함께 또 한 가지 중요한 이유는 이용 가능한 교재나 자료가 많을수록 선택이 힘들고 좋은 선택은 훨씬 더 어렵기 때문일 겁니다. 그래서인지 강연이나 상담 모임 등에서 만난 엄마 아빠들은 공부 방법과 자료 활용 요령뿐 아니라 교재나 자료의 선택에 대해서도 많이 물어보십니다.

따라서 여기에서는 아이의 영어 듣기에 활용할 영어 동영상 자료의 선택에 대해 이야기하려고 합니다. 먼저, 올바른 선택을 위해 꼭 알아야 할 몇 가지 중요한 사항을 잠시 살펴보겠습니다. 그런 후 그동안 제가 직접 활용했던 동영상 가운데 가장 추천하고 싶은 것을 모아 필요한 설명과 함께 제시하려고 합니다. 꽤 많은 아이들이 사용하여 효과를 보았던 자료들이니 다른 아이들에게도 큰 도움이 될 거라 확신합니다.

두 가지 유형의 애니메이션

아이들의 영어 듣기에 활용할 수 있는 많은 동영상 자료 중 가장 일반적인 유형은 애니메이션입니다. 영어 애니메이션은 크게 〈Chicken Run (치킨 런)〉, 〈Finding Nemo (니모를 찾아서)〉, 〈Shrek (슈렉)〉, 〈Toy Story (토이 스토리)〉처럼 극장 상영용으로 제작된 애니메이션 영화(animation movies)와 〈Arthur (아서)〉, 〈The

Berenstain Bears (베렌스타인 베어스)〉, 〈Caillou (까이유)〉, 〈Dora the Explorer (도라 디 익스플로러)〉처럼 TV 방송용으로 제작된 애니메이션 TV 시리즈(animation TV series)로 나눌 수 있습니다.

현재 국내에 널리 알려진 영어 애니메이션들은 어느 유형에 속하든 대부분 아동 친화적이고 엄마 아빠가 아이와 함께 즐기기에 적합합니다. 하지만 두 유형 사이에는 아이의 현재 수준과 취향 및 성격에 따라 보다 알맞은 선택을 하고자 할 때 주목해야 할 여러 가지 중요한 차이가 있습니다.

생각보다 어려운 극장용 애니메이션

우선 극장용 애니메이션 영화는 대부분 온 가족이 함께 시청할 수 있는 가족 영화로 〈Snow White and the Seven Dwarfs (백설공주)〉, 〈Pinocchio (피노키오)〉, 〈The Lion King (라이언 킹)〉처럼 우리에게 익숙한 것들이 많아 누구나 쉽게 다가갈 수 있다는 장점이 있습니다.

하지만 다른 일반 영화와 비슷하게 이야기 구성도 복잡한 편이고 등장인물들 사이의 관계 역시 복합적으로 얽혀 있는 경우가 많습니다. 상영 시간도 보통 80~90분 내외로 상당히 긴 편인데 주의 집중 시간이 짧은 어린 아동에게는 부담이 될 수 있습니다. 또 사용된 영어 어휘도 우리가 느끼는 친근감으로 인해 쉽다고 생각될 수 있지만 실제로는 그 수준이 꽤 높은 편입니다.

따라서 극장용 애니메이션 영화는 영어 듣기를 시작하는 입문 단계에서 약간 어려운 자료라 할 수 있습니다.

상대적으로 쉬운 TV용 애니메이션

이에 반해, TV용 애니메이션은 적게는 수십 편에서부터 많게는 수백, 수천 편에 이르는 많은 에피소드가 계속 이어지는 시리즈물로 핵심 등장인물들을 중심으로 다양한 소재의 작은 사건이나 이야기가 별다른 이변 없이 계속 이어지는 것이 일반적입니다. 이야기 구성이나 등장인물의 관계가 복잡하지 않으며 길이도 짧아 대부분 20~30분 정도에 그칩니다. 언어적인 난이도에서도 (교육용으로 제작된 것들은 특히) 아동들의 언어 발달 수준에 맞추어 유아 대상의 아주 쉬운 것부터 시작해 초등학교 고학년에게 어울리는 제법 수준 있는 것까지 단계별로 제작되어 있습니다. 상대적으로 높은 수준의 시리즈도 극장용 애니메이션 영화에 비한다면 어휘의 수준이 높지 않은 편입니다.

이와 같이 TV용 애니메이션은 극장용 애니메이션에 비해 내용적으로나 언어적으로 이해하기가 더 수월해 영어 듣기를 시작하는 어린 아동들에게 적합한 자료라고 할 수 있습니다.

빠져서 즐기고 있는 한 그것으로 족하다

영어 애니메이션의 유형별 특징과 차이는 영어 동영상을 선택할 때 충분히 고려되어야 하지만 그렇다고 지나치게 얽매일 필요는 없습니다. 영어를 보고 들을 때 모든 말을 알아듣고 내용을 다 이해해야 영어 듣기와 이해 능력이 발전하는 것은 아니기 때문입니다. 아이의 현재 수준에서 어려울 것이라 생각되는 동영상이라도 아이가 지속적으로 진지한 관심을 보이고 계속 보고 듣기를 원한다면 굳이 막을 필요가 없습니다. 영상을 보며 이야기의 흐름과 내용을 대략적으로라도 파악하고 이를 통해 관심과 흥미를 유지할 수 있으면 충분합니다.

다시 말해, 언어적으로 얼마나 많은 어휘를 알아듣든, 내용적으로 얼마만큼을 이해하든 흥미를 느껴 보고 듣기를 계속 즐긴다면 그것으로 족합니다.

아이가 좋아하고 구하기 쉬운 것부터

극장용 애니메이션 영화는 구글 검색만 해보아도 다양한 추천 목록을 찾을 수 있습니다. 시중에 엄마표 영어를 표방하는 영어 학습 안내서가 많이 출간되어 있으니 그런 책들이 제시하는 목록을 참고하는 것도 좋은 방법입니다. 살펴보면 추천 내용에 큰 차이가 없음을 알게 되실 겁니다. 아무튼 그런 목록을 참고해 아이가 관심을 보이거나 좋아할 것 같은 애니메이션 영화 가운데 쉽게 구할 수 있는 것을 골라 시도해보시길 바랍니다. 계속 시도하다 보면 아이가 좋아하는 것과 그렇지 않은 것들을 쉽게 구분할 수 있으니 좋아하는 것들을 위주로 함께 보기를 시작해 꾸준히 시청하도록 도와주시면 됩니다.

공부는 잊어라

무엇보다 어떤 것을 선택하든 영어 동영상 시청이 너무나 재미있고 신이 나서 자신도 모르는 사이에 푹 빠져 즐기는 오락이나 놀이가 되도록 만드는 것이 중요합니다. 공부한다는 생각은 모두 잊고 그냥 즐기도록 해야 합니다. 그런 의미에서 아무리 좋아 보여도 지나치게 학습적인 관점에서 제작된 것은 가급적 추천하고 싶지 않습니다.

TV용 애니메이션의 선택에 대해서는 바로 다음 글에서 설명합니다.

09

추천 영어 동영상
시리즈 Best 15

아이들의 학습에 활용 가능한 영어 동영상이 워낙 많다 보니 바로 앞글에서와 같은 설명을 듣고 난 후에도 여전히 많은 분들이 선택에 어려움을 호소합니다. 따라서 TV용 애니메이션 시리즈는 좀 더 구체적인 추천 목록을 마련해보았습니다. TV용 애니메이션은 극장용에 비해 이해가 쉽고 단계별로 구성되어 있어 시작 단계에 더 좋습니다. 더구나 각 시리즈마다 많은 에피소드가 있어 일단 한번 빠지면 지속적으로 시청할 수 있으므로 영어 입력 제공의 양적인 측면에서도 매우 바람직합니다.

단순히 좋은 애니메이션의 모음이 아니다

본서에서 추천하는 애니메이션은 단순히 좋은 작품이 아닙니다. 우선 저의 네 자녀를 비롯한 많은 아이들이 오랜 기간에 걸쳐 직접 활용해본 것들이며, 그중에서도 선호도가 가장 높았던 시리즈들을 모은 결과물입니다. 따라서 흥미와 효과 면에서 충분히 검증된 것들이라고 할 수 있습니다.

아래 목록은 그런 조건을 만족시키는 15개의 TV용 애니메이션 시리즈입니다. 이 목록에는 영어를 전혀 모르는 아이도 아무 문제없이 보고 들을 수 있는 정말 쉬운 것부터 시작해 꽤 높은 수준에 이르기까지 다양한 난이도의 애니메이션이 골고루 포함되어 있습니다. 모든 작품은 수준을 조금씩 높여 가장 높은 단계까지 올라가는 데 무리가 없도록 점진적인 수준 향상을 염두에 두고 선택해 배열하였습니다. 각 애니메이션 시리즈에 대한 자세한 설명은 본서의 부록을 참조하시기 바랍니다.

● TV용 애니메이션 시리즈 추천작 Best 15 ●

번호	애니메이션 TV 시리즈
1	Teletubbies (텔레토비)
2	Blue's Clues (블루스 클루스)
3	Clifford the Big Red Dog (클리포드)
4	Barney and Friends (바니와 친구들)
5	Dora the Explorer (도라 디 익스플로러)
6	Sesame Street (세서미 스트리트)
7	Dragon Tales (드래곤 테일즈)

8	Mister Rogers' Neighborhood (미스터 로저스의 이웃)
9	Between the Lions (비트윈 더 라이언즈)
10	Arthur (아서)
11	Rugrats (러그래츠)
12	Magic School Bus (매직 스쿨버스)
13	Bill Nye the Science Guy (빌 아저씨의 과학 이야기)
14	Hey Arnold! (헤이 아놀드!)
15	SpongeBob SquarePants (스폰지밥 네모바지)

흘려듣기와 집중듣기 유감

엄마표 영어, 영어교육의 바람직한 흐름

요즘 아이의 영어교육을 학교나 사교육에만 맡겨놓고 있을 수 없다는 생각을 가진 엄마들을 중심으로 이른바 "엄마표 영어"라는 것이 갈수록 많은 관심을 끌고 있습니다. 학교 교육에 대한 불신, 사교육에 대한 부담과 불만, 성공 사례에 대한 동경 등 그 이유는 매우 다양하고 복합적인 것 같습니다. 그런데 이 엄마표 영어란 것은 이를 표방하는 전문가나 교육 프로그램이 많은 만큼 워낙 다양한 버전이 존재해 그 내용과 방법론의 특성을 명확하게 규정하기가 쉽지 않습니다.

그렇지만 대부분은 엄마가 아이의 영어교육에서 학습의 방향과 방법을 결정하고 실제 교육을 진행할 때에도 주도권을 행사해 적극적으로 이끌어간다는 면에서 공통점을 지니고 있는 듯합니다. 또 많은 경우 시험이나 평가에서의 단순한 고득점보다 실질적인 영어 활용 능력 키우기를 목표로 하며, 충분한 노출과 입력을 중시해 많은 영어 듣기와 영어책 읽기를 강조하고 있습니다.

이런 모습은 언어 습득의 자연스런 순서에 부합될 뿐 아니라 우리의 상황에도 잘 어울리는 것이라 할 수 있습니다. 따라서 엄마표 영어는 지속적인 시도와 실험을 통해 다양한 성공 사례를 만들어갈 가치가 있는 영어교육의 바람직한 흐름이라고 생각됩니다.

엄마표 영어의 아쉬운 점

그러나 엄마표 영어는 위와 같은 장점과 가능성에도 불구하고 막상 실전에 들어가면 그 과정이 아이에게는 물론 엄마에게도 힘들고 고통스러운 학습이 되는 경우가 많습니다. 무엇보다 영어 듣기와 영어책 읽기를 재미있고 즐거운 일로 만들지 못하고 학습의 성공 여부를 주로 개인의 노력과 끈기에 의존하는 경향이 큽니다.

그 결과 엄마표 영어를 진행하는 과정에서 너무 힘든 나머지 중도에 포기하는 경우를 자주 보게 됩니다. 또 본래의 좋은 취지를 잘 살리지 못하고 아예 처음부터 엄마표 영어 수업을 전문으로 한다는 사교육 전문가에게 맡겨 진행하는 경우도 적지 않은 듯합니다. 가끔씩 남다른 끈기와 인내를 가지고 끝까지 엄마표 영어를 진행했다는 엄마와 아이들을 만나게 됩니다. 하지만 본인들 스스로도 그런 과정을 거쳐 얻게 된 영어 실력에 대해 충분한 자신감을 가지고 있는 경우를 별로 보지 못했습니다.

흘려듣기의 문제

엄마표 영어에서 영어 듣기의 중요성을 강조하고 먼저 충분한 듣기를 통해 영어 실력의 기초를 쌓으려는 방향 설정에는 십분 공감합니다. 하지만 소위 "흘려듣기"와 "집중듣기"로 요약되는 학습적 성격의 듣기 방식에 대해서는 몇 가지 아쉬움이 있습니다.

먼저 흘려듣기는 학습에 대한 부담은 매우 적지만 피상적으로 흐르기 쉬워 자칫 아이의 소중한 시간을 효과적으로 사용하지 못하고 낭비하게 될 가능성이 큽니다. 따라서 이런 흘려듣기는 좀 더 효과적이며 효율적인 방식으로 바뀔 필요가 있습니다.

집중듣기의 문제

엄청난 집중력과 끈기가 요구되어 때로 고통스럽기까지 한 "집중듣기"는 더욱 곤란합니다. 책 속의 영어 단어를 손가락으로 짚어가면서 혹은 연필로 밑줄을 그어가면서 집중해서 듣고, 문장을 따라 읽고, 심지어는 받아쓰기까지 하는 것이 다수의 보통 아이들에게 적합한 방법인지 의문입니다. 그런 방식의 학습에 어울리는 성격과 끈기를 지닌 아이에게는 효과적일 수도 있고, 끝까지 인내하여 결국 성공적으로 해내는 아이도 분명 있을 겁니다. 하지만 그런 일부의 훌륭한 아이들에게조차 고통스런 집중듣기는 최선의 방법이 아니며 유일한 방법은 더더욱 아닙니다.

무엇이든 시간과 노력을 투자할 가치가 있는 일이 쉽기만 할 수는 없을 겁니다. 하지만 지루하고 힘든 것을 이겨내는 것이 주가 된다면 적어도 다수의 보통 아이들에게 일반적으로 적용될 수 있는 바람직한 방법이라고 보기는 어렵습니다. 영어를 배우는 일이 끈기와 인내심의 시험대가 되면 될수록 과정도 더 힘들 뿐 아니라 성공의 가능성도 그만큼 더 줄어들기 때문입니다.

11

흘려듣기도 집중듣기도 아니라면
대체 어떻게 하란 말인가요?

결코 그냥 흘러가지 않는다

흘려듣기와 집중듣기 대신 "즐겨듣기"를 제안합니다. "즐겨듣기"는
좀 더 정확하게 말하면 "즐겨보고 즐겨듣기"입니다.

 이것은 말 그대로 눈으로 보면서 듣는 것을 즐기는 것입니다. 즉,
책에 있는 문자나 단어가 아닌 책 속의 그림이나 애니메이션 속의
영상을 보면서 듣기를 즐기는 것이지요. 영어 학습은 물론이고 심지
어는 영어라는 것도 모두 잊고 그냥 내용을 보고 즐기는 것이 핵심
입니다.

 스토리와 내용에 푹 빠져서 보고 듣는 것을 즐기면 귀에 들려오는
영어가 결코 의미 없이 그냥 흘러가지 않습니다. 그냥 흘러가는 것처
럼 생각될 수 있지만 각 영어 표현의 소리와 의미가 영상과 그림이
제공하는 이미지와 문맥의 도움을 받아 아이들의 귀와 머릿속에 크

고 작은 흔적을 남기고 그 흔적은 반복을 거듭할 때마다 조금씩 더 강화되어갑니다.

집중은 저절로 따라온다

즐겨듣기는 집중듣기와 달리 끈기와 힘든 노력이 요구되지 않습니다. 내용을 즐기다 보면 자신도 모르게 주의가 기울여지고 저절로 집중이 되며 귀도 점점 열리고 단어의 발음도 갈수록 명확하게 들려옵니다. 처음에는 어렴풋하지만 어떤 상황에서 어떻게 쓰이는지, 무엇을 의미하는지 이해되는 영어 표현이 하나둘 생기기 시작해 점점 늘어납니다.

영어 문장의 구조도 단순한 것부터 조금씩 익숙해지기 시작합니다. 자기도 모르는 사이에 내용을 점점 더 많이 이해하게 되고 영어라는 언어도, 영어로 이해하고 사고하는 것도 점점 자연스럽게 느껴집니다.

결과적으로 흘려듣기나 집중듣기를 하지 않아도 영어를 듣고 이해하는 능력이 발전하고, 단어의 글자 형태에 굳이 집중하지 않아도 파닉스가 상당 부분 우연적으로 학습됩니다. 여기에 약간의 파닉스 학습이 더해지면 글로 쓰인 단어를 읽어낼 수 있는 능력이 갖추어져 혼자서도 영어책 읽기를 시작할 준비가 완료됩니다.

가장 쉬운 것부터 시작하자

즐겨듣기는 아이의 수준과 취향에 맞는 좋은 동영상을 골라 엄마 아빠가 아이와 함께 그냥 보는 것으로 시작합니다. 영어를 듣거나 이해하려는 의식적인 노력 없이 주로 눈에 보이는 것만을 토대로 내용 자체를 즐기려고 노력합니다. 그런데 아이가 말 그대로 아무것도 모르는데 어떻게 내용을 즐길 수 있는지 궁금하시다고요? 그렇기 때문에 처음에는 보통 (아이가 나이도 어리고 영어를 전혀 모를 경우에는 특히) 영상만 보고서도 이해할 수 있는 아주 쉬운 동영상부터 시작해야 합니다.

본서에서 추천하는 TV용 애니메이션 시리즈 중 맨 앞에 있는 것들은 영어를 몰라도 충분히 이해하고 즐길 수 있는 것들입니다. 나머지 것들도 모두 원어민 아동들에게 널리 사랑받아온 애니메이션이며, 제가 오랫동안 곁에서 지켜본 많은 한국 아이들도 아주 좋아하고 즐기는 데 전혀 문제가 없었던 자료들입니다. 한마디로 일종의 실전 배치를 통해 검증된 자료들이니 확신을 가지고 편안한 마음으로 진행해보시기 바랍니다.

처음에는 하나도 알아들을 수 없지만

처음에는 아는 단어가 거의 없고 알아들을 수 있는 단어는 더더욱 없겠지만 아이들은 영상을 보면서 무슨 일이 일어나고 있는지 짐작하고 나름대로 상상력도 발휘해가며 이야기의 전체적인 흐름을 이해하고 내용을 즐기게 됩니다. 같은 동영상을 반복해 보거나 연결되는 다른 에피소드를 시청하면서 이전에 만났던 영어 표현들을 계속 다시 만나게 되고 영어의 소리에도 점점 더 민감해집니다. 시간이 흐름에 따라 단어의 발음도 더 또렷하게 들려오고 이해되는 표현도 하나씩 늘며 내용도 더 많이, 더 정확하게 이해하게 됩니다.

대부분의 경우 얼마 지나지 않아 영어 동영상에 푹 빠져들게 되고 때로는 염려가 될 정도로 보고 듣기를 즐기게 될 가능성이 큽니다. 일단 그렇게 되면 영어를 제외한 다른 부분과의 조화를 위해서라도 절제를 가르쳐 실천하도록 도울 필요가 있습니다. 적어도 한동안은 아이의 절제를 돕는 것과 함께 아이에게 알맞은 흥미로운 영어 동영상을 계속 찾아 제공하는 것이 엄마 아빠가 해야 할 가장 중요한 일이 됩니다.

그렇다면 즐겨듣기를 실제로 진행할 때에는 어떤 점에 유의해야 할까요?

즐겨듣기의 핵심 원칙 #1: 흥미가 가장 중요하다

먼저, 즐겨듣기의 성공에 가장 중요한 요소는 흥미입니다. 흥미가 있어야 아이가 푹 빠져 즐길 수 있고, 반대로 계속 열중하여 열심히 즐기고 있으면 아이가 흥미를 느끼고 있다는 증거입니다. 흥미를 느껴 계속 즐기고 있는 한 속도와 변화는 느리더라도 자기 나름대로 필요한 만큼 내용을 이해하면서 동시에 영어도 계속 받아들이고 있다고 생각하면 됩니다.

따라서 가급적 쉬운 것부터 시작하되 아이의 수준에 꼭 맞는지에 대해서는 너무 염려할 필요가 없습니다. 수준이 너무 높으면 흥미를 계속 유지하기 힘들고 즐기는 것도 쉽지 않을 것입니다. 결국 흥미도 수준도 아이가 푹 빠져 즐기고 있는지를 보고 판단하면 됩니다. 푹 빠져 즐기고 있는 한 시간을 낭비하고 있는 것이 아닙니다.

원칙 #2: 듣기보다는 보고 듣기

단순한 듣기보다는 가급적 보고 듣기가 되도록 해야 합니다. 지속적인 듣기를 통해 노출 시간을 많이 확보하는 것은 물론 중요합니다. 따라서 일상생활 속에서 영어를 큰 부담 없이 접할 수 있도록 오디오나 비디오를 틀어놓는 것이 나쁜 것은 아닙니다.

하지만 그렇다고 무작정 듣기만 하면 가뜩이나 부족한 시간을 충분히 효과적으로 사용하기 어렵습니다. 그런 의미에서 단순한 흘려듣기도 (상황의 이해를 돕는 그림이나 영상 없이) 오디오만으로 듣는 것도 적어도 어느 정도 듣고 이해하는 능력이 생기기 전까지는 별로 추천하고 싶지 않습니다.

영어 동화책의 읽어주기 녹음도 가급적 그림을 보면서 듣거나 영상이나 그림이 함께 제공되는 DVD나 유튜브 자료를 활용하는 것이 좋습니다.

원칙 #3: 학습과 목표 달성은 잊어라

500시간 듣기니 1,000시간 듣기니 하는 거창한 목표를 세워 진행하는 것도 별로 추천하고 싶지 않습니다. 많은 경우 명확한 목표를 세우고 그 목표를 달성하기 위해 구체적인 계획을 세워 진행하는 것은 물론 바람직한 일입니다. 하지만 시간을 앞당기려는 욕심이나 넘치는 의욕으로 아이를 다그친다면 득보다 실이 많을 것입니다.

영어도 학습도 목표 달성도 모두 잊고 그냥 편안한 마음으로 보고 듣기를 즐기려고 노력하시기 바랍니다. 그렇게 하다 보면 머지않아 지나칠 정도로 푹 빠지게 되어 오히려 절제를 생각해야 할 때가 올 것입니다.

원칙 #4: 읽어주기와 함께 진행하라

반드시 영어 동화책이나 그림책을 읽어주는 것과 함께 진행하시길 바랍니다. 영어책을 읽어주는 것은 영어를 가르치는 것이 아니라 아이와 함께 책을 보며 대화하고 세상을 여행하고 탐험하는 것입니다. 읽어주기와 함께 진행하면 동영상을 보고 듣는 것과 서로 상승 작용을 일으켜 영어의 소리를 듣는 능력이 커지는 것은 물론 어휘와 문법 구조의 습득도 더 빨라집니다. 또 음소 인식 능력뿐 아니라 파닉스도 자신도 모르는 사이에 상당 부분 자연스럽게 습득할 가능성이 매우 높습니다.

원칙 #5: 즐기면 반복은 저절로 된다

즐겨듣기 진행의 마지막 핵심 원칙은 반복에 관한 것입니다. 사실 같은 동영상을 반복하여 보고 듣는 것은 학습 효과 면에서 매우 바람직하지만 아이가 원치 않으면 굳이 반복할 필요가 없습니다. 우선 아이는 어른과 달리 일반적으로 반복을 좋아하고 다시 보는 것도 매우 즐깁니다. 따라서 좋아하는 동영상은 알아서 다시 볼 것입니다. 더구나 아이를 위한 책이나 동영상은 속성상 중요한 단어나 어구의 반복 비율이 매우 높습니다. 그러므로 흥미와 관심을 좇아 계속 보고 듣기를 즐기는 한 굳이 같은 것을 여러 번 보지 않아도 충분한 반복이 이루어집니다.

3장

영어책 읽어주기,
이렇게 한다

01

영어책 읽어주기의 진짜 효과

일석이조의 선택이다

아이가 어릴 때부터 좋은 책을 많이 읽어주는 것이 좋다는 것은 누구나 잘 압니다. 특히 모국어인 한국어로 된 책과 함께 아이에게 알맞은 좋은 영어책을 골라 조금씩 꾸준히 읽어주면 읽어주기가 갖는 본래의 장점을 충분히 누리면서 동시에 영어 문제의 해결을 위한 초석을 굳건히 다질 수 있으니 그야말로 일석이조의 선택이 될 수 있습니다.

그렇다면 영어책을 꾸준히 많이 읽어주면 실제로 어떤 점이 좋을까요? 이런저런 책에서 흔히 볼 수 있는 그런 이야기보다는 평범한 일상 속에서 누군가 실제로 경험한 이야기를 듣고 싶으시죠? 제가 지난 20여 년간 직접 보고 확인한 영어책 읽어주기, 특히 영어 그림책 읽어주기의 장점과 효과는 다음과 같습니다.

"흥미와 쉬움과 감동"의 세 박자

무엇보다 좋은 영어 그림책은 책 읽기의 가치와 즐거움을 경험하고 깨닫게 하는 데 필요한 "흥미와 쉬움과 감동"의 세 박자를 골고루 갖추고 있습니다. 먼저 영어 그림책에는 순수하고 천진난만한 아이들의 감성과 상상력을 최대한 자극해 아이들 스스로 많은 이야기를 만들어내게 할 수 있는 멋진 그림들이 있습니다. 즉, 칼데콧상 (Caldecott Medal) 수상작과 같은 영어 그림책 속에는 세계 최고의 그림쟁이들이 최고의 상상력과 창의력을 발휘해 그려낸 최고의 그림이 가득합니다. 그런 책들은 그림만으로도 충분히 훌륭하지만 그림이 글과 함께 환상적으로 어우러져 있다는 점에서 사실상 대체 불가능합니다.

모방 욕구와 창의성을 자극하는 스토리텔링

또 좋은 영어 그림책 속에는 아이들의 모방 욕구와 창의성을 자극하고 마음을 사로잡는 신기하고 흥미로운 이야기와 세계 최고의 이야기꾼들이 펼쳐내는 마치 신들린 듯한 스토리텔링이 있습니다. 영어 그림책 속의 이야기꾼들은 세상의 모든 아이들에게 들려주고 싶은 자신만의 이야기를 자신만의 개성 넘치는 목소리로 풀어놓습니다. 때로는 감미로운 속삭임으로, 때로는 우렁찬 외침으로 이야기하고, 때로는 세상을 모두 소유한 것 같은 여유로움과 편안함으로, 때로는 당장이라도 무슨 큰일이 터질 것 같은 급박함이나 초조함으로 아이들에게 다가옵니다. 쉽고 단순하지만 맛깔스런 영어 어휘와 표현들을 그야말로 마술사처럼 자유자재로 구사하기 때문에 자연스런 진짜 영어의 다채로운 모습을 접할 수 있습니다. 설사 영어를 잘 모르는 아이라도 영어의 말소리, 어휘와 문장 구조를 감각적으로 느끼고 즐길 수 있는 언어의 유희가 있습니다.

이와 같이 최고의 이야기를 최고의 이야기꾼들이 최고의 그림과 함께 최고의 언어로 들려주기 때문에 다른 것을 통해서는 도저히 생각하기 힘든 색다른 경험과 배움과 감동이 가능합니다.

영어책을 꾸준히 읽어주면

대체 불가능한 이와 같은 장점을 지닌 영어 그림책을 중심으로 아이들에게 영어책을 조금씩이라도 꾸준히 읽어주면 영어의 말소리를 듣고 구분하는 능력이 생깁니다. 또 음소 인식 능력은 물론 문자와 소리 사이의 관계인 파닉스도 상당 부분 자연스럽게 우연적으로 습득할 수 있어 문해력(literacy)의 기초가 튼튼해집니다.

그뿐이 아닙니다. 영어책을 꾸준히 읽어주면 영어의 어휘와 문법 구조까지 감각적으로 체득하게 됩니다. 영어 그림책 속에서 영어 어휘와 문장을 반복적으로 만나다 보면 흥미로운 스토리와 그림이 제공하는 문맥과 상황 묘사를 통해 각 어휘가 어떤 상황에서 어떤 의미로 쓰이는지 조금씩 깨닫게 됩니다. 영어 문법 규칙 같은 것을 따로 배우지 않아도 영어다운 표현에 눈을 떠갑니다. 구체적으로 명확하게 설명하기는 힘들어도 문법적이면서 자연스런 영어에 대한 감각 같은 것도 생기게 됩니다.

영어에 총체적으로 접근

꾸준히 영어 그림책을 읽어주고 함께 읽으면 영어를 모르는 아이라도 영어의 표현과 구조에 총체적으로 접근하게 됩니다. 아이들은 영어 표현이나 문장을 작게 나누어 분석하고 각 부분을 이해한 후 이를 조합해 전체를 파악하는 분석적 능력이 부족합니다. 하지만 이야기 속에서 단어와 문장의 의미나 쓰임을 총체적으로 받아들이고 이해하는 것은 쉽게 잘합니다.

따라서 학습은 잊고 이야기에만 집중하도록 도와주면 아이들은 보통 개별 영어 표현의 의미나 문장 구조는 신경 쓰지 않고 그림, 몇 개의 아는 단어, 문맥 등 파악 가능한 모든 단서를 동원해 전체 내용을 짐작하고 이야기를 즐기는 데 몰두하게 됩니다. 그 과정에서 단어의 의미와 사용법을 조금씩 깨닫게 되고 이러한 작은 깨달음이 계속 누적되어 영어를 듣고 이해하는 능력이 발전하는 것입니다. 그리고 때가 되었을 때 파닉스를 가르쳐 문자를 해독하고 단어를 읽어내는 요령을 알려주면 총체적인 학습과 분석적인 학습을 상호 보완적으로 병행하게 되므로 읽기 능력을 훨씬 쉽고 효과적으로 발전시킬 수 있습니다.

아이를 위한 것인지, 나를 위한 것인지

한편, 그림책을 꾸준히 읽어주다 보면 그 과정에서 엄마 아빠도 아이와 많은 것을 함께 경험하고 공유하며 정서적인 교감을 나누게 됩니다. 일상을 벗어나 더 넓은 세상의 구석구석을 아이와 함께 여행하고 탐험하며 우리와는 다른 사람들의 다양한 삶과 생각과 문화를 배우고 대화할 수 있습니다. 이런 다채로운 경험과 배움을 통해 많은 지식과 지혜를 얻고 나와 다른 사람들에 대해서도 열린 마음을 갖게 됩니다.

무엇보다 함께 즐긴 그림책 속의 이야기와 이를 통한 경험과 감동을 매개체로 하면 어린아이와도 일상적인 수준을 넘어서는 다양하고 깊이 있는 대화를 나눌 수 있습니다. 동심의 세계로 돌아가 아이와 함께 즐기며 정서적으로 교감하고 대화를 나누다 보면 아이뿐 아니라 엄마 아빠도 정신적으로 성장하고 작지만 큰 깨달음도 꾸준히 얻게 됩니다. 나중에는 그림책을 읽어주는 것이 아이를 위한 것인지 아니면 나를 위한 것인지 구분이 잘 가지 않게 될 수도 있습니다.

오늘 당장 시작하라

혹시라도 영어 실력이 부족해 영어책 읽어주기의 이런 장점과 효과가 나와는 거리가 먼 남의 이야기처럼 생각되십니까? 나중에 자세히 설명하겠지만 사실은 영어 실력이 부족해도, 영어 발음이 좋지 않아도 큰 문제가 되지 않습니다. 실력이 없다는 한탄이나 변명을 하기보다는 당장이라도 아주 쉬운 영어 그림책을 한두 권 골라 아이에게 읽어주기를 시작하는 것은 어떨까요? 영어 그림책 읽어주기를 통해 아이와 아이의 영어도 돕고 스스로와 스스로의 영어도 돕는 일석이조의 효과를 노려보는 것은 어떨까요?

02

영어책 읽어주기는 언제부터
시작하는 것이 좋을까?

영어책 읽어주기의 시작은 보통 영어를 잘 모르는 아이를 대상으로 하므로 알파벳이나 쉬운 단어 위주의 책이 아니라면 대부분 그림책을 읽어주는 것이 될 겁니다. 그렇다면 영어 그림책 읽어주기는 언제부터 시작하는 것이 가장 좋을까요? 많은 엄마 아빠들이 궁금해하시고 실제로 자주 물어보는 질문입니다. 그리고 교육적으로는 물론 사회적으로도 민감한 영어교육의 시작 시기와 맞물려 논란이 많은 문제이기도 합니다. 그래서인지 답변도 각자의 경험이나 배경에 따라, 영어의 조기 교육에 대한 견해에 따라, 처한 상황이나 입장에 따라 아주 다양한 듯합니다.

최적의 시기는 없다, 하지만…

그래서 언제가 최적의 시작 시기냐고요? 제 답변은 모두에게 적용되는 최적의 시기는 없다는 것입니다. 그냥 좋은 책을 읽어주고 함께 책을 보며 대화를 나누고 즐긴다는 측면에서 바라보면 아이의 나이가 좀 어려도 결코 나쁜 일은 아닌 듯합니다. 하지만 모국어인 한국어와 한국어 읽기가 어느 정도 자리 잡힌 후에 시작해도 늦지 않다는 것이 제 생각입니다.

다만 제 개인적 경험으로 볼 때 일찍 시작하면 한국어든 영어든 언어를 크게 가리지 않고 두 언어를 자연스럽게 받아들이기 쉽다는 장점이 있는 것 같습니다. 반면 나이가 들고 학년이 올라갈수록 학교의 내신과 입시를 위한 영어 공부를 생각하지 않을 수 없기 때문에 현실적으로 영어를 충분히 보고 듣거나 영어책 읽기를 즐기는 것이 어렵게 됩니다.

아무튼 시작은 좀 빨라도, 좀 늦어져도 큰 문제가 되지 않으니 각자의 상황에 맞는 적절한 시기를 선택하면 됩니다. 언제 시작하든 아이가 자연스럽게 영어책 읽어주기와 영어책 보기를 즐기게 되면 좋은 일입니다. 하지만 그런 경우에도 모국어인 한국어가 우선되어야 하므로 한국어로 된 책을 읽어주는 것과 적절한 균형을 맞추어 진행하는 것이 바람직합니다.

시작 시기보다 중요한 것은

사실 시작 시기보다 더 중요한 것은 책 읽기를 즐기는 것입니다. 영어 그림책을 읽어주는 것은 (영어책이 아니라) 그냥 책을 읽어주는 것이 되어야 합니다. 한국어로든 영어로든 좋은 그림책을 아이와 함께 보고 책 읽기를 즐기는 것입니다. 좋은 책을 함께 읽으며 대화를 나누고 정서적으로 교감하는 것이 영어책 읽어주기의 핵심이 되어야 합니다.

학습으로 변질되면 곤란하다

그런 의미에서 영어 그림책을 읽어주는 것이 영어 학습으로 변질되면 곤란합니다. 너무 학습적인 관점에서 접근하는 것은 아이의 올바른 성장을 위해서는 물론 영어 자체를 위해서도 결코 바람직하지 않습니다. 학습 같은 것은 처음부터 가급적 생각하지 말고 책 읽기로서의 영어 그림책 읽기를 즐기고 삶의 자연스런 일부로 만들어가야 합니다. 이것은 아이가 어려서 굳이 영어 학습을 염려할 필요가 없을 때는 물론이고 학년이 올라가면서 공부의 필요성이 점점 커져도 마찬가지로 중요합니다.

아이와 함께 책을 보고 읽는 것을 즐김으로써 책 읽기의 가치와 즐거움을 깨닫고 경험하도록 하는 것에 주력해야 합니다.

매일 조금씩이라도 꾸준히, 아이의 속도에 맞추어 천천히

아이에게 영어책을 읽어주는 것은 매일 조금씩, 꾸준히, 아이의 속도에 맞추어 천천히 진행하는 것이 좋습니다. 남들에 비해 좀 늦게 시작했어도 절대 서두르거나 욕심 내지 않기를 바랍니다. 또 대단한 효과를 보장하면서 우리의 눈과 귀를 사로잡고 마음을 혼란스럽게 만드는 선전이나 광고에 현혹되지 않는 것이 중요합니다. 주변의 분위기나 주위 사람들의 말에도 휘둘리지 말아야 합니다.

엄마의 귀가 얇을수록 아빠의 마음이 우유부단할수록 다시는 돌아오지 않을 어린 시절의 귀중한 시간과 엄청난 기회비용을 낭비하게 될 가능성이 높아집니다. 당장 눈에 보이는 성과나 엄마 아빠의 체면이 아니라 내 아이의 진짜 실력과 발전이 중요합니다. 6개월이나 1년 후가 아니라 5~6년 후를 바라보아야 합니다. 큰 그림을 가지고 때로는 무소의 뿔처럼 혼자서 가는 용기와 우직함이 아이의 행복과 진짜 성공을 위해 정말 필요합니다.

03

영어를 모르는 아이에게
영어책을 읽어주는 것이 가능할까?

아이에게 영어책을 읽어주려고 할 때 자신의 영어 실력 때문에 고민하는 엄마 아빠도 적지 않지만 아이가 영어를 모르기 때문에 염려하는 엄마 아빠가 더 많은 듯합니다. 그래서 이렇게들 물어보십니다.

"아이가 영어를 정말 하나도 모르는데 영어책을 읽어주는 것이 가능한가요?"
"가능하다고 해도 읽어주는 것이 의미가 있나요?"
"의미가 있다면 영어를 모르는 아이에게 대체 어떻게 영어책을 읽어줘야 하나요?"

이제부터는 이런 궁금증을 하나씩 순서대로 다루어보려고 합니다. 먼저, 영어를 모르는 아이에게 영어책을 읽어주는 것이 가능할까요? 읽어주는 것이야 어떤 형태로든 가능하다고 하더라도 그렇게 하는 것이 과연 의미가 있을까요?

한국어로 된 책은 어떻게 읽어주었나?

네, 당연히 가능합니다. 가능하기만 한 것이 아니라 충분한 의미가 있습니다. 그것이 어떻게 가능한지, 어떻게 의미를 지닐 수 있는지 궁금하시죠? 하지만 왜 가능한지 설명하기 전에 먼저 묻고 싶습니다.

"아이에게 우리말로 된 책을 읽어주신 적이 있으시지요?"
"그때 어떻게 하셨는지 기억하십니까?"

아마 별생각 없이 그냥 아이에게 좋다고 생각되는 책을 골라 읽어주셨을 겁니다. 아이가 혼자서 책을 읽을 수는 없어도 듣고 이해할 수는 있기 때문에 읽어주기만 하면 충분히 내용을 이해하고 즐길 수 있었을 테니까요.

그렇다면 혹시 아직 말을 잘하지 못하는 아이에게 책을 읽어주신 적은 없었나요? 아이가 아직 말을 잘하지 못할 때뿐 아니라 아예 말을 거의 알아듣지 못할 때에도, 심지어는 아이가 엄마 뱃속에 있을 때에도 책을 읽어주셨을 겁니다. 그때는 어떻게 했는지 기억하십니까? 그 경우에도 아이가 말을 알아들을 수 있을 때와 거의 똑같이 아이에게 좋다고 생각되는 책을 골라 별다른 고민이나 준비 없이 그냥 읽어주셨을 겁니다. 함께 책을 들여다보면서 이것저것 설명도

해주고 아이와 대화하고 스킨십도 하면서 말이죠.

영어책 읽어주기도 마찬가지다

영어 그림책을 읽어주는 것도 크게 다르지 않습니다. 영어책이 아니라 그냥 책을 읽어주는 것입니다. 아니, 책을 읽어준다기보다 아이가 좋아하는 그림책을 함께 보며 즐기고 교감하고 대화하는 것입니다. 아이와 함께 세상을 신나게 여행하고 탐험하는 것입니다.

어떤 언어로 된 책을 읽든 책 읽기의 핵심은 책을 보거나 읽으면서 내용을 파악하고 상상의 나래를 펼치는 것입니다. 아이가 어릴 경우에는 내용 파악을 완벽하게 하려고 애쓸 필요가 없습니다. 아이들은 내용 파악이 완벽하게 되지 않아도 어른들처럼 크게 답답해하거나 책 읽기를 즐기는 데 방해받지 않습니다. 더구나 아이들은 어릴수록 글의 내용보다는 (소리의 장단이나 강약이 반복될 때 느껴지는) 리듬과 (같은 소리가 단어의 처음과 끝에서 조화롭게 반복되어 흥을 느끼게 해주는) 라임(rhyme) 같은 것에 더 민감하게 반응하고 그런 소리의 패턴을 즐깁니다.

학습은 잊고 그냥 즐겨라

따라서 학습 같은 것은 생각지도 말고, 완벽한 이해 같은 것도 욕심

내지 말고 그림을 보고 스토리를 즐기는 데 집중하는 것이 좋습니다. 아이는 실제로 영어를 전혀 몰라도 그림을 보고 많은 것을 이해하고 상상할 수 있습니다. 엄마 아빠가 여유를 가지고 잘 이끌어주기만 하면 호기심을 가지고 많은 질문을 하게 됩니다.

사실은 아이가 흥미를 느끼는 주제라면 언어를 가릴 필요가 없습니다. 아이가 원한다면 설사 글이 좀 많은 책도 괜찮습니다. 그런 책은 그림 위주로 감상하고 이야기와 관련된 설명을 쉽고 간략하게 하면서 책 보기를 즐기면 됩니다.

아이가 좋아하고 충분히 쉬운 책

아이에게 영어책을 읽어주려면 먼저 알맞은 영어책을 골라야 하겠지요? 이를 위해서는 영어로 된 좋은 그림책 가운데 충분히 쉽고 아이가 흥미 있어 하는 책을 고릅니다. 여기에서 충분히 쉽다는 것은 그림만 보고서도 이야기의 흐름을 짐작하고 내용을 이해할 수 있는 책을 말합니다.

아이가 좋아하는 영어책은 어떻게 알 수 있냐고요? 영어 그림책이 많은 도서관이나 서점에 나가 아이와 함께 천천히 산책하듯 서가를 돌아봅니다. 진열된 영어 그림책을 표지 그림 위주로 살펴보면서 아이가 마음 가는 대로 선택하게 하면 됩니다.

아이의 속도에 맞추어 천천히

알맞은 영어 그림책을 골랐다면 이제부터는 아이의 속도에 맞추어 천천히 여유 있게 진행하면 됩니다. 이때는 우리나라 사람들의 빠르고 효율적인 "빨리빨리"보다 중국 사람들의 느리고 느긋한 "만만디(慢慢的)"가 훨씬 유리합니다.

그림 위주의 책으로 시작해 단어가 좀 더 있는 책으로 가고, 한 문장으로 된 책에서 두세 문장 정도를 담은 책으로, 그리고 준비가 되었을 때 자연스럽게 여러 문장으로 쓰인 책으로 천천히 진행합니다. 엄마나 아빠의 속도가 아닌 아이의 속도에 맞추는 것이 중요합니다. 내 아이보다 더 빠르거나 더 잘하는 다른 아이가 아닌 내 아이의 속도에 맞춰야 합니다. 아이가 좋아하는 책, 충분히 쉬운 책을 골라 천천히 진행하면 큰 거부감 없이 영어 그림책을 접하게 되고 서서히 그림책 속의 세계에 빠져들게 됩니다.

04

영어책을 읽어주는 요령:
그림 읽기

영어를 모르는 아이에게도 영어책을 읽어주는 것이 얼마든지 가능하고 충분히 의미가 있다는 것을 아셨으니 이젠 궁금하시죠, 그런 아이에게 어떻게 영어책을 읽어줘야 하는지? 경험이 없는 엄마 아빠들에게는 아이에게 영어책을 읽어주는 일이 결코 쉽지 않게 느껴질 겁니다. 아이가 영어를 모를 때는 그 일이 훨씬 더 어렵다고 생각하시는 것 같고요. 하지만 알게 되실 겁니다. 아이가 영어를 알든 모르든 영어책을 읽어주는 일이 그동안 생각했던 것만큼 크게 어렵지는 않다는 것을. 자, 그럼 이제 시작해볼까요? *

● 아동 영어교육 현장에서 영어 그림책 읽어주기는 보통 읽기 전 단계(before reading), 읽어주기 단계(during/while reading), 읽기 후 단계(after reading)의 세 부분으로 나누어 진행합니다. 이 가운데 읽기 후 단계의 독후 활동(post-reading activities)에 대해서는 별도의 글에서 따로 다루고, 여기에서는 실제 영어책을 읽어주는 것에 집중하여 설명합니다.

그림을 먼저 읽어라

본격적인 읽어주기로 들어가기 전에 하는 읽기 전 활동(pre-reading activities)의 핵심은 먼저 그림을 읽는 것입니다. 왜 그래야 하느냐고요? 어른들도 크게 다르지 않겠지만 우선 아이들은 일반적으로 글보다 그림에 훨씬 더 주목합니다. 또 "백문불여일견(百聞不如一見)"이란 표현이 말해주듯 많은 경우 백 번을 듣거나 백 마디 말을 듣는 것보다 그림 하나를 봄으로써 더 많은 것을 느끼고 배울 수 있습니다. 아이가 영어를 잘 모를 경우에는 더욱 그러합니다. 따라서 영어 그림책 읽기에서는 글보다 먼저 그림을 읽어야 합니다. 그리고 읽어주기로 들어가기 전에 무엇을 어떻게 하면 좋은지도 이러한 그림 읽기를 중심으로 살펴보면 이해가 쉽습니다.

표지 그림을 보며 내용을 예상해보라

먼저 그림책의 표지를 봅니다. 그냥 가볍게 훑어볼 수도 있지만 가급적 약간의 공을 들여 살펴보기를 추천합니다. 여유를 가지고 앞뒤 표지의 그림을 찬찬히 관찰하고 등장인물과 책 속에서 전개될 이야기에 대해 함께 생각해봅니다. 표지 그림과 함께 제목을 보고 책의 내용을 예상하며 자유로운 상상이나 연상을 통해 생각한 것을 확장해봅니다. 책에 따라서는 표지를 포함한 책의 모든 부분이 모여 하나의 완결된 작품을 만드는 경우도 있으니 그런 가능성도 염두에 두어야 합니다.

작가명과 수상작 등에도 주의를 기울여라

또 그림책 작가의 이름을 읽어주는 것에도 주의를 기울입니다. 특히 자주 봐서 어느 정도 친근해진 이름이라면 앞으로 아이에게 두고두고 지혜와 영감의 원천으로 남을지도 모를 최고의 그림쟁이나 이야기꾼의 이름이니 올바른 발음을 알아보고 연습하여 멋지게 읽어주고 아이와도 함께 발음해봅니다.

　표지에 칼데콧상 수상작이나 가이젤상 수상작(Geisel Award)처럼 수상작임을 나타내는 메달이나 표시가 보이면 그 상에 대해서도 알려주고 이야기해봅니다. 때로는 책을 출간한 출판사의 이름, 책에 찍힌 바코드나 ISBN 번호처럼 사소해 보일 수 있지만 나름의 의미를 지니는 것들에 대해서도 관심을 기울입니다.

그림을 넘겨보며 내용을 추측하라

다음에는 책 속의 그림을 보면서 주요 상황과 줄거리, 기타 내용을 추측해봅니다. 여기에 무슨 특별한 기술이나 요령이 있는 것은 아닙니다. 그냥 편안한 마음으로 아이와 함께 살펴보면서 그림에서 보이는 것과 느껴지는 것에 대해 의견을 나누면 됩니다. 여유를 가지고 자유롭게 유추하고 상상하고 대화하며 함께 이야기를 만들어봅니다. 책의 내용과 달라도 상관없습니다. 아이의 창의적 발상을 허용하고 적극적으로 격려해야 합니다. 이때 중요한 것은 읽어줄 영어 그림책에 대한 아이의 이해를 돕고 흥미를 유발하여 아이가 읽기에 능동적으로 참여하도록 유도하는 것입니다. 단순한 읽어주기에 그치기보다 능동적인 참여를 통해 아이 스스로의 책 읽기가 되도록 도와주어야 합니다.

그림을 위주로 키워드에 노출시켜라

마지막으로, 책에 나오는 중요한 영어 표현에 아이를 노출시키고 친숙해지게 합니다. 내용 이해에 도움이 될 영어 표현에 주목하게 하고 키워드의 스펠링과 발음, 의미가 낯설게 느껴지지 않도록 하는 것입니다. 그 과정은 가급적 삽화를 통해 이루어지는 것이 좋습니다. 주목할 단어를 미리 정해놓지 않아도 괜찮습니다. 책 속의 삽화를 보면서 각 그림과 쉽게 매칭되는 단어를 중심으로 소개하고 살펴보면 충분합니다.

어떤 상황에서 어떻게 쓰이는지 설명하라

무엇보다 이러한 활동이 단어 학습이 되지 않도록 조심해야 합니다.

너무 많은 영어 표현을 다루려고 욕심내지 말고 주인공의 이름이나 반복되는 핵심 표현 등 중요한 최소한의 것에 국한하는 것이 좋습니다. 덩어리 표현은 개별 단어의 한국어 뜻을 알려주거나 해석해주기보다 어떤 상황에서 어떤 용도로 사용되는지를 설명해줍니다. 다음과 같이 말입니다.

"I'm sorry는 상대에게 어떤 실수나 잘못을 했을 때 하는 말이야. That's too bad는 누군가에게 무언가 좋지 않은 일이 일어났을 때 하는 말이고."

05

영어책을 읽어주는 요령:
읽어주기

핵심 표현, 제목과 작가 이름

아이가 책의 전체 분위기와 흐름을 어느 정도 파악했다고 판단되면
드디어 아이에게 본격적으로 영어 그림책을 읽어줄 때가 된 것입니
다. 맨 처음은 책 제목과 작가 이름을 읽어주는 것으로 시작합니다.
같은 책을 여러 번 반복하는 경우에도 책 제목과 작가 이름은 언제
나 다시 읽어주는 것이 좋습니다.

강약과 고저, 그림과 소리의 맛

읽어줄 때에는 아이와 마주 보거나 옆에 나란히 앉기보다 가급적
무릎에 앉히고 그림책을 함께 바라보면서 차분한 목소리로 천천히

읽어줍니다. 필요에 따라 목소리의 높낮이와 강약을 적절히 조절하여 감정이 잘 표현되도록 합니다. 또 텍스트 읽기에만 몰두하지 말고 아이가 그림을 보고 느끼며 소리의 맛도 음미할 수 있도록 돕고, 글과 그림과 소리의 조화에서 다양한 이미지를 떠올릴 수 있도록 여유를 가지고 진행합니다. 특히 책 속의 영어가 지닌 리듬과 라임은 흥미로운 스토리 못지않게 아이를 자극하고 영어 능력 발달에도 기여합니다. 따라서 작가가 의도한 언어의 유희를 최대한 감각적으로 느낄 수 있도록 도와줘야 합니다.

아이의 능동적인 참여와 상호 작용

처음부터 작은 것이라도 구체적인 역할과 참여 방안을 마련하여 책 읽기에 아이가 능동적으로 참여할 수 있도록 격려하고 배려하는 것이 좋습니다. 예를 들어, 책의 페이지를 넘기게 할 수도 있고, 반복되는 쉬운 표현을 함께 읽거나 아이 혼자 읽어보도록 할 수도 있습니다.

또 활발히 상호작용하고 정서적인 교감을 나누는 것이 중요합니다. 아이의 흥미를 유발할 요소를 발견하면 그냥 넘기지 말고 질문을 통해 이해를 돕고 호기심과 상상력을 자극합니다. 그리고 이를 아이와 대화하고 소통할 기회로 만들어 가급적 많은 상호 작용을 하도록 노력합니다. 이와 같이 책 내용을 매개체로 활발하게 상호 작용하고 교감하면 아이는 책에 더 많은 관심을 가지고 호기심을 발전시키게 됩니다.

번역이나 해석은 자제하라

책 읽기를 즐기기 위해 모든 단어와 문장의 의미를 다 알 필요는 없습니다. 내용의 전체적인 흐름을 파악하고 즐기는 것이 중요하므로 일부 모르는 단어나 표현이 있더라도 크게 신경 쓰지 말고 스토리에 집중하도록 해야 합니다.

또 영어 표현을 한국어로 번역하거나 해석해주는 것은 바람직하지 않습니다. 그렇게 하면 아이가 영어로 이해하고 영어로 생각하며 영어로 표현하는 것을 어렵게 만듭니다. 모든 것을 가급적 영어로 느끼고 이해하도록 하고 어려운 단어는 번역해주기보다 쉽게 바꾸어 설명(paraphrasing)해주는 것이 좋습니다.

한국어 사용을 두려워 말라

아이와 대화하고 설명할 때 영어 사용을 고집할 필요도, 한국어 사용을 두려워할 필요도 없습니다. 능숙하다면 영어를 사용하는 것도 좋지만 자신이 없다면 아이의 이해를 돕기 위해 한국어를 써도 큰 문제가 없습니다. 물론 영어와 한국어를 혼용하는 것도 그리 나쁜 선택이 아닙니다. 영어를 가르치려는 생각이나 욕심은 모두 버리십시오. 한국어로든 영어로든 책 내용을 매개체로 아이와 진솔한 대화를 나누는 것이 중요합니다.

억지로 반복하게 하지 말라

아이가 반복을 원하면 원하는 만큼 반복해 읽어줍니다. 하지만 원하지 않으면 굳이 반복할 필요가 없습니다. 그냥 아이가 관심을 보이는 다른 책을 찾아 읽어주십시오.

학습 효과를 높이기 위해 억지로 반복시키면 얻는 것보다 더 많은 것을 잃게 됩니다. 반복이란 것은 같은 책을 여러 번 읽지 않아도 많이 읽으면 저절로 해결되는 것입니다. 사실은 이야기의 계속되는 마력에 빠져 많은 책을 읽어나가는 것이 훨씬 효과적인 반복의 방법입니다.

익숙해진 책의 능동적 읽기

여러 번 반복하여 내용과 영어 표현에 익숙해진 책은 아이와 대화하듯 함께 읽으면 좋습니다. 내용을 약간 바꾸거나 생략하여 아이가 알아차리고 지적하게 하거나 수정하도록 하는 것도 책 읽기를 더 흥미롭게 만듭니다.

한 가지 더 추천하고 싶은 것은 아이에게 자신의 언어로 책 내용을 재구성해 말해보도록 하는 것입니다. 이런 바꾸어 말하기 활동 (retelling)은 아이의 책 읽기를 한 차원 높일 수 있는 좋은 방법입니다. 이 활동을 꾸준히 하면 어휘력과 표현력이 향상되고 또 사건을 순서대로 배열하고 논리적으로 사고하는 능력도 발전합니다.

엄마의 발음이 어떻게 다른지 알려줄래?

책을 다 읽어준 후에는 녹음 파일이나 CD 혹은 유튜브에서 찾은 읽어주기 동영상을 활용해 원어민의 발음으로 다시 들어봅니다. 이때 녹음이나 동영상을 엄마나 아빠 없이 아이 혼자 듣거나 보게 하는 것은 바람직하지 않습니다. 다른 사람이 읽어주는 것을 들을 때에도 엄마 아빠와의 교감과 대화가 여전히 중요하기 때문입니다.

엄마 아빠의 영어 실력이 뛰어나면 뛰어난 대로, 부족하면 부족한 대로, 발음이 좋지 않으면 좋지 않은 대로, 엄마 아빠의 읽기와 원어민의 읽기가 어떻게 다른지에 대해서도 편안한 마음으로 아이와 대화를 나누어봅니다.

"엄마 아빠의 발음과 어디가 어떻게 다른지 알려줄래?"

이렇게 하면 아이는 원어민의 자연스럽고 정확한 발음과 엄마 아빠의 약간은 어색한 발음을 분명히 구분하면서도 두 발음을 모두 너그럽게 받아들이게 됩니다.

자세히 오래 봐야 한다

마지막으로 강조하고 싶은 게 하나 있습니다.

　아이에게 영어 그림책을 읽어주고 함께 읽는 것은 아무리 천천히 가도 결코 나쁘지 않습니다. 아니, 천천히 가는 것이 꼭 필요합니다. 진심으로 아이가 영어 그림책 읽기의 마법에 빠지길 원한다면, 무엇보다 여유를 가지고 천천히 진행하여 책을 자세히 오래 볼 수 있도록 해주어야 합니다.

　혹시 나태주 시인의 〈풀꽃〉이라는 시를 아십니까? 짧은 시이니 직접 인용해보겠습니다.

　자세히 보아야 예쁘다
　오래 보아야 사랑스럽다
　너도 그렇다

　그렇습니다. 세상의 모든 것은 충분히 자세히 그리고 충분히 오래 보아야 그 가치를 제대로 느끼고 제대로 알 수 있습니다. 아이에게는 낯설 수밖에 없는 영어책 읽기도 마찬가지입니다. 풀꽃의 아름다움을 감상하듯 여유를 가지고 자세히 오래 보아야 합니다. 아이는 물론 엄마 아빠도 그렇게 해야만 영어 그림책 읽기의 가치를 깨달을 수 있고 진짜 영어책 읽기의 마법에 푹 빠질 수 있습니다.

조금씩, 꾸준히, 제대로, 아이의 속도에 맞추어 천천히

따라서 영어 그림책을 읽어줄 때에는 책 속의 삽화를 충분히 살펴보고 아이가 쏟아내는 모든 질문에 정성스럽게 답변하고 충분히 대화해야 합니다. 한꺼번에 많은 책을 읽어주려고 욕심내지 마십시오. 엄마나 아빠가 원하는 속도가 아니라 아이가 편안하게 느끼는, 아이의 속도에 맞추어 영어 그림책을 읽어주고 내용을 충분히 즐긴 후 비로소 다른 책으로 넘어가야 합니다.

다시 한 번 말씀드리지만, 조금씩, 꾸준히, 제대로, 아이의 속도에 맞추어 천천히 진행하는 것이 결과적으로 가장 멀리, 가장 빨리, 그리고 가장 확실하게 갈 수 있는 방법입니다.

06

실력 없는 엄마나 아빠가 읽어주면 아이가 실망하지 않을까?

요즘에는 뛰어난 영어 실력을 갖춘 분들이 많은 것 같습니다. 하지만 여전히 대부분의 엄마 아빠는 자신의 영어 실력이 부족하다고 느끼며 아이에게 영어책을 읽어주는 것에도 자신 없어 합니다. 영어 실력이 없는 엄마나 아빠가 영어책을 읽어주면 아이에게 도움이 되기는커녕 오히려 방해가 되지 않을까 염려하십니다. 더구나 어린이집이나 유치원, 영어 도서관이나 문화 센터 등의 영어 스토리텔링 수업에서 전문가가 능숙한 발음으로 멋들어지게 영어책을 읽어주는 것을 보면 꽤 실력이 있는 엄마 아빠라도 왠지 주눅이 들고 그런 염려가 더 커지기 마련입니다.

여러분은 어떻게 생각하십니까? 영어 스토리텔링 전문가의 멋진 스토리텔링이 엄마나 아빠의 소박한 읽어주기보다 더 효과적이며 바람직하다고 여기시나요? 여러분이 직접 아이에게 영어책을 읽어주면 엄마 아빠의 부족한 영어 실력 때문에 아이가 실망하고 영어나 영어책 읽기에 흥미를 잃을 것이라 생각하십니까?

염려가 되는 것은 당연하다

영어 스토리텔링 전문가나 영어 교사의 멋지고 화려한 스토리텔링 그 자체는 아주 좋습니다. 그중에서도 실력이 뛰어난 분들은 제가 들어보아도 어쩌면 그렇게 잘할 수 있는지 놀랍고 감탄이 절로 나옵니다. 사실은 굳이 그런 대단한 분들이 아니더라도 근처 학원이나 방과후 영어 수업에만 가봐도 엄마 아빠보다 영어책을 훨씬 잘 읽어주는 분들이 많이 있습니다.

따라서 그런 전문가나 교사의 멋진 스토리텔링을 맛본 아이가 엄마의 소박하고 평범한 읽어주기에 실망하고 영어에 흥미를 잃게 되지는 않을까 걱정하는 것은 어찌 보면 아주 당연하다는 생각이 듭니다.

오히려 더 바람직한 소박한 읽어주기

하지만 이 모든 것에도 불구하고 재능은 물론 실력이나 경험도 부족한 엄마나 아빠의 담백하고 소박한 읽어주기가 더 좋을 수 있습니다. 우선, 좋은 책은 스토리와 그림만으로도 충분히 재미있고 아이의 마음을 사로잡기에 모자람이 없습니다. 영어책을 읽어줄 때 목소리의 강약, 고저, 장단, 음색을 적절히 조절하는 것도 중요하지만 연기하듯 너무 오버할 필요는 없습니다. 화려하고 멋진 스토리텔링은 당장은 아이의 관심을 끌겠지만 책 읽기 자체의 묘미를 느끼거나 작가의 진짜 목소리를 듣는 데에는 오히려 방해가 될 수 있습니다. 사실 아이가 책 속에 푹 빠져 스토리를 즐기고 책 읽기의 참맛을 깨닫게 하려면 읽어주는 사람은 가급적 스스로를 감추고 작가의 진짜 스토리텔링이 드러나게 해야 합니다. 진짜 좋은 책이라면 읽어주는 전문가의 스토리텔링이 아무리 훌륭해도 작가의 스토리텔링을 대체할 수는 없는 법입니다.

좋은 책을 읽어주고 대화하고 즐기는 것

앞서 여러 차례 강조했던 것처럼, 그림책이든 글이 많은 책이든 영어책을 읽어준다고 하는 것은 본질적으로 책을 읽어주는 것입니다. 중요한 것은 영어가 아니라 아이와 함께 책 속의 세계를 여행하고 탐험하며 대화하고 공감하고 서로의 존재를 느끼며 교감하고 즐기는 것입니다. 비록 우리는 지금 주로 영어책 읽기에 대해 이야기하고 있지만 모국어인 한국어로든 외국어인 영어로든 좋은 책을 많이 읽고 즐기는 것이 중요한 이유도 바로 이러한 책 읽기의 본질 때문입니다.

본질을 가장 잘 구현할 수 있는 사람은?

내 아이를 위해 책 읽기의 이러한 본질을 가장 잘 구현할 수 있는
사람이 누구인지 아십니까? 그 사람은 뛰어난 영어 실력과 많은 경
험을 가진 전문가가 아닙니다. 바로 내 아이를 가장 사랑하고 잘 아
는 엄마 아빠입니다. 어디에 있든 무엇을 하든 내 아이가 가장 함께
하고 싶어 하는 엄마와 아빠입니다. 이 사실은 엄마 아빠의 영어 실
력이 부족해도, 유창한 발음으로 멋지게 읽어주는 재능이 모자라도
전혀 변하지 않습니다.

매일 먹는 밥을 대신할 순 없다

영어로든 한국어로든 책을 읽어주는 것은 매일 먹는 밥과 같습니다.
때로는 외식을 하거나 별미를 먹는 것도 필요합니다. 그렇지만 아이
의 건강과 성장을 생각한다면 외식이나 별미가 매일 먹는 밥을 대
신할 수는 없습니다. 또 가끔씩은 과식도 할 수 있고 자극적인 음식
도 나쁘기만 한 것은 아닐 겁니다. 하지만 그러한 것들이 너무 자주
라면 아이의 건강과 성장에 도움은커녕 오히려 해가 될 것입니다.
　"역시 밥이 보약이다"라는 말의 의미를 제대로 깨닫고 실천해야
합니다. 그래야만 건강을 유지하고 올바르게 성장할 수 있습니다.
영어책 읽기도 마찬가지입니다. 엄마 아빠의 담백하고 소박한 영어
책 읽어주기가 매일 꾸준히 지속되어야 합니다. 그래야만 아이의 영

어 실력도 탄탄하게 기초가 잡히고 혼자서 영어책을 읽을 준비도 제대로 갖추어집니다. 영국이나 미국에서의 책 읽어주기가 가정에서든 학교에서든 도서관에서든, 엄마 아빠가 하든 전문가가 하든 화려한 스토리텔링이 아니라 조용하고 담백한 읽어주기인 이유를 한 번쯤은 진지하게 생각해볼 필요가 있습니다.

07

엄마 아빠의 엉터리 발음이
아이의 영어 발음을 망치지는 않을까?

엄마 아빠들이 염려하시는 또 하나의 문제는 부모의 엉터리 발음이 아이의 영어 발음을 망치게 되지는 않을까 하는 것입니다. 이런 염려는 어릴 때부터 영어를 배웠거나 영어를 사용하는 나라에서 상당 기간 거주한 경험이 있어 영어 발음이 유창한 경우가 아니라면 영어를 꽤 잘하는 엄마 아빠들도 함께 가지고 있는 고민입니다.

여러분은 어떻게 생각하십니까? 영어책을 읽어주는 엄마 아빠의 발음이 좋지 않으면 정말 아이의 영어 발음을 망치게 될까요? 그래서 비용이 좀 들더라도 학원에 보내거나 과외를 시키고 전문가에게 맡기는 게 바람직할까요?

그런 일은 생기지 않는다

단언하건대 그런 일이 일어날 가능성은 지극히 적으니 크게 염려하지 않아도 됩니다. 다시 한 번 분명히 말씀드립니다. 엄마 아빠의 발음이 엉터리라고 해도 아이의 영어 발음이 잘못되는 일은 생기지 않습니다.

단, "아이가 엄마나 아빠의 영어만 듣는 것이 아니라면"이라는 전제하에서입니다. 만일 아이가 꽤 오랫동안 영어 공부를 해왔는데도 영어 발음이 좋지 않거나 자연스럽지 못하다면 그것은 엄마 아빠가 엉터리 발음으로 영어책을 읽어주었기 때문이 아니라 올바른 발음을 충분히 듣지 못했기 때문입니다.

발음은 저절로 유창하게 된다

본서의 추천대로 재미있는 영어 동영상을 쉬운 것부터 골라 꾸준히 즐기는 동시에 엄마 아빠가 읽어준 영어책을 원어민의 발음으로도 들어볼 기회를 갖게 하면 아이는 거의 예외 없이 꽤 유창한 영어 발음을 익히게 되어 있습니다.

처음에는 영어를 잘 알아듣지도 못하고 발음도 어설플 수 있습니다. 하지만 자연스런 영어를 충분히 보고 들으며 내용을 즐기다 보면 시간이 흐르면서 어느새 신기하게도 아이의 영어 발음은 마치 원어민처럼 정확하고 유창하게 변합니다. 나중에는 엄마 아빠의 잘

못된 발음을 지적해주는 경우도 생기게 될 것입니다.

부족한 발음이라도 읽어주는 것이 좋다

따라서 아이의 영어 발음을 망칠지도 모른다는 걱정은 기우에 불과합니다. 영어를 잘하지 못해도, 발음이 부족하고 엉터리라도 나름대로 최선을 다해 준비하여 엄마 아빠가 직접 읽어주십시오. 엄마 아빠와 함께하며 교감하고 대화하는 것이 아이에게는 가장 중요하고, 이야기와 그림을 바탕으로 책 속의 세계를 탐험하고 즐기는 것이 영어책 읽기를 포함한 모든 책 읽기의 핵심이기 때문입니다.

아동 영어교육 전문가나 원어민 선생님이 아무리 훌륭해도 그런 일을 엄마 아빠보다 더 잘하기는 어렵습니다. 최첨단의 교육 프로그램이나 시청각 자료가 아무리 좋아도 그런 일에서 엄마 아빠를 대체할 수는 없습니다.

발음을 위해 읽어주는 것이 아니다

더군다나 영어책을 읽어주는 것은 아이에게 영어 발음을 가르치기 위한 것이 아닙니다. 아이가 책 읽기의 즐거움을 깨닫고 그 속에 빠져 스토리를 즐기며 상상의 나래를 마음껏 펼치도록 하기 위한 것입니다. 감동을 받고 영감을 얻으며, 엄마 아빠와 많은 정서적 교감을 나누도록 하기 위한 것입니다. 더 나아가, 아이가 지식을 확장하고 상상력과 창의력을 기르며, 논리적이고 비판적인 사고 능력을 키워나가도록 하기 위한 것입니다. 그런 의미에서 영어 발음은 물론 영어 자체도 부차적인 것입니다. 그런 것은 모두 책 읽기로서의 영어책 읽기와 읽어주기를 성공적으로 해냈을 때 자연스럽게 따라오는 일종의 덤 내지는 부상(副賞)인 것입니다.

어휘와 문법도 중요하다

마지막으로, 유창한 영어 실력은 발음만 중요한 것이 아닙니다. 어휘도 많이 알아야 하고 문법 구조에 대해서도 상당한 지식이 있어야 합니다. 그런데 영어책을 꾸준히 읽어주고 함께 보는 과정에서 아이가 자연스런 영어 표현을 많이 접하다 보면 영어의 어휘와 문장 구조에 대한 이해가 자신도 모르는 사이에 점점 늘게 됩니다. 시간이 지남에 따라 어휘와 문법 지식이 계속 누적되고 내재화되어 영어로 이해하고 사고하는 능력이 자연스럽게 발전합니다.

물론 발음도 중요합니다. 하지만 엄마 아빠의 발음이 엉터리라서 염려된다면 그런 문제는 우리 주변에서 어렵지 않게 구할 수 있는 녹음이나 동영상 자료를 활용해 얼마든지 보완할 수 있습니다. 그러니 발음에 대한 걱정은 너무 하지 마시고 좋은 책을 읽어주고 아이와 함께 책 읽기를 즐기는 데 집중하시기 바랍니다.

08

그래도 발음이 걱정되는데
어떻게 하면 좋을까요?

크게 두 가지를 실천해보라

엄마 아빠의 발음이 좋지 않아도 아이의 영어 발음을 망칠 가능성
은 거의 없다는 것을 알게 되었는데도 여전히 부족한 영어 실력과
발음이 신경 쓰이십니까? 그래서 아이에게 영어책을 읽어줄 때 조
금이라도 더 도움이 되기 위해 영어 실력과 발음 능력을 향상시킬
좋은 방법을 찾고 계십니까? 안타깝게도 이미 잘 아시는 것처럼 영
어 실력을 하루아침에 크게 발전시키고 영어 발음을 갑자기 획기적
으로 좋아지게 만드는 방법은 없습니다. 하지만 그래도 미련이 있으
시죠?

사실 방법이 아예 없는 것은 아닙니다. 부족한 영어 실력이나 발
음을 염려하는 마음이 사라지지 않아 무언가를 꼭 하길 원한다면,
아이와 여러분 자신을 위해 할 수 있는 일이 있다는 뜻입니다.

크게 두 가지 노력을 추천합니다. 첫 번째 것은 비교적 쉬운데 바로 아이에게 영어책을 읽어주기 전에 미리 몇 가지 준비를 하는 것입니다. 이는 대략 네 부분으로 나누어 설명할 수 있습니다.

첫째, 책과 작가에 대해 알아보라

먼저 읽어줄 영어책에 대해 알아봅니다. 구글, 네이버, 다음 검색 등을 활용하면 웬만한 영어책에 대한 정보는 아주 쉽게 얻을 수 있습니다. 찾은 내용이 너무 많거나 복잡하면 모든 것을 이해하려 할 필요가 없습니다. 인상적으로 다가오거나 중요하게 느껴지는 몇 가지 내용을 중심으로 책과 작가에 대해 약간만 이해하면 충분합니다.

둘째, 내용을 이해하고 맥락을 파악하라

영어책을 읽으며 스토리와 주요 맥락을 파악합니다. 그림책일 경우 그림과 스토리를 연결시키면서 책의 전체 내용을 이해할 필요가 있습니다. 이 과정에서 잘 몰라 나중에 찾아볼 필요가 있는 표현은 연필로 살짝 표시해두거나 노트에 메모합니다.

셋째, 모르는 영어 표현을 공부하라

표시하거나 메모해둔 내용을 중심으로 영어 표현과 문장을 공부합니다. 책을 천천히 다시 읽어보며 모르는 단어나 알아도 의미가 잘 통하지 않는 표현은 사전을 찾아봄으로써 올바른 의미를 이해하고 문장의 의미도 파악합니다. 사전을 찾아봐도 잘 이해되지 않는 부분이 있을 겁니다. 그런 경우 물어볼 사람이 주변에 있으면 좋겠지만 그렇지 못해도 괜찮습니다. 아이도 그렇지만 읽어주는 엄마나 아빠도 모든 것을 다 알 필요는 없기 때문입니다.

넷째, 읽는 연습을 하라

마지막으로, 읽어주는 연습을 합니다. 한 문장씩 읽어보면서 잘 모르거나 자신이 없는 단어의 발음을 인터넷 사전 등에서 찾아 여러 번 반복해 듣고 모방해 연습합니다. 책의 녹음이나 읽어주기 동영상을 활용해 미리 들어보며 각 문장을 최대한 정확하고 자연스럽게 읽을 수 있도록 연습합니다.

이런 노력은 기본적으로 아이를 위한 것이지만 엄마 아빠를 위한 것이기도 합니다. 따라서 영어 공부에 진지한 관심과 열의를 가지고 있다면 아이와 아이의 영어는 물론 자신의 영어 실력을 위해서라도 바쁜 시간을 쪼개 틈틈이 연습하시기 바랍니다.

보통 엄마 아빠의 영어 실력 향상 비법: 노래방 가수 되기

부족한 영어 실력과 발음 능력도 해결하고 영어책을 읽어주는 것도 멋지게 하고 싶으십니까? 그런 절실한 바람을 가진 엄마 아빠들에게 추천하고 싶은 두 번째 노력은 영어 그림책을 한 권씩 정복해나가는 중장기 프로젝트입니다.

이 프로젝트의 핵심은 제가 "노래방 영어"라고 부르는 영어 공부 및 동기 부여 전략입니다. 이 전략은 제가 미국 유학에서 돌아와 서울대학교에서 2001년 겨울부터 2003년 여름까지 초빙교수로서 학부생들에게 영어를 가르칠 때 수업에서 실제로 사용했던 것인데 매 학기 큰 성공을 거두어 과분하게도 제게 "Best English Teacher" 란 영예까지 안겨주었던 방법입니다.

영어 공부에 대한 필요성을 절실히 느끼고 있고 실천에 대한 의지가 굳건하다면 사실상 누구든지 어렵지 않게 실행에 옮길 수 있고 얼마든지 성공할 수 있는 방법입니다. 그리고 무엇보다 비용도 많이 들지 않습니다. 어떤 방법인지 궁금하시죠?

노래는 못하는데 노래방에 자주 가야 한다면?

영어를 못하는 사람이 영어를 잘하게 되는 것은 마치 노래를 못하는 사람이 노래방에 가서 가수처럼 노래를 잘하게 되는 과정과 흡사합니다. 이게 대체 무슨 말이냐고요?

요즘에는 다들 노래 실력이 좋아서인지 노래방에 가는 것을 부담스럽게 생각하기는커녕 오히려 좋아하고 반기는 사람이 많은 것 같습니다. 하지만 우리 주변에는 여전히 노래방에 가는 것이 그야말로 고역인 분들이 적지 않습니다. 아마도 그런 사람들의 가장 대표적인 경우는 노래를 잘하지도 못하고 즐기지도 않는데 회사 업무 차원에서 고객들과 식사하고 노래방에 자주 가야만 하는 사람들이 아닐까 생각됩니다.

과거에는 이런 분들을 "술상무"라고 부르곤 했는데, 당신이 바로 그런 난처한 입장에 있는 사람 중 하나라고 가정해봅시다. 당신은 노래 실력도 없고 제대로 아는 노래도 거의 없으며 노래 부르는 것 역시 전혀 즐겁지 않습니다. 하지만 어쩔 수 없이 노래방에 가서 분위기를 깨지 않기 위해서라도 노래를 해야만 하고 그런 일이 정기적으로 계속되는 상황입니다. 이럴 때 어떻게 하는 것이 가장 좋을까요?

연기할 수 있는 노래를 하나씩 늘려가라

제가 아는 한 그런 문제를 해결하는 가장 좋은 방법은 바로 다음과 같이 하는 것입니다.

우선, 서점에 가서 인기 가요를 모아놓은 노래책을 한 권 구입합니다. 그 노래책을 넘겨보면서 잘 모르더라도 연습을 하면 큰 문제 없이 부를 수 있을 것 같고 남들도 좋아할 만한 노래를 딱 두 곡만 선정합니다. 음이 너무 높지도 낮지도 않고 부르기 어려운 부분도 없으면서 인기가 있는 그런 노래를 선택하는 겁니다.

그렇게 두 곡을 선정했으면 이제 그 노래들을 흥얼거리면서 가사부터 자동적으로 술술 나올 수 있게 반복해 암기합니다. 그다음에는 그 노래들의 MP3 파일이나 유튜브 동영상을 찾아 들으며 음의 높낮이와 박자를 정확히 맞추는 것은 물론 감정까지도 목소리에 잘 표현되도록 모방하여 연습에 연습을 거듭합니다. 그렇게 연습하여 막힘없이 아주 잘 부를 수 있게 되면 이제는 거울 앞에 서서 자신이 노래하는 모습을 보며 얼굴 표정과 몸짓까지 그럴 듯하게 보이도록 또다시 연습하고 연습합니다. 노래하러 무대로 나갔을 때와 마치고 들어올 때 청중에게 할 인사말 몇 마디도 준비해 연습하시고요. 약간 과장스럽고 우스꽝스럽게 보이더라도, 좀 망가지더라도 전혀 문제없습니다. 오히려 더 효과적일 수 있으니까요.

그렇게 해서 노래를 부르는 것뿐 아니라 표정과 몸짓과 무대 매너까지도 자신 있게 처리할 수 있게 되었다면 이제는 가족들을 동원할 차례입니다. 온 가족을 모아놓고 마이크 대용으로 숟가락 같은

거라도 하나 손에 들고 그동안 무지하게 연습한 두 곡의 노래를 진
짜 가수처럼 멋들어지게 불러보는 겁니다. "얘들아, 지금부터 아빠
가 노래 한 곡 뽑아볼 테니 한번 들어볼래?" 하면서 말이죠.

노래를 잘하는 것인가, 연기를 하는 것뿐인가?

이와 같은 방법으로 리허설까지 마쳐 확실하게 준비된 상태에서 드
디어 다시 노래방에 가게 되었습니다. 어떻게 되었을까요? 과거에
는 마땅히 부를 노래를 찾지 못해 곡목을 정하는 것부터가 큰 문제
였는데 이제 그런 것은 신경도 쓰이지 않겠지요? 평소와는 달리 당
당한 걸음으로 무대에 올라가 멋지게 인사말부터 하고 스피커에서
흘러나오는 음악에 맞춰 그동안 준비한 모든 것을 유감없이 풀어놓
습니다. 사람들의 반응이 어땠을까요? 모르긴 해도 아마 엄청난 환
호와 열광적인 박수가 쏟아졌을 겁니다. 당신을 잘 몰랐던 사람들은
다음과 같이 칭찬 겸 감탄을 연발할지도 모릅니다.

"와! 저 친구 정말 멋지게 잘하는구먼. 완전히 가수 같아."

과거부터 당신을 잘 알고 있던 사람들도 놀라기는 마찬가지겠지
만 아마도 반응은 전혀 딴판일 겁니다.

"저 친구, 연기 하나는 정말 끝내주게 잘하는구먼! 음치도 그런 음

치가 없었는데 정말 엄청나게 연습했나 봐."

자, 여기에서 질문 하나 들어갑니다. 그렇다면 그와 같은 상황에서 당신은 노래를 잘하는 사람입니까, 아니면 연기를 잘하는 사람입니까?

당연히 연기를 잘하는 사람이겠지요? 당신은 여전히 노래를 못하는데 단지 두 곡에 대해서만 정말 가수처럼 보이도록 연기를 한 것뿐이니까요. 어쨌거나 남들이야 뭐라고 하든 진실이 무엇이든 일단 당신의 이번 노래방 방문은 그야말로 대성공을 거둔 셈입니다.

다시 한 번 연기를 준비한다

하지만 그것이 끝이 아닙니다. 머지않아 다시 노래방에 가야 할 테니까요. 어떻게 하면 될까요? 맞습니다. 똑같은 방법으로 다시 한 번 연기를 준비하면 됩니다.

지난번에 구한 노래책을 넘겨보며 새로운 노래를 이번에도 딱 두 곡만 고릅니다. 그리고 지난번과 똑같은 방식으로 새로 고른 노래들을 실제 가수들이 울고 갈 정도로 그럴싸하게 부를 수 있도록 연습하고 또 연습합니다. 준비가 충분히 되면 다시 가족들을 동원해 리허설을 가지는 것은 아주 당연한 겁니다. 그렇게 준비한 노래를 노래방에 가서 다시 멋들어지게 불러 사람들을 또다시 열광케 하는 것도 당연한 것이고요.

100곡 정도가 될 때까지 계속한다

이와 같은 방식으로 진행해 일주일 혹은 2주일에 두 곡씩 정말 완벽하게 부를 수 있도록 연습하고 계속되는 노래방 공연까지 성공적으로 마치는 사이 어느새 1년 정도가 흘렀습니다. 어떻게 되었을까요? 적게는 50곡에서 많게는 100곡 정도를 정말 자유자재로 멋지게 부를 수 있게 되었을 겁니다.

그리고 그쯤 되면 연습을 하지 않은 노래들까지도 대부분은 별로 어렵지 않게 느껴질 겁니다. 더욱이 표정이나 몸짓은 물론 무대 매너까지도 웬만한 가수나 연예인들 뺨칠 정도가 되었을 테니 이제는 주변의 거의 모든 사람들이 당신을 정말 가수처럼 생각하지 않을까요? 심지어는 이전에 당신을 잘 알았던 사람들까지도 과거는 까마득하게 잊고 당신의 노래 실력과 쇼맨십에 감탄하지 않을 수 없을 겁니다.

진실이 무엇이든 무슨 상관이랴

자, 그렇다면 이쯤에서 다시 한 번 질문 들어갑니다. 어떻게 생각하십니까? 당신은 정말 가수처럼 노래를 잘하는 사람입니까, 아니면 여전히 연기를 하고 있는 것입니까? 아마도 그때쯤 되면 당신조차 당신이 실제로 노래를 잘하는 사람인지, 아니면 처음에 그랬던 것처럼 지금도 여전히 잘하는 것처럼 보이도록 연기를 하고 있는 것인지 구분이 잘 가지 않을 겁니다.

하지만 둘 가운데 어떤 것이 진실이든 무슨 상관이 있겠습니까? 연기를 잘해서 잘하는 것처럼 보이는 것이든 아니면 실제로 잘하는 것이든 중요한 것은 당신이 연기를 위해 매번 두 곡씩 연습을 거듭한 50곡 내지 100곡 정도의 노래만큼은 정말 잘 부를 수 있다는 사실 아닐까요? 그리고 이제는 다른 노래들도 약간만 연습하면 웬만큼은 부를 수 있다는 사실 아닐까요?

10

보통 엄마 아빠의 영어 실력 향상 비법: 영어 고수 되기

영어책 읽어주기도 가능하다

자, 이제는 현실로 돌아와 이번에는 노래가 아니라 영어책 읽어주기입니다. 영어 실력이 부족해 발음도 엉터리이고 영어책도 잘 읽어주지 못하는 당신이 어떻게 하면 영어책을 근사하게 읽어줄 수 있게 될까요?

제가 아는 가장 좋은 방법은 방금 앞에서 노래방에 갔을 때 진짜 가수처럼 보이기 위해 노력했던 것처럼 매번 영어책 한 권에 대해서만 엄청난 연습을 하는 겁니다.

당신은 현재 영어 실력도 부족하고 영어 발음도 형편없습니다. 하지만 쉬운 영어 그림책 한 권에 대해서만큼은 아무리 힘들고 어려워도 연습에 연습을 거듭하여 꽤 잘 읽는 사람처럼 보이도록 연기할 수는 있을 겁니다.

딱 한 권만 골라 연습하라

그렇게 하기 위해 우선 짧고 쉬운 영어 그림책을 딱 한 권만 고릅니다. 선택한 그림책의 녹음 파일이나 읽어주기 동영상을 구해 한 문장씩 원어민의 발음을 모방해 소리 내어 읽어보고 막힘없이 잘 읽을 수 있을 때까지 계속 연습합니다. 그런 다음 영어 원어민이나 영어를 잘하는 사람을 찾아 당신이 읽는 것을 들어보고 문제가 있는 부분을 알려달라고 부탁합니다. 그렇게 점검을 받은 후 보완이 필요한 부분에 집중하여 다시 원어민의 발음을 들으면서 더 잘 읽을 수 있도록 반복해 연습합니다.

이런 식으로 그림책 한 권에 대해서만 읽기 연습과 점검을 반복하여 충분히 잘 읽을 수 있을 때까지 계속합니다.

연기할 수 있는 책을 계속 늘려가라

혹시라도 그런 방식으로 공부해 어느 세월에 영어 실력이 늘게 될까, 그렇게 해서 영어 발음이 정말 좋아질 수 있을까 의문이 드십니까? 영어 실력도 영어 발음도 쉽게 나아지지 않을 겁니다. 하지만 적어도 짧은 영어 그림책 한 권에 대해서만큼은 어떻게든 열심히 연습하여 잘 읽는 것처럼 보이게 할 수 있고, 또 그렇게 할 수 있는 책을 한 번에 하나씩은 계속 늘려나갈 수 있지 않을까요?

사실은 매번 선택한 책 한 권에 대해서만 그냥 잘하는 것처럼 보이도록 연기를 하는 것이니 실력이 늘든 말든 신경 쓸 필요가 없습니다. 매번 딱 한 권만 잘할 수 있도록 연습에 연습을 거듭하십시오. 잘 모르는 사람이 들으면 당신이 영어를 꽤 잘하는 것처럼 착각하도록 말입니다. 그렇게 해서 현재 연습하고 있는 책에 대해 연기를 충분히 잘할 수 있게 되면 다른 책을 한 권 더 골라 똑같은 노력을 하는 겁니다.

이런 식으로 매번 딱 한 권씩만 정복하여 여전히 실력은 없지만 잘 읽는 것처럼 연기할 수 있는 책을 조금씩 늘려갑니다.

연기할 수 있는 책이 100권쯤 되면

열심히 할수록 시간은 빨리 흐르게 되어 있으니 최선을 다해 노력하다 보면 자신도 모르는 사이에 당신이 진짜 잘 읽는 것처럼 보이도록 연기할 수 있는 책이 꽤 많아질 겁니다. 아무튼 그렇게 해서 1~2년쯤 후에 당신이 연기할 수 있는 영어 그림책이 100권 정도 되었다고 합시다.

그렇게만 되면 모르긴 해도 그때쯤부터는 당신이 실력은 없는데 단지 그 100권의 책에 대해서만 연기를 잘해 잘하는 것처럼 보이는 것인지 아니면 진짜 실력이 늘어 잘 읽는 것인지 당신 자신조차도 헷갈리기 시작할 겁니다.

영어 실력이야 있든 없든 무슨 상관이랴

물론 그렇게 된 시점에서도 연기 연습을 하지 않은 책은 십중팔구 유창하게 잘 읽지 못할 겁니다. 영어 실력이 뛰어나고 발음도 원어민 같은 사람을 만나면 여전히 주눅이 들고 실력의 부족함을 느낄 겁니다. 하지만 그게 뭐 대수이겠습니까? 까짓것 여전히 난 영어 실력도 부족하고 발음도 아직 멀었다고 인정해버리십시오. 그렇게 생각하고 남들에게도 그렇게 말하십시오.

하지만 중요한 것은 실력이 있든 없든 100권의 영어 그림책만큼은 이제 영어 실력이 뛰어난 사람처럼 유창하게 읽어줄 수 있다는 사실 아닐까요? 또 그렇게 보이도록 연기할 수 있는 영어책이 계속 늘어가고 있다는 사실 아닐까요? 발음이 원어민 같지 않으면 좀 어떻습니까? 그럴싸하게 할 수 있을 정도면 충분하지 않겠습니까?

꿩 잡는 것이 매다

"꿩 잡는 것이 매다"라는 말을 들어보셨나요? 무엇이라 불리든 방법이야 어떻든 목적을 달성하는 것이 최고라는 뜻입니다. 영어 공부에서도 마찬가지입니다. 진짜 매는 아니고 앞으로도 진짜 매가 될 수 없을지는 모르지만 단지 꿩을 잡는 것이 진정한 의미의 매라는 신념을 가지고 연기할 수 있는 영어책을 계속 늘려나가면 됩니다. 그러면 당신의 영어 실력이 뛰어난 것인지 아니면 단지 연기를 잘하는 것인지 다른 사람들은 물론 당사자인 당신조차 구분하기 어려울 때가 올 것입니다. 그때가 되면 사실 그 둘 사이의 구분은 전혀 중요하지 않게 됩니다. 왜냐하면 그때에는 당신에게 어떤 영어책이 주어져도 아주 유창하게 읽어줄 수 있을 테니까요.

시간과 비용을 투자해야 한다

당신이 영어책을 읽을 때 옆에서 들어주면서 어디에 어떤 문제가 있는지 찾아 알려주고 정확하게 발음할 수 있도록 도와줄 사람이 대체 어디에 있느냐고요? 혹시라도 그런 생각이 드신다면, 세상에 공짜 점심 같은 건 없다는 말의 의미를 깊이 생각해보시기 바랍니다. 가치가 있다고 믿는다면 시간과 노력뿐 아니라 비용도 어느 정도는 투자해야 합니다. 필요한 도움을 찾고 얻기 위해 부지런히 뛰어다녀야 하고, 때로는 어려운 부탁도 할 수 있는 적극적인 마음가짐과 용기가 필요합니다. 그리고 투자한 비용과 시간이 아까워서라도 제대로 된 노력을 부단히 기울여야 합니다.

동지를 구해 함께하라

마지막으로 한 말씀만 더 드리고 싶습니다. "백지장도 맞들면 낫다"는 말을 들어보셨지요? 혼자 하는 것보다는 단 한 사람이라도 누군가와 함께하면 성공의 가능성이 훨씬 더 커집니다. 주변의 동병상련인 사람들을 찾아 배짱이 맞는 사람들끼리 "노래방에 가서 가수되기 영어 클럽" 혹은 "노래방 영어 클럽" 같은 거라도 하나 만드는 건 어떨까요?

그렇게 해서 함께 맨땅에 헤딩이라도 하겠다는 각오로 한번 시작해보는 겁니다. 당신의 아이를 위해, 서로와 서로의 아이를 위해, 무엇보다 당신 자신을 위해.

아이가 모르는 단어는
어떻게 해야 할까?

"영어책을 읽어주는 도중에 아이가 모르는 영어 단어를 만나면 어떻게 하는 것이 좋을까요? 귀찮더라도 일일이 자상하게 설명해주어야 할까요? 그리고 모두 적어두었다가 따로 암기하도록 해야 할까요?"

"단어는 다 알아도 문장의 의미를 제대로 이해하지 못하거나 내용 파악을 잘하지 못할 때는 어떻게 해야 하나요? 우리말로 해석해주는 게 좋을까요?"

이 또한 많은 엄마 아빠들이 궁금해하는 문제입니다. 아이가 모르는 단어나 잘 이해하지 못하는 문장을 만났을 때 가장 바람직한 대처 방안은 다음과 같습니다.

모르는 것이 있어도 스토리를 즐길 수 있다

우선, 아이에게 영어책을 읽어줄 때 모든 영어 단어나 표현을 전부 알게 할 필요는 없습니다. 이야기의 전체 흐름과 분위기, 주요 맥락을 파악할 수 있으면 스토리를 충분히 즐길 수 있고, 그렇게 해도 책 읽기의 목적을 얼마든지 달성할 수 있기 때문입니다.

따라서 일부 모르는 단어나 표현이 있어도, 의미가 정확하게 이해되지 않는 문장이 있어도 염려할 필요가 없습니다. 그런 상황에서도 아이들은 대부분 어렵지 않게 전체 내용을 파악하고 스토리를 즐길 수 있습니다. 사실 그것이 보다 일반적이고 자연스런 책 읽기의 모습입니다.

전부 설명해주는 것은 오히려 해가 된다

더욱이 모든 단어를 개별적으로 하나씩 전부 설명하려는 노력은 오히려 해가 될 수 있습니다. 영어책을 읽을 때에는 어차피 모르는 단어나 표현이 나오기 마련입니다. 그럴 때마다 모르는 것을 모두 해결해야만 내용을 파악하고 스토리를 이해할 수 있다면 그건 바람직한 방식의 책 읽기가 아닙니다. 매번 그런 식으로 진행하면 스토리를 즐기는 것이 점점 어렵게 됩니다.

사실 모르는 부분이 있을 때 아이는 엄마나 아빠처럼 답답해하지 않습니다. 하지만 모르는 부분이 있을 때마다 모든 것을 알려주고 설명해주어야 비로소 내용을 파악하고 제대로 이해할 수 있게 된다면 머지않아 아이도 엄마 아빠처럼 모르는 것에 답답함을 느끼게 될 것입니다. 그 답답함은 시간이 흐름에 따라 점점 커져 참기 힘들 정도가 되고, 결국에는 아이의 영어책 읽기를 방해하고 즐기는 일도 어렵게 만들 것입니다.

부분은 몰라도 전체는 안다

더군다나 문장의 의미를 이해하기 위해 문장을 구성하는 단어를 모두 다 알아야 하는 것도 아닙니다. 개별 단어의 정확한 의미는 몰라도 전체 문장과 표현 덩어리의 대략적 의미만 알면 충분하며, 해당 문장이나 덩어리가 어떤 상황에서 어떤 목적과 용도로 사용되는지를 아는 것이 중요합니다.

예를 들어, 읽어주는 도중에 I would appreciate it이라는 표현이 나왔다고 해봅시다. 이 표현을 분석적으로 설명하는 것은 영어 전공자나 전문가에게도 그리 만만한 일이 아닙니다. 주어인 I와 목적어인 it은 그런대로 설명할 수 있다지만 would의 의미는 대체 무엇이고 왜 존재하는 것인지, appreciate의 의미는 또 무엇인지 설명해야 하는데 이는 결코 쉬운 일이 아닙니다. 더구나 영어를 잘 모르고 추상적인 것을 이해하는 능력이 부족한 어린아이들에게는 더더욱 어렵습니다.

하지만 해당 문장이 고마운 마음을 전하고 싶을 때 쓰는 표현이란 것을 알려주거나 그렇게 느끼도록 하면 충분합니다. 그렇게 하는 것이 설명하기도 이해하기도 쉽고 아이들의 특성에도 잘 어울리는 접근 방식입니다. 문장을 구성하는 모든 단어의 의미와 역할을 일일이 설명하는 것은 주어진 대상을 부분으로 나누어 이해하기보다 총체적으로 받아들이는 아이들의 특성을 이해하지 못하고 그런 능력을 잘 살리지 못하는 것입니다.

번역하고 해석해주면…

영어책을 읽어주면서 단어든 문장이든 일일이 번역하거나 해석해주려는 시도는 책 읽기를 위해서는 물론 영어 자체를 위해서도 바람직하지 않습니다. 영화든 책이든 번역을 하면 원문이 주는 감동은 물론 리듬이나 운율 등 영어 말소리 특유의 맛과 향도 사라지게 됩니다. 아무리 잘해도 번역하는 순간 책 속의 중요한 많은 것을 잃게 됩니다.

더구나 모르는 부분이 있을 때마다 번역이나 해석을 참조하면 영어를 있는 그대로 느끼거나 이해하지 못하고 반드시 우리말 해석을 확인해야만 직성이 풀리고 안심이 되는 아주 고약하고 골치 아픈 습관이 형성됩니다. 그런 나쁜 습관이 생기면 단어와 문법을 많이 알아도 영어로 사고하고 표현하는 것이 어렵게 됩니다. 나중에는 아무리 노력해도 영어라는 언어가 좀처럼 자연스러운 자신의 일부로 느껴지지 않습니다.

따라서 번역하거나 해석하려는 노력 없이 영어는 가급적 영어로 느끼고 이해하려고 노력하는 것이 좋습니다. 나이가 들어가면서 점점 어려워지지만 어릴 때 좋은 책과 동영상을 즐기면서 영어를 충분히 접하면 큰 어려움 없이 자연스럽게 이루어지는 일입니다.

영어를 그 자체로 느껴라

영어책을 읽거나 읽어주는 목적은 영어 단어와 문장의 의미를 파악하고 이를 바탕으로 책의 내용을 이해하기 위한 것만이 아닙니다. 작가의 목소리를 듣고 느끼며 영감을 얻고, 책 속의 세계를 여행하며 생각하고 상상하면서 지식을 확장하고 지혜의 깊이를 더하기 위한 것입니다. 그렇게 진짜 책 읽기를 즐기다 보면 자신도 모르는 사이에 영어 어휘의 의미와 쓰임뿐 아니라 영어의 문법 구조도 조금씩 더 알게 되고 그런 앎이 누적되어 어느새 온전한 지식과 능력이 되는 것입니다. 따라서 단어나 문장이 한 번에 명확하게 이해되지 않더라도 영어를 그 자체로 느끼고 문맥을 통해 의미를 파악하려는 습관을 길러주는 것이 좋습니다.

학습이 주가 되면 둘 다 놓친다

마지막으로, 영어책 읽어주기를 너무 학습적인 관점에서 접근해 무언가를 자꾸 가르치려 하는 것은 바람직하지 않습니다. 영어 단어나 문법을 설명하고 반복해 암기하게 하는 것은 물론이고 아이들에게 유용한 지식이라 생각되어 숫자, 요일, 동물 이름, 교통수단 등의 유형별 지식과 관련 영어 표현을 다루려는 것도 때로는 욕심이 될 수 있습니다. 공부한 것을 확인하고 못한다고 다그치고 혼내기까지 하는 것은 말할 필요조차 없습니다.

학습에 대한 미련을 버리지 않으면 영어를 위한 것이든 일반 지식을 위한 것이든 본래 의도한 학습을 위해서도 바람직하지 않지만 무엇보다 더 중요한 책 읽기 자체를 놓치게 될 가능성이 매우 큽니다.

12

아이가 계속 책만 읽으려고 해요, 독후 활동도 중요하지 않나요?

영어책 읽기의 즐거움을 깨닫고 스토리의 재미에 푹 빠져 영어책을 닥치는 대로 읽기 시작한 아이들은 많은 경우 다른 활동에는 큰 관심이 없고 오직 재미있는 영어책을 찾아 읽는 것에만 몰두하게 됩니다. 그런 아이들은 독후 활동도 귀찮게 생각하는 경향이 있습니다. 따라서 아이가 영어책 읽기 삼매경에 빠져 자나 깨나 영어책만 붙들고 있는 모습을 보면 한편으론 대견하면서도 다른 한편으론 그렇게 놔두어도 문제가 없는지 궁금해하는 분들이 많이 있습니다.

사실 독후 활동은 제대로만 하면 아이의 영어책 읽기와 영어 실력 향상에 많은 도움이 될 수 있습니다. 즉, 읽은 내용에 대한 이해를 높이고 영어책 읽기에 대한 관심과 흥미를 증대시킬 수 있습니다. 또 읽은 내용을 말하기와 쓰기로 연결하여 공부할 수도 있고, 음악, 미술, 체육 등의 활동과 연계하여 아이의 다양한 적성과 재능을 반영한 영어 학습을 진행할 수도 있습니다. 그래서 영어책 읽기에만 몰두하고 다른 것은 하지 않으려는 아이에 대한 우려는 충분히 이해할 만합니다.

중요하지만 꼭 필요한 것은 아니다

그래서인지 한국의 아동 영어교육 현장에서 아이들에게 영어 그림책을 읽어주는 교사들은 대부분 독후 활동에 많은 신경을 쓰고 있고 사실상 이를 필수로 여기는 듯합니다. 영어책을 읽기만 하고 독후 활동을 하지 않으면 아이의 영어책 읽기나 영어 실력 향상에 큰 도움이 될 중요한 부분을 놓쳐 마이너스가 된다고 생각하는 것 같습니다.

여러분도 영어책을 읽고 난 후 독후 활동을 반드시 해야 한다고 생각하십니까? 제 생각은 약간 다릅니다. 독후 활동은 중요하지만 꼭 필요한 것은 아닙니다. 영어책 읽기의 진짜 재미와 즐거움을 알아 영어책 읽기에 정말 푹 빠진 아이라면 독후 활동이 오히려 방해가 될 수도 있습니다. 독후 활동이 학습을 염두에 둔 점검과 활동으로 흐른다면 그럴 가능성이 더 큽니다.

읽기를 마친 후 해야 할 가장 중요한 일은?

만일 독후 활동이 필수적인 것이라서 책을 읽은 후에 반드시 무언가를 해야 한다면, 그것은 읽은 내용에 대한 점검이나 학습 활동이 아니라 다른 영어책을 골라 다시 책 읽기의 마법 속에 빠지는 것입니다. 방금 읽은 영어책의 감동과 여운이 쉽게 가시지 않아 바로 다음 책으로 넘어가기가 왠지 아쉽거나 어떤 이유에서건 약간의 호흡 조절이 필요하다면 그때에도 할 일은 내용 점검이나 학습 활동이 아닙니다. 책을 읽으면서 느끼고 생각한 것, 특히 마음에 강하게 와 닿았던 것들에 대해 함께 대화하는 것입니다. 대화를 마친 후에는 당연히 다음 책으로 바로 넘어가 다시 책 읽기의 세계 속으로 풍덩 빠져야 합니다.

읽은 책에 대해 대화하는 것은 사실 독후 활동이라기보다 책을 읽는 과정에서 생겨난 느낌과 생각을 다른 사람과 나누며 교감하는 것입니다. 책에서 얻은 감동과 깨달음이 마음속에서 아우성치기 때문에 도저히 그냥 담아두기가 어려워 밖으로 표출하는 것입니다. 물론 마음속의 아우성을 글로 표현할 수도 있습니다. 하지만 어린아이에게 훨씬 쉬운 방법은 엄마 아빠와 대화하는 것입니다. 이와 같이 책을 읽은 후 해야 할 가장 중요한 두 가지는 점검과 활동이 아니라 책에 대해 대화하고 다음 책을 골라 다시 책 읽기 속에 푹 빠지는 것입니다.

독후 활동도 중요하지만⋯

오해하지는 마십시오. 제 말은 독후 활동이 필요 없다는 게 아닙니다. 현재 많은 분들이 하고 있는 독후 활동이 아무 의미가 없다는 것도 아닙니다. 독후 활동도 중요하지만 책 읽기가 더 중요하다는 것입니다. 독후 활동을 하는 것보다는 책 읽기의 마법 속에 계속 즐겁게 머물러 있는 것이 더 바람직하다는 뜻입니다. 아이가 영어책 읽기의 즐거움을 알고 진짜로 즐기고 있다면 더욱 그러합니다. 그리고 아무리 훌륭한 독후 활동이라도 이런 책 읽기에 방해가 된다면 차라리 자제하는 것이 더 낫다는 의미입니다.

외국어인 영어로 된 책을 읽는 것은 우리말 책을 읽는 것과 달리 제대로 즐기는 수준에 올라가기가 상대적으로 훨씬 더 어렵습니다. 따라서 영어책 읽기에서는 읽기를 즐길 수 있도록 하는 것이 가장 우선이 되어야 합니다.

아이가 좋아하고 준비가 쉬운 활동

그래도 여전히 독후 활동이 필요하고 동시에 영어책 읽기를 즐기는 데 방해가 되지 않는다고 판단되면 다음 몇 가지 사항에 유의하여 독후 활동에 임하시기를 권장합니다.

우선 독후 활동에 들어가기 전에 책을 읽으면서 스토리와 그림을 충분히 즐겼는지, 제대로 느끼고 교감했는지 확인하십시오. 점검 결과 책 읽기가 만족스럽게 이루어졌다고 생각되면 엄마 아빠의 입장에서 준비하기 쉽고 아이가 좋아할 만한 활동을 찾아 함께 즐기길 바랍니다. 노래와 챈트, 율동, 소품 제작과 그림 그리기 등 실로 다양한 독후 활동이 가능하겠지만 활동의 학습 효과나 교육적 요소에 지나치게 얽매이지 말고 아이의 흥미와 준비의 용이성을 주로 염두에 두고 선택하는 것이 좋습니다. 그리고 어떤 활동을 선택하든 간에 아이들의 일반적인 특성과 관련된 다음의 두 가지는 꼭 염두에 두시길 바랍니다.

신체 활동이 많은 노래와 놀이

첫째, 어린아이들은 일반적으로 몸을 크게 움직이는 것을 좋아합니다. 따라서 신체의 움직임이 많이 포함된 활동은 아이들의 흥미를 자극하고 참여를 격려하며 학습에도 큰 도움이 됩니다. 전 세계적으로 널리 알려진 TPR(total physical response)은 바로 이러한 취지를 잘 살린 언어 학습법입니다.• 따라서 〈Heads and Shoulders, Knees and Toes〉와 〈If You're Happy and You Know It〉 같은 노래나 〈Simon Says〉 같은 놀이처럼 아이들이 신체를 많이 움직이도록 만드는 것을 적극적으로 활용하는 것이 좋습니다. 이러한 신체

• TPR은 미국의 언어심리학자 제임스 애셔(James Asher)가 창안한 언어 학습법으로 신체 운동 활동을 활용해 언어를 습득할 수 있다는 것이 핵심입니다. TPR은 단순 암기식의 언어 학습을 지양하고 신체 감각을 활용한 언어 학습을 강조하며, 말하기 능력보다 훨씬 먼저 발달하는 듣기 능력을 우선적으로 길러 이해력을 높여야 한다고 합니다(Byram 2000).

역동적인 활동은 책을 읽은 후의 독후 활동으로는 물론 읽기 전의 준비 활동으로도 매우 효과적입니다.

아이의 특성에 알맞은 다양한 활동

둘째, 사람의 성격, 취향, 적성 등은 매우 다양하지만 아이들은 특히 그러한 차이에 민감하게 반응하고 학습 결과에도 큰 영향을 미칩니다. 따라서 아이가 지닌 흥미와 특성, 학습 스타일 등을 잘 파악하여 이를 독후 활동의 선택에 적절히 반영할 필요가 있습니다. 또 다중감각학습(multisensory learning)이나 다중지능이론(multiple intelligences) 등에 따르면 아이들은 다양한 활동을 통해 더 잘 배운다고 합니다. 따라서 내 아이가 지닌 여러 특성에 잘 어울리는 다양한 활동과 자료를 찾아 독후 활동에 활용하는 것이 바람직합니다.

13

어렵지 않으면서 영어책 읽기에
진짜로 도움이 되는 독후 활동 열 가지

앞서 강조했듯이 아무리 좋은 독후 활동이라도 책 읽기에 방해가 된다면 차라리 하지 않는 것이 바람직합니다. 다시 말해, 독후 활동 은 어떤 것을 선택하든 더 많은 책을 읽도록 격려하고 책 읽기의 즐 거움에 기여할 수 있어야 합니다. 그렇다면 이제 어떤 독후 활동이 영어책 읽기에 진짜 도움이 되는지 궁금하지 않으십니까? 그동안 제가 아이들과 함께 실제 해본 것 중에서 그 효과를 확인한 열 가지 의 독후 활동을 소개합니다.

소박하고 평범하지만 재미와 효과는 만점

제가 추천하는 독후 활동은 요즘 온라인을 중심으로 활발하게 소개 되고 있는, 어떤 의미에서 화려하기까지 한 다양한 형태의 독후 활동들에 비하면 소박하다 못해 그저 평범한 것들입니다. 하지만 본래 모든 것의 핵심은 단순하기 마련이고 진짜배기는 평범하게 보이는 법입니다.

평범하기 그지없고 어쩌면 누구나 한두 번쯤은 들어보았거나 대충은 알고 있을 법한 것들이지만 영어책 읽기를 더욱 알차게 만드는 데 도움이 되면서도 준비뿐 아니라 실제 하는 것도 크게 어렵지 않고 효과도 만점인 독후 활동입니다.

각자의 상황에 맞게 적절히 응용해 사용하되 뒤로 갈수록 난이도가 높아지는 편이므로 아이의 나이와 영어 실력 등을 고려하여 엄마 아빠가 무엇을 얼마나 도와줄지, 역할 분담은 어떻게 하는 것이 좋을지 미리 생각해두는 것이 좋습니다. 그래야 각 활동의 의도된 효과를 충분히 거두면서 아이는 물론 엄마 아빠에게도 즐겁고 재미있는 경험이 됩니다.

● 영어책 읽기를 위한, 영어책 읽기에 의한 독후 활동 베스트 10 ●

독후 활동	핵심 내용
북 로그 작성	• 책 제목, 작가 이름, 책에 대한 느낌과 평가를 간략하게 적는다. • 아이가 가급적 쉽게 쓸 수 있도록 배려한다. 예를 들어, 책에 대한 평가를 할 때 Excellent, Good, So-So 중 하나에 체크하도록 한다. • 아이가 쓰기를 어려워할 경우 내용은 아이가 준비하되 엄마나 아빠가 대신 써주는 것도 나쁘지 않다. • 모르는 단어를 노트에 적고 함께 플래시 카드를 만들어보는 추가 활동도 좋다.

스토리보드 만들기	• 도화지에 스토리의 개요를 그림과 키워드를 사용해 정리한다. • 스토리보드가 많이 모이면 큰 책으로 만들 수도 있다. • 여러 장의 종이 대신 커다란 화이트보드를 사용해 필요한 만큼의 보드를 그려넣고 그 안에 그림과 키워드를 정리할 수도 있다.
순서대로 배열하기	• 읽어준 내용의 요약 버전을 만든 후 종이에 인쇄해 문장이나 문단별로 잘라낸다. • 잘라낸 문장이나 문단을 아이에게 순서대로 맞추게 한다. • 맞추어진 이야기를 소리 내어 읽게 한다. 가족과 친구들 앞에서 읽을 기회를 마련하면 좋은 동기 부여가 될 수 있다.
나의 반쪽을 찾아서	• "순서대로 배열하기"에서 약간 더 발전된 형태의 활동이다. • 스토리의 요약 버전을 만들어 문장별로 잘라낸 것을 다시 각 문장의 전반부와 후반부로 나누어 둘로 자른다. • 전반부와 후반부를 각각 따로 모아놓은 후 아이에게 짝을 찾아 맞추도록 한다. • 모든 짝이 맞춰지면 각 문장을 이야기 순서대로 배열한다.
빈칸 채우기	• 보통 영어로는 Cloze It이라고 하는 빈칸 채우기 활동이다. • 이야기의 단순 요약 버전을 작성한 후 중요한 키워드를 뽑아 가리거나 지워서 보이지 않게 한다. • 아이가 읽으면서 빈칸을 채우도록 한다. • 빈칸 채우기에도 다양한 방식이 있으니 아이에게 알맞은 것을 선택해 사용한다. 　– 키워드를 불투명 테이프로 가린 후 아이가 맞추면 치운다. 　– 올바른 키워드가 적힌 종이를 찾아 빈칸 위에 올려놓는다. 　– 보기에서 올바른 키워드를 찾아 빈칸에 써넣는다. 　– 올바른 키워드가 적힌 종이를 찾아 빈칸 위에 올려놓은 다음 치우고 빈칸에 해당 키워드를 써본다. 　– 종이에 올바른 키워드를 직접 적어 빈칸에 올려놓는다. 　– 알맞은 키워드를 생각해내 빈칸에 직접 써넣는다.

**현상 수배
포스터**
	• 등장인물 중 하나가 행방불명이라고 가정하고 종이에 해당 등장인물의 모습을 그린 후 다음과 같은 정보들 가운데 적절한 것을 찾아 기록한다.
	   – 머리와 눈동자 색, 키, 체형, 입은 옷, 기타 특이 사항
	   – 다른 등장인물과의 관계, 현상금, 마지막 발견된 곳 등
	• 무엇이든 가능하다는 것을 강조하여 황당하고 기발한 발상을 장려한다.

책 만들기	• A4 용지를 적당한 크기로 잘라놓는다. • 이야기의 요약 버전을 준비해 페이지당 1~2개의 문장을 적고, 관련 삽화를 그려 넣는다. • 자신이 직접 만든 책을 읽거나 다른 사람에게 읽어주게 한다.
편지 쓰기	• 등장인물 중 하나가 되어 다른 등장인물에게 편지를 쓴다. • 현상수배 포스터를 만들 때처럼 기발하고 황당한 발상을 적극 격려해 최대한 재미있는 글이 되도록 한다. • 글이 재미있어 엄마 아빠도 아이와 함께 웃고 즐기며, 사물을 다양한 시각에서 바라보고 설명할 수 있다는 점을 배우게 한다.
바꾸어 말하기	• 영어로는 Rewriting 혹은 Retelling이라 부르는 활동으로 이야기를 압축해 아이 자신의 언어로 표현하게 하는 것이다. • 이야기를 줄여 요약하는 연습을 하면 핵심을 파악하는 능력이 생기고 나중에 공부할 때 중요한 노트 필기 능력이 향상된다.
나는 배우다!	• 책 내용을 바탕으로 엄마 아빠와 함께 간단한 대본을 작성한다. • 직접 혹은 인형극 형식으로 이야기를 연극하듯 실연한다(act out). • 대본을 쓰고 연기하는 과정에서 핵심을 파악하고 정리하는 능력이 길러진다.

14

영어책 읽어주는 것을 좋아하지 않는 것 같아요, 뭐가 문제일까요?

다양하고 복합적인 원인

"우리 아이는 제가 영어책을 읽어줄 때 별로 좋아하지 않는 것 같아요. 지루해하는 것 같기도 하고 힘들어하기도 해요. 대체 뭐가 문제일까요?"

아이에게 좋은 영어 그림책을 골라 열심히 읽어주는 엄마 아빠들 가운데 꽤 많은 분들이 고민하는 문제입니다. 엄마나 아빠가 아이에게 상당 기간에 걸쳐 영어책을 꾸준히 읽어주었는데도 영어책 읽어주기를 아이가 여전히 즐기지 못한다면 어딘가에 분명 문제가 있는 것입니다. 그 원인은 사람마다 다를 것이며, 여러 원인이 복합적으로 다양하게 작용하고 있을 가능성이 큽니다.

현실적으로 쉽지 않은 전문가의 도움

어떻게 하면 문제의 원인을 파악하고 해결 방안을 찾을 수 있을까요? 아마 가장 좋은 방법은 아동의 영어책 읽기와 영어 습득에 대해 잘 알고 실제 경험도 풍부한 전문가를 찾아가 관련 상황을 구체적으로 설명하고 자문을 구하는 것일 겁니다. 하지만 대부분의 엄마 아빠들은 그런 전문가를 찾기도 쉽지 않고 설사 운 좋게 찾았다 해도 그 전문가가 내 아이를 위해 기꺼이 많은 시간을 할애해 문제의 원인을 파악하고 해결 방안을 도출하도록 도와줄 것이라 기대하기는 어려울 것입니다.

가장 현실적인 방법은?

그런 상황에서 가장 현실적인 방법은 스스로 자신의 영어책 읽어주기를 점검해보고 문제의 원인을 찾아 해결을 시도하는 것일 겁니다. 많은 엄마 아빠들의 바로 그런 필요를 충족시키고 문제 해결을 돕기 위해 다음 페이지의 체크리스트를 만들었습니다.* 각자 자신의 읽어주기를 점검해볼 수 있도록 바람직한 영어책 읽어주기의 모습과 그렇지 않은 모습을 정리한 것입니다.

체크리스트의 항목을 하나씩 차례대로 살펴보면서 각자의 영어책 읽어주기가 제대로 이루어지고 있는지 점검해보시기 바랍니다. 점검 결과 드러난 문제점들은 해결이 쉬운 것부터 하나씩 공략하여 여러분의 영어책 읽어주기가 크게 진일보하게 되길 바랍니다.

우리말 책도 아닌 영어책 읽어주기를 처음부터 잘하는 사람은 사실상 아무도 없습니다. 꾸준히 공부하고 연습해야 잘할 수 있게 됩니다. 연습을 거듭하면 쉬워지고 효과적인 스토리텔링도 가능해집니다.

● 아이에게 영어책을 읽어줄 때 따라야 할 행동 수칙(Dos and Don'ts)으로 가장 대표적인 것은 짐 트렐리즈(Jim Trelease)가 《The Read Aloud Handbook (하루 15분 책 읽어주기의 힘)》에서 제시한 내용입니다. 아쉽게도 그를 포함한 영미의 읽어주기 전문가들이 제안하는 행동 수칙은 기본적으로 원어민 아동들에게 모국어인 영어로 된 책을 읽어주는 것에 관한 것이기 때문에 우리의 상황에는 잘 맞지 않는 부분이 있습니다. 여기 제시된 체크리스트는 영미 전문가들의 조언을 참고하고 그동안의 공부와 실전 경험에서 얻은 통찰을 바탕으로 우리 아이들에게 영어책을 읽어줄 때 유의해야 할 사항을 선별하고 수정 보완해 재구성한 결과입니다.

영어책 읽어주기 점검 체크리스트

(Dos) **바람직한 영어책 읽어주기**

❁ 책 선택

☐ 아이가 흥미를 느끼는 책을 직접 선택하게 한다.

☐ 충분히 쉬운 책부터 시작하고 수준을 올리기 전에 현재 수준의 책을 가급적 많이
읽어준다. (충분히 쉬운 책이란 현재 수준에서 모르는 단어나 표현에 대한 많은 설명
이 없어도 내용의 흐름을 파악하고 이야기를 즐기는 데 큰 문제가 없는 책이다.)

☐ 아이가 어릴수록 반복이 많고 리듬이 뚜렷하며 라임을 많이 활용한 책을 고른다.

❁ 준비

☐ 읽어줄 영어책을 미리 읽어보고 충분히 준비한다.

☐ 너무 어렵거나 지루한 부분은 줄이거나 생략한다.

☐ 책의 주제나 내용과 관련된 소품이나 물건을 준비해 책 읽기에 생동감을 더한다.
(⑩ 이야기에 과일이 나오면 해당 과일을 준비해 먹을 수 있게 한다.)

❁ 시간과 빈도

☐ 매일 거르지 않고 읽어준다.

☐ 하루의 일정한 때를 정해 일정한 시간 동안 읽어준다.

☐ 한 번에 많이 읽어주기보다 조금씩 자주 읽어준다.

☐ 양보다는 질이다. 단 5분을 읽어주어도 정성을 다한다.

❖ 자세와 장소

☐ 가급적 일대일로 영어책을 읽어주어 특별함을 느끼게 한다.
(특별하게 생각하는 것만으로는 부족하며 특별하게 대해야 특별함을 느낀다.)

☐ 무릎에 앉히고 그림책을 함께 바라보면서 읽어준다.

☐ 책 읽기에 방해가 되지 않는 장소를 따로 마련해 읽어준다.

❖ 아이의 참여

☐ 아이의 능동적인 참여를 격려하고 구체적인 역할을 맡겨준다.
(예 Can you turn the pages for me? "엄마 대신 페이지를 넘겨줄래?")

☐ 이야기의 진행과 관련된 질문을 던져 계속 집중하게 한다.
(예 What do you think will happen next? "다음에 무슨 일이 일어날 것 같니?")

❖ 읽어주는 요령

☐ 아이가 어리거나 영어 실력이 부족하면 긴 설명이 나오는 부분은 생략한다.

☐ 완급을 조절한다. 긴장감이 고조되는 부분에서는 속도를 늦추고 목소리를 낮춘다.

☐ 마음속에 상황을 그려보고 이미지를 형성하도록 천천히 읽어준다.

☐ 책 속의 그림을 충분히 관찰하고 음미할 시간적 여유를 허용한다.

☐ 아이의 모든 질문에 인내심을 가지고 대답해준다.
(질문에 답을 한 후에도 책을 읽어줄 시간은 얼마든지 있다.)

☐ 모르는 표현은 한국어 정의나 번역을 알려주기보다 어떤 상황에서 어떤 용도로 쓰이는지 설명해준다.

☐ 일단 읽어주기 시작한 책은 가급적 끝까지 다 읽어준다.
(도중에 아이에게 너무 어렵거나 지루한 책임을 알게 되었다면 바로 중단하고 더 적합한 다른 책을 읽어주는 것이 좋다. 하지만 아이에게 알맞은 책이고 한자리에서 읽어주기 어려울 만큼 긴 책도 아닌데 끝내지 않는 것은 바람직하지 않다.)

☐ 읽어주기를 마치지 못하고 중간에 그쳐야 한다면 긴장감이 높아진 부분에서 정지해 다음 읽기에 대한 기대감을 갖게 한다.

☐ 책을 읽은 후 대화할 시간을 갖고 아이가 느낌과 생각을 표출할 기회를 제공한다.

☐ 아이가 원하면 횟수에 제한 없이 반복해 읽어준다.

∷ 환경과 분위기 조성

☐ 엄마뿐 아니라 아빠도 영어책 읽어주기에 적극 참여한다.

☐ 엄마 아빠가 평소에 책 읽는 모습을 보여준다.
(아이를 위한 최고의 선물은 부모가 책 읽는 모습을 보여주는 것이다. 아이는 어른의
말이 아니라 행동을 보고 배운다. 자식은 부모의 거울이라고 하지 않는가?)

☐ TV 시청 시간을 엄격하게 제한한다.
(TV 시청에 시간을 쏟고 마음을 빼앗길수록 책 읽기는 더 어려워진다. TV를 아예 치워버
릴 수 있다면 가장 좋겠지만 적어도 시청 내용과 시간대, 시청 시간을 제한해야 한다.)

☐ 엄마 아빠뿐 아니라 가족 구성원 모두가 영어책 읽어주기에 참여하도록 노력한다.

☐ 외출할 때는 영어책을 늘 휴대해 자투리 시간을 활용해 틈틈이 읽어준다.

(Don'ts) 바람직하지 않은 영어책 읽어주기

∷ 책 선택

☐ 작품성이 뛰어난, 유명한 수상작은 무조건 우선적으로 읽어준다.
(상 받은 책이라고 읽어주기에 다 좋은 것은 아니다.)

☐ 전문가가 추천하는 좋은 책은 재미가 덜하더라도 가급적 빼놓지 않고 읽어준다.

☐ 좋다고 하는 책은 아이의 정서적 수준보다 높은 책이라도 가리지 않고 읽어준다.

☐ 주로 아이가 잘 아는 이야기를 골라 읽어준다.
(익숙한 내용의 영어책을 읽어주는 것 자체가 문제가 되는 것은 아니다. 하지만 쉽게
접근할 수 있다는 이유로 친숙한 내용의 책을 주로 읽어주면 좋은 책을 다양하게 접
하면서 영어책 읽기의 흥미와 감동과 기대를 더할 기회를 막을 수 있다. 또 내용을 알
면 오히려 흥미가 떨어질 수 있으니 주의해야 한다.)

❊ 시간과 양

- ☐ 한자리에서 최대한 많은 책을 읽어준다.
- ☐ 한 번에 가급적 긴 시간을 읽어준다.
- ☐ 빠른 속도로 읽어 한 권이라도 더 읽어줄 수 있도록 노력한다.
- ☐ 일단 시작한 책은 아이가 어려워하거나 지루하게 느껴도 가급적 끝까지 읽어준다.
- ☐ 읽어준 책은 반복 효과를 위해 적어도 두세 번 정도는 꼭 다시 읽어준다.

❊ 읽어주는 요령

- ☐ 단어와 문장의 의미를 정확하게 아는지 꼼꼼하게 확인한다.
- ☐ 모르는 단어나 어구는 짧은 한국어 정의를 제시해 쉽게 이해하도록 해준다.
- ☐ 잘 이해하지 못하는 문장은 귀찮더라도 모두 번역하거나 해석해준다.
- ☐ 읽어준 후 퀴즈 같은 것으로 내용을 잘 이해했는지 점검한다.
- ☐ 아이가 모든 내용을 가급적 한 번에 제대로 이해하도록 도와준다.
- ☐ 영어책 읽기나 읽어주기를 영어 학습의 기회로 최대한 활용한다.

❊ 자세와 환경

- ☐ 최대한 편안한 자세로 읽어준다.
  (너무 편안한 자세로 읽어주면 졸리기 쉽고 집중도 쉽게 흐트러진다.)
- ☐ TV나 기타 어수선한 환경에 방해를 받더라도 꼭 참고 읽어준다.

4장

영어 파닉스 학습의
허와 실 그리고
학습 방법

01

파닉스의 진짜 역할

파닉스는 영어나 한국어처럼 문자가 소리를 나타내는 표음 문자 체계의 언어에서 문자와 소리가 갖는 규칙적인 관계를 가리킵니다. 또 파닉스는 이런 문자와 소리 사이의 관계를 바탕으로 읽기와 쓰기를 가르치는 방법을 의미하기도 합니다. 따라서 영어 파닉스 학습에서는 기본적으로 영어 알파벳 26개가 각각 어떤 소리를 나타내는지, 이들이 여러 모양으로 합쳐질 때 어떻게 발음되는지를 배웁니다. 영어 읽기를 처음 배우는 아동들은 바로 이러한 파닉스 지식을 활용해 문자로 적혀 있는 단어의 발음을 읽어내고, 읽어낸 발음을 통해 단어를 인식하여 그 의미를 파악하게 됩니다.

파닉스가 필요한 진짜 이유는?

아이들의 영어 읽기 학습에서 파닉스가 지니는 이와 같은 의미를 잘 인식하고 있기 때문인지 현재 한국의 아동 영어교육 현장에서는 파닉스 학습에 많은 노력을 기울이고 있습니다. 동일한 이유로 대부분의 엄마 아빠들도 아이가 영어 읽기를 배울 때 파닉스를 공부하는 게 중요하다고 믿으며 많은 경우 필수라고 생각하기까지 합니다. 그런데 막상 파닉스를 왜 배우는지 물어보면 많은 분들이 단지 영어 읽기에 필요하기 때문이라고 말씀하실 뿐 구체적인 이유나 파닉스의 역할을 명확히 알고 있지 못합니다.

영어 읽기를 시작할 때 아이들이 파닉스를 배우는 진정한 이유는 무엇일까요? 영어 읽기에서 파닉스가 하는 진짜 역할은 무엇일까요?

구어 영어 능력을 영어 읽기에 활용하도록 해준다

영어 읽기에서 파닉스가 하는 역할은 한마디로 아이들이 이미 가지고 있는 구어 영어 능력을 영어를 읽는 데 활용하도록 해주는 것입니다. 즉, 이미 알고 있지만 글로 적혀 있어 알아보지 못하는 단어를 구어 지식과 연결해 알아볼 수 있도록 해주는 것입니다. 따라서 아동들이 파닉스를 배우면 그동안은 소리로만 알고 있던 영어 단어들을 인쇄된 형태로도 인식할 수 있게 됩니다.

한국어든 영어든 마찬가지다

영어 파닉스 공부는 우리 아이들이 어릴 때 《신기한 한글나라》 같은 교재로 한글을 처음 익히는 것과 거의 똑같다고 보시면 됩니다. 한국의 아이들은 자라면서 먼저 우리말인 한국어를 듣고 이해하며 말로 표현하는 구어 능력을 갖추게 됩니다. 그런 후 때가 되면 한글을 배우고 깨우쳐 우리말로 된 책을 읽게 되는 것이죠.

좀 더 구체적으로 설명하면, 아이들은 한국어를 읽고 이해하기 위해 먼저 한글의 각 글자가 어떤 소리를 나타내는지 배웁니다. 그 다음 자음과 모음이 합쳐질 때 어떻게 발음되는지 익혀 한글로 쓰여 있는 낱말을 소리 내 읽는 요령을 배웁니다. 이렇게 낱말의 발음을 읽어내면 이미 갖고 있는 한국어 구어 능력, 즉 구어 형태의 단어와 문장 구조 지식을 활용해 주어진 낱말의 뜻을 이해하고 문장의 의미를 해석하게 되는 것입니다.

한마디로 한글 파닉스를 배우고 적용하는 요령을 깨우치면 이미 가지고 있던 한국어 구어 능력을 활용해 우리말을 읽고 이해할 수 있게 됩니다. 이것은 영어를 비롯한 다른 많은 언어에서도 마찬가지입니다. 구어 능력을 읽기에 활용하도록 해주는 것이 영어든 한국어든 표음 문자 체계를 지닌 모든 언어에서 파닉스가 가지는 진짜 역할인 것입니다.

02

파닉스를 공부했는데
왜 영어책을 제대로 읽지 못할까?

"파닉스 공부는 열심히 했는데 왜 영어책을 읽지 못할까요?"

이런 질문을 주위에서 꽤 자주 받았습니다. 많은 사람들이 영어 읽기를 가르치는 방법 가운데 가장 효과적이라고 믿는, 아마도 바로 그런 이유에서 우리나라에서는 공부하지 않는 아이를 찾아보기가 오히려 힘든 파닉스, 그 파닉스를 공부해도 많은 아이들이 영어책을 제대로 읽지 못하는 이유는 무엇일까요?

문자 해독 요령만을 익혔기 때문이다

그 이유는 파닉스의 역할이 본래 문자 해독을 통해 구어 단어 지식의 활용을 가능케 해주는 것, 그 이상도 그 이하도 아니기 때문입니다. 그럼에도 불구하고 우리의 아동 영어교육 현장에서는 아이들의 머릿속에 책 속의 영어를 이해하는 데 필요한 지식이 충분히 구비되지 않은 상태에서 파닉스 학습을 통해 문자 해독 요령을 익히는 데 집중하고 있기 때문입니다.

영어의 어휘와 문장 구조를 잘 모르는데 단어와 문장을 유창하게 소리 내어 읽을 수 있다고 하여 책의 내용을 이해할 수는 없습니다. 이것이 바로 파닉스 공부를 열심히 한 후에도 영어책을 잘 읽지 못하는 가장 큰 이유입니다.

부족한 영어를 채워주려 하면

물론 파닉스를 가르치면서 동시에 부족한 영어 능력을 채워주려는 노력을 기울일 수 있습니다. 하지만 그런 노력은 오히려 얻는 것보다 더 많은 것을 잃게 할 가능성이 큽니다.

무엇보다 그런 시도는 어린아이들에게 과도한 부담으로 작용하여 영어 읽기를 배우고 즐기는 것을 방해하고 더 나아가 영어 학습에 대한 아이들의 태도는 물론 영어 실력의 향상에도 부정적인 영향을 미칩니다. 비교적 단기간의 집중 학습으로도 얼마든지 익힐 수 있는 파닉스와는 달리 영어 자체를 아는 것은 단기간에 쉽게 얻을 수 없기 때문입니다.

아이들은 힘든 학습을 원치 않는다

더구나 아이들은 일반적으로 재미있는 책 읽기를 원하지, 많은 파닉스 규칙을 배워 적용하는 훈련을 하고 새로운 단어를 계속 암기하며 낯선 문장 구조를 이해하기 위해 공부하는 것을 원하지는 않습니다. 따라서 적절한 준비가 갖추어지지 않은 상태에서 너무 학습적인 관점에서 접근하면 즐겁고 신나서 기꺼이 시간과 노력을 투자하고 싶은 영어책 읽기가 반대로 지루하고 힘든 학습이 될 수밖에 없습니다. 그런 경우를 실제 우리 주변에서 쉽게 찾아볼 수 있으니 단순한 우려만은 아닙니다.

영어를 아는 것이 우선이다

결론적으로, 진정한 의미의 영어 읽기를 시작하려면 영어라는 언어 자체를 충분히 알고 있어야 합니다. 어떤 언어든 그 언어를 알려면 우선 충분히 들어야 합니다. 아이의 머릿속에 영어를 가득 채워 그야말로 흘러넘치도록 해주어야 합니다. 구어 능력을 쌓고 어휘도 어느 정도 알게 된 시점에서 파닉스를 학습하고 읽기에 들어가야 무리 없이 진행할 수 있습니다. 단어를 읽는 요령은 비교적 쉽게 배울 수 있지만 언어 사용 능력과 이를 뒷받침하는 어휘나 문법 지식의 습득은 결코 쉽지 않기 때문입니다. 이는 영어와 우리말뿐 아니라 어떤 언어에서도 마찬가지입니다.

03

파닉스 공부는
꼭 해야 하는 것일까?

파닉스를 배우면 영어의 각 문자가 어떤 소리를 나타내는지 알 수 있으므로 글로 쓰여 있는 단어를 읽을 수 있게 됩니다. 따라서 파닉스 학습은 읽기를 배우는 아동들에게 매우 중요합니다. 바로 이 때문에 많은 사람들은 파닉스 학습이 필수라고 생각합니다. 파닉스 공부는 정말 반드시 필요할까요? 누구나 파닉스를 꼭 공부해야 할까요?

보고 듣는 과정에서 우연적으로 학습될 수 있다

결론부터 말하자면, 파닉스를 반드시 명시적으로 학습해야 하는 것은 아닙니다. 다시 말해, 파닉스는 영어를 읽는 데 매우 중요하지만 반드시 많은 시간을 들여 가르치고 배워야 하는 것은 아닙니다.

앞에서도 말했지만, 영어 학습이 "소리에서 문자로" 자연스럽게 진행되면 파닉스는 영어를 보고 듣는 과정에서 자기도 모르는 사이에 우연적으로 습득될 가능성이 높습니다. 즉 영어책 읽어주기와 동영상 시청을 통해 영어를 충분히 보고 들으면 파닉스를 따로 공부하지 않아도 무리 없이 영어책 읽기를 시작해 읽기를 즐길 수 있으며 실제 그런 경우가 적지 않습니다.

우연적으로 습득된 파닉스는 실전 활용도가 높다

더구나 이런 식으로 자연스럽게 습득한 파닉스는 영양가가 높습니다. 단순한 지식 차원에 머물지 않고 살아 있는 영어 사용 능력의 일부가 되기 때문입니다. (이어지는 글에서 자세히 설명하겠지만) 파닉스가 영어책 읽기에 실제로 기여하도록 하려면 파닉스 학습이 규칙의 암기나 단조로운 반복 연습에 그치지 않고 가급적 많은 읽기와 함께 진행되어야 합니다. 그래서 의식하지 않아도 실제 읽기에 자동적으로 적용될 수 있도록 연습해야 합니다. 한마디로, 파닉스 지식과 읽기는 분리되지 않고 하나가 되어야 한다는 뜻입니다.

읽기에 자연스럽게 적용된다

이런 관점에서 볼 때 영어를 보고 듣는 과정에서 우연적으로 습득한 파닉스는 아이가 지닌 구어 형태의 단어, 문장 구조 지식과 자연스럽게 연결되어 별도의 노력을 기울이지 않아도 책 읽기에 바로 적용될 가능성이 큽니다. 영어책 읽어주기와 영어 동영상을 즐기던 아이의 입에서 어느 날 갑자기 영어가 튀어나오기 시작하고 자기 혼자서 영어책을 읽어보겠다고 덤비게 됩니다. 시키지 않아도 엄마 나 아빠, 방문한 손님들 앞에서 큰 소리로 영어책을 읽고 또 그렇게 할 수 있는 책이 하나둘 늘어갑니다. 어떻게 이러한 일이 가능할까 요? 그것은 모두 영어의 어휘와 문장 구조뿐 아니라 문자와 소리를 연결해주는 파닉스까지도 상당 부분 자기도 모르는 사이에 우연적 으로 익히게 되었기 때문입니다.

파닉스 학습은 여전히 유용하다

그러나 파닉스의 많은 부분이 우연적으로 학습될 수 있고 또 그렇 게 되는 것이 바람직하다는 말을 명시적인 파닉스 학습이 필요하지 않다는 뜻으로 오해하지 않기 바랍니다. 우선, 앞에서 설명했듯이 파닉스 학습은 아동들이 읽는 법을 배우는 데 매우 효과적입니다. 그리고 설사 파닉스의 상당 부분을 영어를 보고 듣는 과정에서 자 연스럽게 터득한 아동이라도 어느 정도의 명시적 학습은 이해도를 점검해 부족한 부분을 보완하고 다지기를 하는 차원에서 도움이 됩 니다. 더구나 파닉스의 핵심 내용은 비교적 단기간의 교육으로도 충 분히 익힐 수 있기 때문에 적은 투자로 많은 수익을 내는 크게 남는 장사가 될 수 있습니다.

04

파닉스 학습의
성공 4원칙

"파닉스는 어떤 교재로 공부하는 것이 좋을까요?"라고 질문하는 엄마 아빠들이 많습니다. 그만큼 교재 선택을 중요하게 여기고 관심이 많다는 뜻이겠지요. 하지만 흥미롭게도 파닉스를 어떻게 공부해야 하는지 물어보시는 분은 많지 않습니다. 도리어 제가 파닉스 공부는 어떤 원칙이나 목적을 가지고 하시는지 물어보게 됩니다. 그런데 그때마다 거의 예외 없이 듣게 되는 답변은 "좋은 교재를 선택해 순서대로 따라 하면 되는 것 아닌가요?"입니다. 교재 선택과 공부 방법, 여러분은 어느 쪽을 더 중요하게 여기십니까?

교재보다는 공부 방법

사실 교재 자체는 중요하지만 교재의 선택은 현실적으로 그리 큰 문제가 되지 않습니다. 겉보기에는 서로 달라 보여도 다루는 내용과 방식, 순서에서는 큰 차이가 없기 때문입니다. 따라서 교재 선택은 일반적으로 생각하는 것만큼 파닉스 학습의 성패에 많은 영향을 미치지 않습니다.

하지만 어떤 목적과 원칙을 가지고 어떻게 공부하느냐는 파닉스 학습 결과는 물론 영어책 읽기에도 큰 영향을 줍니다. 파닉스 학습이 영어책 읽기에 진짜 도움이 되게 하려면 어떻게 해야 할까요? 이 질문에 답하기 위해 아이들의 파닉스 학습과 영어책 읽기에 관련된 그동안의 경험과 공부를 바탕으로 크게 네 가지 원칙을 말씀드리고 싶습니다.

첫째, 문자와 단어 해독 요령에 중점을 둔다

파닉스 학습은 문자를 해독해 단어를 읽어내는 요령을 배우는 것이라는 가장 기본적인 목표를 달성하는 데 중점을 두어야 합니다. 당연한 것 아니냐고요? 맞습니다. 그런데도 제대로 지켜지지 않는 경우가 많습니다.

어떤 방식으로 파닉스를 가르치든 모든 파닉스 교육의 핵심은 문자를 해독하고 단어의 발음을 읽어내는 요령을 가르쳐주어 귀와 입으로는 이미 알고 있지만 글로 쓰여 있어 알아볼 수 없는 단어를 눈으로도 인식할 수 있도록 해주는 것입니다. 다시 말해, 모르는 영어 단어를 배우기 위해서가 아니라 이미 아는 것을 활용해 글을 읽기 위해서 파닉스를 공부하는 것입니다.

이런 파닉스 학습이 가능하려면 구어 영어 능력의 일부로 영어 단어를 충분히 알고 있어야 합니다. 그래야 파닉스 학습이 모르는 영어 어휘의 학습으로 변질되지 않고 본래의 목적을 충실히 달성할 수 있습니다. 만일 파닉스를 학습하면서 많은 새로운 어휘와 문법까지 함께 공부하도록 한다면 과도한 부담으로 인해 읽는 요령을 배우고 익히는 데 집중하기가 어렵게 됩니다.

그렇게 되면 결과적으로 영어책 읽기를 즐기는 것은 물론 영어 읽기 실력을 향상시키는 일에도 악영향을 미칩니다.

둘째, 다른 단서의 도움 없이 정확한 해독이 가능해야 한다

다른 단서의 도움 없이 파닉스 지식과 기술만으로 정확한 문자 해독과 단어 인식이 가능하도록 확실하게 익혀야 합니다. 물론 유창한 읽기를 위해서는 다양한 읽기 기술을 익히고 이를 종합적으로 활용할 줄 알아야 합니다. 특히, 본격적인 영어책 읽기에 들어가 읽기를 통해 새로운 지식을 쌓아나갈 때에는 문맥과 삽화 등의 단서는 물론 배경지식과 논리적 추론 등, 이용 가능한 모든 방법과 기술을 최대한 활용할 필요가 있습니다. 하지만 읽는 요령을 배우는 단계에서는 다른 단서들을 전혀 참조하지 않고 파닉스 지식만을 이용해 단어를 정확하게 읽어내는 것에 집중해야 합니다. 적어도 자신이 구어적으로 알고 있는 단어만큼은 해독 요령을 잘 알지 못하거나 제대로 적용하지 못해 의미를 제멋대로 추측하는 일이 없도록 해야 합니다.

만일 문자 해독 능력이 부족해 다른 단서에 의존하게 된다면 시간이 지남에 따라 제대로 읽지 못하는 단어가 계속 늘어나게 되고 그에 따라 읽기 능력의 발전도 더딜 것입니다.

셋째, 정확하고 신속하게 자동적으로 읽을 수 있어야 한다

정확하게 읽는 것을 넘어 신속하게 자동적으로 읽을 수 있도록 연습해야 합니다. 물론 다른 단서의 도움 없이 파닉스 기술만으로 단어를 정확하게 읽어내는 것이 우선입니다. 하지만 이것만으로는 부족합니다. 정확한 읽기가 신속하게 이루어질 수 있어야 합니다. 더 나아가 정확하면서도 신속한 읽기가 의식하지 않아도 자동적으로 이루어지는 수준까지 올라가야 합니다.

이렇게 되면 자주 만나는 단어들은 마치 일견어휘처럼 문자 해독 과정을 거치지 않고도 보는 즉시 바로 인식됩니다. 자동적으로 읽을 수 있고 일견어휘처럼 즉시 인식되는 단어들이 늘어나면 잘 모르는 단어나 (파닉스 규칙을 따르지 않아) 해독이 어려운 단어에 주목할 여유를 가질 수 있습니다. 그리고 이런 여유가 생기면 문장과 텍스트의 의미 이해에 한층 더 집중할 수 있게 되므로 더욱 유창한 읽기가 가능해집니다.

넷째, 실제 읽기에 활용되고 읽기를 통해 완성되어야 한다

마지막으로, 파닉스를 배우고 연습하는 것에 그치지 말고 파닉스 지식이 읽기에 실제 활용되고 읽기를 통해 완성되도록 해야 합니다. 따라서 파닉스 규칙을 학습한 후에는 바로 실제 읽기로 들어가 배운 것을 적용해봐야 합니다. 또 (교재나 워크북을 활용한 문제 풀이나 규칙의 반복 연습이 아니라) 실제 많은 읽기를 통해 이미 학습된 파닉스 기술이 정확하고도 신속하게, 자동적으로 적용될 수 있도록 연습해야 합니다.•

역설적으로 들리겠지만 파닉스 학습의 진짜 목적을 달성하기 위해서는 파닉스를 배우는 단계에서도 파닉스 학습 자체보다 이를 활용한 실제 읽기에 더 많은 시간과 노력을 투자할 필요가 있습니다. 따라서 일정 분량의 파닉스 학습을 마친 후에는 언제나 바로 읽기로 들어가 영어로 된 글 속에서 배운 것을 확인하고 적용할 기회를 충분히 가져야 합니다. 이런 읽기 우선의 원칙은 파닉스 교육의 초기부터 파닉스를 학습하는 과정 내내 철저하게 지켜져야 합니다.

• 파닉스 학습의 초기 단계에서는 가급적 배운 것만 가지고도 충분히 읽을 수 있는 텍스트(decodable text)를 사용하는 것이 좋습니다. 또 단어나 짧은 어구, 혹은 분리된 짧은 문장들로 구성된 읽기 자료보다는 연결된 문장으로 이루어진 온전한 텍스트를 읽는 것이 좋습니다. 그리고 학습한 문자와 소리의 패턴이 이야기 전반에 걸쳐 많은 단어에서 반복되는 텍스트가 바람직합니다. 물론 아이와 함께 공감하고 대화할 수 있는 내용을 담은 텍스트라면 더욱 추천할 만합니다.

05

파닉스 학습에도
바람직한 순서가 있다

파닉스 학습의 핵심은 문자와 소리의 관계, 즉 영어의 각 문자가 어떤 소리를 나타내는지 혹은 반대로 각 음소가 어떤 문자들로 표현되는지를 아는 것입니다.

영어에서는 보통 하나의 소리를 하나의 문자로 적지만 this의 th나 match의 tch처럼 2~3개의 문자로 하나의 소리를 적는 이중자(diagraphs)도 있고, spring의 spr이나 smart의 sm처럼 여러 개의 자음으로 구성된 자음 덩어리(consonant blends)도 있습니다.

모음의 경우, 각 모음 문자가 여러 가지 다양한 소리를 내는 것이 일반적입니다.

이와 같이 복잡하게 느껴지고 실제로도 복잡한 부분이 많은 영어 파닉스를 어떤 순서로 공부하는 것이 좋을까요? 사실 전문가가 아니라면 바람직한 파닉스 학습 순서를 결정하는 게 쉽지 않으니 가장 지혜로운 방법은 어쩌면 선택한 파닉스 교재를 그냥 순서대로 따라 가는 것일 수 있습니다.

　그럼에도 궁금하시죠, 파닉스를 배우거나 가르칠 때 어떤 일정한 순서가 있는지?

논리적인 순서의 준수

제가 아는 한 반드시 준수해야 할 구체적인 순서가 있는 것은 아니지만 알아두면 큰 도움이 될 몇 가지 중요한 원칙은 존재합니다. 무엇보다 파닉스 학습은 논리적인 순서에 따라 준비되고 진행되어야 합니다. 이것은 한마디로 먼저 해야 하는 것을 반드시 먼저 하는 것을 의미합니다.

　이 논리적인 순서의 핵심은 다음과 같습니다.

　가장 우선적으로 파닉스 학습을 시작하기 전에 영어를 듣고 이해하는 능력을 갖춰야 합니다. 왜냐하면 듣고 이해하는 능력은 파닉스 학습의 선결 요건인 음소 인식 능력의 바탕이기 때문입니다. 그다음 아이의 음소 인식 능력을 점검하고 부족한 부분을 보완해야 합니다. 음소 인식 능력을 적절히 갖추었다고 판단되면 본격적인 파닉스 학습으로 들어가 소리와 문자의 일치 관계를 가르쳐야 합니다. 동시에 여러 개의 소리를 통합해 읽어내는 블렌딩(blending)을 연습합니다. 그 후 반드시 읽기로 들어가 배운 파닉스 기술을 실전에 적용해보고 되도록 많이 읽어 능숙하게 파닉스 기술을 활용할 수 있도록 노력해야 합니다.

파닉스 학습의 목적 달성에 도움이 되는 순서

본격적인 파닉스 학습에 들어가면 일반적인 알파벳 순서를 따르기보다 (문자를 해독해 단어의 발음을 알아내는 요령을 터득한다는) 파닉스 교육의 목적을 달성하는 데 도움이 되도록 순서를 정할 필요가 있습니다. 그런 순서는 크게 "학습의 용이성(ease of learning)"과 아동들에게 "의미 있는 단어의 생성(production of meaningful words)"이라는 두 가지 기준을 바탕으로 생각해볼 수 있습니다 (Beck & Beck 2013: 44-48). 여기에서 학습의 용이성이란 아이가 배우기에 얼마나 쉬운가를, 그리고 의미 있는 단어의 생성이란 아이가 아는 단어를 얼마나 만들어낼 수 있는가를 의미합니다.

첫 번째 원칙: 학습의 용이성

한마디로 쉽고 단순한 것을 먼저, 어렵고 복잡한 것은 나중에 배우는 것이 좋다는 원칙입니다.[*] 그렇다면 어떤 것이 쉽고 어떤 것이 어

● 학습의 용이성은 배운 것을 충분히 익혔는가의 문제와도 밀접한 관련이 있습니다. 현재 배우는 것을 얼마나 철저하게 익혔는지에 따라 다음 학습이 쉬워질 수도 어려워질 수도 있기 때문입니다. 따라서 바람직한 학습 순서는 쉽고 단순한 것을 먼저, 어렵고 복잡한 것을 나중에 익히되 일단 배운 것은 능숙하게 적용할 수 있도록 충분히 연습한 후 다음 내용으로 넘어가는 것입니다.

려울까요? 일반적으로 모음보다는 자음이, 자음 덩어리(예: <u>br</u>ing, be<u>st</u>)나 이중자(예: <u>th</u>is, <u>sh</u>op)보다는 개별 자음이, 장모음이나 이중모음보다는 단모음이 더 쉽습니다. 하지만 여기에서 더 구체적으로 들어가면 전문가마다 의견이 약간씩 다릅니다.[•] 물론 그렇다고 해도 크게 염려할 필요는 없습니다. 널리 사용되는 파닉스 교재들은 대부분 큰 차이 없이 학습의 용이성을 적절히 반영하고 있기 때문입니다. 따라서 각자 선택한 교재의 순서를 따라 학습하면 실제로 문제가 되는 일은 거의 없다고 보시면 됩니다.

형태가 비슷한 글자들은 충분한 간격이 필요하다

학습의 용이성에 영향을 미치는 중요한 요인 중 하나는 문자의 형태적 유사성입니다. 즉, 형태가 유사한 문자는 상호 간섭하는 현상을 초래할 위험성이 크기 때문에 충분한 간격을 두고 가르치는 것이 좋습니다. 특히 형태가 동일한 b와 d, p와 q는 서로 멀리 배치해야 합니다.

일반적으로 물건은 뒤집어놓거나 거꾸로 놓아도 다른 물건이 되

• 파닉스 학습의 구체적인 순서와 관련해 콜먼(Coleman 1970)은 취학 전의 아동들이 얼마나 쉽게 배우느냐에 따라 35개의 문자와 문자열의 순위를 제시하고 있습니다.

지 않습니다. 그런데 어린 아동들은 문자도 하나의 물건으로 간주하여 모양은 그대로이면서 방향만 다른 경우 같은 문자로 생각하기 쉽습니다. 자음 b와 d, p와 q는 아이의 직관적 생각에 정면으로 배치되는 문자들입니다. 따라서 함께 다루면 혼동을 일으킬 가능성이 매우 큽니다. 이외에도 m과 n, v와 w 등 모양이 비슷해 혼동하기 쉬운 문자나 아이가 잘 구분하지 못하는 문자는 별도의 주의를 기울여 명확히 구별할 수 있도록 도와주어야 합니다. 이를 위해서는 파닉스를 공부할 때 아이가 자주 범하는 실수나 문제점을 주의 깊게 살펴볼 필요가 있습니다.

두 번째 원칙: 많은 의미 있는 단어의 생성을 위해 모음을 일찍

조금만 배워도 단어를 많이 만들어낼 수 있다면 금상첨화겠죠? 그런 의미에서 모음은 일찍 배울 필요가 있습니다. 영어에서 모음 글자는 총 5개 정도에 불과하지만 모든 영어 단어에 적어도 하나씩은 포함되어 있습니다. 따라서 모음을 하나만 알면 문자와 소리의 일치 관계를 조금만 배워도 꽤 많은 단어를 만들어낼 수 있게 됩니다.

아는 단어를 만들어낼 수 있어야 한다

또 파닉스 지식을 적용하여 만들어낼 수 있는 단어는 아이에게 의미 있는 것이어야 합니다. 아이에게 의미 있는 단어란 아이가 귀와 입으로는 이미 알고 있어 읽어내면 바로 이해되는 단어를 가리킵니다. 이미 몇 차례 강조해 설명했던 것처럼, 파닉스를 배운다는 것은 보통 (아이들이 이미 상당한 구어 단어 지식을 갖추고 있어) 글을 해독해 읽어내기만 하면 의미가 저절로 이해된다는 것을 전제로 합니다. 본래 아는 단어가 아니라서 발음을 읽어낸 후에도 그 의미를 알수 없다면 파닉스를 통한 문자 해독(decoding)은 암호 해독이 아니라 또 다른 암호화(encoding)가 됩니다. 그 경우 파닉스는 이상하게 생긴 글자들에 생명을 불어넣어 아이들에게 책 속의 신기한 세상을 열어주는 마법의 주문이 되지 못합니다. 단지 무의미하고 무미건조한 학습의 대상이 될 뿐입니다.

06

규칙도 예외도 많아 난감한 영어 파닉스, 어떻게 가르쳐야 할까?

실전에 들어가 파닉스 공부를 시작하면 영어의 각 알파벳이 나타내는 소리도 매우 다양하지만 중요하다는 규칙도 많아 무엇을 얼마나 어떻게 가르쳐야 할지 난감할 때가 있습니다.● 중요한 규칙만 모아 가르쳐보지만 또 예외가 되는 단어도 만만치 않아 아이뿐 아니라 가르치는 엄마 아빠도 당황스러운 때가 많습니다. 파닉스 규칙이 얼마나 유용한지 고찰한 클라이머(Clymer 1963)의 연구에 따르면, 조사한 45개의 잘 알려진 규칙 가운데 과반수는 유용성이 75%를 넘

● 학자마다 의견이 약간씩 다르지만 영어에는 약 40개 남짓한 음소가 있고 이 음소들을 적을 수 있는 문자나 문자 조합은 수백 개에 달한다고 합니다. 예를 들어, 듀이(Dewey 1970)는 42개 음소를 561가지로, 모츠(Moats 2000)는 44개 음소를 250개 이상으로 철자하는 것이 가능하다고 했습니다. 최근의 파닉스 교재나 안내서(예: Blevins 2017)에는 영어 음소를 44개로 나누어 소개하는 것이 일반적인 듯합니다.

지 않았다고 합니다. 대체 이런 파닉스 규칙을 어찌하면 좋을까요?

규칙이 아닌 패턴으로 본다

이 문제의 해결을 위해서는 무엇보다 영어책을 잘 읽는 아이들이 인쇄된 단어의 스펠링을 파닉스 규칙으로 접근하기보다 글자들의 패턴으로 본다는 사실에 주목할 필요가 있습니다(Stahl 1992). 다시 말해, 아이가 영어 단어를 많이 접하면 글자들의 패턴은 쉽게 감지되지만 추상적인 파닉스 규칙은 명시적으로 가르치지 않는 한 머릿속에서 저절로 떠오르지 않는다는 뜻입니다. 사실 파닉스 규칙은 대부분 특정 스펠링 패턴을 일반화해 (사후적으로) 설명하는 것에 불과합니다.

먼저 패턴에 익숙해지게 하라

따라서 처음부터 파닉스 규칙을 설명하고 그것을 기억해 적용하기를 기대하는 것은 별로 바람직하지 않습니다. 그보다는 우선 아이가 단어들 속에 숨은 스펠링 패턴에 주목하게 합니다. 그다음 실제 읽기로 들어가 영어책에서 해당 스펠링 패턴을 자주 만나면서 자연스럽게 내재화할 수 있도록 해줍니다. 그렇게 해서 아이가 스펠링 패턴에 충분히 노출되고 익숙해졌을 때 비로소 그 패턴을 설명하는 규칙을 제시해 머릿속에 명확히 정리되도록 도와주는 것이 좋습니다.

규칙이 절대적이라는 생각은 금물

파닉스 규칙을 제시할 때에는 아이가 규칙을 절대적이라고 생각하는 일이 없도록 주의해야 합니다. "예외 없는 규칙은 없다"는 말처럼 100% 예외 없이 적용되는 파닉스 규칙은 흔치 않습니다. 사실이 속성 때문에라도 처음부터 규칙을 가르치기보다 노출을 많이 시켜 먼저 패턴을 스스로 감지하도록 하는 것이 좋습니다.

해당 패턴에 충분히 익숙해진 시점에서 관련 규칙을 제시해 이해를 돕고 기억을 명확히 하는 방식으로 진행합니다. 그러면 파닉스 규칙도, 그 예외도 큰 부담 없이 받아들이게 됩니다.

자음 g의 발음을 예로 들면

이해를 돕기 위해 모든 파닉스 교재에서 사실상 빠지지 않고 등장하는 g의 발음을 예로 들어보겠습니다. 자음 글자 g가 (giant, ginger, gem, gentle에서처럼) 모음 글자 i나 e 앞에 오면 jump의 첫소리처럼 /dʒ/ 소리가 난다는 규칙이 있습니다. 이 규칙을 글자 g가 나타내는 소리를 배울 때에 바로 제시하지 않고 먼저 아이가 해당 패턴을 가진 단어들에 충분히 익숙해지도록 합니다. 그리고 give 같은 예외도 인지할 기회를 가지도록 합니다. 그런 후 비로소 해당 규칙을 제시하는 것입니다. 그렇게 해서 아이가 스스로 발견하거나 익숙해진 스펠링 패턴을 유형화하여 내재화하도록 하고 동시에 예외적인 경우도 자연스럽게 떠올릴 수 있도록 하는 것입니다.

발견 학습으로 익히면 실전 활용도가 높고 학습 부담도 적다

사실 영어책 읽어주기와 동영상 보고 듣기를 통해 영어의 소리와 문자에 익숙해진 후 자연스럽게 조금씩 혼자 읽기로 진행한 아이는 이부분에서도 크게 힘들어하지 않습니다. 이런 아이는 파닉스 규칙을 명시적으로 가르쳐주지 않아도 자기도 모르는 사이에 파닉스의 상당 부분을 우연적으로 습득해 적용할 줄 압니다. 또 영어책에서 단어를 접하면서 자주 등장하는 스펠링 패턴을 스스로 감지하는 경우가 많습니다. 제대로만 할 수 있다면 매우 효과적이라고 알려진 발견 학습을 누가 가르쳐주지 않아도 저절로 실천하고 있는 것이지요.•

• 발견 학습(discovery learning)이란 교사의 도움 없이 학습자가 스스로 학습 목표에 도달하도록 도와주는 학습 방식입니다. 즉, 교사가 정답을 알려주는 대신 학습자가 자료를 검토해 가설을 세우고 문제에 대한 답을 스스로 발견해나가는 방식의 학습입니다. 그러나 학습을 전적으로 학생에게만 맡기는 것은 낭비적이라는 비판 때문에 지도와 발견을 적절하게 배분하는 안내적 발견 학습(guided discovery learning)이 대안으로 제시됩니다(한국교육심리학회 2000, 서울대학교 교육연구소 1995).

이런 아이는 나중에 관련 파닉스 규칙을 가르쳐주면 자연스럽게 받아들이고 굳이 알려주지 않아도 예외가 되는 단어를 스스로 찾아내는 경우가 많습니다. 예를 들면, 다음과 같이 말이죠.

"엄마, 근데 give의 g는 giant의 g와는 소리가 다르네요."

이렇게 익힌 파닉스는 단순한 지식에 머물지 않고 실전 활용도가 매우 높은 읽기 능력의 일부가 됩니다. 당연히 규칙과 예외를 학습할 때 생기는 학습 부담은 별문제가 되지 않습니다.

천천히 충분히 익히고 읽기를 통해 숙달한다

마지막으로, 아이에게 단기간에 많은 것을 가르치려 하거나 여러 가지를 한꺼번에 끝내려 하는 것은 결코 바람직하지 않습니다. 서두르지 말고 먼저 배운 규칙을 능숙하게 적용할 수 있도록 해야 합니다. 그런 후 다른 규칙을 추가적으로 다루는 것이 좋습니다. 여기에서 파닉스 규칙을 능숙하게 활용할 수 있도록 하기 위한 노력은 앞에서도 이미 강조한 것처럼 규칙의 암기나 반복 연습보다 실제 읽기를 통해 이루어지는 것이 바람직합니다. 따라서 규칙을 배운 후에는 반드시 바로 읽기로 들어가 해당 규칙을 적용하고 활용할 기회를 충분히 가지도록 해야 합니다.

07

최우선 추천
파닉스 규칙 세 가지

최소한을 익혀 최대한 활용하라

얼마나 많은 파닉스 규칙을 가르치는 것이 좋을까요? 이 문제와 관련하여 그동안 제가 일관성 있게 지켜온 원칙은 바로 명시적으로 가르치는 규칙은 최소화하고 대신 그 최소한의 규칙들을 철저하게 익혀 최대한 우려먹도록 하자는 것입니다.

많은 것을 배워 제대로 활용하지 못하는 것보다는 적은 것을 확실히 배워 최대한 활용할 수 있도록 교육하는 것이 훨씬 낫기 때문입니다.

우선, 많은 규칙을 가르치려고 욕심을 내면 얻는 것보다 잃는 것이 오히려 더 많아지기 마련입니다. 또 명시적으로 가르칠 규칙의 수가 적으면 가르치기도 배우기도 쉬울 뿐 아니라 실제 읽기에 활용하기도 쉽습니다.

따라서 소수의 정말 유용한 규칙만을 먼저 확실하게 가르쳐 최대한 활용하도록 합니다. 그런 후 나머지 파닉스 규칙들은 앞서 설명한 바와 같이 관련 스펠링 패턴에 익숙해지고 스스로 감지하게 되었을 때 하나씩 자연스럽게 소개합니다.

그렇다면 정말 유용한 파닉스 규칙에는 어떤 것들이 있을까요? 유용하다는 규칙들이 꽤 많지만 오랜 경험을 통해 제가 우선적으로 추천하고 싶은 규칙은 다음 세 가지입니다.

첫 번째, 어말 -e 규칙
어말의 -e는 묵음이 되고 앞에 오는 모음이 길게 발음된다

이 규칙은 영어로 흔히 "Bossy e"라고 부르는데 그 이유는 '으스대는, 두목 행세하는' 등으로 번역되는 bossy의 의미처럼 모음 e가 어말에 오면 자신은 소리가 나지 않으면서 바로 앞의 모음(특히 a, i, o)이 각자 자기 이름을 말하도록 명령하기 때문입니다. 마치 어떤 패거리의 두목이 자신은 아무 일도 하지 않으면서 부하들을 시켜 대신 일하도록 하는 것처럼 말이죠.

예를 들어, cake에서 어말의 e는 묵음이지만 앞에 오는 a는 그 글자의 알파벳 이름처럼 "에이"라고 길게 발음합니다. 이와 같이 어말에 e가 붙으면 mad/mæd/(매드)가 made/meid/(메이드)가 되는 것처럼 앞에 위치한 모음의 발음이 길게 변하는 경우가 많습니다. 이 규칙은 물론 예외도 있지만 적용되는 단어가 워낙 많아 특히 유용한 규칙입니다.*

두 번째, 첫째 모음 우선 원칙

모음이 2개 겹치면 첫째 모음이 길게 발음된다

영어로 "First Vowel Talking"이라 부르는 이 규칙에서는 모음 글
자가 2개 겹쳐서 올 때 두 번째 모음은 가만히 있고 첫 번째 모음이
자신의 이름을 말하게 됩니다.

● 어말 -e 규칙이 적용되는 단어의 예는 다음과 같습니다. 아래 예시에서 대문자 C
는 자음을 가리킵니다.

① -aCe : bake, blade, brace, brake, brave, cage, cake, came, case,
change, chase, date, face, fade, fate, flake, flame, game, gate,
gave, grace, grade, grape, lake, late, made, make, male, name,
page, place, plate, race, rake, sale, same, save, shade, shake,
shape, shave, skate, space, stage, take, tape, trace, trade, vase,
wade, wake, wave, whale

② -eCe : Eve, Pete, Steve, these

③ -iCe : bike, bite, bride, chime, dime, dine, dive, drive, fine, five, hide,
hike, ice, kite, life, lime, line, live, mice, mile, mine, nice, nine,
pine, pipe, rice, ride, rise, shine, side, size, slice, slide, spice,
strive, tide, time, twice, while, wide, wife, wine, wise

④ -oCe : bone, broke, choke, chose, close, clothes, code, cone, cope,
dome, dose, drove, froze, globe, hole, home, hope, hose, joke,
lone, nose, note, ‘phone, poke, pole, pose, rose, slope, stove,
tone, vote, whole

⑤ -uCe : bugle, cube, cute, fume, fuse, huge, mule, muse, mute, tube,
use

예를 들어, bead에는 모음 글자 2개(-ea-)가 겹쳐 오는데 이 경우 두 번째 모음은 소리가 나지 않고 첫 번째 모음인 e가 자신의 이름인 "이~"를 말하는 것처럼 길게 소리 나는 것입니다.*

이 규칙은 유용성이 매우 높지만 다른 많은 규칙처럼 예외가 적지 않습니다.**

따라서 어떤 규칙을 다루든 우선 적용되는 단어를 충분히 접해 패턴을 감지하도록 돕고 거기에 익숙해진 시점에서 규칙을 제시해 해당 패턴을 유형화시키도록 돕는 것이 좋습니다. 개인적인 경험으로 봤을 때 그렇게 하면 아이는 규칙을 절대적으로 생각하는 오류를 범하거나 예외가 많아 혼란스러워하는 일이 거의 없고, 발견되는 패턴과 예외 단어를 오히려 흥미롭게 느낍니다.

* 첫째 모음 우선 규칙이 적용되는 단어의 예는 다음과 같습니다.

① -ee- : bee, beet, deed, deer, feed, feel, free, keep, meet, need, see, seem, seen

② -ea- : bead, beach, beak, beat, cheap, each, ear, fear, meat, scream, team

③ -ai- : bait, brain, chain, fail, gain, maid, rain, pain, paint, plain, wait, waist

④ -oa- : boat, boast, coast, float, goat, oat, road, roast, soap, throat

** 다음 단어는 모두 첫째 모음 우선 규칙의 예외입니다.

① bread, dead, head, feather, weather 등

② moon, broom, school, tool, root, food, spoon 등

③ book, good, took, cook, shook, hood, foot, stood 등

세 번째, 동사와 명사의 굴절 어미 -ed와 -s

이번에는 동사의 과거형 어미인 -ed와 동사의 3인칭 단수 현재형과 명사의 복수형 어미인 -s의 발음입니다. 우선, 영어의 이 어미들은 사실상 모든 동사와 명사에 붙을 수 있다는 점에서 매우 생산적입니다. 따라서 경제성과 파급 효과가 엄청나게 큽니다. 그리고 두 어미의 발음은 널리 알려진 것처럼 매우 규칙적이기 때문에 일단 배워두면 큰 도움이 됩니다. 물론 파닉스 학습 전에 영어를 충분히 보고 들은 아이들은 이미 동사나 명사에 어미가 붙을 경우 어떻게 발음되는지 알고 있기에 가르치는 것도 어렵지 않습니다. 이 경우 이미 아는 것을 명시적으로 일반화하고 유형화하도록 도와주는 것이라고 생각하면 됩니다.

유성음 다음에는 유성음, 무성음 다음에는 무성음

동사의 과거형 어미는 (어미 -ed 바로 앞에 오는) 동사의 마지막 소리가 (live나 love의 /v/처럼) 성대의 떨림이 있는 소리인가, 아니면 (like나 bake의 /k/처럼) 떨림이 없는 소리인가에 따라 달라집니다. 즉, 바로 앞소리가 성대가 떨리는 유성음이면 유성음 /d/로, 성대가 떨리지 않는 무성음이면 무성음 /t/로 발음됩니다. 단, 마지막 자음이 d나 t일 경우 사이에 모음 /ɪ/가 삽입되어 /ɪd/로 발음됩니다.[•]

그렇다면 play나 study처럼 자음이 아닌 모음으로 끝나는 경우에는 어떻게 발음될까요? 그럴 때는 유성음인 /d/로 발음하면 됩니다. 모음은 언제나 성대가 떨리는 유성음이기 때문입니다.

동사의 3인칭 단수 현재형 어미와 명사의 복수형 어미 -s도 거의 동일한 방식으로 발음됩니다. 즉, 단어의 마지막 소리가 bid와 beg, bed와 bag처럼 유성음이면 유성음인 /z/, ask와 sit, book과 boot처럼 무성음이면 무성음인 /s/로 발음됩니다. 단, 마지막 소리가 bus나 buzz처럼 어미 -s의 발음인 /s/나 /z/와 같거나 비슷할 경우 /ɪz/로 발음합니다.** 여기에서 /s/나 /z/와 비슷한 소리란 dash나 dish의 /ʃ/, massage나 rouge의 /ʒ/, catch나 church의 /ʧ/, judge 와 cage의 /dʒ/를 가리킵니다.*** 물론 단어가 모음으로 끝나는 경우 이번에도 모음은 언제나 성대가 떨리는 유성음이므로 유성음인 /z/로 발음됩니다.

● 단어의 마지막 소리가 d나 t일 경우에만 /ɪd/로 발음되는 이유는 –dd–나 –tt–처럼 동일한 자음을 연속적으로 발음하는 게 어렵고 부자연스럽기 때문입니다. 따라서 동사의 마지막 자음과 과거형 어미 사이에 모음 /ɪ/를 삽입해 발음을 쉽게 하는 것입니다.

●● /s/나 /z/와 같거나 비슷한 소리일 때 어미의 발음이 /ɪz/가 되는 것도 서로 같거나 비슷한 소리가 연속으로 올 경우 발음하기가 어렵기 때문에 이를 피하기 위한 것입니다.

●●● 영어에 /ʒ/ 소리가 포함된 단어는 많지 않으며 대략 Asia, beige, casual, decision, equation, exposure, measure, occasion, pleasure, television, treasure, usual, vision 등이 있습니다. 이 단어들 가운데 Asia와 equation 등은 /ʃ/ 소리로 발음되기도 합니다.

08

아이가 블렌딩을 어려워해요,
좋은 방법이 없을까요?

파닉스 학습의 핵심은 단어를 인식하기 위해 각 문자가 나타내는 소리를 알아내는 문자 해독과 해독한 소리들을 모두 연결해 한꺼번에 읽어내는 블렌딩(blending)입니다. 문자 해독도 물론 쉽지 않지만 어린아이에게는 일반적으로 블렌딩이 훨씬 더 터득하기 어려운 기술입니다. 블렌딩의 어려움은 음절이 많아 길이가 긴 단어의 경우 더욱 심해집니다.

그런데 안타깝게도 엄마 아빠는 물론 심지어 영어 교사들까지도 블렌딩을 어떻게 가르쳐야 하는지 또 아이가 느끼는 어려움은 어떻게 해결해주어야 할지 잘 모르는 경우가 많습니다. 그냥 "각 소리를 길게 늘여 발음하면서 모두 연결해 말해보세요"라고 하는 것이 보통의 방법인 듯합니다.

예를 들어, cat이란 단어를 읽을 때 "/k/~ /æ/~ /t/, /kæt/ (ㅋ~ 애~ ㅌ, 캩)"이라고 하는 것처럼 말이죠. 그럴 경우 아이들은 마음속으로 '길게 늘여 합쳐서 발음하라니, 대체 어떻게 하라는 거지?' 하면서 의문을 갖기 쉽습니다.

블렌딩이 어려운 이유는…

아이들에게 블렌딩이 어려운 이유 가운데 하나는 제한된 용량의 단기 기억(short-term memory) 때문입니다. 다시 말해, 영어의 문자와 소리 사이의 관계를 알고 해당 소리를 잘 발음해낼 수 있어도 부족한 단기 기억 용량 때문에 블렌딩은 여전히 어려울 수 있다는 뜻입니다.

일반적으로 성인의 단기 기억은 7개 내외의 숫자를 약 15초 내지 30초 기억하는 정도이고, 어린아이의 경우에는 이보다 떨어져 3~5개 정도라고 합니다(Miller 1956, Atkinson & Shiffrin 1971, Dempster 1981).

블렌딩을 할 때는 대부분 음소를 적어도 3개는 기억하고 있다가 모든 소리를 합치는 과정을 거쳐야 합니다. 유치원생이나 1학년 아동의 단기 기억 용량은 음소 3개 내외가 일반적이므로 단어가 그 이상 길어지면 기억하기가 어렵습니다. 더구나 아이는 단순한 숫자가 아니라 각 문자가 나타내는 소리를 읽어내고 기억했다가 모두 합쳐 발음하는 과정을 연속적으로 수행해야 합니다. 따라서 대부분의 보통 아이들에게 블렌딩은 어려울 수밖에 없습니다.

동시 블렌딩의 문제

블렌딩을 하는 방법은 크게 두 가지가 있습니다.

첫 번째는 단어의 소리를 마지막 순간에 모두 한꺼번에 통합하는 동시 블렌딩(final blending)입니다.* 예를 들어 bat란 세 글자 단어의 발음을 읽어내고자 할 경우 먼저 3개의 소리를 각각 해독합니다. 그런 후 각 소리를 약간 길게 늘여 말하는 방식으로 연결하고 동시에 하나로 합쳐 발음합니다. 이 방식은 교육 현장에서 일반적으로 사용되지만 3개의 무의미한 음소를 단기 기억에 담고 있다가 한꺼번에 합쳐야 하는 부담이 있습니다. 이 부담은 단어의 길이가 길어질수록 더 커지고 블렌딩은 점점 더 어려워집니다. 따라서 아이의 부족한 단기 기억 용량에 부담을 가급적 적게 주면서 블렌딩을 할 수 있는 다른 방법이 필요합니다.

누적적 블렌딩의 진행 요령

동시 블렌딩 방식의 대안으로 일부 전문가와 학자들(예: Beck & Beck 2013: 70-77)이 추천하고 제가 그동안의 경험으로 확인한 가

● 동시 블렌딩의 일반적인 영어 표현은 final blending입니다. 하지만 본서에서는 의미 전달을 좀 더 쉽게 하기 위해 "동시 블렌딩"으로 번역합니다.

장 좋은 방법은 누적적 블렌딩(cumulative blending)입니다. 누적적 블렌딩은 연속적 블렌딩(successive blending)이라고도 하는데 (동시 블렌딩처럼 소리를 각각 해독해 기억했다가 모두 한꺼번에 합치는 것이 아니라) 소리를 해독해낸 후 바로 직전 소리와 합치고 그다음 소리를 해독해 다시 합치는 방식입니다.

즉, 첫 번째와 두 번째 소리를 해독해 읽어낸 후 바로 이 2개의 소리를 혼합하고, 세 번째 소리를 읽어낸 후 바로 전에 합친 첫 2개의 소리와 혼합하는 방식으로 해독과 혼합을 계속 누적적으로 진행하는 것입니다.

예를 들어, mat란 단어에 포함된 소리들을 누적적인 방식으로 블렌딩할 경우, 먼저 첫 번째와 두 번째 소리인 /m/(ㅁ)과 /æ/(애)를 읽어낸 후 이 2개의 소리를 연결해 /mæ/(ㅁ~ 애~, 매~)로 발음합니다. 그다음 마지막 세 번째 소리인 /t/를 읽어내고 처음에 합친 /mæ/와 /t/를 연결해 전체 단어의 발음 /mæt/(매~ ㅌ, 맽)를 읽어내게 됩니다.

누적적 블렌딩은 마치 우리가 새로운 노래를 배울 때의 상황과 유사합니다. 즉, 첫 소절과 두 번째 소절을 익힌 후 세 번째 소절로 바로 넘어가지 않고 첫 두 소절을 연결해 다시 연습합니다. 그런 후 다음으로 넘어가 세 번째 소절을 익히고 다시 첫 두 소절과 세 번째 소절을 합쳐 한꺼번에 불러봅니다. 남은 소절도 같은 방식으로 진행해 노래 전체를 다 익힐 때까지 계속 누적시켜나가는 것입니다.

기억 부담이 적고 이해와 적용도 쉽다

누적적 블렌딩은 동시 블렌딩 방식의 문제를 해결할 수 있을 뿐 아니라 다른 여러 가지 장점도 가지고 있어 더 효율적입니다. 무엇보다 아이들의 입장에서 볼 때 기억에 대한 부담이 훨씬 적습니다. 단어에 포함된 소리를 하나씩 읽어낼 때마다 바로 직전에 읽어낸 소리나 소리 덩어리와 합쳐 누적시켜나가는 방식이므로 모든 단계에서 늘 2개의 소리나 소리 덩어리만 기억하면 되기 때문입니다. 따라서 동시 블렌딩처럼 마지막에 모두 합칠 때까지 각 소리를 기억하고 있어야 하는 부담이 없습니다.

또 동시 블렌딩의 경우 각 소리를 늘여 연결하는 방식으로 합쳐 발음해야 한다는 것 정도가 방법의 거의 전부이기 때문에 무엇을 어떻게 하면 좋을지 잘 모르기 쉽습니다. 이에 반해 누적적 블렌딩에서는 단계별로 명확한 절차가 준비되어 있어 방법을 이해하기도 실제 적용하기도 더 쉽습니다.

요령을 알려주기도, 문제를 파악해 해결하기도 쉽다

누적적 블렌딩은 엄마 아빠나 교사의 입장에서도 여러 가지 장점을 가집니다. 우선, 블렌딩을 학습할 때 아이에게 단계별로 무엇을 어떻게 해야 하는지 분명하게 제시해줄 수 있습니다. 또 블렌딩이 단계별로 이루어지므로 아이가 어느 부분을 잘하고 어느 부분을 못하는지 쉽게 알 수 있습니다. 아이가 오류를 범할 경우 어디에서 문제가 생기는지도 명확하게 파악할 수 있습니다. 따라서 오류의 원인을 규명하고 문제를 해결하는 일이 한결 쉬워집니다.

09

파닉스 교재와 워크북이 정말 많네요, 어떻게 선택해야 하나요?

영어 읽기를 배우는 데 파닉스가 중요하다는 사실은 누구나 잘 압니다. 그래서인지 우리 주변에는 파닉스 교재와 교육 프로그램들이 넘쳐납니다. 이런 상황에서 좋은 교재를 선택하는 일은 대부분의 보통 엄마 아빠들에게 큰 고민일 수밖에 없습니다. 그렇게 많은 교재와 전문가가 다들 자신만의 차별화된 교육 방법과 비법을 담았다고 주장하는데 평범한 엄마 아빠가 취할 수 있는 가장 현명한 선택은 무엇일까요?

진짜 중요한 차이는 없다

가장 먼저 드리고 싶은 조언은 현재 나와 있는 파닉스 교재는 대부분 큰 차이가 없으므로 지나치게 고민할 필요가 없다는 것입니다.

시중의 수많은 파닉스 교재가 저마다의 특징과 장점을 내세우지만 교재들 사이에 진짜 중요한 내용적 차이는 사실상 없다고 보셔도 무방합니다. 웬만한 교재들은 필수적인 파닉스 지식과 기술을 대부분 빠짐없이 담고 있습니다.

무엇을 어떤 순서로 어떻게 가르쳐야 하느냐에 있어서도 파닉스 학습의 성패나 효율성을 좌우할 만큼의 대단한 차이를 찾기는 어렵습니다. 설사 어떤 교재에 빠진 내용이 있거나 교육 순서나 방식에 약간의 차이가 있다고 해도 결과에 심각한 문제를 야기할 것이라고 생각되지 않습니다.

아이가 좋아하고 활용이 쉬운 것이 좋다

가장 지혜로운 선택은 엄마 아빠의 입장에서 교육 내용과 방법을 파악해 따라 하기가 쉽고 편리하게 되어 있으며, 동시에 아이의 관심을 끌고 흥미를 불러일으킬 만큼 충분히 매력적인 모양새와 형식을 갖춘 교재를 고르는 것입니다.

저의 자녀들을 포함해 제가 직접 혹은 간접적으로 교육에 참여할 기회가 있었던 아이는 모두 이와 같은 두 가지 기준을 가지고 교재를 선택했습니다. 거기에다가 이왕이면 분량이 많지 않고 조금이라도 가격이 저렴한 것을 구입해 무엇보다 제대로 공부하도록 했습니다. 또 그동안 교재 선택과 관련해 제게 조언을 구한 주변의 많은 엄마 아빠에게도 언제나 동일한 기준으로 선택하도록 추천해왔습니다. 그리고 이로 인해 문제가 있었거나 후회한다는 이야기를 들어본 적이 없습니다.

최고의 교재는 함께 만들어가는 것이다

사실 "최고의 교재 선택"에 너무 집착하는 것은 별로 바람직하지 않습니다. 내 아이를 위한 최고의 교재는 선택하는 순간에 결정되는 것이 아니라 그 교재를 활용하는 엄마 아빠와 아이가 함께 만들어가는 것이기 때문입니다. 학습의 성패는 교재의 선택이 아니라 선택한 교재를 누가 어떻게 활용하느냐에 달려 있다는 뜻입니다.

이는 비단 파닉스 교재뿐 아니라 다른 영어 학습을 위한 교재나 국어와 수학, 사회와 과학 등의 교재 선택에서도 마찬가지입니다. 요즘에는 어느 과목이든 충분히 많은 교재가 있고 주변에서 사용해본 사람도 많아 적어도 쓸 만한 교재를 고르는 일은 그리 어렵지 않습니다. 따라서 나와 내 아이에게 충분히 좋은 교재를 선택했다면 그다음은 거의 전적으로 각자가 어떻게 활용하느냐에 달려 있습니다.

좋은 교재보다는 엄마 아빠의 관심과 실천

무엇을 배우고 가르치든 교육의 성공에 중요한 것은 좋은 교재나 프로그램의 선택보다 엄마 아빠의 애정과 관심, 친절하고 자상한 안내, 느림에 대한 인내심과 기다림의 여유, 단 하나라도 제대로 공부하도록 돕기, 그리고 끊임없는 칭찬과 격려의 목소리입니다. 오랜 기간에 걸쳐 꾸준한 노력이 요구되는 외국어 학습에서는 더욱 그러합니다. 아이와 함께 앉아 아이와 아이의 학습에 진지한 관심을 보이고 필요한 조언과 안내, 칭찬과 격려를 제공하는 것이 성공적인 교육에 필수적입니다. 아무리 좋은 교재와 프로그램이라도 엄마 아빠의 사랑과 관심을 대신할 수는 없기 때문입니다.

가급적 많은 부분을 아이와 함께하면서 조금씩, 꾸준히, 제대로, 그리고 아이의 속도에 맞추어 천천히, 한 걸음씩 정직하게 나아가면 결국 가장 빨리, 가장 멀리 가게 됩니다. 이것이 바로 제가 그동안의 경험을 통해 확인할 수 있었던 진리입니다.

5장

영어 단어,
이렇게 공부하면 된다

01

일견어휘가 뭐예요?
그게 왜 중요하죠?

보자마자 바로 인식되는 단어들이다

"일견어휘(一見語彙)"란 말 그대로 "한 번 힐끗 보면 바로 알아볼 수 있는 단어들"을 가리킵니다. 이는 영어의 sight words를 번역한 것인데 우리말로는 보통 "일견어휘, 일견단어, 사이트워드"라고 합니다. 다시 말해, 일견어휘는 보자마자 자동적으로 즉각 인식되는 단어들이며, (학습자의 입장에서 보면) 그렇게 될 수 있도록 학습되어야 할 단어들을 의미합니다. 영어로는 또 instant words나 snap words라고 부르기도 하는데 이 명칭은 모두 즉시(instantly, in a snap) 인식되어야 한다는 점을 강조하는 것입니다.

그런데 이런 일견어휘에 속한 영어 단어들은 처음부터 따로 정해져 있는 것이 아니기 때문에 여러 다양한 목록이 존재합니다.[•] 하지만 어떤 일견어휘 목록이든 포함되어 있는 단어들은 모두 다음과 같은 특징과 속성을 지닙니다.

사용 빈도가 높아 유용성이 크다

첫째, 일견어휘의 제일 중요한 선정 기준은 사용 빈도입니다. 즉, 일견어휘는 모두 아이들이 읽는 영어 텍스트에 매우 자주 나타나기 때문에 학습을 위해 투자한 시간과 노력이 전혀 아깝지 않은 단어들입니다.[**]

예를 들어, 대표적인 일견어휘 목록 중 하나인 Dolch 일견어휘(Dolch Word List)는 그 단어 수가 총 220개에 불과하지만 아동용 영어책에서 차지하는 비중이 약 50~75%나 된다고 합니다(Kear & Gladhart 1983). 또한 Fry 일견어휘(Fry Word List)는 Dolch 일견어휘보다 많지만 여전히 적은 1,000개의 어휘로 구성되어 있는데 이 단어들은 일반 영어 텍스트의 약 90% 정도를 차지한다고 합니다.[***]

• Johnson & Barrett(1972)에 따르면 1970년대 초반까지 무려 125개가 넘는 다양한 영어 어휘 목록이 만들어졌다고 합니다.

•• 영어에서는 일견어휘를 service words(도움이 되는 어휘) 혹은 high frequency words(고빈도 어휘) 등으로도 부르는데 이런 명칭은 일견어휘의 사용빈도가 높아 유용성이 크다는 속성을 반영하는 것입니다.

••• http://www.sightwords.com/sight-words/fry/.

유창한 읽기에 크게 기여한다

둘째, 일견어휘에 속한 단어들은 어떤 영어책을 읽든 여기저기서 빈번하게 튀어나와 제대로 알지 못하면 읽기가 계속 중단되고 내용의 이해도 어렵게 되는 단어들입니다. 반면에 제대로 익히면 유창한 읽기에 엄청나게 기여합니다. 즉, 이들 단어는 일반 영어 텍스트의 70~90% 정도까지 차지하므로 확실하게 익혀두면 책을 읽는 과정에서 단어 해독을 위해 멈추었다가 다시 시작하는 횟수를 획기적으로 감소시켜줍니다. 그 결과 이야기의 줄거리를 이해하고 내용을 파악하는 일이 더 쉬워집니다.

따라서 일견어휘로 바로 인식할 수 있는 단어가 많아질수록 더 유창한 읽기가 가능해집니다.

모르는 단어에 집중할 여유를 준다

셋째, 제대로 학습된 일견어휘들은 파닉스로 문자를 해독하는 과정을 거치지 않고 바로 인식할 수 있으므로 단어를 읽고 이해하는 시간이 크게 절약됩니다. 그 결과 낯설거나 잘 모르는 다른 단어에 집중할 수 있는 여유가 생겨 유창한 읽기와 텍스트 내용의 이해에 큰 도움이 됩니다.

따라서 모든 일견어휘들은 보자마자 어떤 단어인지 즉시 인식할 수 있도록 학습되어야 합니다. 동시에 발음과 의미는 물론 해당 단어가 사용되는 문맥이나 예문도 바로 떠올릴 수 있도록 공부해야 읽기는 물론 쓰기와 말하기에서도 제대로 활용할 수 있습니다.

아이에 따라 공부 내용과 방법이 다르다

마지막으로, 일견어휘들은 영어책 읽기를 시작하기 전에 영어를 많이 보고 들어 자연스럽게 구어 영어 능력을 갖춘 아이라면 거의 대부분 이미 잘 아는 단어들입니다. 또 엄마 아빠가 영어책을 꾸준히 읽어주어 문자를 많이 접해온 아이에게는 소리로뿐 아니라 문자로도 꽤 익숙한 경우가 많습니다. 따라서 그런 아이라면 단어를 새로 공부할 필요 없이 (소리로 들으면 아는 단어들을) 눈으로도 즉각 알아볼 수 있도록 노력하면 됩니다.

반면에 구어 영어 능력을 제대로 갖추지 못한 상태에서 영어 공부와 영어책 읽기를 시작하는 아이라면 최우선적으로 공부해야 하는 단어들입니다. 이 경우 (소리로든 문자로든) 단어 자체를 모를 가능성이 크기 때문에 단어의 발음과 스펠링은 물론 의미와 사용 방법을 동시에 익혀야 합니다.

02

일견어휘에는 어떤 단어가
몇 개나 있을까?

일견어휘라는 것은 본래부터 정해진 것이 아니기에 구체적으로 어떤 영어 단어를 얼마나 일견어휘로 익혀야 하는지에 대한 정답은 없습니다. 하지만 현재 미국에서 영어 읽기를 처음 배우는 아이들을 위해 가장 널리 사용하는 일견어휘 목록은 Dolch와 Fry의 고빈도 어휘 목록입니다.

Dolch 일견어휘 목록

Dolch 일견어휘는 에드워드 윌리엄 돌치(Edward William Dolch)라는 미국 교육자가 1930년대 아동용 영어책에서 가장 많이 쓰이는 영어 단어들을 뽑아 만들었습니다.* 당시 미국의 읽기 교육에서는 추상적인 파닉스 규칙을 반복해서 암기하고 연습하는 방식에 반대하는 사람들이 많아 단어를 통째로 암기하여 보자마자 한눈에 바로 알아보도록 가르치는 통단어 학습법(whole-word method)이 유행이었습니다.[**] Dolch 일견어휘는 그런 시대적 배경 속에서 미국의 아동들이 영어 읽기를 시작할 때 가장 우선적으로 공부해야 할 단어들로 선정된 것입니다.

적은 노력으로 큰 효과를 볼 수 있다

Dolch 일견어휘는 모두 220개 단어입니다. 여기에 고빈도의 일반명사 95개를 추가해 총 315개로 통용되는 것이 일반적입니다.[***] 비록 그 수는 매우 적지만 이 단어들은 일반 아동용 영어책 텍스트의 약 75%를 차지하며, 성인용 영어 텍스트에서도 약 50%를 차지한

●Dolch 일견어휘의 영어 단어들은 흔히 알려진 것처럼 실제 텍스트를 분석해 만든 것이 아니라 초등학교 입학 전의 아동에게 중요한 단어를 모아놓은 3개의 다른 어휘 목록(Gates 1926, CSCIKU 1928, Wheeler & Howell 1930)을 바탕으로 만든 것입니다(Dolch 1936).

●●통단어 학습법은 보고 말하기 방식(look-say method) 혹은 일견어휘 방식(sight-word method)이라고도 불립니다.

●●●돌치는 기본 일견어휘(basic sight vocabulary)에 명사를 포함시키지 않고 따로 제시했습니다. 명사는 책의 주제나 내용과 밀접한 관련이 있어 다른 품사처럼 유용한 단어가 될 수 없다고 믿었기 때문입니다(Dolch 1936: 459). 그래서인지 고빈도의 일반명사 95개는 현재 널리 통용되고 있는 학년별 분류에서도 제외되어 있습니다.

다고 합니다. 이런 비중은 영어 단어가 수십만 개에 달한다는 사실을 고려할 때 엄청나게 높은 것입니다.* 따라서 제대로 학습할 경우 적은 노력으로 대단히 큰 효과를 볼 수 있습니다.

5개의 수준별 그룹으로 나뉜다

Dolch 일견어휘 목록은 상당히 오래되었지만 지금도 여전히 교육 현장에서 매우 널리 사용되고 있습니다. 이 목록의 220개 단어들은 보통 다음과 같이 (사용 빈도를 바탕으로 한 중요도에 따라) 총 5개의 수준별 그룹으로 나뉘어 사용됩니다.**

● 영어에 얼마나 많은 단어가 있는지에 대해서는 관련 학자나 전문가의 주장이 상당히 다릅니다. 더구나 영어 단어를 셀 때 어떤 단위를 사용하느냐에 따라 그 결과가 크게 달라지므로 혼란이 더욱 커집니다. 이런 상황에서 영어 단어의 규모를 짐작해 볼 수 있는 가장 쉬운 방법은 영어 사전에 등재된 단어가 몇 개나 되는지를 살펴보는 것입니다. 영어 사전 가운데 가장 규모가 큰 것은 옥스퍼드 대학 출판부에서 제작한 《Oxford English Dictionary》인데 여기에는 총 60만 개가 넘는 단어가 등재되어 있습니다(http://www.oed.com/).

●● 흥미롭게도 돌치는 단어를 빈도나 학년별로 구분해 제시한 적이 없습니다(cf. Farrell et al. 2013). 그런데도 이런 구분은 현재 관련 웹 사이트와 교육 현장에서 널리 통용되고 있습니다. Dolch 고빈도 어휘를 비롯한 일견어휘 목록과 관련 학습 자료는 인터넷(예: http://www.mrsperkins.com)에서 자유롭게 내려 받아 사용할 수 있습니다.

유치원 전 수준 (40개 단어)	a, and, away, big, blue, can, come, down, find, for, funny, go, help, here, I, in, is, it, jump, little, look, make, me, my, not, one, play, red, run, said, see, the, three, to, two, up, we, where, yellow, you
유치원 수준 (52개 단어)	all, am, are, at, ate, be, black, brown, but, came, did, do, eat, four, get, good, have, he, into, like, must, new, no, now, on, our, out, please, pretty, ran, ride, saw, say, she, so, soon, that, there, they, this, too, under, want, was, well, went, what, white, who, will, with, yes
1학년 수준 (41개 단어)	after, again, an, any, as, ask, by, could, every, fly, from, give, going, had, has, her, him, his, how, just, know, let, live, may, of, old, once, open, over, put, round, some, stop, take, thank, them, then, think, walk, were, when
2학년 수준 (46개 단어)	always, around, because, been, before, best, both, buy, call, cold, does, don't, fast, first, five, found, gave, goes, green, its, made, many, off, or, pull, read, right, sing, sit, sleep, tell, their, these, those, upon, us, use, very, wash, which, why, wish, work, would, write, your
3학년 수준 (41개 단어)	about, better, bring, carry, clean, cut, done, draw, drink, eight, fall, far, full, got, grow, hold, hot, hurt, if, keep, kind, laugh, light, long, much, myself, never, only, own, pick, seven, shall, show, six, small, start, ten, today, together, try, warm

일반명사 (95개 단어)	apple, baby, back, ball, bear, bed, bell, bird, birthday, boat, box, boy, bread, brother, cake, car, cat, chair, chicken, children, Christmas, coat, corn, cow, day, dog, doll, door, duck, egg, eye, farm, farmer, father, feet, fire, fish, floor, flower, game, garden, girl, goodbye, grass, ground, hand, head, hill, home, horse, house, kitty, leg, letter, man, men, milk, money, morning, mother, name, nest, night, paper, party, picture, pig, rabbit, rain, ring, robin, Santa Claus, school, seed, sheep, shoe, sister, snow, song, squirrel, stick, street, sun, table, thing, time, top, toy, tree, watch, water, way, wind, window, wood

Fry 일견어휘는 Dolch 일견어휘와 어떻게 다를까?

Dolch 일견어휘와 더불어 현재 미국에서 가장 널리 사용되고 있는 Fry 일견어휘는 1957년 에드워드 프라이(Edward Fry)가 3~9학년 학생 대상의 읽기 교재에서 가장 빈번하게 사용되는 영어 단어들을 뽑아 만든 것입니다.* 어떤 의미에서 Dolch 일견어휘의 확장판이라고도 할 수 있는데 본래의 목록을 1980년에 갱신하여 300개 단어의 새로운 목록으로 발표하였습니다(Fry 1980). 이후 더 확장되어 현재

• 1980년에 발표된 Fry 일견어휘는 (텍스트를 실제로 분석한 것이 아니라)《The American Heritage Word Frequency Book》(Carol et al. 1971)을 바탕으로 만든 것입니다. 이 단어 빈도 사전에는 약 8만 7,000개의 영어 단어가 빈도순으로 수록되어 있는데, 단어의 빈도는 3~9학년 학생 대상의 읽기 자료 1만 개 정도를 모아 약 500만 단어의 영어 텍스트 모음을 만든 후 이를 분석해 얻은 결과입니다. 또 Fry 일견어휘는 (명사를 기본 일견어휘에 포함하지 않은) Dolch 일견어휘와 달리 모든 품사의 단어를 포함하고 있습니다.

는 총 1,000개의 단어로 구성된 목록이 사용되고 있습니다(Fry 2000, 2004, Fry & Kress 2006).

유용성이 매우 높은 어휘목록이다

Fry 일견어휘도 Dolch 일견어휘 못지않게 유용성이 높습니다. Fry (1980)에 따르면 가장 빈도가 높은 10개 단어는 일반 영어 텍스트의 약 25%를 차지한다고 합니다. 또 최고 빈도 100개와 300개 단어는 그 비중이 각각 약 50%와 66%에 이른다고 합니다. 1,000개의 단어를 모두 알면 일반 영어 텍스트의 90%를 이해할 수 있다는 주장도 있습니다.* 이것만 봐도 이 목록의 단어들이 얼마나 중요한지 잘 알 수 있습니다.

100개씩 10개 그룹으로 구성된다

Fry 일견어휘는 보통 빈도순으로 100개씩 묶어 10개의 그룹으로 나뉘어져 있습니다. 다음은 Fry 일견어휘 가운데 가장 빈도가 높은 300개 단어를 정리한 표입니다.

●http://www.sightwords.com/sight-words/fry/#lists

첫 번째 100단어	a, about, all, an, and, are, as, at, be, been, but, by, called, can, come, could, day, did, do, down, each, find, first, for, from, get, go, had, has, have, he, her, him, his, how, I, if, in, into, is, it, like, long, look, made, make, many, may, more, my, no, not, now, number, of, oil, on, one, or, other, out, part, people, said, see, she, sit, so, some, than, that, the, their, them, then, there, these, they, this, time, to, two, up, use, was, water, way, we, were, what, when, which, who, will, with, words, would, write, you, your
두 번째 100단어	after, again, air, also, America, animal, another, answer, any, around, ask, away, back, because, before, big, boy, came, change, different, does, end, even, follow, form, found, give, good, great, hand, help, here, home, house, just, kind, know, land, large, learn, letter, line, little, live, man, me, means, men, most, mother, move, much, must, name, need, new, off, old, only, our, over, page, picture, place, play, point, put, read, right, same, say, sentence, set, should, show, small, sound, spell, still, study, such, take, tell, things, think, three, through, too, try, turn, us, very, want, well, went, where, why, work, world, years
세 번째 100단어	above, add, almost, along, always, began, begin, being, below, between, book, both, car, carry, children, city, close, country, cut, don't, earth, eat, enough, every, example, eyes, face, family, far, father, feet, few, food, four, girl, got, group, grow, hard, head, hear, high, idea, important, Indian, it's, keep, last, late, leave, left, let, life, light, list, might, mile, miss, mountains, near, never, next, night, often, once, open, own, paper, plant, real, river, run, saw, school, sea, second, seem, side, something, sometimes, song, soon, start, state, stop, story, talk, those, thought, together, took, tree, under, until, walk, watch, while, white, without, young

Top 150 Words

한편, Dolch 일견어휘와 Fry 일견어휘 외에도 Top 150 Words라는 어휘 목록이 있습니다. 이 목록은 Fry 일견어휘와 마찬가지로 1971년에 출간된 영어 단어 빈도 사전《The American Heritage Word Frequency Book》에서 가장 빈도가 높은 영어 단어 150개를 뽑아 만든 것입니다.[*]

Carroll et al.(1971)에 따르면 Top 150 Words 중에서도 가장 빈도가 높은 13개의 단어는 일반 영어 텍스트에서의 비중이 약 25%이며, 최고 빈도 100개 단어의 비중은 약 50%에 달한다고 합니다.[**]

• Top 150 Words를 올려놓은 대부분의 웹사이트에는 출처는 물론 언제 어디에서 만들어졌는지에 대한 설명이 전혀 없습니다. 일부 웹사이트(예: http://www.sightwords.com)에서는 Top 150 Words가 가장 최신의 어휘 목록이라고 하지만 이는 올바른 기술이 아닙니다. 왜냐하면 Fry 일견어휘도 첫 300단어가 동일한 단어 빈도 사전을 바탕으로 만들어져 1980년에 발표되었으며, 그 이후 1,000개로 확장되었기 때문입니다.

•• 기존의 일견어휘 목록은 아쉽게도 같은 단어의 변이형들을 모두 서로 다른 단어처럼 취급하고 있습니다. 따라서 Top 150 Words에서는 word와 words, use와 used 등이 각각 별도의 일견단어로 등재되어 있습니다.

the	which	called	as	some	used
of	their	just	with	so	me
and	said	where	his	these	man
a	if	most	they	would	too
to	do	know	at	other	any
in	into	get	be	its	day
is	has	through	this	who	same
you	more	back	from	now	right
that	her	much	I	people	look
it	two	before	have	my	think
he	like	also	or	made	such
for	him	around	by	over	here
was	see	another	one	did	take
on	time	came	had	down	why
are	could	come	not	only	things
but	no	work	will	way	help
what	make	three	each	find	put
all	than	word	about	use	years
were	first	must	how	may	different
when	been	because	up	water	away
we	long	does	out	go	again
there	little	part	them	good	off
can	very	even	then	new	went
an	after	place	she	write	old
your	words	well	many	our	number

04

어떤 일견어휘 목록이
가장 좋을까?

일견어휘는 본래 정해져 있는 것이 아니기 때문에 목록마다 포함되는 단어의 수와 내용이 다릅니다. 가장 대표적인 목록인 Dolch 일견어휘, Fry 일견어휘, Top 150 Words도 단어 수에서부터 각각 220개, 1,000개, 150개로 큰 차이가 납니다. 그렇다면 어떤 일견어휘 목록으로 공부하는 것이 가장 좋을까요?

어떤 것을 사용해도 좋다

제 답변은 앞의 세 가지 목록 가운데 어떤 것을 선택해 공부를 시작해도 결과적으로 큰 차이가 없다는 것입니다. 현재 널리 통용되는 일견어휘 목록은 모두 아이들을 대상으로 하는 영어책에서 가장 빈번하게 사용되는 단어들을 뽑아 만든 것입니다. 비록 구성 어휘와

(빈도를 바탕으로 한) 중요도 순위에서 차이를 보이지만 그 차이가 대단히 큰 것도 아닙니다.[•] 더구나 영어책 읽기를 조금만 꾸준히 하다 보면 결국 모두 알아야 할 중요한 단어들입니다. 따라서 학습 순서는 약간 달라지겠지만 그로 인해 의미 있는 차이가 생길 가능성도 거의 없습니다. 각자 마음에 드는 목록을 골라 중요한 단어부터 순서대로 익히면 됩니다.

목록을 통합하는 것도 좋은 방법이다

어느 하나를 선택해 공부하는 것이 영 내키지 않는다면 여러 목록을 통합해 사용할 수도 있습니다. 단어들을 모두 합쳐 확장된 하나의 목록으로 만드는 것입니다. 실제로 그런 방식을 추천하는 전문가들도 있습니다. 예를 들어, 블레빈스(Blevins 2017: 176-177)는 Dolch 일견어휘 220개 단어, Fry 일견어휘의 첫 번째 100개 단어, Top 150 Words의 150개 단어를 모두 통합해 총 248개의 고빈도

● 전체적으로 보면 차이가 크지 않지만 가장 중요한 100개 단어를 비교하면 제법 큰 차이를 보입니다. 즉, Dolch 일견어휘와 Fry 일견어휘에서 빈도순으로 가장 중요한 100개 단어를 뽑아 비교해보면 70개는 같지만 나머지 30개는 서로 다릅니다. 결국 두 목록을 통합하면 일치하는 단어 70개에 서로 다른 단어 30개씩을 포함해 총 130개가 됩니다. 더구나 Fry 일견어휘의 최고 빈도 100개 단어 중 9개(each, more, number, other, part, people, than, way, word)는 전체 Dolch 일견어휘 220개에도 포함되어 있지 않아 더욱 흥미롭습니다.

어휘를 제시하고 있습니다.

기존의 목록들은 오래전에 만들어졌다

특정 목록을 선택하든 주요 목록들을 통합해 하나로 만들어 활용하든 현재 널리 사용되는 일견어휘 목록들이 모두 오래 전에 만들어졌다는 점 때문에 타당성과 효용성에 의구심을 가질 수도 있습니다. 실제로 Dolch 일견어휘는 (1920년대에 만들어진 3개의 다른 어휘 목록에서 뽑은 단어들을 모아) 1936년에 발표한 것이므로 벌써 80년이 넘어갑니다. 이후 만들어진 Fry 일견어휘와 Top 150 Words도 사실은 1971년 출간된 단어 빈도 사전(Carol et al. 1971)을 바탕으로 했기 때문에 그 근거 자료가 거의 50년 가까이 되어갑니다.

최근의 연구 성과가 반영되지 않았다

더구나 지난 30년 동안 컴퓨터 기술을 이용해 텍스트를 분석하는 코퍼스 언어학(corpus linguistics)이 눈부시게 발전하여 높은 타당성과 유용성을 지닌 어휘 목록이 많이 개발되었고 영어교육을 위해서도 널리 사용되고 있습니다.[*] 그중 2013년에 만들어진 NGSL(New General Service List)이라는 필수 어휘 목록이 대표적입니다. NGSL은 약 2억 7,000만 단어 규모의 영어 텍스트를 분석해 가장 유용하다고 생각되는 단어 2,800개 정도를 뽑아 만든 목록입니다.**

　미국 영어 코퍼스인 COCA를 분석해 만든 어휘 목록도 있습니다. COCA는 무려 6억 단어가 넘는 미국 영어 텍스트를 모아 만든 코퍼스입니다. 이런 대규모 코퍼스에서 단어의 빈도를 분석해 산출했기 때문에 유용성과 신뢰성 면에서 더 뛰어날 수밖에 없습니다.***
현재 널리 통용되고 있는 일견어휘 목록들은 이런 코퍼스 언어학의 성과가 반영되지 않아 아쉬움이 있습니다.

● 코퍼스(corpus)는 쉽게 말해 한 언어의 화자들이 실제로 사용한 말이나 글을 텍스트로 만들어 모아놓은 것입니다. 예를 들어, 영어 일기를 많이 모아놓으면 영어 일기 코퍼스가 되고, 영어 동화책 텍스트를 많이 모아놓으면 영어 동화 코퍼스가 됩니다. 코퍼스 언어학은 텍스트의 모음인 이런 코퍼스를 컴퓨터 소프트웨어로 분석해 언어를 연구하는 학문 분야입니다.

●● NGSL(New General Service List)은 규모가 20억 단어 정도인 Cambridge English Corpus(CEC)에서 추출한 약 2억 7,300만 단어 규모의 텍스트를 바탕으로 만들어졌습니다. 이 목록은 본래 영어의 필수 어휘 목록 중 가장 널리 사용되던 GSL(General Service List, West 1953, Bauman & Culligan 1995)을 대체하기 위해 개발된 것으로 총 2,801개의 단어가 포함되어 있습니다. 이 단어들은 일반 영어 텍스트의 92% 정도를 설명한다고 합니다(Culligan & Phillips 2013).

●●● COCA(Corpus of Contemporary American English)는 미국 브리검영 대학의 마크 데이비스(Mark Davies) 교수가 구축한 미국 영어 코퍼스로 2020년 1월 현재 텍스트의 양이 약 6억 1,000만 단어에 달합니다(https://www.english-corpora.org/coca/). 이런 COCA의 크기는 실로 엄청난 것입니다. 앞서 설명한 것처럼 Fry 일견어휘와 Top 150 Words는 약 500만 단어의 텍스트를 바탕으로 만든 것입니다. 이와 비교하면 COCA의 텍스트 분량은 무려 120배가 넘습니다.

0 5

그래서 당장 어떤 단어를
알아야 한다는 거죠?

제3의 목록을 제시한다

그런데 여러분, 낯설기 그지없는 코퍼스라는 용어도 귀에 거슬리고
코퍼스를 분석해 언어를 연구한다는 코퍼스 언어학은 또 무엇인지
머리가 지끈거리지 않습니까? 그래서 다음과 같이 묻고 싶으시죠?

> "그래서 당장 우리 아이가 어떤 영어 단어를 얼마나 공부해야 한다
> 는 겁니까?"

이런 질문에 대한 적절한 답변 중 하나는 "기존의 일견어휘 목록
에 포함된 단어들을 최근에 만들어진 목록의 단어들과 비교하여 제
3의 필수 어휘 목록을 만들어 사용하자"는 것입니다. 그렇다면 대
체 그런 제3의 목록은 어디에서 구할 수 있느냐고요? 그래서 준비

했습니다.

최근의 연구 성과를 바탕으로 했다

여기에서 제시하는 어휘 목록은 현재 가장 널리 사용되는 Dolch 일견어휘 목록의 220개 단어와 Fry 일견어휘 목록의 상위 200개 단어를 NGSL과 COCA 어휘 목록과 비교해 수정 보완한 것입니다. 선정 방법은 다음과 같습니다.

(1) Dolch 일견어휘 목록의 220개 단어와 Fry 일견어휘 목록의 200개 단어를 통합한다.

(2) 그 결과를 NGSL과 COCA 어휘 목록과 비교해 NGSL이나 COCA 목록의 상위 300위 안에 들지 못하는 단어는 (중요성이 떨어진다고 간주해) 제외한다.

(3) NGSL과 COCA 목록의 상위 200위 안에 들어가지만 Dolch 220단어나 Fry 200단어에서 빠진 단어는 (중요성이 높다고 간주해) 추가한다.

　다음 페이지의 표는 그렇게 해서 만든 새로운 필수 영어 어휘 268개의 목록입니다.*

a	because	come	find	have	just
about	become	company	first	he	keep
after	been	could	five	hear	kind
again	before	country	follow	help	know
against	begin	course	for	her	large
all	best	day	form	here	last
also	better	did	found	high	late
always	between	different	four	him	learn
am	big	do	from	his	leave
American	black	does	gave	hold	let
an	book	done	get	home	life
and	both	don't	give	house	like
another	bring	down	go	how	line
any	but	during	goes	I	little
are	buy	each	going	if	live
around	by	end	good	in	long
as	call	even	got	include	look
ask	came	every	great	interest	lot
at	can	family	group	into	made
away	case	far	had	is	make
back	change	feel	hand	it	man
be	child	few	has	its	many

● 어휘 선정 방법을 더 자세히 설명하면 다음과 같습니다.

(1) Dolch 일견어휘 220개와 Fry 일견어휘 200개를 통합해 중복된 단어를 제외하면 총 283개가 됩니다.

(2) 여기서 COCA나 NGSL의 상위 300위 안에 들지 못하는 61개 단어를 제외하면 총 222단어가 남습니다.

(3) COCA나 NGSL의 상위 200위 안에 드는 단어인데도 Dolch와 Fry의 통합 목록에 없는 단어는 46개입니다.

(4) 이 46개의 단어를 살아남은 222개와 합하면 총 268개가 됩니다.

may	of	question	start	those	went
me	off	ran	state	three	were
mean	old	read	still	through	what
meet	on	really	student	time	when
men	once	report	study	to	where
might	one	right	such	today	which
more	only	run	system	too	while
most	open	said	take	try	who
mother	or	same	talk	turn	why
move	other	saw	tell	two	will
much	our	say	than	unclear	with
must	out	school	thank	under	woman
my	over	see	that	up	word
myself	own	seem	the	us	work
name	part	set	their	use	world
need	pause	she	them	very	would
never	people	should	then	want	write
new	place	show	there	was	year
next	play	sit	these	water	yes
no	point	small	they	way	you
not	problem	so	thing	we	your
now	program	some	think	week	
number	put	something	this	well	

06

단계별 읽기책을 읽으려면
어떤 단어를 몇 개나 알아야 할까?

기존의 일견어휘 목록이 우리 아이들에게도 적합할까?

현재 널리 사용되고 있는 일견어휘 목록이 지니는 또 하나의 아쉬움은 그 목록들이 주로 미국 아동들이 읽는 영어 텍스트를 기반으로 했다는 것입니다. 물론 한국에서도 미국의 초등학교 교재로 공부하는 경우가 있고 미국 아동들이 즐겨 읽는 챕터북도 많이 읽습니다. 하지만 여전히 우리 아이들이 읽는 영어책은 미국 아동들이 읽는 영어책만큼 폭이 넓지 못하고 주로 읽는 책도 다릅니다.

따라서 기존의 일견어휘 목록은 우리 아이들의 영어책 읽기에 우선적으로 필요한 영어 단어들을 제대로 포함하고 있지 못할 가능성이 큽니다. 또 그러면 효용성도 떨어지기 때문에 우리의 입장에서는 우리 아이들이 주로 읽는 영어책이나 그럴 가치가 큰 일련의 영어책을 분석하여 중요한 단어를 뽑고 그 단어들을 익히게 하는 것이 더 바람직할 수 있습니다.

영어 읽기를 시작하는 아이들에게 가장 적합한 영어책

그렇다면 우리 아이들이 영어책 읽기를 진행할 때 활용하기 좋은 영어책에는 어떤 것들이 있을까요? 좋은 후보가 많겠지만 본격적인 영어책 읽기를 시작하려는 비원어민 영어 학습자에게 가장 우선적으로 추천되는 것은 수준별로 구성된 단계별 읽기책(graded readers)입니다. 단계별 읽기책은 어휘 수와 텍스트 길이가 단계별로 일정 범위 내에서 통제됩니다. 따라서 한 단계의 책을 충분히 읽으면 그다음 단계의 책을 큰 무리 없이 읽을 수 있게 되어 있습니다. 단계별 읽기책의 이런 장점에 주목하여 영어교육(ELT) 관련 서적을 출판하는 영국과 미국의 주요 출판사들은 거의 예외 없이 양질의 단계별 읽기책을 펴내고 있습니다. 실제 국내에도 많은 단계별 읽기책들이 시중에 나와 있기 때문에 아이들의 흥미에 맞는 영어책을 선택하기도 편리합니다.

단계별 읽기책의 최대 장점

단계별 읽기책의 가장 큰 장점은 시작만 제대로 하면 계속 읽기만 해도 점점 더 높은 수준의 영어책을 읽을 수 있게 된다는 것입니다.

다시 말해, 첫 단계의 영어책을 충분히 읽으면 따로 단어나 문법 공부를 하지 않아도 두 번째 단계의 영어책을 읽을 수 있고, 두 번째 단계의 책을 충분히 읽으면 다시 그다음 단계로 자연스럽게 진행할 수 있어 상당히 높은 수준의 영어 읽기 실력을 쌓을 수 있습니다.

따라서 단계별 읽기책을 활용한 영어책 읽기의 핵심 관건은 결국 처음 시작 단계의 영어책을 제대로 읽을 수 있도록 하는 것입니다. 그렇다면 무엇을 어떻게 해야 아이들이 시작 단계의 책을 큰 어려움 없이 읽게 될까요?

영어책의 난이도는 주로 어휘 수준에 의해 결정된다고 할 수 있으니, 단계별 읽기책을 읽기 시작하려면 어떤 영어 단어를 얼마나 알아야 할까요? *

특정 영어책을 읽는 데 필요한 단어는 어떻게 알 수 있을까?

보다 근본적으로 주어진 영어책을 읽기 위해 꼭 필요한 영어 단어들은 어떻게 알 수 있을까요? 해당 영어책들의 텍스트를 분석하여 가장 많이 사용된 단어들을 골라내면 될까요? 그렇다면 사용된 빈도

● 이런 질문은 단지 단계별 읽기책에만 해당되는 것이 아닙니다. 어떤 영어책이라도 아이들의 영어책 읽기에 실질적으로 기여할 만큼 충분히 권수가 많고 내용도 다채롭다면 그 영어책들을 읽는 데 필요한 어휘를 분석해 제시하는 일은 매우 의미 있을 것입니다.

순으로 대체 몇 개의 단어를 골라내야 꼭 필요한 만큼의 단어를 얻게 될까요?

영어 읽기에 대한 연구(예: Nation 2013)에 따르면, 주어진 영어책을 큰 문제없이 읽기 위해서는 그 책에 사용된 전체 토큰의 98% 이상을 알아야 한다고 합니다.[•] 다시 말해, 모르는 단어에 신경 쓰지 않고 영어책 읽기를 즐기기 위해서는 주어진 텍스트에서 무작위로 단어 토큰 100개를 뽑았을 때 그중 적어도 98개 이상을 알아야 한다는 것입니다.

따라서 아이들이 단계별 읽기책을 큰 어려움 없이 읽게 하려면 시작 단계의 책에 사용된 전체 단어 토큰의 98% 이상을 커버하는 최소한의 단어를 찾아내면 될 것입니다. 그 최소한의 영어 단어들이 바로 단계별 읽기책을 읽는 데 필요한 필수 어휘가 되는 것입니다.

어떤 출판사의 책이 좋을까?

단계별 읽기책으로 영어책 읽기를 하려고 할 때 생각해야 할 또 하

• 토큰(token)은 주어진 텍스트에 모두 몇 개의 단어가 사용되었는지를 계산하는 단위 가운데 하나입니다. 토큰은 한 단어가 여러 차례 반복적으로 사용될 경우 모두 따로 간주해 단어 수를 계산합니다. 예를 들어, 어떤 텍스트에 pretty란 단어가 열 번 쓰였다면 단어는 1개이지만 토큰은 10개가 됩니다. 이외에도 영어 단어 수를 계산하는 데에는 타입(type), 레마(lemma), 어휘족(word family) 등의 단위가 사용됩니다.

나의 작은 문제는 현재 이용 가능한 수많은 시리즈 중 어떤 것을 선택해야 하나 하는 것입니다.* 거의 누구나 아는 옥스퍼드 대학 출판사와 캠브리지 대학 출판사를 비롯한 세계적인 출판사들이 현재 엄청나게 많은 단계별 읽기책을 펴내고 있기 때문입니다.

제 답변은 "어느 것을 선택해도 큰 상관이 없다"는 것입니다. 현재 잘 알려져 널리 사용되는 것들 중에서 고르되 아이가 좋아하고 쉽게 구할 수 있다면 어느 출판사의 것이라도 충분히 좋습니다. 물론 한 종류만을 고집할 필요도 없습니다.

OBWL의 시작 단계를 위한 단어 목록

하지만 본서에서는 가급적 많은 아동들의 영어책 읽기에 도움이 되도록 하기 위해 현재 이용 가능한 수많은 단계별 읽기책 중 국내에서는 물론 전 세계적으로도 가장 널리 사용되는 Oxford Bookworms Library(OBWL)를 선택했습니다.

OBWL의 시작 단계인 Starter Level에는 총 28권의 영어책이 있습니다. 다음 표는 이 28권의 영어책을 분석해 뽑아낸 필수 어휘 779개 중 가장 빈도가 높은 100개의 단어입니다.** OBWL을 사용

• 현재까지 출판된 단계별 읽기책 목록은 다독 재단(ERF, Extensive Reading Foundation) 홈페이지(http://erfoundation.org/wordpress/graded-readers/)에서 구할 수 있습니다.

해 영어책 읽기를 진행하려는 학습자라면 바로 이 영어 단어들을
우선적으로 학습하기 바랍니다.

● OBWL 시작 단계를 위한 필수 어휘 목록 (첫 100단어) ●

the	there	want	stop	some	Mr.
be	look	we	yes	all	up
you	get	now	car	where	down
to	at	him	OK	find	plane
a	man	not	into	away	work
and	on	me	help	late	phone
I	his	think	people	lot	like
go	see	come	about	room	old
say	her	what	talk	girl	day
he	for	your	back	too	near
in	this	must	know	door	woman
it	with	no	money	one	tell
can	they	here	from	them	something
of	have	ask	take	big	new
but	my	don't	run	red	drive
do	very	then	oh	walk	
she	that	out	good	again	

●● 필수 어휘의 전체 목록은 부록에 있습니다. OBWL 시작 단계의 영어책을 읽기 위해 우선적으로 학습해야 하는 필수 어휘는 텍스트 분석용 소프트웨어인 WordSmith Tools 7.0을 사용해 28권 전체 텍스트의 98% 이상을 설명하는 단어를 빈도순으로 뽑았습니다. 본래 총 897개의 단어가 뽑혔는데 이 중 인명이나 지명처럼 무언가의 이름이라는 것만 알면 충분한 단어는 학습 가치가 떨어지므로 목록에서 제외했습니다.

07

일견어휘는
어떻게 공부해야 하나?

일견어휘의 학습에서 어떤 영어 단어를 몇 개나 공부해야 하느냐도 중요하지만 더 관심을 기울여야 할 문제는 그런 단어를 어떻게 공부할 것인가 하는 것입니다. 특히, 한국식 단어 공부에 익숙한 우리 아이들에게는 제대로 된 공부의 원칙과 요령을 알고 실천하는 것이 더욱 중요합니다. 우리 아이들은 많은 경우 단어의 스펠링과 발음을 익히고 한국어 정의나 번역을 암기하는 것에 집중합니다. 하지만 그렇게 하면 단어에 대한 이해가 단편적으로 흐르기 쉽고 활용 능력을 기르기가 어렵습니다.

모든 단어를 바로 인식할 수 있게 한다

우선, 일견어휘는 워낙 고빈도라서 수는 적어도 텍스트에서 차지하는 비중이 매우 높기 때문에 제대로 익히기만 하면 읽기 유창성 발달에 큰 도움이 되는 단어들입니다. 따라서 모든 일견어휘들은 (문자 해독을 거치지 않고) 보는 즉시 알아볼 수 있게 학습되어야 합니다. 현재 널리 통용되는 일견어휘 목록에는 적게는 150개, 많게는 1,000개의 단어가 포함되어 있습니다. 이 중에는 파닉스 규칙으로 읽어낼 수 있는 단어도 있고, 규칙을 따르지 않아 해독이 어려운 단어도 있습니다.* 하지만 규칙성 여부를 떠나 모든 일견어휘는 보자마자 바로 알아보도록 공부해야 합니다.

그게 가능해지면 그 후로도 계속 더 많은 빈출 단어가 일견어휘처럼 바로 인식되도록 지속적인 노력을 기울여야 합니다. 이를 위해서는 다른 중요한 빈출 단어를 추가적으로 뽑아 명시적으로 공부하는 것도 도움이 되겠지만 무엇보다 많은 영어책을 계속 꾸준히 읽는 것이 훨씬 더 효과적인 방법입니다.

문자와 발음의 패턴에 유의한다

보자마자 바로 인식되어야 하는 일견어휘라고 해도 단어의 스펠링

● 파닉스 규칙을 따르지 않는 불규칙 단어들 중 사용 빈도가 높아 영어 읽기를 배우기 시작하는 아동에게 특히 중요한 단어는 약 30개 정도입니다(Moats 2000: 189): the, to, was, of, is, two, you, they, would, there, one, too, said, were, are, because, what, should, his, do, some, as, could, put, people, know, your, mother, who, whose.

을 무조건 외우거나 단어의 전체 형태를 하나의 이미지로 인식하도록 하는 것이 언제나 바람직한 것은 아닙니다. 파닉스 규칙으로 읽어낼 수 있는 단어는 물론 문자 해독이 어려운 불규칙 단어라도 일단 스펠링과 발음의 패턴에 주목하면 유사한 패턴의 다른 단어를 인식하는 데 도움이 되기 때문입니다. 예를 들어, buy, talk, come 등은 파닉스 규칙으로 읽어내기 어렵지만 일단 이 단어들을 알면 유사 패턴의 guy, walk, some 같은 단어들을 쉽게 인식할 수 있습니다.

사실 영어를 많이 보고 들어 영어 알파벳에 친숙해지고 문자와 소리 사이의 관계를 우연적으로 터득한 아이는 단어 스펠링을 파닉스 규칙의 적용 대상이 아닌 하나의 패턴으로 보는 경향이 강합니다. 마찬가지로 영어 읽기를 잘하는 아이도 단어를 볼 때 파닉스 규칙을 적용하기보다 패턴을 감지해 소리에 연결한다고 합니다 (Cunningham 2009). 따라서 일견어휘들은 눈으로 보고 바로 인식할 수 있도록 학습하되 동시에 스펠링과 발음의 패턴에 유의해 새 단어를 볼 때마다 무질서 속에서도 특징적인 패턴을 감지하고 이를 소리에 연계시킬 수 있도록 노력할 필요가 있습니다.

아이에 따라 공부 내용과 방법을 달리한다

영어 읽기를 시작하는 단계의 아이에게 일견어휘 공부는 학습 배경에 따라 서로 다른 두 가지를 의미합니다. 우선, 영어책 읽기를 시작하기 전에 영어를 많이 보고 들어 자연스럽게 구어 영어 능력을 갖춘 아이는 이미 상당히 많은 단어 지식을 갖춘 상태가 됩니다. 그런 아이에게 일견어휘 공부는 대부분 이미 아는 단어를 눈으로도 바로 알아볼 수 있도록 연습하는 것이 될 것입니다.

하지만 다수의 한국 아동은 충분한 보고 듣기 없이 영어 공부와 영어책 읽기를 시작하게 됩니다. 이 경우 일견어휘 공부는 처음부터 모르는 단어의 학습이 됩니다. 다시 말해, 각 단어의 문자 형태인 스펠링과 소리 형태인 발음을 익히고 동시에 의미도 알아야 하는 것입니다.

예문을 함께 익힌다

두 번째 유형에 속하는 많은 한국 아이들은 일견어휘를 공부할 때 그동안 흔히 해온 것처럼 스펠링과 발음, 뜻을 아는 것에 그치지 말고 가급적 예문과 함께 익혀 각 단어가 어떻게 사용되는지 알 수 있도록 해야 합니다. 각 단어가 사용되는 문맥이나 예문을 자연스럽게 떠올릴 수 있어야 읽기는 물론 쓰기와 말하기에서도 단어 지식을 제대로 활용할 수 있기 때문입니다. 단지 단어의 간단한 정의를 암기하는 것에 그친다면 활용이 어렵고 향후 영어 실력의 발전에도 큰 지장을 초래합니다. 따라서 단어를 공부할 때 가급적 간단한 예문을 함께 말해보도록 하고 많은 읽기를 통해 실제로 사용되는 문맥을 자주 접하도록 하는 것이 좋습니다.

단어 학습의 4박자를 기억한다

사실 구어 영어 능력이 갖추어지지 않은 아이의 경우 예문을 생각해 내기도 어렵고 엄마 아빠의 입장에서 그것까지 챙기는 것은 결코 쉽지 않습니다. 하지만 간단한 예문 준비의 귀찮음을 엄마 아빠가 기꺼이 감당해준다면 아이는 예문 학습을 당연하게 받아들이고 별다른 거부감 없이 학습에 임하게 됩니다.*

이렇게 예문을 함께 익히면 엄마 아빠가 들인 수고와 노력을 충분히 보상해주고도 남을 중요한 차이가 생깁니다. 그렇게 하면 무엇보다 영어 단어에 대한 이해가 깊어지고 활용 능력이 생기며 이를 통해 영어 말하기와 글쓰기의 기초도 자연스럽게 갖추어집니다. 따라서 단어의 스펠링, 발음, 의미, 예문의 4박자를 잊지 마시고 아이를 위해 제대로 된 영어 단어 학습에 욕심을 내보시기 바랍니다.

문맥 속에서 만날 기회를 자주 가진다

일견어휘들 중 빈도가 특히 높은 단어들(예: the, of, a, and, to, is,

● 아이에게 알맞은 영어 예문을 준비하는 가장 손쉬운 방법 중 하나는 현재 출시되어 있는 어린이 영어 사전을 하나 구해 활용하는 것입니다. 그런 영어 사전에는 각 단어의 의미가 쉬운 영어로 설명되어 있을 뿐 아니라 쉽고 유용한 예문도 함께 제시되어 있습니다.

get)은 뚜렷한 의미를 지니지 않고 주로 문법 기능을 수행하는 기능어(function words)입니다. 이 단어들은 구체적인 대상을 가리키거나 명확한 의미를 가지는 내용어(content words: book, water, drive, know, different, long 등)와 달리 단어의 정의를 내리기가 쉽지 않습니다. 설사 어렵사리 정의를 암기한다 해도 그 단어의 이해나 활용에 큰 도움이 되지도 않습니다. 또 이런 기능어들은 일반적으로 아이들이 쉽게 배우지 못하며, 문자적 형태는 물론 그 의미와 쓰임도 서로 혼동하는 경우가 많습니다(Cunningham 1995, Blevins 2017).

따라서 apple, water, number처럼 거의 일대일로 대응되는 사물의 이름은 한국어 해석을 통해 익혀도 무방하지만 기능어나 기본 동사, 형용사는 단순한 정의보다 문맥을 통해 해당 단어가 실제로 어떻게 쓰이는지 배우고 감각적으로 느끼도록 해야 합니다.

매일 꾸준히 시간을 재며 학습한다

일견어휘는 일정 시간을 할애해 매일 조금씩 꾸준히 공부하는 것이 좋습니다. 또 아이의 학습 능력에 따라 한 번에 5개 내지 10개 정도의 단어를 한 그룹으로 묶어 공부하되 반복을 통해 충분히 숙달되도록 합니다. 단어를 읽어내는 데 소요되는 시간도 측정하여 갈수록 빠르게 인식하도록 함으로써 말 그대로 보자마자 읽어낼 수 있도록 해야 합니다.

정해진 분량의 공부를 마친 후에는 아이가 어려워하는 단어들을 따로 모아 추가 연습의 기회를 가지도록 합니다. 그리고 일단 잘 읽어내게 된 단어라도 주기적으로 다시 점검해 장기 기억에 확실하게 자리 잡도록 할 필요가 있습니다.

08

단어 카드 학습의 효과와
문제점 그리고 해결 방법

어휘 학습에 관한 연구(Nation 2008, 2013)에 따르면, 단어를 명시적으로 학습하는 가장 쉽고 효과적인 방법은 흔히 플래시 카드(flash cards)라고도 불리는 단어 카드(word cards)를 활용하는 것입니다. 우선 적당한 크기로 종이를 잘라 카드의 한쪽에는 영어 단어나 어구를 적고 다른 한쪽에는 의미를 적습니다. 한국어를 쓰거나 그림을 사용해도 좋습니다. 물론 영어로 적을 수도 있습니다. 하지만 그러면 카드 만들기가 힘들고 많은 경우 단어의 의미 파악과 기억이 더 어려울 수 있으니 굳이 영어를 고집할 필요는 없습니다.

활용 능력을 기르기 어렵다

그렇게 준비된 단어 카드를 가지고 카드를 하나씩 보면서 단어를 큰 소리로 읽고 의미를 제시하는 연습을 하면 됩니다. 그런데 이런 단어 카드 방식의 학습은 단어의 스펠링과 의미를 익히는 데는 매우 효과적이지만 활용 능력을 기르기가 어렵다는 단점이 있습니다 (Oxford & Crookall 1990).

이 문제는 원어민 아동처럼 구어 영어 능력을 충분히 갖춰 각 단어의 사용법을 이미 아는 아이들에게는 큰 문제가 되지 않습니다. 하지만 대부분의 한국 아이들은 그런 구어 영어 능력이 없거나 부족하기 때문에 간단한 정의만 암기할 경우 해당 표현을 사용해 말하기나 쓰기를 할 때는 물론 책을 읽을 때도 문제가 되기 쉽습니다.

예문을 추가해 학습한다

이 문제를 해결하는 한 가지 좋은 방법은 카드 뒷면에 단어의 뜻과 함께 해당 단어가 사용된 간단한 예문이나 유용한 어구를 적는 것입니다(Nation 2013: 459-462). 그리고 아이에게 단어를 읽게 한 후 의미를 제시하면서 동시에 어떻게 사용되는지를 예문으로 말해보도록 합니다.

그러면 우선 각 단어의 사용법과 해당 단어가 사용되는 문맥을 알게 됩니다. 뿐만 아니라 실제로 해당 단어를 사용해 문장을 만들어보는 연습이 되기 때문에 나중에 영어 말하기와 쓰기를 할 때에도 큰 도움이 됩니다.

활용 능력을 향상시키는 양방향 학습

또 한 가지 좋은 방법은 카드 뒷면에 적힌 한국어 정의를 보고 영어 단어를 말해보도록 하는 것입니다(Mondria & Wiersma 2004, Nation 2013: 458). 영어 단어를 보는 즉시 인식하고 단어의 의미를 제시할 수 있어야 하는 것처럼 한국어 정의를 보고서도 영어 단어가 거의 자동적으로 튀어나오게 연습합니다.

이렇게 영어 단어에서 한국어 해석으로, 다시 한국어 해석에서 영어 단어로 꾸준히 연습하면 읽기나 듣기뿐 아니라 쓰기나 말하기에서도 단어의 활용 능력을 크게 높일 수 있습니다.

09

단어 카드를 사용하는
매우 특별한 요령

단어마다 꼭 필요한 만큼의 공부를 할 수는 없을까?

수학을 공부할 때 문제마다 학습이나 풀이에 필요한 시간이 다르듯 영어 단어도 단어마다 학습을 위해 들여야 할 노력의 양이나 정도가 다릅니다. 어떤 단어는 이미 잘 알고 있어 학습이 아예 불필요할 수 있고 어떤 단어는 여러 번 공부해도 잘 생각나지 않을 수 있습니다. 따라서 최소의 노력으로 최대의 효과를 얻기 위해서는 가급적 각 단어의 학습에 꼭 필요한 만큼의 시간과 노력을 투자해야 합니다.

다시 말해, 일견어휘를 비롯한 영어 단어의 학습은 할 수만 있다면 정확하고 신속하게 인식하는 것이 쉬운 단어일수록 더 적은 노력을 들여야 하며, 그렇게 하기가 어려운 단어일수록 더 많은 노력을 기울이는 것이 바람직합니다.

그렇다면 과연 그와 같이 효과적이며 효율적인 단어 학습이 실제

가능할까요? 그런 방법이 있다고 해도 지나치게 복잡하거나 어렵지 않아야 할 것입니다. 비용도 많이 들지 않아야 하고요. 그래야만 누구나 쉽게 실천할 수 있어 절대 다수의 보통 아이들에게도 실질적으로 도움이 될 테니까요. 과연 그런 방법이 있을까요?

라이트너 박스의 활용

제가 아는 한 그러한 방법이 딱 하나 있습니다. 그것은 바로 라이트너 박스(Leitner box)를 이용하는 것입니다. 라이트너 박스는 본래 독일의 과학 저널리스트였던 세바스티안 라이트너(Sebastian Leitner)가 1970년대에 고안한 학습 시스템인데 한마디로 단어 카드를 효율적으로 사용하는 방법입니다.

라이트너 박스를 활용해 단어를 공부하면 모자라지도 넘치지도 않는, 꼭 필요한 만큼의 경제적인 학습이 가능합니다. 노력의 낭비 없이 최소의 노력으로 최대의 효과를 얻게 해주는 것이지요. 더구나 라이트너 방식은 비용도 거의 들지 않고 지극히 단순해 누구나 쉽게 실천 가능하다는 장점도 있습니다.

라이트너 박스와 단어 카드의 준비

라이트너 박스를 만드는 것은 아주 간단합니다. 먼저, 단어 카드를 세워 넣을 수 있는 기다란 박스를 하나 마련합니다. 그다음 그림과 같이 박스를 네 칸 혹은 다섯 칸 정도로 나누고 칸막이를 설치합니다. 그리고 박스의 맨 앞에서부터 각 칸에 차례대로 번호를 매깁니다. 이제 공부할 단어 카드를 필요한 만큼 준비해 맨 앞의 1번 칸에 모두 넣습니다. 그러고 나면 라이트너 박스를 활용해 단어 학습을 시작할 모든 준비가 갖추어집니다.

아는 단어는 다음 칸으로, 모르는 단어는 현재 칸의 맨 뒤로

실제 단어 학습은 다음과 같이 진행합니다.

　맨 앞의 1번 칸에 있는 단어 카드를 순서대로 하나씩 뽑아 들고 단어를 발음해보고 의미를 말해봅니다. 충분히 잘 아는 단어라고 생각되면 2번 칸으로 보내고 잘 모르는 단어라면 카드 뒷면의 의미와 예문을 확인해 학습한 후 1번 칸의 맨 뒤로 보냅니다. 1번 칸의 모든 카드를 이런 방식으로 학습해 카드가 전부 2번 칸으로 갈 때까지 계속합니다. 카드가 모두 2번 칸에 모이면 이제 2번 칸에 있는 카드를 순서대로 하나씩 뽑아 들고 주어진 단어를 제대로 아는지 확인합니다. 제대로 알면 카드를 3번 칸으로 보내고 잘 모르면 2번 칸의 맨 뒤로 보냅니다. 이런 식으로 계속 학습하면 결국 모든 단어 카드가 3번 칸으로 갈 것입니다. 3번 칸에 모인 카드도 같은 방식으로 학습합니다. 그러면 다시 모든 카드가 4번 칸으로 가고 결국에는 맨 마지막 5번 칸에 모이게 될 것입니다.

꼭 필요한 만큼의 학습을 통해 모든 단어를 확실히 공부한다

이와 같이 라이트너 박스를 활용해 단어를 학습하면 이미 알거나 쉬운 단어는 네 차례의 간단한 확인만 거치면 공부가 끝납니다. 반면에 잘 모르거나 어려운 단어는 제대로 알 때까지 필요한 만큼의 반복 학습이 이루어집니다. 또 이렇게 모든 단어 카드가 5번 칸으로 갈 때까지 학습을 하면 설사 학습 능력이 떨어지는 학습자라도 모든 단어를 확실히 익힐 수밖에 없습니다. 여러 차례 반복해도 어렵게 느껴지는 단어는 계속 반복해 제대로 알아야만 다음 칸으로 갈 수 있기 때문입니다.

물론 어떤 단어는 학습을 통해 알게 되어 다음 칸으로 간 후에도 또다시 잊어버릴 수 있습니다. 하지만 그런 단어들도 확실히 알 때까지 몇 번이라도 계속 반복해 학습할 기회가 (5번 칸으로 갈 때까지) 무려 네 번이나 있습니다. 따라서 학습자의 학습 능력이나 단어의 학습 난이도에 따라 반복 횟수와 소요 시간이 달라지겠지만 결과적으로 누구나 모든 단어를 확실하게 익히게 됩니다.

지극히 단순하다

혹시라도 라이트너 박스를 이용한 단어 학습법이 복잡하게 느껴지십니까? 자세히 설명하다 보니 약간 어려워 보일 수 있지만 사실 여기에 복잡한 것은 전혀 없습니다. 단지 바로 앞에 있는 단어 카드를 집어 들고 아는 단어인지 확인한 후 아는 단어면 다음 칸으로 보내고 모르는 단어면 학습한 후 현재 칸의 맨 뒤로 보내는 것이 전부입니다. 이와 같이 지극히 단순한 방식의 학습을 모든 카드가 마지막 칸으로 갈 때까지 계속하기만 하면 됩니다.

언제 어디서나 가능하다

마지막으로, 라이트너 시스템을 활용한 단어 학습의 또 한 가지 장점은 언제 어디서나 실천할 수 있다는 것입니다. 외출할 때는 라이트너 박스 대신 쉽게 휴대할 수 있는 일종의 라이트너 지갑을 만들어 사용하면 되기 때문입니다. 이를 위해 단어 카드가 20~30장 정도 들어갈 만한 크기의 지갑을 하나 구하거나 직접 만듭니다. 지갑에는 3~4개의 칸이 있는 것이 좋습니다. 칸마다 마음속으로 일련번호를 할당한 후 공부하려는 단어 카드를 그 지갑에 넣고 다니면서 틈나는 대로 똑같은 방식으로 단어 학습을 진행하면 됩니다.

아는 것을 실천하는 것이 힘이다

어떻습니까? 처음에 말씀드렸던 것처럼 정말 쉽고 단순하면서도 효과적인 학습 방법이라는 생각이 드십니까? 설명을 듣기만 해도 충분히 이해가 될 것이라 생각하지만 실제로 라이트너 박스를 만들어 사용해보면 얼마나 쉽고 얼마나 효과적인지 더 확실히 알게 될 것입니다. 이제 모든 것은 엄마 아빠의 손에 달려 있습니다.

"아는 것이 힘이다"라는 말이 있습니다. 하지만 이 말은 때로 "아는 것을 실천하는 것이 힘이다"로 바꾸어 쓸 필요가 있습니다. 아무리 좋은 것을 알아도 실천에 옮기지 않으면 별 소용이 없기 때문입니다.

그렇습니다. 아무리 좋은 학습 방법이라 해도 나와 내 아이의 공부를 위해 실제 활용하지 않으면 정말 아무 소용이 없습니다. 다시는 되돌릴 수 없는 황금 같은 어린 시절을 아이가 후회 없이 보내길 원한다면 실천의 중요성은 아무리 강조해도 지나치지 않습니다. 그런 의미에서 오늘 당장이라도 라이트너 박스와 단어 카드를 만들어 아이와 함께 영어 단어 학습을 시작해보는 것은 어떨까요?

10

소리 내어 읽기도 잘하고 단어도 많이 아는데 읽기가 늘지 않아요

많은 엄마 아빠들이 아이가 영어를 소리 내어 읽는 것은 잘하는데 읽기 실력이 늘지 않아 고민이라고 말씀하십니다. 심지어 부족한 영어 단어와 문법까지 열심히 공부하고 있는데도 영어책 읽기 실력은 뚜렷한 발전의 기미가 보이지 않습니다. 대체 무엇이 문제일까요?

원인은 부족한 영어 실력

그 이유는 한마디로 부족한 영어 실력입니다. 앞서 몇 차례 설명했던 것처럼 영어를 충분히 알지 못하는 상태에서 단어를 읽어내는 요령의 터득과 연습에 집중했기 때문입니다. 이 경우 문제의 핵심은 단어를 읽는 능력이 아니라 어휘 실력의 부족입니다. 나아가 어휘와 문법 지식을 바탕으로 문장의 의미를 해석하고 텍스트의 내용을 파악하는 능력의 부족이라 할 수 있습니다. 아무리 유창하게 소리 내어 읽는다고 해도 주어진 단어를 모르고 문장의 의미를 이해하지 못한다면 진정한 의미의 읽기는 어려울 수밖에 없습니다. 당연히 영어를 읽는 것이 즐거울 리 없고 읽기 실력의 발전도 기대하기 어렵습니다.

암기식 단어 공부로는 해결이 어렵다

어떤 분들은 이렇게 항변하십니다.

> "그래서 우리 아이는 단어 공부도 열심히 하고 있고 실제로 단어도
> 꽤 많이 알고 있습니다. 그럼 되는 것 아닌가요?"

물론 파닉스를 배우면서 부족한 영어 어휘를 보충하려는 노력은 영어 읽기에 도움이 될 수 있습니다. 하지만 단순히 단어 공부를 열심히 한다고 문제가 해결되는 것은 아닙니다. 단어의 스펠링과 발음, 정의를 암기하는 방식으로 얻게 되는 어휘 지식은 영어를 많이 보고 듣는 과정에서 습득한 것과는 한마디로 그 질이나 차원이 다르기 때문입니다. 단어 하나를 안다는 것은 단순히 그 단어의 형태와 짧은 정의를 기억하는 게 아닙니다. 단어 지식이 쓸모 있으려면 무엇보다 주어진 단어가 어떤 상황에서 어떤 단어들과 함께 어울려 어떻게 사용되는지를 알아야 합니다. 그리고 그 단어의 번역이나 다른 유사 단어들과는 어떤 중요한 차이가 있는지도 알아야 합니다.

영어의 cellar는 우리가 아는 지하실이 아니다

예를 들어, 영어 단어 cellar는 흔히 '지하실'이라고 번역하지만 우리가 일반적으로 생각하는 지하실과는 그 의미가 사뭇 다릅니다.[•] 서양의 집에 있는 지하실은 거실에서 내려가는 계단으로 연결되어 있으며 마당으로 난 출구가 있는 것이 일반적입니다. 또 주로 무언가를 저장하는 용도로 사용되며 특히 포도주 같은 것을 저장하는데 쓰입니다. 따라서 wine cellar라는 합성어는 cellar라는 단어를 생각할 때 영어 원어민의 머릿속에서 거의 자동적으로 함께 떠오르는 표현입니다. 마찬가지로 보통 '다락(방)'이라 번역되는 attic과 '마당'이라 번역되는 yard도 우리가 생각하는 다락방이나 마당과 똑같을 수 없습니다.

암기식 학습으로 해결할 수 있을까?

이와 같이 영어 단어 하나하나에는 번역된 한국어 표현이나 짧은 설명에 담기 어려운 여러 가지 크고 작은 사회·문화적 차이가 존재합니다. 이렇게 다양하고 미묘한 차이를 지닌 단어의 의미와 쓰임

• 한국 사람들이 일반적으로 알고 있는 지하실은 영어의 basement에 더 가깝습니다. 하지만 한국의 영어 사전을 통해서는 basement와 cellar의 정확한 의미와 그 둘 사이의 차이를 알기가 쉽지 않습니다.

을 어떻게 가르쳐줄 수 있을까요? 짧은 한국어 정의나 번역을 암기하고 반복해 확인하는 방식으로 터득하는 것이 가능할까요?

파닉스와 함께 단어와 문법을 공부하고 말하기와 쓰기까지 그럴듯하게 할 수 있게 된다 해도 영어 단어에 대한 그와 같은 지식은 얻기가 어렵습니다. 사실 영어 단어에 대한 제대로 된 이해가 없는데 말하기나 글쓰기가 제대로 될 리 없습니다. 영어 사전을 찾아본다고 해서 쉽게 알 수 있는 것도 아닙니다. 영국이나 미국 등 영어권 나라에 거주하며 그런 지하실이 있는 집에서 살아보면 쉽게 알 수 있겠지만 그런 기회는 대부분의 한국 아동들에게 그야말로 그림의 떡일 뿐입니다.

가장 좋은 해결 방법은 바로 이것이다

하지만 실망하진 마십시오. 그렇다고 방법이 없는 것은 아니니까요. 더군다나 그 방법은 거의 누구에게나 공평하게 열려 있습니다. 무엇이냐고요? 바로 영어권의 일상생활과 다양한 문화를 담은 영어 동영상 시청과 영어 동화책 읽어주기입니다. 사실 영어권 문화와 그것이 투영된 영어 표현들의 다채로운 모습을 영어 동영상이나 동화책만큼 제대로 보여주는 것도 없습니다. 경우에 따라서는 실제 영어권 국가에서 생활하는 것보다 더 많은 것을 배우고 깨달을 수도 있습니다. 이것이 바로 제가 영어 동영상을 활용한 보고 듣기와 영어 동화책 읽어주기를 강조하는 이유이며, 궁극적으로 영어책을 많이 읽는 것이 최선의 방법일 뿐 아니라 유일한 방법이라고 하는 이유이기도 합니다.

현재 암기식 단어 공부를 하고 있다면

파닉스를 공부하면서 부족한 영어 어휘를 보충하려는 노력은 물론 필요합니다. 하지만 단어 정의 암기식의 공부를 통해서는 진짜 영어 실력을 얻기가 어렵습니다. 질적인 면에서 큰 차이가 있기 때문입니다. 그러므로 아는 단어 수를 늘리는 데에만 급급해하지 말고 반드시 많은 듣기와 읽기를 통해 학습한 영어 단어가 어떤 의미를 지니고 어떻게 사용되는지를 실제 쓰이는 생생한 문맥 속에서 직접 보고 느껴야 합니다.

그러지 않으면 한국식의 영어 단어 시험에서는 고득점이 가능할지 모르나 영어를 실제로 사용해야 하는 상황에서는 별 쓸모가 없을 가능성이 큽니다. 결국에는 하나하나 처음부터 다시 공부해야 하나 하는 생각이 들 수도 있습니다. 영어 어휘와 문장 구조에 대한 온전한 이해가 결여된 상태에서는 영어책 읽기가 제대로 될 리 없고 당연히 읽기 실력의 발전도 기대하기 어렵습니다. 이것이 바로 소리 내어 읽기를 아무리 유창하게 잘해도, 부족한 영어 어휘 실력을 쌓기 위해 아무리 열심히 단어를 외워도 영어책 읽기가 기대만큼 쉽지 않고 발전도 더딘 이유입니다.

6장

아이에게 알맞은
영어책을 고르는
기준과 요령

01

알맞은 영어책 선정을 위한
두 가지 핵심 기준

모든 책 읽기가 마찬가지겠지만 특히 외국어인 영어로 된 책을 읽을 때는 아이에게 알맞은 책을 고르는 것이 매우 중요합니다. 그렇다면 그 알맞음에는 어떤 요인이 중요한 영향을 미칠까요? 다시 말해, 주로 어떤 점을 염두에 두고 아이가 읽을 영어책을 골라야 할까요?

여러 중요한 요인이 있지만 가장 핵심적인 것은 "아이의 흥미와 관심" 그리고 "책의 (언어적인) 수준"입니다.* 즉, 내 아이에게 알맞

● 책의 수준은 책에 담긴 내용과 내용을 담은 언어에 의해 주로 결정됩니다. 따라서 책의 내용 수준과 언어 수준은 모두 책의 수준을 결정하는 중요 요소입니다. 하지만 아동 대상의 책은 보통 이 두 수준이 어울려 함께 가기 때문에 꼭 필요한 경우가 아니라면 하나로 묶어 설명하려고 합니다. 그리고 책에 사용된 어휘를 중심으로 한 언어 수준은 보통 내용 수준에 비해 객관적 분석과 평가가 쉽습니다. 따라서 본서에서 "책의 수준"이란 (따로 명시해 설명하는 경우가 아니라면) 주로 책의 언어 수준을 가리킵니다.

은 영어책은 한마디로 "내 아이가 흥미나 관심을 보이면서 동시에 내 아이의 현재 영어 수준에 어울리는 영어책"이어야 한다는 뜻입니다.

아이가 좋아하는 내용이어야 한다

먼저, 아이가 좋아하거나 관심을 보이는 내용이어야 합니다. 그런데 왜 아이의 관심이 중요할까요? 영어책 읽기에 성공하려면 무엇보다 재미있어야 합니다. 영어책 읽기가 재미있으려면 당연히 읽는 영어책이 재미있어야 합니다. 그런데 영어책이 재미있으려면? 무엇보다 선택한 영어책의 주제와 내용이 아이가 좋아하는 것이어야 합니다. 엄마가 좋아하거나 좋다고 생각하는 책이 아니라, 전문가가 좋다고 추천하는 책이 아니라 아이가 관심과 흥미를 보이는 책이어야 합니다.

아이의 읽기 능력에 적합해야 한다

둘째, 아이의 수준에 어울리는 책이어야 합니다. 특히, 영어책의 언어 수준이 아이의 읽기 능력에 적합해야 합니다.

여기서 적합한 수준이란 아이의 읽기 능력에 딱 맞는 수준이라기보다는 많은 경우 충분히 쉬운 책을 의미합니다. 책의 내용을 즐기려면 어려운 책보다는 수준에 맞는 책이 훨씬 좋으며, 수준에 딱 맞는 책보다는 아이에게 쉽다고 느껴지는 책이 더 좋을 수 있습니다.

영어책의 수준은 흥미와도 밀접한 관련이 있습니다. 아이가 좋아하는 내용이라도 영어가 어려우면 흥미를 느끼기 어렵기 때문입니다. 따라서 아이가 어떤 영어책에 흥미를 느끼지 못한다면 관심 있는 내용이 아니거나 영어가 너무 어렵기 때문일 가능성이 매우 큽니다.

02

아이에게 읽어줄 영어책 고르기

그렇다면 엄마나 아빠가 아이에게 읽어줄 영어책은 실제 어떻게 골라야 할까요? 이를 위해서는 아이의 관심, 영어책의 언어적 수준과 내용적 수준, 아이의 영어 실력과 배경지식 등을 고려해야 합니다. 이런 요인들 중에서도 직전 글에서 설명한 것처럼 아이가 지니고 있는 관심과 영어책의 수준이 가장 핵심적이라고 할 수 있습니다.

흥미가 최우선이다

무엇보다 아이가 무엇에 관심을 보이고 무엇에 흥미를 느끼느냐가 중요합니다. 엄마나 아빠가 생각하는 좋은 책은 잠시 잊고 아이에게 선택을 맡길 필요가 있습니다. 시간적 여유를 가지고 도서관이나 서점의 영어책 서가를 천천히 함께 돌며 아이가 관심과 흥미를 보이는 책을 찾는 데 많은 노력을 기울여야 합니다. 아이가 좋아하는 영어책을 마음껏 고르도록 최대한 허용하고 도와주어야 합니다. 그렇게 고른 영어책들에 반영된 아이의 취향이나 관심사를 나침반 삼아 계속 새로운 영어책을 찾아 읽어주고 함께 탐험과 배움을 즐기면 됩니다.

쉬운 책으로 시작해 천천히

영어책의 수준도 못지않게 매우 중요합니다. 수준을 결정하는 가장 핵심적이며 객관적인 요소는 어휘 수준입니다. 어휘 수준이 너무 높아 내용을 이해하기가 어려우면 흥미를 느끼기 어렵기 때문입니다. 따라서 아이가 관심을 보이고 좋아하는 영어책 가운데 아이에게 충분히 쉬운 책부터 골라 읽어주는 것이 좋습니다.

아이가 영어를 전혀 모른다면 가장 쉬운 영어책부터 시작합니다. 글은 아예 없고 그림만 있는 책이나 단어는 몰라도 그림만 보고서도 내용과 흐름을 짐작할 수 있는 책 말입니다. 그림만 있는 책부터 시작해 한 페이지가 한 단어로 구성된 책, 두세 단어로 구성된 책, 한 문장으로 구성된 책, 두세 문장으로 구성된 책 등으로 아주 조금씩 수준을 높여 천천히 진행합니다.

수준을 높이기 전에 현재 단계에서 쉬운 영어책을 충분히 많이 읽어주는 것이 바람직합니다. 수준 향상에 욕심을 내 서두르는 것은 절대 금물입니다.

수준에 너무 얽매이지 말라

또 엄마 아빠가 읽어주거나 함께 읽을 영어책은 나중에 혼자서 읽을 영어책과 구분할 필요가 있습니다. 혼자 읽을 책은 엄마 아빠의 도움 없이도 읽을 수 있을 만큼 충분히 쉬워야 합니다. 하지만 함께 보고 읽거나 읽어줄 책은 (특히 엄마나 아빠가 일대일로 읽어주는 경우) 아이가 좋아하고 지속적인 관심을 보이는 한 너무 어렵지만 않다면 굳이 꺼릴 필요가 없습니다. 내용이 좀 어렵다면 일부분을 발췌해 읽어주거나 함께 읽고, (삽화 위주로) 그냥 살펴보는 것도 큰 의미가 있습니다.

물론 이 경우에는 그냥 책을 보는 것과 크게 다르지 않으니 모르는 부분에 너무 신경 쓰지 말고 아는 것과 보이는 것에 바탕을 두고 탐험과 상상을 즐기도록 도와주면 됩니다.

다수의 아동에게 읽어줄 영어책은 약간 다르다

한편, 유치원이나 어린이집 등에서 다수의 아동을 상대로 영어 동화책을 맛깔나게 읽어주는 영어 스토리텔링은 집에서 엄마 아빠가 해주는 영어책 읽어주기와 기본적으로는 동일한 읽어주기입니다. 하지만 읽어줄 영어책의 선택 기준이 약간 달라질 필요가 있습니다. 무엇보다 엄마 아빠가 영어책을 읽어줄 때에는 아이와 단 둘이서 일대일로 대화하며 여유를 가지고 책 속의 세계를 탐험할 수 있습니다. 반면에 영어 스토리텔링은 다수의 아동을 대상으로 제한된 시간에 이루어지는 것이 보통이므로 아이들과 충분히 대화하고 교감하며 문제를 해결할 여유를 갖기가 어렵습니다. 더구나 영어 스토리텔링에서는 참여하는 모든 아동들의 관심사나 흥미를 만족시키는 일이 상대적으로 더 어렵습니다. 그러므로 다수의 아동을 대상으로 하는 영어 스토리텔링을 위해서는 아이들의 관심과 흥미를 반영하는 것이 여전히 중요하지만 참여 아동 대부분이 소화할 수 있을 만큼 충분히 쉬운 책을 고르는 것에 더 많은 주의와 노력을 기울여야 합니다.

03

아이가 혼자서 읽어나갈
영어책 고르기

"영어책 보기"와 "영어책 읽어주기" 단계를 거치면서 파닉스를 통해 문자를 해독하고 단어를 읽어내는 요령을 배우게 되면 서서히 영어책을 혼자서 읽어나가는 "혼자 읽기" 단계로 접어들게 됩니다. 혼자 읽기를 시작하면 보통 단어와 문장을 소리 내어 읽게 되는데 이는 구어로 알고 있는 단어 지식을 활용하기 위해 단어의 발음을 알아내는 것이 필요하기 때문입니다.

그렇다면 이렇게 아이가 혼자서 (소리 내어) 읽어나갈 영어책은 어떻게 골라야 할까요? 책을 살펴보는 차원의 원시적인 읽기나 다른 사람의 읽어주기를 통한 간접적인 읽기를 위해 영어책을 선택할 때와는 어떻게 다를까요? 그리고 읽기 능력이 더욱 발전하여 눈으로만 읽는 묵독 단계에서 영어책을 선택하는 것과는 또 어떤 점에서 다를까요?

"충분히 읽어낼 수 있는 책"이어야 한다

이때도 마찬가지로 아이의 관심과 텍스트의 수준을 고려하는 것이 중요합니다. 하지만 이 단계의 주된 목표는 읽는 요령을 배우고 능숙하게 읽어내도록 연습하는 것이므로 아이가 "충분히 읽어낼 수 있는 책"을 고르는 것이 핵심입니다.

영어 읽기의 초기 단계에서는 보통 문자와 소리의 일치 관계인 파닉스를 배우고 이를 적용해 읽는 연습을 합니다. 동시에 많은 실제 읽기를 통해 영어를 읽는 것이 정확하고도 신속하게, 자동적으로 유창하게 이루어질 수 있도록 노력해야 합니다. 이 단계의 영어 읽기는 이후 단계의 본격적인 읽기와 달리 새로운 어휘와 지식을 습득하기 위한 읽기(read to learn)가 아니라 읽기를 배우기 위한 읽기(learn to read)이기 때문입니다.

이런 연습적 성격의 읽기에서는 모르는 어휘에 대한 부담이 없거나 아주 적어야 합니다. 즉, 영어책 속의 단어들을 구어적으로 이미 알고 있어야 하며, 동시에 눈으로도 인식할 수 있어야 합니다.

따라서 이때는 아이의 관심과 흥미도 물론 중요하지만 아이의 현재 어휘 지식과 파닉스 기술로 충분히 읽어낼 수 있는 책이어야 한다는 부분에 특히 유의해야 합니다.

"충분히 읽어낼 수 있는 책"이란?

영어 읽기를 처음 배우고 익힐 때는 보통 문자에서 소리로 가는 방식으로 이루어집니다. 즉, 문자가 나타내는 소리를 해독해 단어의 발음을 읽어내고 그 발음을 가진 영어 단어를 머릿속의 구어 단어 지식으로 확인해 의미를 이해하게 됩니다. 따라서 영어 읽기를 시작하는 아이가 "충분히 읽어낼 수 있는 책"이란 좀 더 정확하게는 "문제없이 읽어낼 수 있는, 아는 단어로 구성된 책"을 의미합니다.

우선, 책에 사용된 대부분의 단어가 문자 해독을 통해 읽어낼 수 있거나 일견어휘로 학습되어 문자 해독 없이도 바로 인식해 읽을 수 있어야 합니다. 알아도 (일견어휘처럼 바로) 인지하지 못하거나 (이미 공부한 파닉스 기술을 사용해) 읽어낼 수 없다면 모르는 단어와 진배없습니다.

동시에 귀와 입으로는 이미 알고 있어 발음을 읽어내기만 하면 바로 의미가 이해되어야 합니다. 파닉스를 활용해 단어의 발음을 읽는 데 성공했다 해도 본래부터 모르는 단어라면 의미를 이해할 수 없으므로 읽어낸 것이 무의미할 것입니다.°

● 한국 상황에서 구어 영어 능력이 부족해 파닉스와 함께 영어 어휘를 학습하는 아이의 경우 보통 단어의 발음과 스펠링을 동시에 배우므로 좀 더 많은 영어 단어가 일견어휘처럼 인식될 가능성이 있습니다. 다시 말해, 파닉스로 읽어낸 발음을 통해 단어를 인식하고 의미를 파악하는 대신 암기한 스펠링을 보고 바로 의미를 떠올릴 가능성이 큽니다.

충분히 읽어낼 수 있는 책을 가급적 많이

정리하자면, 아이가 혼자서 영어책을 읽어나가기 시작하는 단계에서는 파닉스와 소수의 일견어휘만으로도 쉽게 읽어낼 수 있는 영어책을 가급적 많이 제공하는 것이 중요합니다. 이 경우 텍스트가 많은 두꺼운 책 한 권보다는 텍스트가 적은 얇은 책을 여러 권 골라 읽게 하는 것이 아이들의 성공적인 읽기 경험에 더 유리합니다.

영어책 읽기에 빠진 아이들은 마치 타오르는 불과 같습니다. 그 불이 꺼지지 않고 계속 활활 타오르게 하려면 잘 타는 연료인 적절한 영어책을 지속적으로 공급해주어야 합니다.

하지만 국내에서 아이에게 알맞은 영어책을 충분히 많이 찾아 공급하는 것은 그리 쉬운 일이 아닐 수 있습니다. 가장 좋은 방법은 가까운 곳에 있는 (영어) 도서관을 활용하는 것입니다. (영어) 도서관이나 대형 서점의 영어책 코너에 가서 Dr. Seuss books처럼 영어 어휘의 수와 수준, 파닉스 기술을 통제한 영어책을 찾아보면 됩니다.•

• 아이들이 파닉스와 소수의 일견어휘로 충분히 읽어낼 수 있는 영어책으로는 다음과 같은 것들이 있습니다. Bob Books (https://www.bobbooks.com/), Fitzroy Readers (http://www.fitzprog.com.au/), Primary Phonics (http://eps.schoolspecialty.com/). 이들은 모두 단계별로 구성된 시리즈 형태이며, 그중 Bob Books가 가장 널리 애용되는 듯합니다. 인터넷 검색을 해보면 구입처와 구입 방법을 쉽게 알 수 있습니다. 또 미국에서 출판되는 Bob Books 등은 아마존닷컴 (amazon.com)을 방문하면 구매자들이 올린 서평도 확인할 수 있습니다.

04

수준에 맞는 영어책을 고르는 첫 번째 요령: 다섯 손가락 규칙

앞서 설명한 것처럼 아이에게 알맞은 영어책을 선택할 때 고려해야 할 가장 중요한 두 가지 요인은 아이의 관심과 영어책의 수준입니다. 둘 가운데 아이의 관심은 시간과 마음의 여유를 가지고 영어책 서가를 돌면서 아이가 마음껏 책을 선택하도록 돕고 그 과정에서 아이 반응을 관찰하면 어렵지 않게 알아낼 수 있습니다.

　그렇다면 아이의 수준에 맞는 영어책은 어떻게 알 수 있을까요? 주어진 텍스트의 영어를 얼마나 이해할 수 있어야 우리 아이의 수준에 알맞은 책이라고 할 수 있을까요?

텍스트 이해에 가장 큰 영향을 미치는 요인

책의 내용을 이해하는 데 영향을 미치는 다양한 요인이 있지만 일반적으로 가장 중요하다고 생각되는 요인은 어휘의 수준입니다.* 어휘 수준의 평가를 위해서는 보통 주어진 영어책에 얼마나 많은 단어가 사용되었는지 그리고 그 단어들이 얼마나 어려운지를 분석합니다. 이와 같이 책에 쓰인 영어 단어들을 분석해 주어진 영어책이 아이에게 알맞은 수준인지를 알아보는 데는 여러 방법이 있지만 본서에서는 크게 두 가지를 소개하려고 합니다. 그중 하나는 단순하여 누구나 쉽게 활용할 수 있지만 정확성이 다소 떨어지는 방법이고, 다른 하나는 약간 복잡하지만 좀 더 정확한 방법입니다.

모르는 단어가 5개 이상이면 너무 어려운 책

먼저, 쉽고 단순한 방법은 "다섯 손가락 규칙(The Five Finger Rule)"을 활용하는 것입니다. 영국과 미국에서도 널리 알려져 있고 실제로도 자주 사용되는 방법인데 이 규칙을 적용하면 주어진 영어책이 아이가 읽기에 알맞은 수준인지 쉽게 알아낼 수 있습니다. 인터넷을 검색해보면 금방 알 수 있겠지만 다섯 손가락 규칙은 사이트마다

* 텍스트 내용의 이해에 영향을 미치는 요인은 크게 독자 요인과 텍스트 요인이 있습니다(Wallace 1992, Grabe & Stoller 2002). 둘 가운데 독자 요인은 사람마다 다르기 때문에 결국 개인별 특성을 살펴보는 수밖에 없습니다. 이와 달리 텍스트 요인에는 내용의 난이도, 어휘의 수준, 문장의 길이와 복잡성 정도 등이 있는데 이 가운데 텍스트의 난이도에 가장 큰 영향을 미치는 것은 어휘의 수준입니다.

약간씩 다르게 설명되고 있습니다. 하지만 일반적인 방식은 다음과 같습니다.

우선, 읽으려는 영어책을 아무 곳이나 펼칩니다. 그리고 주먹을 쥐고 펼쳐진 페이지에 있는 텍스트를 처음부터 읽어가면서 아이가 모르는 단어를 만날 때마다 손가락을 하나씩 펍니다. 그런 식으로 한 페이지를 다 읽은 후 모두 몇 개의 손가락이 펴져 있는지 살펴봅니다. 펼쳐진 손가락이 없거나 1개일 경우 아주 쉬운 책입니다. 2개 내지 3개라면 딱 맞는 수준입니다. 4개라면 꽤 어려운 책일 가능성이 높습니다. 마지막으로 5개 이상이라면, 다시 말해, 모르는 단어가 5개 혹은 그 이상이라면 적어도 현재로서는 아이에게 너무 어려운 책이므로 가급적 나중에 읽는 것이 좋습니다.

다음 그림은 이런 평가 방법을 잘 보여줍니다.

05

수준에 맞는 영어책을 고르는
두 번째 요령: 98% 법칙

다섯 손가락 규칙은 아주 단순해 일반 엄마 아빠는 물론 심지어는 어린아이도 쉽게 활용할 수 있다는 장점이 있습니다. 하지만 동시에 매우 정확한 방법은 아니라는 아쉬움이 있습니다. 페이지당 단어 수가 지나치게 적거나 반대로 너무 많으면 책의 수준을 평가하기에 적합하지 않기 때문입니다.

다섯 손가락 규칙의 기본 논리는 95% 이상을 아는 것

사실 다섯 손가락 규칙의 이면에는 사람들이 잘 모르는 나름의 학술적인 논리가 숨겨져 있습니다. 이를 알면 그 규칙의 의미와 취지를 보다 올바르게 이해할 수 있으며 동시에 잘못 사용하게 될 가능성도 줄일 수 있습니다. 다섯 손가락 규칙의 기본적인 논리는 주어진 영어책을 제대로 이해하며 읽으려면 사용된 단어 중 적어도 95%의 단어 토큰을 알아야 한다는 것입니다(Laufer 1989). 따라서 모르는 단어가 5개 이상일 경우 너무 어렵다는 말은 한 페이지에 총 100개 정도의 단어 토큰이 있다고 가정할 경우 그중 5개 이상을 모르면 곤란하다는 의미입니다.

98% 이상을 아는 것이 더 바람직하다

하지만 읽기와 어휘의 관계에 대한 보다 최근의 연구에 따르면 모르는 어휘에 크게 신경 쓰지 않고 책의 내용을 이해하고 읽기를 즐기려면 (95% 이상의 토큰을 아는 정도로는 부족하며) 적어도 텍스트에 사용된 전체 토큰의 98% 이상을 알아야 한다고 합니다(Hu & Nation 2000, Schmitt et al. 2011, Nation 2013). 즉, 주어진 영어책의 한 페이지가 100개 정도의 토큰으로 이루어져 있을 경우 그중 모르는 단어 토큰이 2개 이상 되면 책의 내용에 온전히 집중하기가 쉽지 않기 때문에 알맞은 수준이라고 보기 어렵다는 의미입니다.

규칙을 융통성 있게 적용해야 한다

이와 같은 "98% 법칙"의 기준에서 볼 때 "아는 단어가 95% 이상이어야 함"을 바탕으로 하는 다섯 손가락 규칙은 충분히 적절한 기준이 아닐 수도 있습니다. 더구나 어린아이들이 읽는 영어책은 보통 한 페이지에 사용된 단어의 수가 많아야 50개 내외입니다. 이 경우 주어진 페이지에서 모르는 단어의 수가 3개 정도만 되어도 그 비율이 전체 토큰의 5%를 넘어버려 (다섯 손가락 규칙의 바탕이 되는) 95%를 기준으로 한다고 해도 아이에게 어려운 책이 될 가능성이 높습니다.

따라서 다섯 손가락 규칙을 사용해 영어책을 고를 때에는 그 규칙에서 말하는 바를 융통성 있게 적용할 필요가 있습니다.

이독성 공식 제대로 이해하기

이독성(易讀性, readability)은 "쉬울 이(易), 읽을 독(讀)"이란 한자가 의미하는 바처럼 주어진 글을 읽는 것이 얼마나 쉬운지를 나타냅니다. 따라서 이독성 공식(readability formula)이란 쉽게 말해 어떤 책을 읽는 것이 얼마나 쉬운지 혹은 어려운지를 계산하는 공식입니다. 한마디로 책의 읽기 난이도를 계산하는 방법이라고 할 수 있습니다. 이독성은 보통 어휘나 문장의 길이 등 텍스트의 읽기 난이도에 영향을 미치는 요인들을 정량적으로 분석해 계산합니다.

렉사일과 ATOS 지수, 이독성 공식의 대표 선수

아이들의 영어책 읽기에 관심이 있는 엄마 아빠라면 누구나 한두 번쯤은 들어봤을 법한 렉사일 지수와 ATOS 지수는 요즘 가장 널리 사용되고 있는 이독성 공식입니다. 이독성 공식의 대표 선수라고도 할 수 있는 이들 두 지표에 관한 정보는 인터넷을 잠시만 검색해보아도 국내외의 각종 웹사이트에서 아주 쉽게 찾을 수 있습니다. 하지만 이 지표들이 어떤 원리로 만들어졌는지, 서로 어떻게 다른지, 그리고 우리의 상황에서 어떻게 활용하는 게 좋은지에 대해서는 제대로 아는 사람이 의외로 많지 않은 듯합니다.

렉사일의 독자 지수와 텍스트 지수

렉사일 지수에는 책을 읽는 사람에게 부여하는 독자 지수와 책에 부여하는 텍스트 지수가 있습니다. 렉사일 독자 지수(Lexile reader measures)는 개인의 읽기 능력을 나타내는데 독해 시험을 통해 측정합니다. 렉사일 텍스트 지수(Lexile text measures)는 텍스트의 읽기 난이도를 나타내며 렉사일 분석기(Lexile Analyzer)라는 컴퓨터 프로그램을 사용해 분석합니다. 주로 텍스트에 사용된 단어의 빈도와 문장의 길이를 계산하고 그 결과를 점수로 나타내게 되어 있습니다.

렉사일 지수 체계에서는 개인의 읽기 능력과 책의 난이도를 연계하기 쉽도록 책과 책을 읽는 사람에게 동일한 방식으로 점수를 부여합니다. 즉, 독자 지수도 텍스트 지수도 모두 "1100L"처럼 보통 숫자와 L(=Lexile)의 결합으로 나타내며 숫자가 낮을수록 책을 읽는 사람의 읽기 능력이 낮거나 읽기가 쉬운 책임을 의미합니다. 또 명확하게 정해진 최저 점수나 최고 점수는 없으며 0L 이하에서부터 2000L 이상까지의 범위로 숫자를 부여하도록 되어 있습니다. 렉사일 체계에서 독자 지수 0L 이하는 보통 영어 읽기를 막 시작하는 아동에게 부여하며, 2000L 이상은 고급 단계의 독자에 해당합니다.

ATOS 지수의 세 가지 지표

한편, ATOS 지수에서는 세 가지 지표를 제공하며, 이를 바탕으로 각 학생이 읽기에 적합한 책을 추천하게 됩니다. ATOS 지수의 세 가지 지표를 자세히 알아보면 다음과 같습니다.

첫째, 영어로 AR book level이라고도 불리는 책 수준(ATOS book level)은 책의 읽기 난이도를 알려줍니다. 이 지표는 평균 문장 길이, 평균 단어 길이, 단어 난이도, 책의 길이를 포함하는 총 네 가지 요인을 분석해 산출됩니다(Milone 2014). 그 결과는 보통 1.0에서 12.0까지의 소수로 표시되는데 소수점 앞의 숫자는 학년, 소수점 아래의 숫자는 해당 학년에서의 달을 나타냅니다.

둘째, 읽기 수준(reading level)은 책을 읽는 학생의 읽기 능력을 측정한 결과입니다. 이 지표는 STAR(Standardized Test for the Assessment of Reading)라는 시험을 활용해 평가하는데, 이 시험에서는 문제의 난이도가 응시자의 수준에 따라 컴퓨터에 의해 자동적으로 조절됩니다. 또 이렇게 측정된 읽기 수준은 해당 학생이 읽을 수 있는 책의 수준으로 표현됩니다. 즉, 책의 수준처럼 1.0에서 12.0

까지의 소수로 표시된다는 의미입니다. 예를 들면, 읽기 수준(RL)이 "2.4"로 평가되었다면 그 학생은 일반적으로 2학년의 네 번째 달에 읽으면 딱 좋을 수준의 영어책을 큰 문제없이 읽을 수 있는 읽기 능력이 있다는 뜻으로 이해하시면 됩니다.

마지막 세 번째로, 내용적 수준(interest level)은 책의 내용이 어떤 나이대의 학생에게 적합한지를 보여줍니다. 이 지표는 다른 2개의 지표와 달리 평가자가 직접 책을 읽어보고 판단을 내리는 질적인 분석 방법을 사용해 평가합니다. 그리고 그 결과는 저학년(LG, Lower Grades, K-3), 중간학년(MG, Middle Grades, 4-8), 고학년(UG, Upper Grades, 9-12)의 세 수준으로 구분해 표시합니다.

렉사일과 ATOS의 중요한 차이

렉사일과 ATOS 지수는 둘 다 국내외적으로 널리 쓰이고 있는 훌륭한 이독성 평가 체계입니다. 하지만 이들 두 지수 사이에는 엄마 아빠들도 알아두면 좋을 몇 가지 중요한 차이가 있습니다.

첫째, ATOS 지수는 렉사일 지수에 포함된 개인의 읽기 능력과 책의 읽기 난이도에 더해 책의 내용적 수준에 대한 정보를 추가적으로 제공합니다. 즉, 책의 언어적 수준뿐 아니라 내용적 수준까지 고려해 책을 추천함으로써 좀 더 알맞은 선택이 가능하도록 하고 있습니다.

둘째, ATOS 지수는 책의 읽기 난이도를 평가할 때 렉사일 지수와 달리 문장의 길이와 단어의 난이도뿐 아니라 책의 길이도 함께 고려합니다. 여기에서 책의 길이를 고려하는 것은 매우 중요합니다. 동일한 어휘 수준을 지닌 책이라도 길이가 짧으면 끝까지 읽기가 쉽고 모르는 어휘에 대한 학습 부담도 적어 아이들이 느끼는 체감 난이도가 낮아지기 때문입니다.

셋째, ATOS 지수는 3만 명 이상의 학생이 읽은 약 100만 권의 책에 대한 실제 독서 결과를 반영하고 있다고 합니다(Renaissance Learning 2007). 즉, 공식을 적용해 이독성을 정량적으로 산출하는 데 그치지 않고 수많은 학생의 실제 책 읽기에 적용해 그 결과를 검증해보았다는 뜻입니다. 이런 사실은 이독성 체계의 신뢰성과 타당성을 크게 높여주기 때문에 다른 이독성 체계와 차별화되는 매우 중요한 특징이라고 할 수 있습니다.

이독성 지수와 다른 체감 난이도

렉사일과 ATOS 지수는 알맞은 영어책의 선택에 큰 도움이 되는 유용한 자료입니다 하지만 이 공식들은 (우리처럼 영어를 외국어로 배우는 사람들이 아니라) 미국의 원어민 아동이나 학생을 위해 만들어진 것입니다. 따라서 그 체계를 가져와 우리 아이들의 영어책 읽기와 영어책 선택에 그대로 적용하는 것은 바람직하지 않을 수 있습니다.

특히, 렉사일 지수나 ATOS 지수에서 제시하는 영어책의 읽기 난이도와 우리가 느끼는 체감 난이도는 상당히 다를 수 있으니 주의해야 합니다. 실제 영어 그림책의 주관적, 객관적 난이도를 비교 분석한 현장 실험 결과에 따르면, 두 이독성 체계가 제시하는 읽기 난이도는 우리가 느끼는 체감 난이도와 상당한 괴리가 있을 수 있는 것으로 밝혀졌습니다.*

● 해당 현장 실험에서는 아주 쉬운 것부터 꽤 어려운 것까지 다양한 난이도의 영어 그림책 여섯 권을 150명 정도의 일반 청중에게 읽어준 후 즉석에서 체감 난이도를 적어 내도록 했습니다. 그 결과 가장 낮은 난이도를 지닌 《The Gruffalo》(=200L)와 중간 이상의 난이도를 지닌 《Guess How Much I Love You》(=690L)가 사실상 동일한 체감 난이도를 지닌 것으로 나타났습니다. 또 난이도 510L의 《The Little Mouse, the Red Ripe Strawberry and the Big Hungry Bear》란 그림책은 오히려 《The Gruffalo》보다 더 낮은 체감 난이도를 보여주었습니다(고광윤 외 6명 2016).

07

약간 어려운 책이 학습에
더 효과적이지 않을까?

스티븐 크라센 박사의 입력 가설

외국어 습득 분야의 세계적 권위자인 스티븐 크라센(Stephen Krashen)
박사의 입력 가설(The Input Hypothesis)에 따르면 성공적인 언어 습
득이나 학습을 위해서는 아이가 이해할 수 있는 입력(comprehensible
input = i)보다 한 단계 높은 수준의 입력(i+1)을 단계적이며 지속적
으로 제공해야 한다고 합니다(Krashen 1985). 이 입력 가설을 아이
의 영어책 읽기에 적용하면, 성공적인 영어책 읽기를 위해서는 아이
가 이해할 수 있는 것보다 한 단계 높은 수준의 책을 제공하는 것이
바람직하다고 할 수 있을 것입니다.

그렇다면 여기에서 이해 가능한 입력은 어떻게 알 수 있을까요?
이는 바로 아는 단어가 (다섯 손가락 법칙의) 95% 혹은 (98% 법칙
의) 98% 정도인 텍스트라고 할 수 있습니다.

약간 더 높은 수준이 적절한 것일까?

그런데 입력 가설이 말하는 것처럼 정말로 이해 가능한 것보다 한 단계 높은 수준의 책이 아이에게 적합한 것일까요? 솔직히 개인적으로는 이해 가능한 수준이나 그보다 쉬운 수준이 바람직하다고 믿습니다. 하지만 이해 가능한 것보다 약간 더 높은 수준도 꼭 나쁘지는 않다고 생각합니다. 그런데 문제는 한 단계 높은 수준은 물론이고 이해 가능한 수준도 적절치 않은 경우가 있다는 것입니다. 그런 경우의 대표적인 예가 바로 영어 읽기를 처음 배우는 아이들을 위해 영어책을 고를 때입니다.

유창성 발달을 위한 읽기는 다르다

영어 읽기를 처음 배우는 아이들의 영어책 읽기는 (읽기를 통해 지식을 확장하고 새로운 어휘를 습득하기 위한 Read to Learn 차원의 읽기가 아니라) 주로 읽는 요령을 배우고 숙달하기 위한 Learn to Read 차원의 읽기라고 할 수 있습니다. 이러한 읽기에서는 단어와 문장을 유창하게 (즉, 정확하고도 신속하게 자동적으로) 읽을 수 있도록 연습하는 것이 읽기 활동의 핵심이 됩니다. 그런데 이렇게 유창성 발달(fluency development)을 목표로 하는 읽기는 (전체 토큰의 98% 이상을 알아야 하는 일반적인 유형의 읽기와 달리) 전체 토큰의 100%를 모두 아는 것이 훨씬 바람직하다고 합니다(Nation 2013).*

기준의 융통성 있는 적용

결론적으로, 어떤 영어책이 아이에게 알맞은 수준인지를 평가할 때는 앞에서 설명한 다섯 손가락 규칙이나 98% 법칙을 적절히 선택해 사용하면 됩니다. 하지만 주어진 규칙을 모든 경우에 단순 적용하는 것은 바람직하지 않습니다. 특히 영어 읽기를 처음 배우고 읽기를 시작하는 아이를 위해 영어책을 선택할 때는 각별한 주의를 기울여야 합니다. 이 경우에는 영어책의 길이가 짧고 페이지당 단어 수가 매우 적다는 점과 읽기의 목적과 성격이 크게 다르다는 점에 유의해 알맞은 수준에 대한 기준을 융통성 있게 적용할 필요가 있습니다.

● 영어 어휘 학습의 세계적 권위자인 폴 네이션(Paul Nation) 박사에 따르면, 성공적인 언어 학습을 위해서는 크게 네 가지 부문에서 학습 노력이 골고루 이루어져야 한다고 합니다(Nation 2013). 그가 말한 네 부문은 이해 가능한 의미 중심의 입력(comprehensible meaning-focused input), 의미 중심의 출력(meaning-focused output), 언어 중심의 학습(language-focused learning), 유창성 발달(fluency development)입니다. 다시 말해, 뛰어난 영어 실력을 갖추려면 이해 가능한 수준의 영어를 충분히 듣고 읽어야 하며, (문법적인 정확성보다) 의미 전달에 초점을 맞추어 말하기와 글쓰기를 많이 해야 하고, 명시적인 언어 학습도 동시에 병행하면서, 영어를 그야말로 자유자재로 유창하게 구사할 수 있도록 연습해야 한다는 것입니다. 그런데 이와 같은 네 가지 유형의 노력 가운데 의미 중심의 입력을 위해서는 전체 토큰의 98% 이상을 알면 충분한 반면, 유창성 발달을 위해서는 전체 토큰의 100%를 아는 것이 바람직하다고 합니다.

08

파닉스만으로 읽을 수 있게
만든 책은 너무 지루하지 않을까?

파닉스만으로 읽을 수 있는 영어책

아이가 읽는 요령을 배우고 익히는 단계에서는 혼자서도 충분히 읽을 수 있는 영어책을 사용해야 합니다. 그래야 성취감을 맛보고 영어 읽기에 대한 동기를 지속적으로 부여 받을 수 있기 때문입니다. 이런 취지를 잘 살린 영어책의 대표적인 유형으로 밥 북스(Bob Books)나 피츠로이 리더스(Fitzroy Readers) 같은 파닉스 기반의 읽기책(phonetically controlled books)이 있습니다.*

　파닉스 기반의 읽기책은 아이들이 이미 학습한 파닉스 규칙을 바탕으로 읽어낼 수 있는 단어를 사용해 만든 책입니다.** 보통 읽어내기 쉽고 제한된 소수의 영어 어휘를 사용합니다. 각 책에 4~5개 정도의 영어 단어를 사용하고 책의 표지에 사용된 단어를 명시하는 경우가 많습니다. 또 동일한 단어와 문장 패턴을 여러 번 사용해 읽기 쉽고 반복 학습의 효과가 있도록 만든 책입니다. 따라서 이미 배운 파닉스 규칙을 활용해 영어 읽기 연습을 하고 읽기 능력을 향상시키는 데 매우 유용합니다.

파닉스 기반의 읽기책에 대한 비판

하지만 파닉스 기반의 읽기책은 인위적으로 어휘를 통제해 만들었기 때문에 엄마 아빠가 좋은 영어책을 많이 읽어주어 흥미로운 스토리에 익숙해져 있는 아이에게는 따분하게 느껴질 수 있습니다. 영어책 읽기에 푹 빠져 읽기를 즐기는 아이에게는 더 말할 나위가 없을 것입니다. 바로 이와 같은 이유 때문에 그런 책을 "진짜"책이 아니라고 비판하며 읽기 교육에 사용하는 것을 반대하는 학자와 전문가들도 다수 있습니다.

이와 같이 양면성을 지니는 파닉스 기반의 읽기책을 어찌하면 좋

● 파닉스 기반의 읽기책은 사용 어휘를 의도적으로 제한해 만든 읽기 학습용 영어책이란 점에서 단계별 읽기책(graded readers)과 성격이 유사합니다. 하지만 단계별 읽기책이 어휘의 난이도를 기준으로 다양한 수준에 걸쳐 단계별로 어휘의 양을 조절하는 반면, 파닉스 기반의 읽기책은 파닉스로 읽을 수 있는 단어들과 소수의 고빈도 일견어휘만을 사용합니다. 또 단계별 읽기책은 많은 경우 어휘의 양과 수준을 제한하면서도 내용의 질적 수준을 동시에 추구하기 때문에 파닉스 기반의 읽기책이 받는 비판에서 비교적 자유로운 편입니다.

●● 주어진 파닉스 규칙으로 해독할 수 있는 영어 단어를 사용했기 때문에 "해독 가능한 책(decodable books)"이라 불리기도 합니다.

을까요? 수준이 떨어지는 책이란 비판에도 불구하고 영어 읽기 학습에서의 유용성을 고려해 적극적으로 사용하려 한다면 어떤 점에 유의해야 할까요?

단점을 상쇄할 만큼 큰 장점이 있는 책

제 생각을 말씀드리자면, 인위적이며 재미없는 책이라는 비판에도 불구하고 파닉스 기반의 읽기책은 그 단점을 상쇄하고도 남을 만큼의 큰 장점을 지니고 있습니다. 잘만 활용하면 아이의 영어 읽기 능력 향상에 큰 도움이 되기 때문입니다. 무엇보다 파닉스 기반의 읽기책은 각 권을 읽는 데 필요한 간단한 파닉스 규칙만 알면 별문제 없이 영어를 읽을 수 있도록 해주기 때문에 아이에게 진짜 영어책을 읽고 있다는 느낌을 갖게 해줍니다. 아마도 그 때문인지 대부분의 아이들은 파닉스 기반의 읽기책을 매우 좋아합니다. 그리고 엄마 아빠나 교사의 도움 없이 혼자서도 읽을 수 있다는 느낌이 좋아서인지 끝까지 읽기를 즐깁니다.

다루는 규칙과 단어를 미리 점검하라

파닉스 기반의 읽기책으로 실제 읽기를 진행한다면 책의 내용을 미리 점검하여 아이가 혼자서 끝까지 잘 읽을 수 있도록 준비할 필요가 있습니다. 먼저, 읽으려는 책에서 다루는 파닉스 규칙을 아이가 잘 알고 능숙하게 적용할 수 있는지 점검합니다. 부족한 부분이 있을 경우 내용을 복습합니다. 또 새로운 단어나 잘 모르는 단어로 인해 읽기가 중단되는 일이 없도록 살펴보고 미리 대비해야 합니다.

원하는 만큼 반복하게 하라

그리고 무엇이든 능숙하게 하려면 반복은 필수입니다. 따라서 아이가 원하는 만큼 얼마든지 책을 반복해 읽게 합니다. 충분히 잘 읽는 것 같고 다음 책이나 다음 단계로 넘어가는 게 좋다는 생각이 들어도 아이가 반복을 원할 경우 서두를 필요가 없습니다. 반대로 아이가 원하지 않는다면 억지로 반복하게 하지 마십시오. 비싼 돈을 주고 구입한 교재이니 본전을 뽑아야 한다는 생각이 드는 것은 당연하지만 그런 생각을 고집할수록 아이에게는 오히려 득보다는 해가될 가능성이 높습니다.

감동보다는 성취감과 자신감

여전히 파닉스 기반의 읽기책은 작품성이 없고 책 읽기의 감동과 묘미가 떨어진다고 반대하는 사람들이 있을 것입니다. 그분들의 입장은 충분히 이해하고 존중합니다. 그런 이유로 거부감이 들어 반대하는 사람은 굳이 그런 책을 사용할 필요가 없습니다. 특히, 영어책을 충분히 잘 읽는 사람에게는 책의 작품성이나 책을 읽는 감동과 묘미가 무엇보다 중요하고 최우선적으로 고려되어야 하는 요인일 것입니다.

하지만 이제 겨우 영어책 읽기를 배우기 시작하는 어린아이들에게는 혼자서 영어책을 읽어냈다는 성취감과 또 그렇게 할 수 있다는 자신감이 더 중요할 수 있습니다. 그런 성취감과 자신감이 적어도 영어 읽기를 배우고 다지는 입문 단계에서는 영어책 읽기에 대한 동기를 부여하고 흥미와 감동도 더해줄 수 있습니다. 그리고 무엇보다 비록 파닉스를 기반으로 어휘를 통제해 썼지만 Dr. Seuss 시리즈처럼 책으로서도 아주 훌륭한 것들이 적지 않습니다.

너무 쉽거나 너무 어려운 책을
골라 오면 어떻게 해야 하죠?

상담이나 강연에 오시는 엄마 아빠들 가운데 다음과 같은 고민을
토로하는 분들이 꽤 많습니다.

"우리 아이는 자꾸 쉬운 영어책만 읽으려고 해요. 수준에 맞는 영
어책을 읽어야 할 것 같은데 어떻게 하면 좋을까요?"

상대적으로 더 적기는 하지만 때로는 그 반대의 고민을 하는 분
들도 있습니다.

"우리 아이는 종종 너무 어려운 책을 골라 와요. 어떻게 하는 것이
좋을까요?"

앞서 살펴본 것처럼 아이에게 알맞은 영어책은 무슨 이유 때문이

든 (즉, 내용이나 주제에 관심이 있든 혹은 그림과 삽화 같은 것에 끌리든) 아이가 좋아하고 아이의 현재 영어 실력에 어울리는 수준의 책이라 할 수 있습니다. 그런데 아이들은 좋아하는 책을 고르는 것은 쉽게 잘하지만 실력에 맞는 책을 고르는 일은 잘하지 못하는 경향이 있습니다. 아이가 골라 온 영어책이 너무 어렵거나 반대로 너무 쉬우면 어떻게 해야 할까요?

정말 좋아한다면 굳이 피할 이유가 없다

먼저, 아이가 자기 실력에 비해 너무 어려운 영어책을 골라 온다고 해도 결코 나쁜 일은 아니니 염려할 필요가 없습니다. 그것은 십중팔구 아이가 그 책에 큰 흥미를 느낀다는 뜻입니다. 동시에 자기가 충분히 감당할 수 있다고 느끼거나 혹은 어려워 보여도 읽고 싶은 바람이 그만큼 크다는 것을 의미합니다. 따라서 어떤 형태로든 부정적인 반응을 보여 읽고자 하는 의욕을 꺾거나 자신감을 떨어뜨리는 일이 없도록 하시기 바랍니다. 선입견을 버리고 아이가 골라 온 영어책을 함께 살펴보면서 아이가 결정하도록 하십시오.

알맞은 영어책은 어휘 수준만으로 결정되지 않는다

아이가 읽기에 알맞은 영어책은 단지 책에 사용된 어휘의 수준으로

만 결정되는 것이 아닙니다. 특히 영어 그림책이나 동화책은 그림과 삽화가 많아 이해가 쉽기 때문에 어휘 수준이 다소 높아도 충분히 읽기를 즐길 수 있습니다. 아이가 큰 관심을 가지고 있는 주제이고 내용에도 친숙하다면 더욱 그러합니다. 등장인물을 좋아하고 친근감을 느끼는 경우에도 마찬가지입니다. 아이가 무엇에 끌렸든 책을 전체적으로 살펴본 후에도 정말 읽고 싶어 한다면 읽는 것을 막을 하등의 이유가 없습니다.

좀 어려워도 차분하고 끈기가 있는 아이라면 (입문용 영어책들은 특히) 책의 길이가 짧으니 끝까지 잘 읽어낼 수도 있습니다. 진짜 어려운 책인데도 아이가 정말로 좋아해 여전히 읽기를 고집한다면 삽화 위주로 살펴볼 수도 있으며, 엄마 아빠가 읽어주거나 서로 도와가며 함께 읽을 수도 있습니다. 어떤 형태로든 아이에게는 모두 충분한 의미가 있으며 영어책 읽기를 즐기고 읽기 실력을 발전시키는 데 도움이 됩니다.

너무 쉬운 책을 골라오면 어떻게 해야 할까?

반대로 너무 쉬운 영어책을 골라 오면 어떻게 해야 할까요? 그 경우 혹시 이렇게 자문하며 고민하는 것은 아니신지요?

"우리 아이는 왜 자꾸 쉬운 영어책만 읽으려고 할까?"
"그렇게 쉬운 영어책만 읽어도 공부가 되고 실력이 늘까?"

"우리 아이도 이젠 좀 더 어렵고 두꺼운 책을 읽어야 하지 않을까?"

이런 의문이나 고민이 생기는 것은 모두 자연스러운 일입니다. 하지만 혹시라도 영어책 읽기를 지나치게 학습적인 관점에서 바라보고 (높은) 수준에 대한 욕심을 버리지 못해 그런 생각이 드는 것은 아닌지 한 번쯤은 진지하게 되돌아볼 필요가 있습니다. 그리고 고민은 하더라도 그런 의문이 주는 유혹에 휘둘리지는 말라고 말씀드리고 싶습니다.

수준을 높이는 것보다 즐기는 것이 중요하다

무엇보다 내 아이는 다른 아이와 다릅니다. 다른 일에서도 마찬가지겠지만 특히 영어책 읽기 능력을 키워나가는 단계에서는 아이의 진행 방식과 속도를 최대한 존중해야 합니다. 엄마 아빠가 원하는 방식이나 수준이 아니라 아이가 편안하게 생각하는 방식과 수준에 맞추어야 합니다. 다른 아이가 아니라 내 아이의 속도와 수준을 따라가야 합니다. 성격상 소심하고 쉽게 겁을 먹는 아이라서 다른 아이보다 더 오래 기다려주고 더 많은 신뢰와 격려가 필요할 수도 있습니다. 진짜 중요한 것은 현 시점에서 아이가 어떤 수준의 영어책을 읽느냐가 아니라 그 책을 얼마나 좋아하고 읽기를 얼마나 즐기고 있느냐입니다.

유창성 발달을 위한 읽기도 중요하다

더구나 꾸준히 새로운 책에 도전하고 수준을 높여나가는 것만큼 유
창성 발달을 위한 노력도 중요합니다. 다시 말해, 수준을 높여 조금
씩 더 두껍고 어려운 책을 읽는 것도 필요하지만 현재 수준에서 잘
하는 것을 훨씬 더 잘할 수 있도록 다 아는 쉬운 책을 가지고 다지
고 또 다지는 차원의 읽기도 못지않게 중요하다는 뜻입니다. 아니,
영어 읽기를 배우는 단계에서는 오히려 그런 노력이 더 중요할 수
있습니다.

따라서 모르는 단어나 문법이 전혀 없는 쉬운 영어책이라도 계속
반복해 읽는 것은 결코 시간이나 노력의 낭비가 아닙니다. 그렇게
해서 유창성을 향상시키고 자신감을 갖게 되는 것은 뛰어난 영어책
읽기 실력을 갖추기 위해 반드시 필요한 부분입니다.

빠져서 읽고 있다면 그냥 내버려두라

따라서 아무리 쉬운 영어책이라도 아이가 푹 빠져서 읽고 있다면
방해하지 말고 그냥 맘 편히 즐기도록 놔두십시오. 진정한 책 읽기
는 학습이 아닙니다. 무엇보다 즐거워야 할 책 읽기가 지겹거나 힘
든 학습이 되면 곤란합니다. 영어책 읽기도 마찬가지입니다. 영어책
을 읽는 것이 학습이 되면 책 읽기는 물론 영어도 놓치게 됩니다. 영
어책 읽기에 성공하려면 영어책을 읽는 것이 학습이 아닌 책 읽기

가 되어야 하며, 더 나아가 상상의 나래를 펼치며 미지의 세계를 탐험하는 흥미진진한 여행이 되어야 합니다.

학습이 아니므로 반드시 딱 맞는 수준의 영어책을 찾아 읽어야 하는 것도 아닙니다. 그보다는 책의 쉽고 어려움에 큰 상관없이 자신에게 강하게 어필하는 책을 골라 읽기를 즐기는 것이 책 읽기 자체는 물론 영어 실력을 위해서도 훨씬 더 바람직합니다.

10

수상작에 대해 제대로 알고 싶어요 (미국편)

미국과 영국을 중심으로 매년 아동 청소년을 위한 영어책이 끊임없이 쏟아져 나오고 있다 보니 골라 읽을 수 있는 영어책이 정말 엄청나게 많습니다. 이는 영어책 읽기를 즐기는 아이들에게 커다란 축복이 아닐 수 없습니다.

하지만 그 수가 워낙 많고 종류도 다양하다 보니 그 많은 영어책 가운데 어떤 책을 골라 읽어야 할지를 결정하는 것은 영미의 엄마 아빠나 선생님들에게조차 쉬운 일이 아닙니다. 이런 상황에서 문제를 해결할 수 있는 한 가지 좋은 방법은 저명한 아동문학상의 수상작 목록이나 관련 기관의 추천 도서 목록을 참고하는 것입니다.

실제로 미국의 학교나 지역별 도서관에서는 바로 이와 같은 방법으로 아동 청소년들이 읽으면 좋을 책들을 골라 추천하고 있습니다.

아동문학상 수상작과 우리 아이들의 영어책 읽기

물론 원어민 아동을 위해 추천된 영어책이 우리 아이들에게도 반드시 좋다고 할 수는 없을 것입니다. 문학 작품으로서는 훌륭하지만 언어적 수준이나 정서적·문화적 차이로 인해 우리 아이들이 읽기에 적합하지 않은 책들도 적지 않기 때문입니다. 실제로 권위 있는 아동문학상의 수상작 선정은 일반적으로 책의 작품성이 가장 중요한 기준이 됩니다. 따라서 유명한 수상작이라도 우리 아이들에게는 물론이고 원어민 아동들에게조차 충분히 흥미로운 책이 아닐 수 있습니다. 그럼에도 불구하고 저명한 아동문학상과 수상작에 대해 알아두면 아이들에게 알맞은 영어책을 선정할 때 큰 도움이 됩니다.

아동 청소년들을 위해 출판된 영어책들 가운데 최고의 작품들을 골라 시상하는 아동문학상은 수십 종에 달할 정도로 그 수도 많고 종류도 다양합니다. 우리에게 비교적 익숙한 미국과 영국의 아동문학상 외에도 영어권 국가별로 다양한 상들이 있습니다.* 하지만 국

●예를 들어, 캐나다에는 캐나다도서관협회(Canadian Library Association)가 시상하는 CLA Book of the Year for Children Award(올해의 아동도서상)가 있습니다. 이 도서상은 캐나다에서 출판된 아동 대상의 영어책 중 매년 최고의 책 한 권과 일종의 아차상인 아너북(Honor Book)을 두 권 정도 선정해 발표합니다. 수상작 후보가 되려면 영어로 썼거나 영어로 번역된 책으로 직전 연도에 캐나다에서 출판된 것이어야 합니다. 장르는 소설, 시, 논픽션을 가리지 않고 창작 작품(creative writing)이면 모두 허용됩니다. 또 저자는 캐나다 시민권이나 영주권을 소유한 사람이어야 합니다(http://cla.ca/cla-at-work/awards/book-of-the-year-for-children-award/).

제적인 권위를 지닌 상들은 주로 미국과 영국에서 제정되어 시행되고 있습니다. 따라서 본서에서는 일반 대중에게 널리 알려진 영미의 아동문학상을 중심으로 살펴보려고 합니다. 먼저 미국과 영국의 아동문학상에 대해 차례대로 알아본 후 이를 바탕으로 아동문학상 수상작들을 우리 아이들의 영어책 읽기에 어떻게 활용하는 것이 좋을지 생각해보겠습니다.

● 미국의 주요 아동문학상 ●

아동문학상	수여 기관	국가	대상
뉴베리상 (Newbery Medal)	미국도서관협회 (ALA)	미국	미국에서 출판된 아동 청소년 대상의 영어책 작가
칼데콧상 (Caldecott Medal)	미국도서관협회 (ALA)	미국	미국에서 출판된 아동 청소년 대상의 영어 그림책 삽화가
가이젤상 (Theodor Seuss Geisel Award)	미국도서관협회 (ALA)	미국	초급 단계의 독자에게 알맞은 영어책의 작가와 삽화가

● 각 도서상에 대한 설명은 아래의 해당 기관과 단체에서 제공한 자료를 바탕으로 했습니다. 참고로 영국의 도서관협회에 해당된다고 할 수 있는 CILIP는 영국의 도서관협회(Library Association)가 확대 개편된 것으로 도서관 및 정보 전문가들을 대표하는 공인 단체입니다. 정식 영어 명칭인 Chartered Institute of Library and Information Professionals(CILIP)는 "공인문헌정보전문가협회" 정도로 번역할 수 있습니다.

① 국제아동청소년도서협의회(IBBY, International Board on Books for Young People, http://www.ibby.org/)
② 미국도서관협회(ALA, American Library Association, http://www.ala.org)
③ 영국도서관협회(CILIP, the Library and Information Association, http://www.cilip.org.uk/)
④ 카네기상 및 케이트 그린어웨이상(http://www.carnegiegreenaway.org.uk/)

뉴베리상 (Newbery Medal)

미국도서관협회가 18세기 영국의 서적상 존 뉴베리(John Newbery)를 기리기 위해 1922년 제정한 세계 최초의 아동문학상입니다. 오랜 역사와 국제적인 권위로 인해 아동문학상 중에서도 가히 으뜸이라 할 수 있는데 매년 미국에서 직전 연도에 출판된 아동 청소년용 도서 가운데 가장 훌륭한 작품의 작가에게 수여합니다.* 또 수상작과 함께 이에 버금가는 작품을 두세 권 정도 뽑아 뉴베리 아너북(Newbery Honor Books)으로 선정합니다.**

칼데콧상 (Caldecott Medal)

미국도서관협회의 한 분과인 미국어린이도서관협회에서 매년 가장 훌륭한 아동 청소년 대상의 영어 그림책을 뽑아 그 삽화가에게 수여합니다. 뉴베리상과 함께 미국의 가장 권위 있는 아동문학상으로 꼽

• 뉴베리상 수상자에게는 구리로 만들어진 뉴베리 메달을 수여하는데 메달 뒷면에는 수상자의 이름과 날짜가 새겨져 있습니다. 뉴베리상 수상작의 선정과 시상은 현재 미국도서관협회의 어린이 분과인 어린이도서관협회에서 담당하고 있습니다. 연도별 뉴베리상 수상작과 뉴베리상에 대한 보다 자세한 정보는 미국도서관협회 홈페이지의 관련 설명을 참조하시기 바랍니다.

•• 뉴베리와 칼데콧 버금상의 영어 명칭은 본래 runners-up이었으나 1971년부터 honor books로 변경되었습니다.

히며, 19세기에 아동 도서의 삽화가로 이름을 떨친 영국 예술가 랜돌프 칼데콧(Randolph Caldecott)의 이름을 따서 제정되었습니다.

1938년부터 시상이 시작되어 해마다 한 권의 수상작을 선정해 칼데콧 메달을 수여합니다. 또 아차상 혹은 2위 입상작(runner-ups)이라 할 수 있는 칼데콧 아너북(Caldecott Honor Books)을 한 권에서 다섯 권 정도 선정해 발표합니다. 수상작 후보가 되려면 직전 연도에 미국에서 최초 출판이 이루어진, 영어로 쓴 그림책이어야 합니다. 또 삽화가는 뉴베리상 수상자와 마찬가지로 미국 시민이거나 영주권을 가진 사람이어야 합니다.

칼데콧상의 최다 수상자는 현재까지 각각 총 세 번을 수상한 마샤 브라운(Marcia Brown, 1955, 1962, 1983, 아너북 6회 수상)과 데이비드 위즈너(David Wiesner, 1992, 2002, 2007, 아너북 3회 수상)입니다. 두 번 수상한 삽화가로는 부부 작가팀인 레오와 다이앤 딜런(Leo and Diane Dillon)을 포함해 로버트 맥클로스키(Robert McCloskey), 바바라 쿠니(Barbara Cooney), 노니 호그로기언(Nonny Hogrogian), 크리스 반 알스버그(Chris Van Allsburg), 크리스 라슈카(Chris Raschka)가 있습니다. 칼데콧 아너북까지 포함할 경우 칼데콧상 세 번과 아너북 여섯 번을 수상한 마샤 브라운이 총 9회 수상으로 최다 수상자가 되며, 칼데콧상 한 번과 아너북을 일곱 번이나 차지한 모리스 센닥(Maurice Sendak)은 아쉽게도 준우승에 머물게 됩니다.

가이젤상 (Theodor Seuss Geisel Award)

뉴베리상과 칼데콧상처럼 미국도서관협회에서 수여합니다. 하지만 읽기를 시작하는 어린 아동들을 위한 영어책 가운데 가장 뛰어난 작품을 선정해 그 책의 저자와 삽화가에게 시상한다는 점에서 뉴베리상이나 칼데콧상과 다릅니다.

가이젤상은 Dr. Seuss로 널리 알려진 동화책 작가 테어도르 수스 가이젤(Theodor Seuss Geisel)을 기념하기 위해 비교적 최근인 2004년에 제정되었습니다. 가이젤은 미국의 작가 겸 삽화가로서 Dr. Seuss란 필명으로 60권 이상의 쉬운 아동용 영어책을 집필한 바 있습니다.

Dr. Seuss가 집필한 영어책의 특징은 매우 적은 수의 쉬운 영어 단어만을 사용하면서도 특유의 시적인 리듬과 상상력을 그대로 유지해 영어 읽기를 처음 시작하는 아동들이 읽기에 아주 쉽고 흥미로운 책이라는 점입니다.

예를 들어,《The Cat in the Hat》은 225단어만을 사용하고 있으며,《Green Eggs and Ham》은 훨씬 적은 50단어만을 사용하고 있다고 합니다.[*] Dr. Seuss의 책들은 한마디로 어휘적인 면에서의 큰 제약에도 불구하고 책의 작품성과 재미를 조금도 희생하지 않은 최고의 입문용 영어책이라고 할 수 있습니다.

● https://www.politico.com/story/2013/09/ted-cruz-10-facts-about-green-eggs-and-ham-097332.

가이젤상은 뉴베리상이나 칼데콧상과 마찬가지로 직전 연도에 미국에서 초판 출간된 아동용의 쉬운 영어책을 대상으로 합니다. 매년 1월 심사 기준에 적합한 최고의 책을 한 권 뽑아 저자와 삽화가에게 구리로 만든 가이젤 메달(Geisel Medal)을 수여하는데, 뉴베리상이나 칼데콧상처럼 저자나 삽화가는 모두 미국 시민권이나 영주권을 가진 사람이어야 한다는 조건이 있습니다. 2006년부터 한 권의 가이젤상 메달 수상작과 둘에서 네 권의 가이젤 아너북(Geisel Honor Books)을 선정해 시상하기 시작했습니다. 현재까지 최다 수상자는 모 윌렘스(Mo Willems)입니다. 그는 가이젤 메달을 유일하게 2회(2008, 2009) 수상했으며 가이젤 아너북도 5회(2011, 2012, 2013, 2014, 2015)나 받았습니다. 모 윌렘스는 칼데콧 아너북도 세 차례 수상한 바 있는 대단히 훌륭한 동화책 작가 겸 삽화가입니다.[*]

가이젤상 수상작이 지닌 가장 두드러진 특징은 쉬운 영어를 사용하면서도 최고의 창의력과 상상력을 발휘해 읽기를 시작하는 아동들이 책 읽기에 푹 빠지도록 만든다는 점입니다. 이런 특징은 심사 기준에 잘 반영되어 있습니다. 우선 초등학교 2학년까지의 어린 아동들(from pre-K through Grade 2)을 대상으로 한 책이어야 하며, 주제가 흥미로워 아동들을 읽기로 끌어들이고 처음부터 끝까지 성공적으로 읽어낼 수 있도록 해야 합니다. 문장은 단순하고 이해하기

● 가이젤상 수상작 목록은 다음 웹페이지를 참조하세요.
http://www.ala.org/alsc/awardsgrants/bookmedia/geiselaward.

쉬워야 하며, 단어들이 여러 차례 반복되고 새로운 단어는 서서히 도입되어 아이들이 배우고 기억하기 쉬워야 합니다. 이야기의 플롯은 페이지가 저절로 넘어가도록 흥미롭고 생동감이 넘쳐야 하며, 삽화는 이야기를 잘 나타내야 합니다. 그리고 책의 길이는 최소 24쪽은 되어야 하며 최대 96쪽을 넘어서는 안 된다는 규정까지 있습니다. 이런 심사 기준을 모두 충족시키는 수상작들은 한마디로 쉬우면서도 매우 흥미로운 영어책이 될 수밖에 없습니다. 따라서 영어 읽기를 시작하는 미국의 아동들은 물론 한국의 아동들이 읽기에도 매우 바람직한 책이라고 할 수 있습니다.

수상작에 대해 제대로 알고 싶어요
(영국편)

미국에 뉴베리상과 칼데콧상이 있다면 영국에는 이에 견줄 수 있는 카네기상(CILIP Carnegie Medal)과 케이트 그린어웨이상(CILIP Kate Greenaway Medal)이 있습니다. 또 영국 소속은 아니지만 국적과 무관하게 전 세계의 아동문학 작가를 대상으로 하는 안데르센 상(Hans Christian Andersen Award)도 있습니다. 이들 세 아동문학 상은 국제적으로 매우 널리 알려져 있고 우리 아이들의 영어책 읽기와도 밀접하게 관련되어 있습니다.

● 영국과 유럽의 주요 아동문학상 ●

아동문학상	수여기관	국가	대상
카네기상 (CILIP Carnegie Medal)	문헌정보전문가 협회 (CILIP)	영국	영국에서 출판된 아동 청소년 대상의 영어책 작가

케이트 그린어웨이상 (CILIP Kate Greenaway Medal)	문헌정보전문가협회 (CILIP)	영국	영국에서 출판된 아동 청소년 대상의 영어 그림책 삽화가
안데르센상 (Hans Christian Andersen Award)	국제아동청소년도서협의회 (IBBY)	다국적	국적과 상관없이 뛰어난 아동문학 작가와 삽화가

카네기상 (CILIP Carnegie Medal)

영국의 도서관협회에 해당하는 문헌정보전문가협회가 매년 영국에서 출판된 아동 청소년 대상의 문학 작품 가운데 가장 훌륭한 책을 집필한 저자에게 수여합니다.* 스코틀랜드 태생의 미국 기업인 겸 자선 사업가인 앤드루 카네기(Andrew Carnegie)를 기리기 위해 1936년에 제정되었으며,** 매해 최고의 삽화가에게 수여하는 케이트 그린

• 많은 사람들이 영국의 도서관협회라고 알고 있고 또 그렇게 번역되는 경우가 많은 문헌정보전문가협회(CILIP)는 영국의 도서관협회(Library Association)와 정보과학자협회(Institute of Information Scientists)가 합병되어 2002년에 출범한 공인 단체입니다.

•• 미국도서관협회가 수여하는 상 가운데 영국의 카네기상과 명칭이 동일한 카네기상이 있으니 혼동하지 않도록 주의해야 합니다. 미국의 카네기상은 도서상(book award)이 아니라 아동들을 위한 최고의 동영상(excellence in children's video)에 수여하는 상입니다. 뉴욕에 있는 카네기재단의 후원을 받아 1991년부터 가장 훌륭한 아동용 동영상을 만든 제작자에게 시상하고 있습니다(http://www.ala.org/alsc/awardsgrants/bookmedia/carnegiemedal/carnegieabout). 참고로 미국도서관협회의 카네기상은 정식 명칭이 Andrew Carnegie Medal인 반면 영국의 카네기상은 CILIP Carnegie Medal입니다.

어웨이상과 함께 영국을 대표하는 아동문학상입니다. 카네기상 수상자에게는 금색 메달과 함께 자신이 원하는 도서관에 기증할 수 있는 500파운드 상당의 도서가 증정됩니다. 이와 더불어 2016년부터는 (케이트 그린어웨이상 수상자와 마찬가지로) 5,000파운드의 상금을 수여하는 콜린 미어스상(Colin Mears Award)도 동시에 주어지고 있습니다.

한편, 영국의 카네기상은 여러 가지 면에서 미국의 뉴베리상에 비견됩니다. 각각 영국과 미국에서 최고의 권위를 인정받고 있으며, 상을 수여하는 곳이 두 나라의 사서들을 대표하는 기관입니다. 또 최고의 삽화가에게 수여되는 케이트 그린어웨이상과 칼데콧상이 있어 각각 짝을 이루고 있다는 점에서도 동일합니다. 그리고 미국의 뉴베리상처럼 그림 작가가 아닌 글 작가에게 수여하는 상이다 보니 카네기상 수상작에는 칼데콧상이나 케이트 그린어웨이상 수상작처럼 쉬운 영어책도 일부 있지만 초급 수준의 학습자가 읽기에는 쉽지 않은 책이 대부분입니다.

케이트 그린어웨이상 (CILIP Kate Greenaway Medal)

카네기상과 함께 영국에서 가장 오랜 전통과 권위를 가진 아동문학상으로 영국에서 출판된 아동 대상의 영어책 가운데 삽화가 가장 뛰어난 작품의 삽화가에게 수여합니다. 카네기상처럼 영국의 문헌정보전문가협회가 수여하며 19세기의 유명 삽화가 케이트 그린어웨이(Kate Greenaway)의 이름을 따서 1955년에 제정되었습니다. 매년 한 권의 수상작과 많게는 여덟 권까지의 후보작(runners-up)을 선정해 발표하고 있습니다.

이 상의 후보에 오르려면 직전 학년도(9월에서 다음 해 8월까지)에 영국에서 초판이 발행된 아동 청소년 대상의 영어책이어야 합니다. 수상자는 카네기상 수상자처럼 금색의 메달과 함께 500파운드 상당의 책을 받아 자신이 지정한 도서관에 기증할 수 있습니다. 또 2000년 이후로는 콜린 미어스상 상금 5,000파운드를 함께 받고 있습니다.

현재까지 크리스 리들(Chris Riddell)이 유일하게 세 번을 수상한 바 있으며, 열세 명의 삽화가들이 2회 수상의 영예를 얻었습니다. 이 중에는 한국에도 비교적 잘 알려진 존 버닝햄(John Burningham), 헬렌 옥슨버리(Helen Oxenbury), 마이클 포먼(Michael Foreman), 헬렌 쿠퍼(Helen Cooper), 에밀리 그래빗(Emily Gravett) 등이 포함되어 있습니다.

게일 E. 헤일리(Gail E. Haley)는 1971년 칼데콧상(《A Story a Story》)을 수상하고 1976년 케이트 그린어웨이상(《The Post Office Cat》)을 수상해 최초로 두 상을 모두 받은 사람이 되었습니다.

또 캐나다 작가인 존 클라센(Jon Klassen)은 2012년에 영국과 미국에서 《This Is Not My Hat》이란 그림책을 출간했는데, 이 책 한 권으로 영국의 케이트 그린어웨이상(2014)과 미국의 칼데콧상(2013)을 모두 석권하였습니다.

안데르센상 (Hans Christian Andersen Award)

스위스 취리히에 설립된 국제아동청소년도서협의회(IBBY)가 세계 최고의 아동문학 작가들에게 수여합니다. 《안데르센 동화집》으로 유명한 안데르센의 이름을 따서 만든 상으로서 작가의 국적이나 언어에 상관없이 세계 각국의 작가들 가운데 아동문학에 지속적으로 기여한 사람을 선정해서 2년마다 한 차례씩 시상을 하고 있습니다. 아동문학 작품의 글을 쓴 작가는 1956년부터, 그림과 삽화를 그린 삽화가는 1966년부터 수상자를 선정했습니다.

매년 최고의 아동문학 작품을 선정해 그 작품의 삽화가에게 시상하는 칼데콧상이나 케이트 그린어웨이상과 달리 안데르센상은 후보에 오른 작가의 모든 작품을 대상으로 심사를 진행합니다. 또 협회의 각 국가별 지부에서 글 작가인 저자와 그림 작가인 삽화가를 각각 한 명씩 후보로 지명할 수 있으며 이들만을 대상으로 심사를 진행합니다.

심사 결과 글이나 삽화의 미적 · 문학적 수준이 뛰어남은 물론 아이들의 시각을 잘 반영하고, 아이들의 호기심과 상상력을 크게 확장시킨 저자와 삽화가를 각각 한 명씩 수상자로 선정합니다.

안데르센상은 다른 아동문학상과 달리 작가의 국적이나 책을 기술한 언어에 제한이 없어 다양한 나라의 작가들이 수상자로 선정되고 있습니다. 영어 그림책 작가는 삽화가 부문에서 영국의 앤서니 브라운(Anthony Browne)과 퀀틴 블레이크(Quentin Blake), 그리고 미국의 모리스 센닥이 이 상을 수상했습니다. 또 글 작가 부문에서는 영국의 데이비드 아몬드(David Almond), 에이단 체임버스(Aidan Chambers), 엘리너 파전(Eleanor Farjeon), 미국의 캐서린 패터슨(Katherine Paterson), 버지니아 해밀턴(Virginia Hamilton), 폴라 폭스(Paula Fox), 스콧 오델(Scott O'Dell), 마인데르트 드용(Meindert DeJong)이 수상자로 선정된 바 있습니다.

수상작은 이렇게 활용하라

자, 그렇다면 아동문학상의 수상작들은 우리 아이들이 읽기에 얼마나 적절한 영어책일까요? 그리고 어떤 원칙을 가지고 어떤 순서로 공략해나가는 것이 좋을까요?

아이의 흥미와 수준을 우선적으로 고려

저명한 아동문학상 수상작은 비록 아동 청소년을 위한 최고의 책이라고 하지만 주로 책으로서의 높은 작품성 때문에 선정된 것들입니다. 따라서 주제나 내용적인 면에서 우리 아이들이 접근하기가 쉽지 않은 책도 있습니다. 책의 길이가 짧고 읽기 쉬운 책은 큰 문제가 되지 않겠지만 양이 많고 어휘 수준이 높은 책은 이야기가 다릅니다. 그러므로 수상작 중에서 읽을 책을 고를 때에는 전문가들의 추천에 크게 얽매이지 말고 다른 영어책을 선택할 때처럼 아이가 얼마나 흥미롭게 느끼는지와 아이에게 충분히 쉬운지를 기준으로 삼아 결정하시기 바랍니다.

어려운 편인 뉴베리상 수상작과 카네기상 수상작

그렇다면 아동문학상 수상작들의 읽기 난이도는 어떨까요? 먼저, 뉴베리상 수상작은 14세까지의 아동 청소년을 대상으로 한 작품이기 때문에 아주 어린 아동을 대상으로 하는 가이젤상 수상작과는 비교하기 힘들 만큼 글의 분량이 많고 난이도도 높은 것이 일반적입니다. 따라서 뉴베리상 수상작은 간혹 쉬운 것도 일부 있지만 한국의 일반 아동들이 읽기에 어려운 책이 대부분입니다. 칼데콧상 수상작은 뉴베리상과 마찬가지로 14세까지의 아동 청소년을 대상으로 하는 영어책입니다. 하지만 기본적으로 그림책이기 때문에 책의 길이도 짧고 글도 적어 뉴베리상 수상작에 비해 읽기가 훨씬 쉬운 편입니다.

영국의 카네기상과 케이트 그린어웨이상은 각각 미국의 뉴베리

● 뉴베리상과 칼데콧상은 14세까지의 아동 청소년을 위해 쓰인 책이 심사 대상이라고 독자층을 구체적으로 명시하고 있는 반면 카네기상과 케이트 그린어웨이상은 대상 독자층의 나이를 명시하지 않고 그냥 "아동 청소년(children and young people)"이라고만 되어 있습니다.

상과 칼데콧상에 비견되는 상입니다.[*] 따라서 읽기의 난이도 면에서 카네기상 수상작은 뉴베리상 수상작과, 케이트 그린어웨이상 수상작은 칼데콧상 수상작과 유사하다고 볼 수 있습니다. 다시 말해, 카네기상 수상작은 우리 아이들이 읽기에 비교적 어려운 반면, 그림책인 케이트 그린어웨이상 수상작은 누구나 쉽게 접근할 수 있는 영어책이라고 할 수 있습니다.

비교가 어려운 안데르센상 수상작

한편, 안데르센상은 작품이 아닌 작가를 대상으로 하며 작가들의 국적과 사용 언어도 다양합니다. 하지만 우리에게는 영어권 국가의 수상자들이 집필한 영어책만이 고려 대상이 됩니다.

그중 영국의 앤서니 브라운과 미국의 모리스 센닥 등 삽화가 부문 수상자들의 작품은 주로 그림책입니다. 따라서 글 작가 부문 수상자들의 책에 비해 길이도 짧고 읽기도 쉬운 편입니다. 대부분 칼데콧상이나 케이트 그린어웨이 수상작처럼 아동들이 비교적 쉽게 읽을 수 있습니다.

그림책으로 시작해 쉬운 책부터 하나씩

자, 이제는 수상작들을 어떻게 활용할지 어느 정도 감이 잡히시나요? 먼저 그림책이라서 읽기에 부담이 적은 가이젤상, 칼데콧상, 그리고 케이트 그린어웨이상 수상작으로 읽기를 시작하는 것이 좋습니다. 실력이 어느 정도 발전한 후에는 뉴베리상과 카네기상 수상작 중 상대적으로 두께가 얇고 읽기 쉬운 책부터 하나씩 공략합니다. 그런 후 서서히 더 높은 수준의 다른 책으로 진행하는 것이 바람직합니다.

뉴베리 수준을 목표로

이 글을 마치기 전에 우리 아이들의 성공적인 영어책 읽기를 위해 간단하게 언급하고 싶은 두 가지 중요한 사항이 있습니다. 우선, 영어책 읽기를 통해 영어를 자유롭게 구사할 실력을 기르려면 그림책이나 챕터북 수준의 읽기를 넘어 뉴베리상이나 카네기상 수상작을 부담 없이 읽고 즐길 수 있는 수준까지는 올라가야 합니다. 당장은 읽기가 어렵더라도 궁극적으로는 적어도 뉴베리상 수상작 정도를 목표로 할 필요가 있습니다.

그동안의 경험으로 볼 때, 보고 듣기부터 제대로 시작해 기초를 든든히 한 후 초등 저학년 때 영어책 읽기에 들어가 꾸준히 진행하면 초등 고학년 즈음엔 뉴베리상 수상작을 즐기는 수준에 올라갈 수 있습니다.

영국의 수상작에도 관심을

한편, 우리 사회의 다른 많은 부문에서처럼 아이들의 영어책 읽기도 미국 일변도로 흐르는 경향이 있는 듯합니다. 그림책 수준에서는 심한 치우침이 없는 것 같지만 본격적인 영어책 읽기로 올라가면 뉴베리상 수상작에 비해 카네기상 수상작은 잘 모르거나 큰 관심을 두지 않는 경우가 많습니다.

책의 작품성은 물론 읽기의 재미 면에서도 영국의 카네기상과 케이트 그린어웨이상 수상작은 미국의 뉴베리상이나 칼데콧상 수상작 못지않게 훌륭합니다. 따라서 영국의 아동문학상 수상작들에 좀 더 관심을 기울인다면 훨씬 더 풍성한 영어책 읽기가 될 것이라 믿습니다.

13

수상작만 해도 너무 많네요,
정말 좋은 것만 추려줄 수는 없나요?

엄청나게 많은 영어책의 홍수 속에서 아이를 위한 책 선택의 어려움을 해결하는 좋은 방법 가운데 하나는 수상작이나 추천 도서 목록을 참고하는 것입니다. 하지만 이 방법마저도 영어책 읽기를 처음 시작하는 엄마 아빠에게는 큰 도움이 되지 못할 수 있습니다. 왜냐하면 인터넷 검색 등을 통해 권위 있는 수상작의 목록과 널리 통용되는 추천 도서 목록을 구해 살펴보면 그런 목록에 포함된 영어책만 해도 그 수가 굉장히 많기 때문입니다. 그래서인지 많은 분들이 그중에서도 정말 좋은 것만을 추려 달라고 부탁하곤 합니다.

여러 번 추천된 책 가운데 충분히 쉬운 것을 골랐다

이런 엄마 아빠들을 위해 영미의 저명한 아동문학상 수상작 목록과 권위 있는 관련 기관이나 단체가 제공하는 아동용 추천 도서 목록을 두루 참고해 100권 정도의 영어책을 선정했습니다. 책의 선정 기준과 방법은 다음과 같습니다.

첫째, 많은 수상작과 추천 도서 목록을 검토해 권위를 널리 인정받는 10개의 목록을 선택.*

둘째, 이 10개의 목록을 통합해 하나로 만든 후 각 영어책의 수상 기록과 추천 여부를 조사.

셋째, 모든 영어책을 수상과 추천 횟수를 기준으로 정렬해 수상작이면서도 추천 도서로 올라 있는 책만을 추출.

넷째, 골라낸 책들이 영어책 읽기를 시작하는 아이들에게 충분히 쉬운 책인지를 평가해 최종 목록을 작성.

이런 방식으로 가려 뽑은 영어책은 총 104권입니다. 한마디로 작품성을 인정받아 수상작으로 뽑혔으면서 동시에 일반 원어민 아동들이 읽기에 좋다고 생각되어 추천 도서로 선정된 영어책들입니다. 그리고 그중에서도 영어책 읽기를 시작하는 한국 아동들에게 충분히 쉬운 것들을 가려 뽑은 것입니다.

다음 표는 최종 선정된 104권 가운데 추천이나 수상 횟수가 가장 많은 10권의 책입니다.

• 그림책 선정을 위해 활용한 수상작과 추천 도서 목록 10개는 최종 선택된 104권의 영어책과 함께 부록에 있습니다.

번호	책 제목	작가 (글, 그림)
1	Where the Wild Things Are	Maurice Sendak
2	Good Night Moon	Margaret Wise Brown, Clement Hurd
3	Green Eggs and Ham	Dr. Seuss
4	A Sick Day for Amos McGee	Philip C. Stead, Erin E. Stead
5	Don't Let the Pigeon Drive the Bus!	Mo Willems
6	Make Way for Ducklings	Robert McCloskey
7	Olivia	Ian Falconer
8	The Cat in the Hat	Dr. Seuss
9	The Snowy Day	Ezra Jack Keats
10	The True Story of the Three Little Pigs	Jon Scieszka, Lane Smith

14

우리 아이들을 위해 고르고 고른 수준별 영어 그림책 240권

시중에 넘쳐나는 추천 도서들, 내 아이에게도 정말 좋은 책일까?

아이가 읽을 영어책을 찾는 엄마 아빠들은 자주 이렇게들 말씀하십니다.

> "아이에게 읽어줄 영어책을 찾고 있는데 영어 그림책이 정말 많은 것 같아요."
>
> "아이들의 영어교육에 대한 안내서들을 보면 대부분 추천 도서 목록이 있던데 다들 비슷비슷하고 무엇보다 선정 근거나 기준이 무엇인지 궁금해요."
>
> "인터넷을 검색해보면 유명 수상작과 권위 있는 기관에서 추천한 것들이 아주 많네요. 그런데 그런 책들이 우리 아이들에게도 좋은지 모르겠어요."

그리고 흔히 이렇게들 물어보십시다.

"우리 아이들에게 정말 좋은 영어 그림책만 골라주실 수는 없나요?"

선정 근거와 기준은 대체 무엇일까?

모두 합당한 말씀이며 당연한 궁금증입니다. 영미의 저명한 아동문학상 수상작들이나 관련 단체와 기관에서 추천하는 책들은 모두 매우 좋은 책일 겁니다.

하지만 그런 책들은 기본적으로 원어민 아동을 염두에 둔 것이지 영어 능력은 물론 성장 배경과 사회문화적인 이해가 매우 다른 한국 아동들을 위한 선택은 아닙니다.

현재 시중에 나와 있는 많은 안내서가 좋은 영어 그림책이나 동화책을 모아 추천하고 있지만 선정이나 추천의 구체적인 근거를 알기 어려운 것도 사실입니다. 개인의 경험이나 선호를 바탕으로 했는지, 아니면 수상작이나 추천 도서 목록을 참고해 골랐는지 궁금합니다. 따라서 그런 추천 도서들이 우리 아이들에게 읽어줄 영어책으로 정말 적합한 것인지 그리고 좋은 책들이 충분히 포함되어 있는지도 알기 어렵습니다.

세 가지 기준을 바탕으로 정말 좋은 그림책만을 골랐다

그래서 정말 열심히 고민해보고 오랫동안 준비했습니다. 우리 아이들에게 알맞은 영어 그림책들을 충분히 모아 목록을 제공하기 위해서 말입니다.

여기에서 소개하는 영어 그림책들은 영국과 미국의 유명한 수상작 목록과 추천 도서 목록도 두루 참고했지만 무엇보다 다음과 같은 세 가지 기준을 바탕으로 선정한 것들입니다.

첫째, 직접 읽어보고 읽어준 영어 그림책들 가운데 우리 아이들이 좋아할 만하면서 언어 면에서도 문제가 없다고 생각되는 책.

둘째, 한국의 아동 영어교육 현장에서 오랫동안 아이들에게 영어 그림책을 읽어주고 일반인을 대상으로 영어 그림책과 영어 스토리텔링에 대해 강의해온 현장 전문가 선생님들의 의견을 최대한 수렴.

셋째, 다수의 아이들을 대상으로 한 영어 스토리텔링 수업에서 실제 활용해보고 아이들이 충분히 좋아하는 책인지 검토.⚫

⚫ 여기에서 영어 스토리텔링 수업이란 비영리 교육봉사단체인 사단법인 '지식과 희망 나눔'이 매년 두 차례씩 개최하는 '아동영어교육 지식나눔축제'에서의 영어책 읽어주기 수업을 가리킵니다. 해당 축제에는 전국에서 모여든 약 50~60명 정도의 아동 영어교육 현장 전문가들이 자원봉사자로 참여하여 150명 내지 200명 정도의 아동들에게 영어 동화책을 읽어주는 수준별 수업을 오전과 오후에 걸쳐 총 6~7교시로 진행합니다.

좋은 책이 많은 작가인 경우

잘 알려진 좋은 책이라도 저자가 동일하고 내용도 유사한 경우 대표작 한두 권만을 추천 목록에 포함시켰습니다. 그러면 좋은 책을 조금이라도 더 다양하게 소개할 수 있기 때문입니다. 예를 들어, 아일린 크리스텔로(Eileen Christelow)의 《Five Little Monkeys Jumping on the Bed》와 《Five Little Monkeys Sitting in a Tree》는 둘 다 널리 알려진 재미있는 책이지만 전자만을 포함시켰습니다. 따라서 추천 목록을 참고해 실제 영어책을 읽어나가는 과정에서 아이가 특정 책을 좋아하면 그 책의 저자가 쓴 다른 책을 찾아 읽어주는 방식으로 진행하면 됩니다.

다양한 버전이 있는 경우

또 동일한 이야기의 그림책이지만 서로 다른 작가의 여러 가지 버전이 출간되어 있는 경우에는 가장 널리 인정받는 저자의 책을 선정했습니다. 예를 들어, 《There Was an Old Lady Who Swallowed a Fly》란 제목의 그림책은 동일한 이야기를 바탕으로 심스 태백(Simms Taback), 팸 애덤스(Pam Adams), 루실 콜란드로(Lucille Colandro), 테드 아놀드(Tedd Arnold), 케이트 탐스(Kate Toms), 멜리사 웹(Melissa Webb) 등 많은 저자가 출간한 여러 권의 책이 있습니다. 본서에서는 그 가운데 칼데콧 아너북을 수상한 심스 태백의 책을 선정했습니다.

총 240권을 80권씩 묶어 3개 수준으로 제시한다

이와 같은 기준과 방식으로 선정한 영어 그림책은 총 240권입니다. 모든 책을 실제 하나씩 검토해 텍스트의 길이, 사용된 어휘와 문법, 다루는 주제와 내용의 난이도 그리고 무엇보다 영어 스토리텔링 현장 전문가들이 느끼는 체감 난이도를 주로 참고해 크게 3개 수준으로 나누고 수준별로 80권씩 묶었습니다.

다음 표는 그렇게 선정된 영어 그림책들 가운데 수준별로 다섯 권씩만 뽑아 맛보기로 제시한 것입니다. 전체 목록은 부록에 있으니 참고하셔서 아이들의 영어책 읽기에 유용하게 활용하시기 바랍니다.

● 영어 그림책 추천 240선 (수준별 5권) ●

번호	책 제목	작가 (글, 그림)
1	Bark, George	Jules Feiffer
	David Gets in Trouble	David Shannon
	Five Little Monkeys Jumping on the Bed	Eileen Christelow
	Good Night, Gorilla	Peggy Rathmann
	The Animal Boogie	Debbie Harter

2	Don't Let the Pigeon Drive the Bus	Mo Willems
	Everyone Poops	Taro Gomi
	Guess How Much I Love You	Sam McBratney, Anita Jeram
	It's Okay To Be Different	Todd Parr
	Leo the Late Bloomer	Robert Kraus, Jose Aruego
3	Farmer Duck	Martin Waddell, Helen Oxenbury
	Harry the Dirty Dog	Gene Zion, Margaret Bloy Graham
	Ruby the Copycat	Peggy Rathmann
	The Giving Tree	Shel Silverstein
	The Three Little Wolves and the Big Bad Pig	Eugene Trivizas, Helen Oxenbury

7장

본격적인 영어책 읽기와
다독의 성공 비법

01

혼자서 읽을 준비가
되었는지 알아내는 방법

재미없다는 건 핑계일 가능성이 크다

아이에게 파닉스도 배우게 하고 필수 단어들도 공부하게 하면서 여러 가지 지혜를 동원해 아이가 영어책을 읽을 수 있도록 노력하고 계시지요? 그런데 그렇게 하는 과정에서 혹시라도 아이가 다음과 같은 반응을 보이는 경우는 없던가요?

"엄마, 영어책은 재미가 없어요. 별로 읽고 싶지 않아요."
"영어가 지겹고 싫어요."

아이가 그런 말을 하거나 그와 비슷한 반응을 보인다면, 실제로는 아이에게 영어책이나 영어책 읽기가 재미없는 것이 아니라 영어를 잘 읽지 못하거나 영어를 읽는 것이 힘들기 때문일 가능성이 큽

니다. 그런 사실을 숨기기 위해 내세우는 핑계일 가능성이 크다는
뜻입니다.

혼자 읽기를 시작할 준비가 되어 있는지 확인하라

따라서 다른 아이들이 영어책을 읽기 시작했다고 해서 서둘러 영어
책 읽기를 시작하는 것은 바람직하지 않습니다. 아이가 영어책을 읽
을 때가 되었다고 생각되어도 바로 영어책 읽기에 들어가기보다는
먼저 아이가 제대로 준비되어 있는지 점검해봐야 합니다. 그런 준비
여부를 어떻게 알 수 있냐고요? 적어도 다음과 같은 능력을 갖추고
통합적으로 발휘할 수 있는 상태여야 합니다.

구어 형태의 어휘와 문법 지식

우선, 영어책 읽기로 자연스럽게 진입하는 아이들은 영어를 듣고 이
해하는 구어 영어 능력을 갖추고 있습니다. 여기에는 영어의 소리들
을 구별해 듣고 발음할 수 있는 능력이 포함됩니다. 또 영어의 어휘
와 문장 구조를 구어 형태로 상당히 많이 알고 있습니다. 따라서 글
로 되어 있을 때는 쉽게 이해할 수 없지만 소리로 들으면 웬만한 내
용은 이해하는 데 별문제가 없습니다.

문자를 해독하여 단어를 읽어내는 능력

둘째, 종이에 인쇄되어 있는 영어 단어를 보고 각 문자가 어떤 소리를 나타내는지 해독할 수 있고 이를 바탕으로 단어의 발음을 읽어낼 수 있습니다. 이렇게 읽은 단어의 발음을 자신이 이미 가지고 있는 구어 지식과 연결시켜 단어의 의미를 파악할 수 있습니다. 무엇보다 이런 일을 단지 할 수 있는 정도가 아니라 상당히 정확하게, 동시에 큰 머뭇거림 없이 자신 있게 해나갈 수 있습니다.

필수 일견어휘의 즉각적인 인식 능력

셋째, 아이들이 읽는 영어 텍스트에서 워낙 빈번하게 사용되어 중요성과 활용도가 매우 높은 영어 단어를 (단어 해독을 거치지 않고도) 보자마자 바로 인식할 수 있고 의미도 이해할 수 있습니다. 보통 일견어휘라고 부르는 고빈도 필수 단어는 많은 경우 파닉스 규칙을 따르지 않기에 문자 해독을 통해서는 읽어내기가 어렵습니다. 따라서 통째로 암기하고 반복적으로 확인하여 보자마자 즉시 인식할 수 있어야 합니다.

　설사 파닉스로 충분히 읽어낼 수 있는 경우라 해도 사용 빈도가 높은 단어들은 문자 해독 없이도 보자마자 바로 인식할 수 있도록 하는 것이 바람직합니다.

문맥적 단서를 활용하는 능력

넷째, 영어책 읽기를 무리 없이 진행하는 아이들은 읽는 도중에 모르는 단어나 어구를 만나더라도 읽기를 포기하지 않습니다. 어떤 단어인지 확인하기 위해 읽기를 중단하지도 않습니다. 그렇다고 모르는 단어 때문에 문장의 의미를 불완전하게 이해하고 마는 것도 아닙니다. 많은 경우 다양한 문맥적 단서, 즉 그림이나 읽고 있는 문장 주변에 숨겨져 있는 힌트를 사용해 모르는 단어의 의미를 추측합니다. 그렇게 하여 일부 모르는 단어가 있어도 큰 어려움 없이 책의 전체적인 내용을 파악하고 스토리를 즐깁니다.

영어책 읽기에 대한 남다른 기대와 열의

마지막으로, 영어책 읽기를 시작할 준비가 제대로 된 아이들은 영어책을 읽는 것이 얼마나 재미있고 즐거운 일인지 잘 알고 있습니다. 따라서 마음속에 영어책 읽기에 대한 남다른 기대와 열의를 가지고 있습니다. 이런 기대와 열의는 영어책을 읽는 데 필요한 지식이나 기술은 아니지만 영어책 읽기의 시작과 성공적인 진행을 위해 그 어떤 준비나 능력보다도 더 중요한 자질입니다.

이와 같은 준비의 대부분은 본서의 앞부분에서 자세히 설명한 바와 같이 영어 동영상을 활용한 보고 듣기와 영어책 읽어주기를 통해 가장 효과적으로 이루어질 수 있습니다. 그런 준비가 제대로 되어 있지 않다면 영어책을 읽는 일이 힘들게 느껴질 수밖에 없습니다. 그런 경우에도 영어책 읽기가 불가능하지는 않겠지만 훨씬 더 많은 노력과 지혜가 필요하게 됩니다. 따라서 영어책 읽기를 시작하기 전에 필요한 준비가 제대로 되어 있는지 점검하고 부족한 부분을 보완해주어 아이의 영어책 읽기가 순조롭게 진행되도록 도와주어야 합니다.

02

영어책을 혼자서
읽어나가도록 돕는 요령

보고 듣기를 즐기는 아이에게 생기는 커다란 변화

아이에게 좋은 영어책을 꾸준히 읽어주고 동시에 아이가 좋아하는
영어 동영상도 쉬운 것부터 매일 조금씩 계속 즐기게 해주다 보면
아이는 물론 엄마 아빠도 모르는 사이에 아이에게 영어를 듣고 이
해하는 능력이 생기게 됩니다. 아이의 입에서 어느 날 갑자기 영어
가 한두 마디씩 튀어나오기 시작하면 그런 변화가 시작되고 있다는
신호입니다.

영어 동영상의 수준이 올라가고 있는데도 아이가 여전히 푹 빠져
서 즐기고 있다면 이제는 그런 변화가 상당히 진행된 것이라고 할
수 있습니다. 그때쯤이면 아이의 머릿속에 꽤 많은 영어 입력이 쌓
여 조금씩 흘러넘치기 시작하며, 영어의 어휘와 문법에 대해서도 상

당한 구어적 지식을 보유하게 됩니다.

엄마 아빠가 읽어주는 영어책을 함께 들여다보고 〈Sesame Street〉이나 〈Between the Lions〉 같은 TV 애니메이션을 즐기는 과정에서 영어의 글자와 단어에 지속적으로 노출되기 때문에 영어 알파벳은 물론 단어들의 문자 형태에도 친숙해지고 파닉스도 꽤 많이 알게 됩니다. 바로 이런 시점에서 아이의 파닉스 지식을 점검해 보고 부족한 부분을 보완해주는 동시에 필수적인 일견어휘를 익히 도록 도와주면 아이 혼자서도 영어책 읽기를 시작할 수 있는 준비 가 완료됩니다.

하지만 무엇이든 혼자 하는 것의 처음은 어려운 부분이 있기 마 련입니다. 혼자서 충분히 영어책을 읽는 능력이 갖추어진 아이도 예 외는 아닙니다. 아이의 독립적인 영어책 읽기를 돕기 위해 무엇을 어떻게 하면 좋을까요?

모르는 단어를 미리 확인하고 그림을 보며 예상해보라

아이가 영어책을 골라 혼자 읽기를 시작하기 전에 다음 두 가지를 하면 좋습니다. 우선, 아이의 읽기에 방해가 될지 모르는 단어를 미 리 찾아내 주목하게 해줌으로써 읽는 도중에 멈추거나 기죽지 않도 록 배려합니다. 혼자 읽어내기가 어렵고 자주 멈춰야 하면 내용 파 악도 스토리 즐기기도 어렵게 되기 때문입니다. 따라서 미리 함께 살펴보면서 모르거나 잘 읽어내지 못하는 단어를 발견하면 읽어주고, 설명하고, 따로 노트에 정리하거나 카드로 만들어 주기적으로 연습할 기회를 가지도록 하는 것이 좋습니다.

그다음 아이와 같이 그림과 삽화를 살펴보면서 책의 주제와 이야기의 전체적인 흐름에 대해 대화합니다. 책 제목과 함께 표지 그림을 보면서 주제에 대해 대화하고 책 속의 삽화를 살펴보며 전개될 이야기를 예상해봅니다. 아이가 혼자서 읽는 도중에도 삽화를 자세히 살펴보도록 하는 것이 좋습니다. 삽화는 그 자체로도 아주 재미있으며 중요한 문맥적 단서를 제공해 단어 해독과 문장의 이해에 큰 도움이 되기 때문입니다.

함께 읽기를 통해 혼자 읽기로의 진행을 쉽게 하라

영어책을 처음부터 아이가 완전히 혼자서 읽을 수도 있습니다. 하지만 혼자 읽기는 혼자 읽기를 가장한 함께 읽기로 시작해 서서히 아이가 완전한 독립을 이룰 수 있도록 해주는 것이 좋습니다. 아이와 엄마 아빠가 함께 읽으면 영어책 읽기가 더 쉽고 더 흥미진진해집니다. 아이가 혼자서 읽을 영어책을 정했으면 앞에서 설명한 것처럼 읽기에 방해가 될 요소를 찾아 해결해주고 그림과 삽화를 살펴보며 이야기를 예상해본 후 (다음 글에서 자세히 설명하고 있는 방식으로) 아이와 함께 읽는 것입니다. 아이와 한목소리로 합창하듯 동시에 읽어나갈 수도 있고, 문장이나 페이지 단위로 돌아가며 읽을 수도 있습니다. 함께 읽기를 하면 엄마 아빠의 읽어주기로부터 아이의 혼자 읽기로 무리 없이 자연스럽게 진행될 수 있습니다.

혼자 읽을 기회를 주고 다음과 같이 도와주라

아이에게 알맞은 영어책을 골라 읽어주고 또 함께 읽음으로써 아이가 책 내용에도 익숙해지고 자신감도 갖게 되면 이제는 혼자 읽을 시간과 기회를 제공하고 정말 혼자서 읽을 수 있도록 해주어야 합니다. 하지만 아이는 여전히 엄마 아빠의 지혜로운 도움을 필요로 합니다. 아이가 혼자 영어책을 읽어나갈 때에는 다음과 같은 방법으로 도울 수 있습니다.

힌트를 제공해 가급적 스스로 읽어내게 하라

우선, 아이가 (실제로는 알아도) 잘 읽지 못하는 단어를 만나면 바로 알려주기보다 간접적인 방법으로 아이가 스스로 읽도록 도와주십시오. 어려워하는 단어가 파닉스 규칙으로 충분히 읽어낼 수 있는 것이라면 동일한 소리 패턴을 지닌 단어들을 제시하거나 단어를 작은 부분으로 쪼개어 덩어리별로 읽어보게 할 수도 있습니다. 하지만 스펠링이 불규칙해 파닉스 규칙을 따르지 않는 단어는 약간의 힌트를 제공하되 그래도 잘 읽어내지 못하면 그때는 바로 알려주고 나중에 여러 차례 반복해 익히도록 하는 것이 좋습니다.

아이가 잘 읽어내지 못하는 단어를 처리하는 요령과 실수할 때의
대처 방안에 대해서는 따로 설명하겠습니다.

모르는 단어는 끝까지 읽은 후 추측하게 하라

쉬운 영어책이라도 읽다 보면 모르는 단어를 만나기 마련입니다. 그
런 단어들은 물론 따로 공부할 기회를 가져야 합니다. 하지만 일단
영어책 읽기의 실전에 들어가면 모르는 단어가 나와도 문장이나 문
단을 끝까지 읽고 내용을 파악하기 위해 노력해야 합니다.

따라서 (실제로는 알고 있지만) 읽어내기 어려운 단어나 처음부터
아예 모르는 단어를 만났을 때는 읽기를 중단하거나 (발음이나 의미
를) 아무렇게나 추측하고 넘어가지 말고 해당 문장이나 문단을 끝
까지 읽도록 지도하는 것이 좋습니다. 전체 문장이나 문단의 의미를
파악하면 잘 모르는 단어의 형태나 의미를 추측하는 일이 더 쉬워
지기 때문입니다.

그 경우 해야 하는 질문은 막연히 "어떤 단어일까?"가 아니라 훨
씬 구체적으로 "문장의 전체적인 의미와 단어 형태의 일부 아는 부
분을 고려할 때 어떤 단어가 가장 잘 어울릴까?"가 되어야 합니다.

문맥적 단서를 활용하게 하라

또 책을 읽는 도중에 모르는 단어를 만나면 문맥적 단서를 활용해 의미를 알아내도록 격려하는 것이 좋습니다. 아이가 아는 단어라고 해도 반드시 발음을 읽어 인식해야 하는 것은 아닙니다. 단어를 읽어내는 데 어려움이 있다면 문맥적 단서를 이용해 의미를 추측하는 것도 좋은 연습이 됩니다. 또 그렇게 하면 발음을 읽어내는 일도 더 쉬워집니다. 문맥적 단서에는 이야기의 전체적 줄거리, 그림이나 삽화, 해당 문장 안이나 그 주변에 숨어 있는 힌트(예: 단어에 대한 정의와 설명, 동의어, 반의어, 예시) 등이 있습니다.

문맥적 단서를 활용하는 구체적인 방법은 본 챕터의 해당 글을 읽어보시기 바랍니다.

반복해 읽게 하고, 칭찬해주고, 발전하는 모습을 눈으로 보게 하라

한 번이라도 읽은 책은 가급적 여러 번 반복해 읽도록 하는 것이 좋습니다. 여러 차례 반복하여 그 책을 읽는 것이 익숙해지고 편안해지면 영어 읽기에 자신감을 가질 수 있기 때문입니다. 아이가 혼자서 유창하게 읽는 영어책이 하나씩 늘어나 점점 더 많아지면 거기에 비례해 성취감과 자신감도 커지기 마련입니다. 아이들은 일반적으로 (어른들과는 달리) 좋아하는 책을 반복해 읽기를 즐기고 (다른 모든 사람들처럼) 다른 사람들에게 칭찬받고 인정받기를 원합니다.

"이제는 정말 잘 읽네."

"실수도 많이 줄고 멈추거나 머뭇거리는 것도 훨씬 적어졌어."

고래도 춤추게 한다는 이와 같은 칭찬 한두 마디가 혼자 읽기라는 어려운 도전을 꽤 할 만한 가치가 있는 일로 만들 뿐 아니라 아이의 영어책 읽기를 더욱 즐거운 경험으로 만들어줍니다. 여러 번 반복해 읽는 과정에서 소요 시간을 측정하여 발전하는 모습을 차트나 그래프로 그려 게시하는 것도 좋은 방법입니다.* 무엇이든 눈에 분명하게 보여야 목표를 향해 가는 과정이 지루하지 않고 목표 달성의 가능성도 더 커지기 때문입니다.

다른 사람들 앞에서 읽을 기회를 제공하라

혼자서 읽을 수 있게 된 영어책은 가족이나 친척들 혹은 놀러온 친구들에게 읽어주고 청중으로부터 칭찬 들을 기회를 마련해주는 것도 아이에게 동기를 더해줄 좋은 방법입니다.

저희 큰아이가 초등학교에 입학하기 전 처음으로 혼자 읽게 된

● 소요 시간을 측정할 때는 매번 기록할 수도 있지만 두세 차례에 걸쳐 각각 시간을 잰 후 평균을 내는 것이 좋습니다. 그러면 소요 시간을 더 정확하게 측정할 수 있을 뿐 아니라 동시에 자연스럽게 반복을 유도하는 효과를 거둘 수 있습니다.

영어책은 Dr. Seuss의 《Green Eggs and Ham》이었던 것으로 기억합니다. 당시에는 동화책을 컴퓨터 애니메이션과 결합해 만든 컴퓨터 CD-ROM 형식의 리빙 북스(Living Books)란 영어책이 유행이었습니다. 리빙 북스를 이용해 컴퓨터가 읽어주는 것을 들으면서 따라 읽기도 하고 마우스를 클릭해 각 페이지의 이곳저곳에 숨어있는 간단한 애니메이션을 즐기던 아이가 어느 날 갑자기 《Green Eggs and Ham》의 실제 종이책을 들고 나와 낭랑한 목소리로 혼자서 읽기 시작하던 때를 아직도 잊을 수 없습니다. "아빠, 엄마, 나도 영어책 읽을 수 있어요!" 하면서 말이죠. 집에 엄마의 절친한 친구가 놀러 왔을 때 다시 그 책을 꺼내 오더니 "아줌마, 저 영어책 잘 읽어요. 한번 들어보실래요?"라고 자랑스럽게 말하고는 큰 소리로 열심히 읽어주던 모습과 다 읽은 후 어른들의 칭찬에 기뻐하던 모습이 아직도 기억에 생생합니다.

시작 단계에서부터 스토리를 즐길 수 있어야 한다

마지막으로, 읽는 요령을 배워 혼자 영어책을 읽기 시작하는 단계에서부터 책 속의 이야기를 즐기는 것이 무엇보다 중요합니다. 초기 단계의 영어책 읽기는 보통 파닉스와 일견어휘에 대한 지식을 바탕으로 주로 아는 단어들을 읽어내는 방식으로 진행됩니다. 하지만 아무리 읽는 요령을 배우는 단계라 해도 영어책 읽기가 파닉스로 단어의 발음을 읽어내는 것에 불과하다면 얼마나 지루하고 힘들까요?

따라서 시작 단계에서부터 의미의 이해는 필수적인 것이 되어야 합니다. 그러려면 이미 상당한 정도의 영어 어휘와 문법을 알고 있어야 합니다. 그리고 잘 모르는 것이 일부 있더라도 크게 구애 받지 않고 영어책을 계속 읽어나갈 수 있어야 합니다.

그렇지 않으면 누구에게는 신기하고 즐거운 경험이 누구에게는 지루하고 힘든 공부가 될 수 있습니다. 영어책을 읽을 때마다 책 속의 세계에 동화되어 장면 하나하나가 생생하게 느껴지고, 환상의 세계를 여행하면서 만난 다양한 등장인물과 사건에 대해 생각하고, 경험하고 느끼고 깨달은 것에 대해 이야기하지 않고는 견딜 수 없게 되는 것이 바로 진정한 책 읽기입니다. 비록 혼자서 읽어내는 것 자체는 아직 서툴더라도 이런 읽기가 가능해야 비로소 영어 읽기 기술과 요령을 배우는 초보 단계를 넘어 본격적인 영어책 읽기의 바다로 나아갈 수 있습니다.

03

함께 읽기, 혼자 읽기를 쉽고
즐겁게 만드는 최고의 방법

아이가 영어를 듣고 이해하며, 파닉스와 일견어휘 공부를 통해 단어
를 읽어낼 수 있게 되면 혼자 영어책을 읽을 준비가 된 것입니다. 하
지만 여태까지 읽어주는 것을 듣기만 하다가 혼자서 읽어나간다고
하는 것은 결코 만만한 일이 아닙니다. 읽어주기를 통한 읽기에서
혼자 읽기로의 진행을 쉽게 만들어주는 가장 좋은 방법은 함께 읽
기입니다. 함께 읽기의 핵심은 백지장도 맞들면 더 나을 뿐 아니라
함께하기 때문에 더 재미있다는 것입니다. 영어책을 함께 읽는 여러

● 함께 읽기의 원시적인 유형으로 메아리 읽기(echo reading)가 있습니다. 엄마
나 아빠가 한 부분을 읽은 후 아이가 동일한 부분을 똑같이 따라 읽는 방식입니
다. 엄밀한 의미에서 아이 혼자 읽는 것도 아니고 함께 읽는 다른 방식보다 재미
도 덜한 편이지만 더 쉽기 때문에 읽기가 아주 서툰 아이에게 적합할 수 있습니다
(Kosanovich & Foorman 2016: 70).

가지 방법이 있지만 그동안의 경험을 토대로 크게 두 가지 방식을 추천합니다.[*]

합창하듯 동시에 한목소리로 읽기

첫 번째 방법은 엄마 아빠와 아이가 동시에 소리를 내어 한목소리로 읽는 것입니다. 영어로는 choral reading이라고 하는데 영어 단어 choral의 의미처럼 합창하듯 모두가 함께 읽는 것입니다. 아주쉬운 영어책으로 시작해 여러 번 반복하여 유창하게 읽을 수 있게된 후 다른 책으로 진행합니다. 정확한 읽기를 우선으로 하되 서두르지 말고 유창한 읽기가 가능하도록 노력함으로써 아이가 영어 읽기에 자신감을 가지도록 하는 것이 중요합니다.

동시에 읽는 것을 조금 변형해 아주 약간의 시간차를 두고 말그대로 그림자를 쫓아가듯 따라 읽어나가는 섀도 리딩(shadow reading)도 유용한 방법입니다. 이 경우 처음에는 엄마 아빠가 약간먼저 가다가 아이가 충분히 잘하게 되면 반대로 엄마 아빠가 약간늦게 가는 방식으로 진행하면 됩니다.

아이와 동시에 혹은 약간의 시간차를 두고 읽는 방법은 아이에게도 엄마 아빠에게도 쉽고 흥겹게 느껴지기 때문에 읽기를 꾸준히계속해나갈 수 있도록 해줍니다. 잘 모르는 단어가 있어도 막히지않고 부드럽게 진행할 수 있으며, 자신감이나 유창성이 떨어질 때에도 더 잘한다는 느낌을 줄 수 있습니다. 무엇보다 누군가와 무언가를 동시에 함께하는 것은 많은 경우 그 자체로 특별하고 흥겨운 일이 됩니다. 특히 함께하는 사람이 세상에서 가장 사랑하는 엄마 아빠라면 그 특별함과 흥겨움은 더욱 커질 수밖에 없습니다.

누군가와 한목소리로 합창하는 상황을 머릿속에 그려보십시오. 어리던 아이가 나이 들어 청년이 되고 젊었던 엄마 아빠가 중년이 되고 백발의 할머니 할아버지가 되어도 영어책을 함께 소리 내어 합창하던 기억을 쉽게 잊을 수 없을 겁니다.

돌아가면서 함께 읽기

두 번째 함께 읽기 방법은 영어책을 돌아가며 읽는 것(alternated reading)입니다. 문장이나 문단 혹은 페이지 단위로 엄마 아빠와 아이가 동일한 분량을 번갈아 읽어가는 것이 기본입니다. 하지만 보통은 엄마나 아빠가 많이 읽고 아이는 조금 읽는 것으로 시작하는 것이 좋습니다. 처음에는 아이로 하여금 한두 문장 정도를 읽게 하고 아이의 자신감이 증가함에 따라 읽는 양을 점차 늘려나가면 됩니다. 엄마와 아빠, 아이가 모두 참여해 셋이 돌아가면서 읽으면 읽기도 쉽고 흥겨움도 더 커집니다. 특히 아이에게 아빠의 참여는 큰 의미가 있으며 동시에 상대적으로 적은 수고를 해 자신에게 유리한 입장이라 느껴서인지 아이가 더욱 좋아하는 경향이 있습니다.

일부만 읽어주고 나머지는 직접 읽게 하라

이외에도 함께 읽는 것은 아니지만 그 연장선상에서 아이의 혼자 읽기를 장려할 수 있는 여러 가지 방법이 있습니다. 그중 제가 가장 추천하는 방법은 엄마나 아빠가 흥미로운 부분을 골라 일부만 읽어주고 나머지 부분은 아이가 읽도록 하는 것입니다.

이를 위해서는 먼저 아이가 읽을 수 있는 흥미로운 책을 선택해 그 책의 특히 흥미진진한 부분까지만 읽어주고 궁금증을 유발하며 읽기를 중단합니다. 그러고 나서 급하게 할 일이 있다는 등의 적당한 핑계를 만들어 아이가 나머지 부분을 혼자서 읽어보도록 유도합니다. "정말 미안한데, 엄마가 급하게 할 일이 있어서 여기까지만 읽어줄 수 있을 것 같거든. 나머지 부분은 네가 한번 직접 읽어볼래?" 하면서 말이죠.

영어책 읽기의 선순환을 시작하라

지금까지 설명한 함께 읽기를 각자의 상황에 맞게 지혜롭게 활용하면 아이의 영어책 읽기가 아이와 엄마 아빠를 포함한 모두에게 시작부터 즐거운 경험이 될 수 있습니다. 비록 실제로는 엄마 아빠의 도움을 받아 어려움을 해결하며 영어책 읽기를 진행하는 것이지만 함께 읽기의 중요한 핵심은 아이로 하여금 스스로 해냈다는 자부심과 성취감을 느끼게 하고 영어 읽기에 대한 자신감을 갖도록 하는 것입니다. 동시에 흥미로운 이야기를 마음껏 즐김으로써 책 읽기의 즐거움을 깨닫도록 돕는 것입니다. 영어책 읽기에 대한 자신감과 책 읽기의 즐거움이 서로 상승 작용을 일으켜 아이가 더 많은 영어책을 더 열심히 읽고 싶어 하고 실제로 그렇게 되도록 도와야 합니다. 그렇게 함으로써 좋아하면 더 많이 읽게 되고, 더 많이 읽으면 더 잘하게 되고, 더 잘하면 더 좋아하게 되어 더 많이 읽게 되는 영어책 읽기의 선순환이 시작될 수 있도록 해주어야 합니다.

04

아이가 실수하거나 잘 모를 때는 어떻게 해야 할까?

아이가 읽는 요령을 배워 영어책을 읽어나갈 때 실수를 하거나 잘 읽지 못하는 부분이 있으면 어떻게 하는 것이 좋을까요? 발견할 때마다 즉시 바로잡아 주는 것이 좋을까요? 아니면 아이가 스스로 해결할 수 있을 때까지 기다려야 할까요? 동일한 상황, 동일한 문제에 대해서도 사람마다 생각이 다르고 전문가들도 의견이 다른 경우가 많으니 모두에게 알맞은 정답은 찾기 힘들 겁니다. 하지만 그동안의 경험을 바탕으로 배우고 깨달은 바를 소개해보려고 합니다.

어떤 경우에도 아이의 자존감은 지켜준다

무엇보다 먼저, 어떤 경우에도 아이의 자존감을 상하게 하는 일은 없도록 해야 합니다. 아무리 힘들고 화가 나더라도 소리를 지르거나 굴욕감과 창피를 주어서는 안 됩니다. 비난이나 비난으로 느낄 언행도 일체 삼가야 합니다. 사람이라면 힘들고 짜증이 날 때 다음과 같은 말을 얼마든지 할 수 있습니다.

"그 단어 정도는 당연히 알고 있어야 하잖아."
"좀 전에 배운 단어인데 그걸 몰라?"
"더 열심히 좀 해봐. 적어도 이것보단 잘할 수 있잖아."

하지만 생각 없이 내뱉은 말 한 마디가 아이의 마음에 쉽게 치유되지 않는 상처를 주고 영어책 읽기의 흥미도 앗아가게 됩니다. 마음이 자꾸만 조급해지고 비판적으로 흐른다면 잠시 현재 있는 자리를 떠나 기분을 전환하고 마음가짐을 새롭게 한 후 돌아오는 것이 좋습니다.

아이의 입장에서 바라보고 격려하고 기다려준다

모든 것을 아이의 입장에서 바라볼 수 있어야 합니다. 그리고 질문해보아야 합니다.

"그런 말을 들었을 때 얼마나 의기소침해지고 기가 죽을까?"

당신의 아이는 최선을 다하고 있는 것입니다. 자신을 위해 그리고 자신에게 가장 소중한 엄마 아빠를 위해. 따라서 아이가 실수를 한다면, 똑같은 실수를 계속 반복한다 해도 언제나 친절하고 요령 있게 바로잡아 주십시오. 실수는 당연한 것이며, 실수가 많다면 그것은 아이의 잘못이 아니라 단지 더 많은 격려와 도움이 필요하다는 뜻입니다. 그리고 더 쉬운 책을 골라야 한다는 의미일 수도 있습니다.

명심하십시오. 아이가 필요로 하는 것은 비난이나 비판, 짜증이나 꾸지람이 아닙니다. 오직 무한한 애정, 지지, 격려, 그리고 칭찬입니다.

스스로 해결하길 기대하지 않는다

아이의 실수를 바로잡아 줄 때 모든 것을 아이 스스로 깨닫고 시행착오를 통해 해결하도록 하는 것은 바람직하지 않습니다. 어린아이들은 사물을 총체적으로 바라보고 이해하는 것은 잘하지만 분석하고 논리적으로 사고하는 능력은 부족하기 때문입니다. 설사 차분하게 여러 차례 설명해주어 요령을 깨닫게 되었다고 해도 너무 힘들게 진행하면 정작 텍스트를 이해하고 즐기는 것은 어렵게 됩니다. 계속 그런 방식으로 진행하면 영어책 읽기를 싫어하게 될 가능성이 커지니 얻는 것보다는 잃는 것이 더 많게 됩니다. 차라리 바로 알려주고 충분한 반복을 통해 잘 읽을 수 있도록 해주는 것이 더 바람직할 수도 있습니다.

비슷한 패턴을 알려주고 나누어 읽어내게 한다

좀 더 구체적으로 들어가, 아이가 영어 단어를 잘 읽어내지 못할 때는 어떻게 도와줘야 할까요? 그럴 때는 답을 즉시 말해주기보다 아이가 도움을 청하거나 실수가 여러 번 반복될 때 알려주는 것이 바람직합니다. 이때에도 직접 알려주기보다는 간접적인 방식으로 도와주어 혼자서도 할 수 있음을 깨닫게 해주는 것이 좋습니다.

예를 들어, about을 잘 읽지 못하고 있다면, 발음 패턴이 비슷한 out, shout 등의 단어를 힌트로 제시할 수 있고, found를 어려워한다면 bound와 pound가 같은 종류임을 알려줄 수 있습니다. 또 단어를 작게 쪼개서 공략할 수도 있습니다. 예를 들어, ahead는 a-head로 나누어 읽게 하고, another는 an-other로, between은 be-tween으로, beside는 be-side, hamburger는 ham-burger로 나누어 읽어내도록 격려할 수 있을 겁니다.

반복 연습하여 바로 인식하게 한다

한편, because, friend, want, what, who, you와 같이 파닉스 규칙을 따르지 않아 읽어내지 못하는 단어가 있다면 그런 단어는 바로 알려주는 것이 좋습니다. 그리고 따로 모아 정리하고 여러 차례 반복해 익히도록 함으로써 보는 즉시 바로 읽고 인식할 수 있도록 연습시켜줘야 합니다.* 그런 단어들을 집 안의 잘 보이는 곳에 게시하여 오며 가며 자주 보게 하는 것도 좋은 방법입니다. 물론 그런 불규칙 단어들도 중복되는 철자나 다른 단어와의 부분적인 유사성 같은 형태적 특징에 주목하여 기억하기 쉽도록 돕는 것이 좋습니다.

최선을 다하고 있지 않다고 느낀다면

가끔씩이라도 아이가 최선을 다하고 있지 않다고 느껴질 때가 있습니까? 그럴 때는 그 원인이 무엇인지 찾아 적절한 조처를 취할 필요가 있습니다. 아이가 피곤해 휴식이 필요한 상태일 수도 있습니다. 현재 하고 있는 읽기가 지루해져 다른 활동으로 변경할 때인지도 모릅니다. 아니면 읽고 있는 책이 너무 어렵기 때문에 더 쉬운 책으로 바꿀 필요가 있는지도 모릅니다.

그 이유가 무엇이든 아이가 최선을 다하지 않는 현재의 상황을 긍정적으로 바꾸는 것은 아이의 책임이 아니라 엄마 아빠가 할 일입니다. 혹시라도 아이가 어느 정도 컸으니 이제 그런 정도는 참아낼 수 있어야 한다든지, 스스로 알아서 해야 할 나이가 되었다고 생

● 사실 아이들이 읽는 영어 텍스트에 빈번하게 등장하는 단어들은 모두 반복 연습을 통해 보는 즉시 읽어낼 수 있도록 하는 것이 좋습니다. 이런 고빈도 단어들에는 스펠링이 불규칙적인 것뿐 아니라 파닉스 규칙으로 읽어낼 수 있는 단어도 많이 포함되어 있습니다. 하지만 유창한 읽기를 위해서는 발음의 규칙성 여부와 무관하게 모든 고빈도 단어들을 보자마자 인식할 수 있도록 해야 합니다.

각하십니까? 틀린 생각은 아닐 겁니다. 하지만 적어도 당면한 상황의 해결과 아이의 영어책 읽기를 위해서는 그다지 도움이 되지 못할 것입니다.

아이에게 필요한 것은 언제나 칭찬과 격려

그것이 무엇이든 사람은 누구나 잘하지 못할 때, 지적당하고 비판받을 때 다른 사람에게 보여주기를 싫어합니다. 어린아이들은 특히 상처 받기 쉽고 부모의 비판이나 칭찬에 민감합니다. 아이들은 언제나 자기 나름대로 최선을 다하고 있으며, 칭찬을 갈구한다는 점을 잊지 마시기 바랍니다.

아이가 최선을 다하고 있지 않다고 느끼십니까? 그렇다면 거기에는 무언가 아이를 탓할 수 없는 분명한 이유가 있는 것입니다. 그리고 설사 많은 실수를 범하거나 최선을 다하지 못하는 상황에서도 아이들에게 필요한 것은 비판이나 비난이 아닙니다. 그것은 오직 칭찬과 격려입니다.

05

문맥적 단서를 활용해야 한다고?
대체 뭘 어떻게 하라는 거지?

읽기를 잘하는 아이들은 문맥적 단서를 활용한다

흥미를 좇아 많은 영어책을 읽어나가다 보면 모르는 단어가 계속 튀어나오기 마련입니다. 그런데 모르는 단어를 만날 때마다 의미를 확인하기 위해 읽기를 중단해야 한다면 영어책 읽기의 재미와 즐거움을 느끼기가 어려울 것입니다.

영어책을 잘 읽는 아이들은 책을 읽는 도중에 설사 모르는 단어나 어구가 있어도 대부분은 전체 내용을 파악하고 읽기를 즐기는 데 큰 문제를 느끼지 못합니다. 모르는 단어나 어구를 만나면 자연스럽게 책 속에 주어진 문맥적 단서(contextual cues)를 활용해 의미를 추측하고 내용을 이해하기 때문입니다. 모르는 단어를 빈칸이라 생각하고 단서를 사용해 추측하는 것이지요.

또 그런 아이들은 책을 읽는 과정에서 많은 새로운 어휘를 자신도 모르는 사이에 우연적으로 습득하는데 이때에도 문맥적 단서를 활용하게 됩니다. 이와 같이 문맥적 단서를 활용하는 능력은 유창한 책 읽기는 물론 새로운 어휘의 습득을 위해서도 매우 중요한 능력입니다.

그렇다면 문맥적 단서를 활용한다는 것은 구체적으로 무엇이며, 문맥적 단서를 활용하는 방법은 어떻게 배우는 것이 좋을까요?

문맥적 단서는 텍스트 내에 숨어 있는 힌트

우선, 문맥적 단서란 어려운 단어나 드물게 사용되는 단어를 독자가 잘 이해할 수 있도록 돕기 위해 글쓴이가 글 속에 넣어놓은 힌트입니다. 다시 말해, 텍스트 안에 들어 있는 힌트로서 잘 모르는 단어의 의미를 짐작하는 데 사용할 수 있는 실마리를 가리킵니다. 문맥적 단서를 활용한다는 것은 책을 읽을 때 만나는 잘 모르는 표현의 의미를 바로 이런 단서를 통해 짐작해봄으로써 의미적 구멍을 메우는 것입니다.

대표적인 문맥적 단서 네 가지

잘 모르는 단어의 의미를 추측하는 데 활용할 수 있는 문맥적 단서의 대표적인 형태로는 정의(definitions)나 설명(explanations), 동의

어(synonyms), 예시(examples), 그리고 반의어(antonyms) 등이 있습니다.*

풀어서 말하면, 모르는 단어는 아래의 예문 (1)에서처럼 해당 단어를 포함한 문장이나 주변 문장에 그 의미가 정의되어 있거나 설명되어 있을 수도 있고, (2)에서처럼 비슷한 의미를 지니는 동의어로 다시 기술되어 있는 경우도 있습니다. 또 (3)에서처럼 예시가 주어진 경우도 있으며, (4)에서처럼 서로 반대가 되는 말과 대조되어 있는 경우도 있습니다.**

(1) She wants to become a <u>vet</u>, <u>someone who takes care of sick animals</u>.

(2) Bill felt <u>remorse</u>, or <u>shame</u>, for his cruel words.

(3) My mom is scared of <u>reptiles</u> <u>such as snakes and lizards</u>.

(4) I <u>like</u> apples but <u>hate</u> bananas.

● 문맥적 단서에는 여러 유형이 있습니다. 예를 들어, 아메스(Ames 1966)는 문맥적 단서의 유형을 단어의 정의와 동의어 제시를 포함해 총 열세 가지로 분류하고 있습니다. 본서에서는 어린아이들이 쉽게 이해할 수 있고 영어책을 읽을 때 자주 활용할 수 있는 네 가지 유형을 뽑아 설명합니다.

●● 관련 연구(Chihara et al. 1977, Leys et al. 1983, Rye 1985)에 따르면, 모르는 단어의 의미를 추론할 수 있는 문맥적 단서는 거의 대부분 해당 단어가 포함된 문장에 있는데 그 비율이 90%가 넘는다고 합니다.

문맥적 단서로서의 그림과 삽화

아동들을 위한 영어책에는 앞에서 설명한 언어적인 단서들 외에도 중요한 다른 문맥적 단서가 포함되어 있습니다. 즉, 그림책이나 동화책에는 독자의 이해를 돕기 위한 그림이나 삽화가 많은데 이런 그림과 삽화는 그 자체로 아주 훌륭한 단서가 됩니다. 특히, 이제 막 영어 읽기를 배우기 시작하는 단계에 들어가 다른 읽기 기술을 배우거나 익힐 준비가 되어 있지 않은 어린아이들에게는 모르는 단어의 의미를 이해하는 데 다른 어떤 단서들보다 더 훌륭한 도움이 될 수 있습니다.

따라서 언어적인 단서들과 함께 그림이나 삽화가 제공하는 힌트를 잘 활용할 수 있도록 도와주시기 바랍니다.

문맥적 단서의 활용이 적절한 경우와 그렇지 않은 경우

그렇다면 문맥적 단서들은 어떤 경우에 어떻게 사용하는 것이 좋을까요? 무엇보다 문맥적 단서를 사용해 모르는 단어의 의미를 짐작하는 일은 단서가 명확하거나 모르는 단어의 대략적인 의미만을 알아도 충분할 때 가장 효과적으로 이루어집니다. 단어의 정확한 의미를 알 필요가 있거나 주어진 단서로부터 여러 다양한 해석이 가능한 경우라면 문맥적 단서의 사용에 신중을 기할 필요가 있습니다. 또 그런 경우에는 책을 다 읽은 후 엄마 아빠에게 물어 확인하거나

(엄마 아빠의 도움을 받아) 해당 단어를 사전에서 찾아봄으로써 명확한 의미를 확인하는 습관을 갖도록 하는 것이 좋습니다.

많이 읽으면 저절로 길러진다

마지막으로, 문맥적 단서의 활용은 명시적으로 공부하기보다 책 읽기를 즐기는 과정에서 자연스럽게 이루어지도록 하는 것이 좋습니다. 다시 말해, 아이들에게 문맥적 단서의 활용 능력을 키워주길 원한다면 앞에서 설명한 네 가지 언어적인 단서와 그림의 역할에 대해 주목하면서 책 읽기 자체에 집중하도록 이끌어줘야 합니다. 재미있는 영어책을 가급적 많이 읽으면서 모르는 단어가 있어도 전체적인 내용을 파악하고 이야기를 즐기는 데 주력합니다. 그 과정에서 주어진 문맥적 단서들을 사용해 모르는 단어의 의미를 짐작해보는 일이 자기도 모르는 사이에 자연스럽게 이루어지도록 해야 합니다. 문맥적 단서를 활용하는 능력은 많이 읽으면 상당 부분 저절로 해결됩니다.

06

소리 내어 읽기와 눈으로 읽기,
어느 쪽이 나을까?

아이들이 처음으로 읽는 법을 배워 읽기를 시작할 때는 보통 소리 내어 읽는 음독(音讀) 방식을 사용하게 됩니다. 하지만 시간이 지나 읽기에 제법 익숙해지면 소리 내어 읽기는 줄어들고 눈으로만 읽는 묵독(黙讀) 방식으로 글을 읽게 됩니다. 아이들이 영어책을 읽을 때 어떤 사람들은 음독을 강조하고 어떤 사람들은 묵독을 해야 한다고 목소리를 높입니다. 소리 내어 읽는 것과 눈으로 읽는 것 가운데 어떤 방법이 더 좋을까요?

음독과 묵독의 차이

음독이란 종이에 쓰여 있는 문자 언어를 다시 소리 형태인 음성 언어로 바꾸어 의미를 이해하는 것입니다. 글을 처음 배운 어린아이들은 소리 내어 읽지 않으면 의미를 제대로 파악하기가 어렵습니다. 언어를 주로 소리로만 알고 있어 인쇄된 단어를 소리 형태로 바꾸지 않으면 인식이 쉽지 않기 때문입니다. 반면에 묵독은 글로 쓰여 있는 문자 언어를 소리 형태인 음성 언어로 바꾸는 음성화 과정을 거치지 않고 문자 언어로부터 바로 의미를 이해하는 것입니다. 쉽게 말해, 종이에 인쇄된 단어를 눈으로 보고 바로 인식해 의미를 이해하는 것이지요.

음독의 장점과 단점

그렇다면 음독과 묵독은 각각 어떤 특징과 장점이 있을까요? 우선, 글을 소리 내어 읽는 음독에는 묵독에 없는 여러 가지 장점이 있습니다.

첫째, 종이에 인쇄된 단어와 문장의 의미를 이해할 수 있게 됩니다. 다시 말해, 말은 할 줄 알지만 글은 모르는 어린아이가 소리 내어 읽으면 단어를 인식할 수 있어 글을 읽을 수 있게 됩니다.

둘째, 언어의 본질이라 할 수 있는 소리의 맛을 느낄 수 있습니다. 소리는 글의 이미지나 정서를 더 효과적으로 전달하는 힘을 지니고 있습니다. 따라서 시와 노랫말처럼 소리의 맛이 살아 있는 글을 제대로 음미하며 읽고 싶을 때는 특히 음독이 필요합니다.

셋째, 낭독이나 낭송은 표현력을 길러줍니다. 특히, 아이들의 경우 좋은 글이나 시를 큰 소리로 낭송하는 것을 꾸준히 하면 표현력이 향상될 뿐 아니라 발음도 명확해지고 자신감도 커집니다.

하지만 소리 내어 읽으면 내용이 복잡한 경우 의미가 머리에 잘 들어오지 않게 됩니다. 소리의 맛을 느끼는 데는 유리한 반면 텍스트의 복잡한 내용과 저자의 의도를 파악하기 위해 깊이 생각하는 것을 방해하기 때문입니다. 반면에 묵독을 하면 소리 내어 읽을 때보다 글을 훨씬 빠르게 읽을 수 있고 의미 이해도 더 잘되는 것이 사실입니다. 이런 이유 때문에 일부 특별한 경우를 제외하면 책 읽기는 묵독의 방식으로 진행되는 것이 더 일반적입니다.

읽기를 배우는 단계에서 필요한 음독

그렇다면 실제로 영어책 읽기를 진행할 때는 음독과 묵독 가운데 어느 쪽이 더 바람직할까요?

우선, 읽는 요령을 배워 영어책 읽기를 시작하는 단계에서는 소리 내어 읽어야 합니다. 그래야 아이들이 가진 구어 영어 능력을 문자 언어 형태로도 활용할 수 있기 때문입니다. 또 소리 내어 읽으면 아이들이 제대로 읽고 있는지 확인할 수 있습니다. 특히, 읽는 능력이 자리 잡히지 않은 상태에서 눈으로만 읽게 되면 제대로 읽지 않고 빼먹거나 부정확하게 읽고 넘어가는 부분이 생기기 마련입니다. 그런 상태가 지속되면 나중에는 고치기도 어렵고 읽기 능력의 향상에도 방해가 됩니다.

한편, 아동 대상의 영어책은 내용의 이해 못지않게 소리의 맛을 살리는 것이 중요합니다. 소리의 맛은 소리 내어 읽어야 제대로 느끼고 경험할 수 있습니다.

읽기 능력이 발전하면서 커지는 묵독의 비중

하지만 영어 읽기 능력이 발전하고 읽는 양이 늘어갈수록 묵독의 비중을 늘리는 것이 좋습니다. 읽기 능력이 발전하여 문자 해독과 음독이 자동적으로 이루어지는 수준이 되면 점점 더 많은 단어를 일견어휘처럼 바로 인식할 수 있게 되므로 음독을 거치지 않아도 글을 읽을 수 있게 됩니다.

이와 같이 음독 없이도 단어를 바로 인식하는 것이 가능해지면 묵독 위주로 전환해 가급적 많은 책을 읽어나가는 것이 좋습니다. 적어도 챕터북을 읽기 시작할 즈음부터는 묵독의 비중을 늘려 영어 책의 다독이 원활하게 이루어지도록 하는 것이 바람직합니다.

묵독과 음독의 바람직한 병행

영어책 읽기 실력이 높아지고 주로 묵독으로 다독을 즐기는 수준에 오른 후에도 음독을 조금씩이라도 꾸준히 실천하는 것이 좋습니다. 언어의 본질은 소리이므로 소리의 맛을 느끼는 것이 중요하며, 소리 내어 읽으면 오감이 활성화되고 집중도 잘되어 기억에도 유리하기 때문입니다. 뿐만 아니라 작성한 글을 검토할 때처럼 음독이 필요하거나 도움이 되는 경우가 많습니다.

그렇다면 본격적인 영어책 읽기로 들어간 후 음독과 묵독의 병행은 실제 어떤 식으로 진행해야 할까요? 먼저, 상대적으로 짧은 책은 소리 내어 읽고, 다른 책들은 가급적 묵독을 통해 쭉쭉 읽어나가 책 읽기를 즐기는 데 방해가 되지 않도록 하는 것이 좋습니다. 하지만 수준이 올라가면 아무리 짧은 책이라고 해도 책 전체를 소리 내어 읽는 것은 어렵게 됩니다. 따라서 그런 경우에는 읽고 있는 책에서 좋아하는 부분을 서너 페이지 발췌해 그 부분만 소리 내어 읽을 수 있습니다. 또 지식과 정보의 습득이나 즐거움을 위한 일반적인 영어책 읽기는 묵독이, 글을 쓰면서 내용을 음미하거나 검토할 때 그리고 글이 다 완성되어 쉽고 자연스럽게 읽히는지 확인할 때에는 음독이 더 효과적입니다.

07

같은 책 반복과 새 책 읽기,
어느 쪽이 좋을까?

영어책을 잘 읽으려면 무엇보다 많이 읽는 것이 중요합니다. 많은 양을 읽기 위해서는 이미 읽은 영어책을 여러 번 반복해 읽거나 계속 새로운 영어책을 찾아 읽어야 합니다. 아이가 처음 영어 읽는 요령을 배워 기초적인 영어책을 읽기 시작할 때는 읽는 법을 익히고 숙달하는 것이 중요하기 때문에 같은 책의 반복이 유용하고 동시에 아이도 반복에 대한 거부감이 적어 반복에 유리하기도 합니다.

하지만 문자와 단어의 해독이 자동적으로 이루어지는 수준에 이르면 글을 읽는 요령의 연습보다는 내용을 이해하고 즐기는 것이 더 중요해집니다. 이와 같은 단계에 들어서면 영어책 읽기 능력의 발전을 위해 같은 책을 한 번이라도 더 반복해 읽는 것이 좋은지 아니면 새로운 영어책을 찾아 읽는 것이 좋은지 고민이 시작됩니다. 그렇다면 이 둘 가운데 어떤 선택이 더 바람직할까요?

읽기 단계에 따라 달라지는 바람직한 선택

같은 책을 반복하거나 새로운 책을 찾아 읽는 것은 둘 다 영어책 읽기 능력의 발전에 큰 도움이 될 수 있기 때문에 영어책을 즐겁게 많이 읽는 데 기여하는 한 어떤 선택도 충분히 좋습니다. 하지만 아이의 특성에 따라, 읽기 수준이나 단계에 따라, 읽고 있는 영어책의 성격에 따라 바람직한 유형이 달라질 수 있습니다. 따라서 현재 시점에서 아이에게 무엇이 필요하고 아이가 무엇을 원하는지 잘 파악하여 영어책 읽기를 최대한 즐기면서도 동시에 유창한 영어책 읽기 실력을 기르는 데 도움이 되도록 두 방법을 보완적으로 적절히 병행하는 것이 바람직합니다.

같은 책을 최대한 반복한다

같은 책을 반복해 읽는 것은 유창한 영어 읽기를 위해 매우 중요합니다. 영어를 유창하게 읽으려면 무엇보다 문자를 해독해 단어를 읽어내는 것이 정확하고 신속하게 되는 수준을 넘어 자동적으로 이루어질 수 있어야 합니다. 그런데 자동성의 발달을 위해서는 반복이 필수적이며 반복만큼 효과적인 방법은 없다고 합니다(Samuels 1979, Beck & Beck 2013: 140-146). 따라서 영어 읽기의 입문 단계, 즉 읽는 요령을 배우고 연습하는 것이 핵심인 Learn to Read 단계에서는 다른 문제가 없는 한 반복적 읽기를 최대한 장려할 필요가 있습니다.

그렇다면 영어 읽기의 입문 단계에서 반복은 어떤 방식으로 이루어지는 것이 좋을까요?

충분히 쉽고 재미있는 책을 고른다

첫째, 반복이 제대로 이루어지기 위해서는 충분히 쉽고 재미있는 책을 골라야 합니다. 여기에서 충분히 쉬운 책이란 거의 모든 단어를 잘 알아 정확하게 읽는 것에 문제가 없는 책을 말합니다. 그런 책을 골라야 정확성에는 거의 신경 쓰지 않고 읽기 속도를 높이는 데 집중할 수 있게 됩니다. 동시에 흥미로운 책을 선택해야 합니다. 충분히 흥미로워 아이가 기꺼이 반복하길 원하는 책이어야 반복에 대한 거부감이 적기 때문입니다.

충분히 유창해진 후 다음 책으로 넘어간다

둘째, 일단 읽기 시작한 책은 충분히 연습하여 만족할 만한 유창성이 생긴 후에 다음 책으로 넘어가는 것이 좋습니다. 필요하다면 (특히 책에 글이 많은 경우) 마치 새로운 노래를 익힐 때 한 소절씩 연습하면서 다음 소절로 넘어가는 것처럼, 한 문단씩 여러 번 반복하여 유창하게 읽을 수 있게 된 후 다음 부분을 진행하는 것도 나쁘지 않습니다.

하지만 이런 반복적 읽기는 자칫하면 아이에게 지루하고 힘든 학습으로 느껴져 영어책 읽기의 즐거움을 빼앗아갈 가능성이 있습니다. 따라서 과도하게 밀어붙이는 일이 없도록 주의해야 합니다.

반복의 지루함을 피할 지혜를 배워 적용한다

셋째, 반복을 지루하지 않게 만드는 다양한 지혜를 배우고 적용하여 매 반복이 다르게 느껴지고 의미를 지니도록 노력할 필요가 있습니다. 이를 위해서는 다양한 방식의 읽기를 활용하는 것이 좋습니다. 엄마 아빠와 아이가 서로에게 영어책을 읽어주는 방법도 있고, 합창하듯 한목소리로 읽거나 한 부분씩 돌아가면서 읽을 수도 있습니다. 대화가 많은 책일 경우에는 대화 부분을 적절히 나누어 맡은 후 연기하듯이 각자 맡은 부분을 읽는 방법도 있습니다.

또 읽을 때마다 소요 시간을 측정하고 얼마나 정확하게 읽었는지를 기록해 비교하는 것도 좋은 방법입니다. 그런 과정에서 더 짧은 시간과 더 높은 정확성을 목표로 삼게 하면 매 반복을 새로운 읽기와 새로운 도전으로 만들 수 있습니다. 이런 도전을 친구와 서로 경쟁하며 하게 할 수 있다면 반복 읽기가 지루하기는커녕 매우 흥미로운 게임이 될 것입니다.

지루한 반복을 피하는 또 다른 지혜 가운데 하나는 가족이나 친구들을 포함한 청중 앞에서 뽐내며 읽을 기회를 마련해주는 것입니다. 다른 사람들 앞에서 읽기 위해서는 사전에 많은 연습이 필요합니다. 따라서 보통은 큰 거부감이나 지루하다는 생각 없이 쉽게 반복하게 됩니다.

아이가 원하는 경우에만 반복한다

하지만 다양한 방법을 동원하여 반복을 재미있고 의미 있게 만들기 위해 노력한다고 해도 아이가 나이를 먹고 학년이 올라감에 따라 동일한 영어책을 반복해 읽는 것을 꺼리는 경향이 커지기 마련입니다. 그런 때가 되면 같은 책을 반복해 읽는 것은 아이가 정말 좋아하여 계속 반복하길 원하는 소수의 책을 제외하면 지루하고 힘든 일이 되기 쉽습니다. 따라서 꼭 필요하거나 아이가 기꺼이 원하는 경우에 한해서만 반복해 읽도록 하는 것이 좋습니다. 꼭 필요한 경우라면 어쩔 수 없겠지만 단지 학습적인 효과를 위해 반복을 종용하는 것은 영어책 읽기를 위해서는 물론 영어 학습 자체를 위해서도 바람직하지 않습니다.

본격적인 영어책 읽기에 들어가면

사실 입문 단계를 지나 본격적인 영어책 읽기로 들어가게 되면 같은 책의 반복보다 새로운 영어책을 찾아 읽어나가는 것이 훨씬 더 바람직합니다. 우선, 흥미를 좇아 계속 새로운 책을 찾아 읽게 되면 지루할 틈이 없습니다. 자연스럽게 새로운 이야기와 모험을 담은 새로운 책을 끊임없이 찾게 되어 있습니다. 그렇게만 되면 많은 영어책을 읽는 것은 단지 시간의 문제가 됩니다. 지루한 반복을 통한 다독이 아니라 새로운 이야기의 향연이 끊임없이 이어지는 진정한 의미의 다독이 되는 것입니다.

새로운 책을 찾아 읽는 것이 반복에도 더 효과적이다

그뿐이 아닙니다. 계속 새로운 책을 찾아 읽어나가는 것은 반복을 위해서도 더 효과적입니다. 영어책 읽기의 수준이 올라가고 읽는 양이 늘어나면 가장 중요한 반복의 대상은 어휘가 됩니다. 그런데 책을 많이 읽으면 단어들은 중요한 순서대로 중요한 만큼 반복하여 출현하게 되어 있습니다. 더욱이 각 단어는 출현할 때마다 조금씩 다른 문맥에서 나타나 약간씩 다른 면을 보여주므로 가장 효과적이며 이상적인 반복이 가능해집니다. 다시 말해, 같은 단어이지만 조금씩 다른 옷을 입고 나타나기 때문에 반복될 때마다 단어가 더 확실하게 기억되는 것은 물론 그 단어에 대한 이해도 점점 더 깊어지고 넓어지게 되는 것입니다.

반복의 효과가 큰 챕터북과 시리즈물

이와 같은 반복의 효과는 어떤 영어책이라도 많이만 읽으면 충분히 거둘 수 있습니다. 하지만 아이들이 즐겨 읽는 챕터북이나 시리즈물이라면 그 효과가 더욱 두드러집니다. 그런 영어책은 대부분 동일한 등장인물이 유사한 배경을 바탕으로 새로운 모험이나 사건에 참여하는 방식으로 이야기가 전개되기 때문에 내용의 지루한 반복은 없으면서 언어적인 반복이 자연스럽게 효과적으로 이루어지기 때문입니다.

새로운 책에 도전하는 걸 두려워한다면

정리하자면, 영어 읽기를 처음 배우는 입문 단계에서는 반복 읽기가 읽기 능력을 기르는 데 매우 효과적이며 아이들의 특성상 반복도 수월합니다. 따라서 이 시기에는 가급적 많은 반복 읽기가 이루어지도록 격려하고 유도하는 것이 좋습니다. 하지만 학년이 올라가면서 아이는 반복을 꺼리게 되고 읽기 수준이 높아지고 읽는 양이 늘어나면서 반복하는 일 자체도 점점 어렵게 됩니다. 따라서 꼭 필요한 경우나 아이가 반복하길 원하는 책이 아니라면 계속 새로운 책을 찾아 읽도록 하는 것이 바람직합니다.

혹시라도 단어와 문장을 읽어내는 것이 충분히 유창해졌는데도 아이가 새로운 책에 도전하는 것을 두려워하며 계속 같은 책만 읽으려 하고 있습니까? 그렇다면 아이에게 충분히 쉽지만 매우 재미있는 영어책이 아주 많음을 알게 해주어야 합니다. 특히 쉬운 챕터북이나 단계별 읽기책은 그런 점에서 매우 유용합니다.

물어보면 모르는
단어가 많은 것 같아요,
문제가 있는 것 아닌가요?

아이가 영어책 읽기의 재미에 푹 빠져 자나 깨나 영어책을 붙들고 있으면 흐뭇한 마음이 들면서도 "저렇게 계속 영어책을 읽기만 하고 단어나 문법 공부는 하지 않아도 될까?", "얼핏 보기에도 어려운 단어가 제법 많은 것 같던데 제대로 이해는 하면서 읽는 것일까?" 같은 여러 가지 의문이 들기 마련입니다.

그래서 많은 엄마 아빠들이 아이가 읽고 있는 책을 빼앗아 들고는 모를 것 같은 단어들을 골라 물어보게 됩니다. 아니나 다를까 아이는 우려했던 것처럼 답변을 제대로 하지 못합니다. 그래서 많이들 염려하며 물어보십니다.

"아이가 영어책을 재미있게 읽고는 있는데 물어보면 잘 알지 못하는 단어가 많은 것 같아요. 뭔가 문제가 있는 것은 아닌가요? 저대로 내버려둬도 될까요?"

책 읽기를 통해 얻은 단어 지식은 다르다

이와 같은 고민을 갖고 있는 엄마 아빠의 심정을 충분히 이해합니다. 하지만 아이가 영어책 읽기를 즐기고 있는 한 전혀 염려하실 필요가 없습니다. 그리고 영어책을 열심히 읽는 아이들이 어떻게 영어 단어를 배우게 되는지 그 과정을 이해하면 그런 의문이나 고민은 대부분 사라지게 될 겁니다.

평소에 영어책 읽기를 즐기면서 다독을 꾸준히 실천하는 아이들은 영어책이 제공하는 다양한 문맥 속에서 이미 아는 단어뿐 아니라 새로운 단어를 계속 반복적으로 만나게 됩니다. 그리고 그런 지속적인 만남을 통해 자신도 모르는 사이에 많은 어휘를 우연적으로 학습하게 됩니다. 그런데 이런 방식으로 얻게 되는 어휘 지식은 우리가 흔히 하는 것처럼 단어의 간단한 정의를 암기하는 방식으로 공부해 얻게 된 것과는 여러 가지 면에서 중요한 차이가 있습니다.

우연적으로 습득한 어휘 지식은 문맥적이다

먼저, 책 읽기를 통해 우연적으로 얻게 된 어휘 지식은 무엇보다 문맥적입니다. 즉, 각 단어가 어떤 상황에서 어떤 단어들과 어울려 어떻게 쓰이는지를 아는 방식으로 단어를 이해하게 됩니다. 그런데 이런 방식으로 영어 어휘를 습득한 아이들은 엄마 아빠가 (특히 한국어로 된) 단어의 정의를 물어보면 대답을 잘하지 못할 가능성이 큽니다. 예를 들어, suggest란 영어 단어에 대해 엄마 아빠들은 '제안하다, 암시하다' 등과 같은 정의를 분명하게 제시하길 기대합니다. 하지만 아이들은 보통 다음과 같이 대답하기가 쉽습니다.

"엄마, 그 단어가 무슨 뜻인지 정확히는 모르겠어요. 그렇지만 무언가를 suggest한다고 하면 다른 사람들에게 자기가 가지고 있는 계획이나 아이디어를 내놓는 거예요. 그리고 어떤 때는 자기가 어떤 생각을 가지고 있는지 말할 때 쓰는 것 같기도 하네요."

다면적이고 부분적이며 누적적이다

또 영어책 읽기를 통해 우연적으로 습득한 어휘 지식은 다면적이고, 부분적이며, 누적적인 성격을 가지고 있습니다. 책 속에서 단어를 만날 때마다 약간씩 다른 문맥에서 조금씩 다른 모습을 보게 됩니다. 이 과정에서 얻게 된 어휘 지식은 결과적으로 단어의 다양한 모습을 나타낸다는 점에서 다면적입니다. 그런데 단어의 이런 다면적인 모습은 한꺼번에 알게 되는 것이 아니라 해당 단어를 만날 때마다 조금씩 배우게 됩니다. 따라서 아이들이 가지고 있는 단어에 대한 지식은 많은 경우 부분적입니다. 또 해당 단어와의 만남을 거듭함에 따라 부분적인 앎이 계속 조금씩 누적되어 온전한 지식을 이루게 됩니다. 그런 의미에서 책 읽기를 통해 얻게 되는 어휘 지식은 누적적인 것입니다.

단어 하나를 알게 되는 것은

단어 학습의 이와 같은 성격을 고려할 때 단어 하나를 배워 알게 되는 것은 마치 선천적인 시각 장애인이 손으로 코끼리의 몸을 만져 그 동물을 알아가는 것과 비슷합니다. 몸의 이곳저곳을 만질 때마다 코끼리에 대해 조금씩 파악하게 되고 갈수록 코끼리가 어떤 모습을 지닌 동물인지 점점 더 뚜렷하게 알게 됩니다. 몸통을 만져보면 무슨 커다란 바위 같고, 다리를 만지면 커다란 나무의 줄기 같습니다. 상아를 만지면 플라스틱 파이프 같기도 하고, 꼬리를 만지면 밧줄같이 느껴집니다. 이런 식으로 한 번씩 만질 때마다 코끼리를 조금씩 더 알게 되고 이렇게 얻은 부분적 앎이 누적되어 충분히 다양한 모습을 알게 되어야 비로소 코끼리라는 동물을 제대로 파악하게 됩니다. 코끼리를 좀 더 다양한 위치에서 좀 더 많이 만져볼수록 더 많이 더 제대로 알게 되고, 나중에는 코끼리의 성품까지도 파악하게 됩니다.

단순 암기식 공부로는 어렵다

단어를 아는 것과 그 과정이 문맥적이며, 다면적이고 부분적이고 누적적이란 사실을 제대로 이해하고 나면 단어의 단순한 정의를 계속 반복해 암기하는 단어 공부 방식에 얼마나 문제가 많은지를 깨닫게 됩니다.

코끼리의 신체 가운데 한 부분만을 계속 만져서 어떻게 코끼리를 알 수 있겠습니까? 그런 방식으로 단어를 익히면 아이들의 머릿속에 단어의 일부 모습만을 고착화시켜 영어로 이해하고 느끼고 사고하고 표현하는 것을 매우 어렵게 만듭니다. 다시 말해, 각 단어가 지닌 의미와 쓰임의 다양한 면을 알지 못하기 때문에 그런 단어들로 구성된 문장과 텍스트의 진정한 의미를 제대로 이해할 수 없을 뿐 아니라 표면적 의미를 넘어서는 느낌이나 이미지는 짐작하는 것조차 쉽지 않습니다. 당연히 영어로 사고하고 표현하는 능력에도 커다란 한계를 지닐 수밖에 없습니다.

책 읽기를 통해 얻은 단어 지식은 활용도가 높다

반대로 영어책 읽기를 통해 우연적으로 습득한 단어 지식은 활용도와 영양가가 매우 높습니다. 무엇보다 영어의 실제 쓰임을 그대로 반영하기 때문에 영어를 듣거나 읽을 때 바로바로 제대로 된 이해가 가능합니다. 뿐만 아니라 언제 어떻게 쓰이는지를 알고 있기 때문에 영어로 자신의 생각을 표현하고자 할 때에도 실전에 바로 활용할 수 있습니다. 바로 이런 이유 때문에 영어책을 많이 읽으면 영어를 이해하고 영어로 표현하는 능력이 크게 향상될 수밖에 없는 것입니다.

단어의 정의보다는 사용 문맥을 물어본다

영어 단어 하나를 제대로 안다는 것은 단어의 (우리말) 정의를 암기하는 것보다는 해당 단어가 어떤 상황에서 어떻게 쓰이느냐를 아는 것입니다. 또 영어책 읽기를 통해 얻게 되는 단어 지식은 단어의 다면적 모습에 대한 부분적인 앎이 누적되어 비로소 온전하게 됩니다.

　따라서 영어책 읽기를 통해 어휘를 배워나가는 아이들에게 어떤 단어를 아는지 확인하기 위해 우리말로 단어의 명확한 정의를 제시하도록 요구하는 것은 바람직하지 않습니다. 그것보다는 주어진 단어가 쓰이는 적절한 문맥을 떠올릴 수 있는지를 알아봐야 합니다. 그리고 해당 단어의 의미와 쓰임을 일부라도 알고 있다면 그것도 그 단어를 (어느 정도는) 아는 것이며 단어의 학습이 제대로 진행되고 있는 것이라고 할 수 있습니다.

읽기를 즐기고 있는 한 염려할 필요가 없다

결론적으로, 영어책 읽기의 즐거움에 빠져 많은 영어책을 읽어나가는 아이들은 엄마 아빠가 생각하는 것보다 훨씬 많은 영어 단어를 알고 있습니다. 하지만 영어책 읽기를 통해 얻게 되는 단어 지식은 그 성격이 매우 달라 전형적인 한국식 단어 시험이나 엄마 아빠가 기대하는 방식으로는 쉽게 감지하기가 어렵습니다. 따라서 아이가 영어책을 재미있게 읽고 있고 또 그런 읽기가 계속되는 한 제대

로 이해하면서 읽고 있는지 그리고 저렇게 내버려두어도 영어 단어
와 문법 실력이 늘게 될지 등의 문제에 대해서는 조금도 염려하실
필요가 없습니다.

09

영어책 읽기를 더욱 신나는
일로 만들어줄 네 가지 키워드

아이가 혼자서 영어책을 읽기 시작해 가급적 많은 영어책을 꾸준히 읽어나가도록 하려면 어떻게 해야 할까요? 여기에서 설명하는 내용은 저의 네 자녀와 많은 다른 아이들의 영어책 읽기를 격려하고 동기를 부여하기 위해 실제로 활용한 지혜와 팁들을 4개의 키워드로 정리한 것입니다. 여러분의 상황에 맞게 적절히 활용하여 아이의 영어책 읽기가 아이에게는 물론 엄마나 아빠에게도 즐겁고 보람된 경험이 되길 바랍니다.

키워드 #1: 존중
아이의 선택권을 존중한다

첫 번째 키워드는 존중입니다. 가급적 많은 면에서 아이를 존중해주라는 뜻입니다.

우선, 아이의 선택권을 존중해주어야 합니다. 사람은 누구나 자신이 직접 선택했을 때 더 큰 애정과 책임감을 느끼기 때문입니다. 무엇보다 아이가 읽을 영어책은 아이 스스로 선택하도록 해야 합니다. 어린아이들의 경우 너무 어려운 책을 골라 난감한 상황이 될 수도 있으므로 가급적 미리 준비된 많은 책들 중에서 선택하도록 합니다. 비록 완전한 자유 선택은 아니지만 최종 선택을 본인이 직접 하게 함으로써 애정과 책임감을 가지게 하는 것입니다.•

엄마 아빠가 고른 좋은 책보다는 아이가 고른 평범하거나 시답지 않은 책이 더 나을 수 있습니다. 아이가 좋아할 것 같은 책을 넌지시 추천할 수는 있지만 강권하는 것은 바람직하지 않습니다. 실제로는 엄마 아빠가 추천한 것이라도 아이가 스스로 고른 책이 되도록 해야 합니다.

혹시라도 아이가 고른 책을 서가에 몰래 갖다 놓고 여러분이 직접 고른 책을 대출하거나 구입하려는 유혹을 느끼십니까? 그렇게 하는 것은 결국 아이의 의욕을 떨어뜨리는 일이 됩니다. 따라서 바람직하지 않습니다.

• 마찬가지로 책을 읽은 후의 독후 활동도 아이가 선택하도록 합니다. 독후 활동 여부는 물론 어떤 독후 활동을 얼마나 할지에 대해서도 아이의 선택을 최대한 존중해 주는 것이 좋습니다.

아이의 생각과 소유권을 존중한다

아이의 선택권뿐 아니라 아이의 생각과 소유권을 존중해줄 필요가 있습니다. 책을 읽고 대화하는 과정에서 자신의 생각을 적극적으로 표현하도록 격려 받고 또 표현한 생각을 존중 받으면 자기 주도성과 자신감이 발달하게 됩니다. 영어책을 읽은 후에는 책의 내용과 사건, 등장인물, 대안적 결말 등에 대해 함께 이야기하고 느끼고 생각한 것을 표현할 기회를 주어야 합니다. 그렇게 책에 대해 대화하는 과정에서 의견을 제시할 기회를 충분히 가지고 또 존중 받으면 자신의 판단을 신뢰하게 되고 자신의 생각에 대한 자신감도 늘어나게 됩니다.

같은 취지에서 아이의 소유권을 중시하고 존중해주어야 합니다. "네가 선택한 책", "너의 생각", "네가 만든 작품", "네가 쓴 글" 등, 아이의 소유권에 대한 존중이 영어책 읽기와 관련된 가급적 많은 부분에서 표현되고 실천되어야 합니다. 그렇게 되면 아이의 자존감이 높아지고 책임감도 커집니다.

키워드 #2: 자신감
성공의 경험을 반복하면 자신감이 커진다

두 번째 키워드는 자신감입니다. 아이가 혼자 영어책을 읽어나가기 시작하는 단계에서는 특히 자신감의 확보가 중요합니다. 이를 위해서는 충분히 쉬운 영어책을 골라 문제없이 읽어내는 성공의 경험을 계속 갖게 해주어야 합니다. 성공의 경험을 거듭해 영어책 읽기를 스스로 충분히 장악하고 있다고 느낄 때 자신감을 유지하고 키워나갈 수 있습니다.

영어책 읽기에 대한 자신감이 늘어나면 영어책을 읽는 것이 즐거워집니다. 또 그렇게 되기만 하면 아이가 알아서 영어책을 더 많이 더 열심히 읽으려 할 것입니다.

이와 같이 자신감을 확보하고 향상시키는 것은 읽기 요령과 기술을 배우는 것 못지않게 중요한 일입니다. 끊임없이 칭찬하고 격려하며 여유 있게 진행하여 매번 성공적으로 잘 해내도록 도와줘야 합니다.

어려운 책 한 권보다는 쉬운 책 여러 권

자신감을 키워주려면 무엇보다 아주 쉬운 책부터 시작해 다음 수준으로 올라가기 전에 현재 수준의 책을 충분히 많이 읽도록 해야 합니다. 그런 의미에서 어려운 책 한 권을 힘들게 읽는 것보다는 쉬운 책을 여러 권 즐겁게 읽는 것이 훨씬 더 효과적이고 바람직합니다. 아이가 읽기를 꺼린다면 아이에게 너무 어려운 책은 아닌지, 아이가 정말 좋아하는 책인지 검토할 필요가 있습니다.

어려워 보이지만 아이가 정말 읽고 싶어 하는 책이라면 먼저 읽어주고 함께 읽은 후 아이에게 읽어달라고 부탁하는 방식으로 진행하는 것이 좋습니다.

또 책을 읽으면서 만난 어려운 단어는 단어 카드 등을 활용해 따로 연습할 기회를 가지도록 하십시오. 그렇게 함으로써 읽기가 정확하고 신속하게 그리고 자동적으로 이루어지도록 해야 합니다. 더 나아가 나중에는 해독이나 분석을 거치지 않고도 보자마자 바로 인식하는 수준이 되도록 해야 합니다.

함께 읽기도 혼자 읽기라고 느끼게 한다

이런 방식으로 아이가 영어책 읽기를 잘해낼 수 있게 최대한 지원하고 돕되 가급적 많은 것을 스스로 해냈다고 느끼도록 하는 것이 좋습니다.

사실 아이가 처음 영어책 읽기를 시작하는 단계에서는 읽는 일 자체에서도 엄마 아빠의 많은 도움이 필요합니다. 그런 의미에서 아이가 영어책을 진짜 혼자 읽는다기보다는 여전히 엄마 아빠와 함께 읽는 것이라고 할 수 있습니다. 하지만 (엄마 아빠와 아이의) 이런 "함께 읽기"는 언제나 아이의 "혼자 읽기"처럼 보이는 것이 좋습니다. 적어도 아이에게는 자기가 혼자서 해내고 있다고 느껴지도록 해야 합니다. 그렇게 하는 것이 아이의 성공적인 읽기 경험과 자신감 향상을 위해 바람직합니다.

키워드 #3: 절제
컴퓨터, 스마트폰, TV 시청을 절제해야 한다

세 번째 키워드는 절제입니다. 아이가 영어책을 꾸준히 읽어나가게 하려면 영어책 읽기를 방해하는 유혹은 최대한 피하고 절제를 생활화해야 합니다. 특히 컴퓨터와 스마트폰의 무분별한 사용과 TV 시청은 아이의 책 읽기를 방해하는 최대의 적이 될 수 있습니다.

문명의 이기는 절제하여 지혜롭게 잘 사용하면 득이 되지만 그렇지 못할 경우에는 해악이 더 커집니다. 각각의 용도와 사용 시간 등에 대한 명확한 원칙을 정해 절제하며 사용하도록 하십시오. 그렇게 함으로써 각 문명의 이기가 지닌 장점을 살려 필요한 만큼 유익하게 활용하면서도 책 읽기에 방해가 되지 않도록 해야 합니다.

절제의 원칙과 방법을 함께 결정한다

이런 절제를 위한 큰 원칙과 구체적인 실천 사항은 어릴 때부터 아이와 대화를 통해 함께 도출하는 것이 좋습니다. 아이가 어려도 충분히 합리적인 대화가 가능합니다. 아이에게 취지를 잘 설명하고 아이의 말을 충분히 들은 후 절제를 위한 원칙과 내용을 같이 결정하면 아이 스스로 실천에 대한 책임감과 의욕을 가지게 됩니다. 무엇보다 그런 절제의 실천에서는 엄마 아빠도 예외가 되어서는 안 됩니다. 말이 아니라 실천으로 보여주어야 합니다.

키워드 #4: 역할 모델
듣고 배우는 것이 아니라 보고 배운다

마지막 네 번째 키워드는 역할 모델입니다. 아이는 엄마 아빠의 말을 듣고 배우는 것이 아니라 엄마 아빠가 하는 행동을 보고 배웁니다. 엄마 아빠가 먼저 혹은 함께 실천하여 모범을 보여주지 않는다면 아무리 좋은 말이라도 결국에는 공허한 잔소리와 훈계가 될 수밖에 없습니다.

무엇보다 엄마 아빠가 먼저 책을 읽어야 합니다. 기회가 있을 때마다 조금씩이라도 읽는 모습을 보여주십시오. 꼭 책이 아니어도 괜찮습니다. 잡지나 신문도 좋습니다. 엄마 아빠 스스로 바쁜 생활 속에서도 틈나는 대로 읽기를 즐기는 것이 가장 좋겠지만 그렇지 못할 때는 읽는 척이라도 해야 합니다. 그러면 아이들은 자연스럽게 배우고 따라 하게 되어 있습니다. 엄마 아빠는 책을 읽지 않으면서 아이가 읽기를 기대한다면 그것은 기적을 바라는 것입니다. 엄마 아빠는 TV 앞에 앉아 있으면서 아이에게는 책을 읽으라고 하는 것도 마찬가지입니다. 특히 아빠의 참여가 중요합니다.

영어책 읽기의 역할 모델을 찾아준다

책 읽기의 모범을 보여주려는 노력과 함께 주변에서 영어책 읽기의 역할 모델을 찾아줄 수 있다면 더할 나위 없이 좋습니다. 영어책을 열심히 읽는 다른 아이를 보면 더 큰 동기를 부여 받게 되고 영어책을 읽도록 설득하는 일도 쉬워지기 때문입니다. 그런 아이와 함께 어울리게 하면 영어책 읽기가 더 쉽고 더 즐거워지기 때문입니다. 또래도 좋고, 형이나 누나, 언니나 오빠도 좋습니다. 아이가 직접 만나 영어책 읽는 모습을 볼 수 있고 또 읽고 있는 영어책에 대해 함께 대화할 수 있다면 누구든 좋습니다. 영어책 읽기의 구체적인 실제 모델을 알고 있으면 영어책 읽기는 훨씬 더 수월하게 진행될 수 있습니다.

10

우리 가족만의 특별한
도서관 이용 비법

대체 불가능한 도서관의 장점

재미있는 영어책과 영어 동영상은 영어책 읽기에서 성공하기 위해
필요한 최고의 무기입니다. 그런데 그런 무기를 어디에서 충분히 구
할 수 있을까요? 가장 좋은 곳은 바로 도서관입니다. 도서관에는 누
구나 쉽게 이용할 수 있는 아동용 영어책, 영화나 TV 애니메이션
DVD, CD-ROM 등의 다양한 자료가 널려 있습니다. 또 아주 쉬운
그림책부터 시작해 꽤 다양한 수준의 영어책 읽기를 경험하거나 배
울 수 있는 영어책 읽기 관련 강좌와 행사도 있습니다. 무엇보다 책
읽기를 즐기고 읽기에 열중하는 집단적 분위기를 직접 피부로 느낄
수 있습니다.

아이가 영어책 읽기에서 성공하길 원한다면 이런 장점을 갖춘 도
서관을 자주 방문해 적극적으로 활용해야 합니다. 주변에 그런 도서

관이 없다면 아동용 영어책을 많이 갖춘 큰 서점이라도 찾아야 합니다. 현재 사는 곳에 그런 도서관도 서점도 없다면 더 멀리라도 가서 아이에게 알맞은 영어책과 동영상 자료를 최대한 활용할 수 있도록 해야 합니다.

도서관 방문을 특별 이벤트로

사실 도서관의 장점과 도서관 이용의 필요성은 누구나 잘 압니다. 그런데 열심히 이용하는 것 외에 도서관 이용에 무슨 특별한 비법 같은 것이 있을 수 있을까요?

물론입니다. 그것은 바로 재미있는 영어책으로 가득 찬 도서관이나 서점 방문을 온 가족의 특별 이벤트로 만드는 것입니다. 도서관이나 서점 방문에 큰 의미를 부여하고 열정을 표현하여 아이가 그 분위기에 동화되고 들뜨도록 만드는 것입니다. 큰 파티에 참석하거나 소풍을 가는 것 이상으로 대단한 의미를 지니는 일로 만드는 것이지요.

그리고 단순한 방문에 그치지 않고 아이스크림이나 핫초콜릿처럼 아이가 좋아하는 맛집 방문 등과 연계시켜 더욱 유쾌하고 기분 좋은 경험이 되도록 하는 겁니다.

우리 가족만의 특별한 서점 방문 이벤트

저희 아이들이 어렸을 때 한 달에 두세 번 정도 휴일이나 주말을 이용해 온 가족이 서울 종로의 대형 서점에 나들이 다니던 기억이 아직도 생생합니다. 왜 도서관이 아닌 서점이냐고요? 그 옛날에는 큰 도서관에도 아이들이 읽을 만한 영어책이 많지 않았습니다.

아무튼 그때의 기억을 되살려보면 다음과 같습니다.

아침 일찍 일어나 서둘러 준비하고 아이들과 함께 전철을 타고 시내로 나갑니다. 서점에 도착해 개장하길 기다렸다가 문을 열자마자 달려 들어가 아이들이 좋아하는 영어 챕터북이나 시리즈 책의 신간부터 모조리 찾아 읽습니다. 그렇게 영어책 독서 삼매경에 빠져 있다 보면 금세 오후가 되고 슬슬 배가 고파오기 시작합니다. 그러면 오후 1시 반쯤에 미리 맛집으로 수배해둔 중국집으로 가서 당시 아이들에게는 아무리 먹어도 질리지 않던 맛있는 짜장면과 탕수육을 실컷 먹게 합니다. 그러고 나서는 아이스크림 가게에 들러 후식으로 아이스크림도 사먹습니다. 그런 후 서점으로 돌아와 오후 내내 다시 영어책 읽기에 열중하고, 그러다 보면 시간이 늦어져 서점이 문을 닫을 시간이 되기도 합니다. 결국 다음 방문을 약속하며 아쉬워하는 아이들을 살살 달래 데리고 나와 늦은 저녁을 사주고 다시 전철을 타고 집에 돌아옴으로써 그날의 서점 방문은 막을 내리게 됩니다.

이와 같은 서점 방문을 큰아이가 초등학교를 졸업한 이후까지도 한동안은 계속했던 것 같습니다. 네 명의 아이들은 말할 것도 없고 저와 제 아내에게도 아주 특별했던 일이었습니다. 지금 돌이켜보면 언제나 재미있고 기분 좋은 경험들과 연계되어 아이들의 영어책 읽기를 더욱 즐겁고 의미 있게 만들었던 우리만의 비법이었던 것 같습니다.

요즘에는 시대가 좋아져 도서관에 가면 아이들이 읽을 수 있는 영어책들이 꽤 많고, 영어책을 전문으로 하는 도서관도 있는 것 같습니다. 아이의 영어책 읽기가 성공하도록 도우려면 도서관을 최대한 활용해야 합니다. 단순한 활용에 그치지 말고 도서관이나 서점에 가는 것을 특별한 이벤트로 만들어 아이들의 영어책 읽기가 더욱 신나고 유쾌한 일이 되게 해야 합니다.

혹시라도 가까운 곳에 영어책이 많은 도서관이나 큰 서점이 없어 아쉬운 마음이 드십니까? 가까운 곳에 있어 쉽게 자주 이용할 수 있으면 물론 좋겠지요. 하지만 멀리 있어 방문하기가 힘들다면 도서관이나 서점 방문을 특별한 이벤트로 만들기에는 오히려 더 유리한 측면도 있으니 너무 슬퍼하지 마시기 바랍니다.

11

영어책 읽기에 진짜 도움이 되는 보상 제공 방법

정도의 차이는 있겠지만 사람은 누구나 자신이 한 노력에 대한 인정과 보상을 좋아하고 또 기대하기 마련입니다. 아이의 영어책 읽기에서도 아이의 노력에 대한 보상을 적절히 제공하면 영어책 읽기를 더욱 기꺼이, 더 열심히 하게 만들 수 있습니다. 그렇다면 아이의 영어책 읽기를 돕기 위한 보상은 무엇을 가지고 어떻게 하는 것이 좋을까요?

외적 보상과 내적 보상

보상은 흔히 내적 보상(intrinsic rewards)과 외적 보상(extrinsic rewards)으로 나뉩니다. 남을 위해 좋은 일을 했을 때 느끼는 흐뭇함이나 뿌듯함, 착한 일을 하고 나서 받는 칭찬과 이로 인한 기쁨,

어려운 문제를 해결했을 때 느끼는 만족감이나 성취감 같은 것이 내적 보상입니다.

반면 숙제를 다 끝냈을 때 아이가 좋아하는 컴퓨터 게임을 하게 해주거나 성적이 올랐을 때 원하는 선물을 사주는 것 등은 외적 보상에 속합니다.

내적 보상과 외적 보상은 둘 다 매우 중요합니다. 적절히 사용하면 모두 동기 부여와 목적 달성에 크게 기여할 수 있기 때문입니다. 하지만 외적 보상은 눈에 보이고 피부로 직접 느낄 수 있기 때문에 그 힘이 강력하며 그런 이유로 아이들은 일반적으로 외적 보상을 더 좋아하고 더 쉽게 반응합니다. 따라서 외적 보상은 반드시 내적 보상과 연결해 사용함으로써 아이가 외적 보상만을 추구하는 문제가 생기지 않도록 주의해야 합니다.●

● 미국에서 아동의 영어책 읽기를 장려하기 위해 보상을 활용하는 대표적인 예 가운데 상업적 읽기 프로그램인 Accelerated Reader(AR)가 있습니다. AR에서는 아동이 책을 읽으면 내용에 대한 시험을 보게 하고 통과하면 나중에 상품으로 교환할 수 있는 포인트를 부여하는 시스템을 운영합니다. 하지만 이런 AR의 보상 시스템은 아동들의 책 읽기를 돕는 게 아니라 오히려 읽기의 즐거움을 앗아가고 결과적으로 책 읽기를 방해한다는 비판도 만만치 않습니다(Krashen 2011: 45). 책 읽기는 그 자체로 매우 즐거운 일이기에 읽는 즐거움이 가장 큰 보상이 될 수 있습니다. 그런데 이런 책 읽기에 대해 외적 보상을 제공함으로써 은연중에 책 읽기가 충분히 즐거운 일이 될 수 없어 보상이 필요하다는 잘못된 인식을 심어주게 된다는 것입니다. 미국의 AR 프로그램은 현재 한국에서도 꽤 인기를 누리고 있으므로 이러한 우려에 대해 진지하게 고민해볼 필요가 있습니다.

작은 것을 자주 제공한다

영어책 읽기 과정에서 외적 보상은 영어책을 읽은 것 자체와 잘한 것에 대해 각각 주어지는 것이 바람직합니다. 다시 말해, 일단 목표한 영어책을 다 읽었으면 그것에 대한 보상을 주고, 아주 잘 읽어냈으면 거기에 대한 보상은 추가적으로 제공하는 것입니다. 보상의 내용으로는 크고 비싼 것을 가끔씩 제공하기보다 아이가 좋아하는 것 가운데 과도하지 않은 것을 다양하게 가급적 자주 주는 편이 낫습니다. 그리고 보상의 구체적인 조건과 내용은 아이와 협의해 함께 결정하는 것이 좋습니다.

한편, 영어책 읽기의 진척 상황을 차트로 만들어 진도를 체크하는 것도 좋은 방법입니다. 진도표를 가족 모두가 볼 수 있게 게시하고 아이가 직접 관리하게 하면 그 자체로 좋은 자극과 동기 부여가 될 수 있으며 보상을 위한 근거 자료로도 활용할 수 있습니다.

외적 보상은 내적 보상과 함께 제공한다

외적 보상은 내적 보상과 연결해 함께 사용하는 것이 바람직합니다. 예를 들어, 이번 주에 설정한 영어책 읽기 목표를 달성해 약속한 선물을 주게 되었다면 아이의 노력과 성취에 대해 칭찬해주고 아울러 선물보다 더 중요한 것은 실력의 향상이란 점을 알게 해주어야 합니다. 그리고 아이의 성취와 실력 향상으로 인해 엄마 아빠의 마음이 얼마나 기쁘고 흐뭇한지도 알려주십시오. 그렇게 함으로써 아이가 외적 보상만을 추구하는 일이 생기지 않도록 해야 합니다.

이와 같이 외적 보상을 제공할 때는 무슨 말을 어떻게 해서 아이를 칭찬하고 내적인 동기를 높여줄 수 있을지도 늘 고민할 필요가 있습니다.

내적 보상과 책 읽기의 즐거움이 더 큰 보상이 된다

사실 내적 보상이 외적 보상보다 더 근본적이며 더 강력한 힘을 발휘할 수 있습니다. 내적 보상을 제공하는 가장 좋은 방법은 아이를 진심으로 칭찬하고 격려하며 자신과 자신이 하는 일에 대해 자랑스럽게 느끼도록 해주는 것입니다. 아이가 영어책을 읽는 모습을 볼 때나 읽어주는 것을 들을 때 엄마 아빠가 얼마나 행복하고 자랑스러운지 아이에게 말해주십시오. 또 영어책을 읽음으로써 느끼는 즐거움이 어떤 외적 보상보다도 더 크고 매력적인 보상임을 깨닫도록 도와주어야 합니다.

이를 위해서는 스토리가 흥미진진하고 재미있어 그 속에 푹 빠져 시간 가는 줄 모르고 영어책 읽기에 몰두할 수 있어야 합니다. 그리하여 영어책을 읽는 것이 정말 즐겁고 큰 가치가 있는 일로 느껴져야 합니다.

가장 큰 칭찬과 격려는 읽는 것을 들어주는 것

아이가 영어책을 읽을 때 엄마 아빠가 얼마나 행복하고 자랑스러운 지를 보여줄 수 있는 가장 좋은 방법 가운데 하나는 바로 아이의 영 어책 낭독을 들어주는 것입니다.

이를 위해서는 먼저 쉽고 재미있는 영어책을 많이 준비하여 하루 에 20~30분 정도 매일 일정한 시간에 낭독하도록 합니다. 한꺼번 에 많은 양을 하기보다 조금씩이라도 매일 꾸준히 하는 것이 더 효 과적입니다. 또 방해 받지 않고 영어책을 낭독하고 들어줄 편안한 장소도 준비되어야 합니다. 아이가 낭독할 때 들어줄 사람도 미리 정하는 것이 좋습니다. 물론 가족 모두가 들어줄 수 있다면 더욱 좋 습니다. 아이의 영어책 낭독을 들어주면 읽기 유창성을 향상시키는 데 큰 도움이 됩니다.

이와 같이 실력의 발전에도 도움이 되고 아주 훌륭한 내적 보상 과 동기 부여의 방법도 될 수 있으니 아이의 영어 읽기를 들어주는 것은 그야말로 일석이조의 효과가 있는 것입니다.

잘 들어주는 것이 최고의 관심 표명

아이는 늘 엄마 아빠의 특별한 관심을 원합니다. 엄마 아빠와 함께 있길 원하고 무엇이든 함께하기를 좋아합니다. 따라서 아이가 행복 한 아이로 성장하길 원한다면 아이에게 특별한 관심을 보여주고 또 느끼게 해주어야 합니다. 직장생활과 집안일이 아무리 바쁘고 힘들더라도 아이의 말을 잘 들어주고 기회가 있을 때마다 진심 어린 칭찬과 따뜻한 격려의 말을 해주어야 합니다. 아이가 영어책을 읽어줄 때 잘 들어주고 엄마 아빠가 얼마나 행복한지 알려주는 것이 아이에게는 최고의 관심 표명이 됩니다.

12

유창한 영어 읽기를 위해
꼭 지켜야 할 다섯 가지 다독 원칙

읽기는 오직 읽기를 통해서만

다독(多讀, extensive reading)은 말 그대로 많이 읽는 것을 의미합니다. 영어책 다독은 학습자가 원하는 영어책을 골라 꾸준히, 가급적 많은 양의 영어 텍스트를 읽어나가는 것을 의미합니다. 우리나라의 영어 읽기 교육은 전통적으로 모르는 단어와 문법을 모두 찾아 이해하고 문장을 하나하나 꼼꼼하게 해석하는 정독을 중심으로 이루어져왔습니다. 하지만 정독으로는 영어 읽기를 제대로 배우고 즐길 수준에 도달할 만큼 충분히 읽는 것이 어렵습니다.

따라서 "읽기는 오직 읽기를 통해서만 배울 수 있다"는 말처럼 영어를 자유자재로 유창하게 읽게 되길 원한다면 영어책을 충분히 많이 읽어야 합니다.

다독의 핵심 원칙 다섯 가지

그런데 영어책의 다독에도 당연히 중요한 원칙과 방법이 있습니다. 특히, 다독의 세계적인 대가인 리처드 데이(Richard Day)와 줄리언 뱀퍼드(Julian Bamford) 교수는 여러 논문과 저서에서 성공적인 다독 프로그램의 특징을 다음과 같이 크게 열 가지로 나누어 설명하고 있습니다(Day & Bamford 2002).

● 다독 원칙 10 (Top 10 Principles for Extensive Reading) ●

1. 읽기 자료는 쉬워야 한다.
2. 다양한 주제에 걸쳐 다양한 형태의 읽기 자료가 있어야 한다.
3. 학습자는 자신이 읽고 싶은 책을 선택한다.
4. 가급적 많이 읽는다.
5. 읽기의 목적은 주로 읽는 즐거움, 정보 습득, 내용의 전반적 이해이다.
6. 읽기 자체가 보상이 되어야 한다.
7. 빠른 속도로 읽어나간다.
8. 각자 묵독 형태로 읽는다.
9. 교사는 학생들에게 다독을 소개하고 안내한다.
10. 교사는 읽기에서 역할모델이 되어야 한다.

여기서는 그중 가장 핵심적이라고 생각되는 다섯 가지 원칙을 골라 그동안의 경험을 바탕으로 재해석하여 우리 아이들의 성공적인 영어책 다독을 위해 꼭 필요한 사항들을 하나씩 설명하겠습니다.

다독 원칙 #1: 최대한 많이 읽는다

먼저, 영어책을 최대한 많이 읽어야 합니다. 이것이야말로 다독의 진정한 핵심이라 할 수 있습니다. 다독의 다른 원칙들은 사실상 영어책을 많이 읽기 위해 필요한 것들이라고 해도 과언이 아닙니다. 많이 읽으려면 무엇보다 많은 시간을 투자해야 합니다. 각자의 속도에 따라 읽는 양이 달라지겠지만 많이 읽으면 읽을수록 속도는 빨라지기 마련입니다.

따라서 현재의 속도에 신경 쓰지 말고 다른 사람과 비교하지도

● 데이는 다독 프로그램의 실제 운영 결과를 담은 44개의 논문을 분석해 열 가지 다독 원칙이 교육 현장에서 실제로 얼마나 적용되고 있는지를 조사했습니다. 이 조사를 바탕으로 중요도 순위를 매겼는데 상위 여섯 가지 원칙은 다음과 같습니다(Day 2015).

① 가급적 많이 읽는다.
② 학습자는 자신이 읽고 싶은 책을 선택한다.
③ 다양한 주제에 걸쳐 다양한 형태의 읽기 자료가 있어야 한다.
④ 읽기 자료는 쉬워야 한다.
⑤ 읽기의 목적은 주로 읽는 즐거움, 정보 습득, 내용의 전반적 이해이다.
⑥ 각자 묵독 형태로 읽는다.

말고 가급적 많은 시간을 할애해 닥치는 대로 영어책을 읽어나가면 됩니다. 그러다 보면 읽는 능력이 발전함에 따라 읽는 속도도 늘어나 갈수록 더 많은 영어책을 읽게 될 것입니다.

그렇다면 영어책을 얼마나 많이 읽어야 충분히 많이 읽는 것이라고 할 수 있을까요? 일부에서는 일주일에 챕터북 같은 책을 한 권 정도 읽으면 충분하다고 하는 것 같습니다. 하지만 제 경험으로 볼 때 그 정도로는 진정한 다독이 되기 힘듭니다. 무엇보다 다독을 하는데 그 정도의 읽기에 그친다는 것은 현실적으로 타당성이 크게 떨어집니다.

다독하려면 영어책 읽기를 즐기는 즐독이 필요하고, 즐독하려면 영어책 읽기의 즐거움을 알아 영어책 읽기와 사랑에 빠져야만 합니다. 그런데 일주일에 챕터북을 한 권 정도 읽는다는 것은 마치 사랑하는 사람을 일주일에 한 번 정도 만나는 것과 비슷하다고 할 수 있습니다. 도저히 어쩔 수 없는 상황이라면 일주일에 한 번 만나는 것으로도 만족해야 할 겁니다. 하지만 일반적인 상황이라면 그것을 진짜 사랑에 빠진 것이라고 할 수 있을까요? 아마도 그렇게 보기는 어려울 것입니다.

물론 일주일에 한 권 정도의 챕터북을 읽어나가는 것이 무의미하거나 아무런 가치가 없다는 뜻은 아닙니다. 하지만 진짜 영어책 읽기에 빠진 아이가 그 정도 읽기에 그치는 것은 현실적으로 거의 불가능에 가깝습니다.

다독 원칙 #2: 자신이 읽고 싶은 책을 고른다

둘째, 다독을 위해서는 자신이 읽고 싶은 책을 선택해야 하고 또 그렇게 할 수 있어야 합니다. 영어책을 많이 읽으려면 무엇보다 영어책을 읽고 싶은 마음이 있어야 합니다. 이를 위해서는 교육적으로 나쁜 책만 아니라면 거의 무조건 아이가 흥미를 느껴 읽기를 원하는 책을 고르도록 해야 합니다. 전문가가 추천하는 좋은 책을 고르는 것도 의미가 있겠지만 무엇보다 아이가 원하는 책을 골라야 합니다. 그렇게 해야 아이를 영어책 읽기의 세계로 유혹하기가 훨씬 쉽습니다.

다독 원칙 #3: 읽고 싶은 영어책이 많아야 한다

셋째, 아이가 좋아하는 주제와 장르의 영어책이 많이 준비되어 있어야 합니다. 영어책 읽기에 성공하려면 아이 스스로 영어책을 읽고 싶도록 만들어야 합니다. 영어책을 읽고 싶은 마음을 가지도록 하려면 아이가 읽고 싶은 영어책이 다양하게 충분히 갖추어져 있어 언제라도 원하는 책을 마음대로 골라 읽을 수 있어야 합니다.●

●아이마다 관심을 보이는 것도 좋아하는 것도 다르기 때문에 다수를 대상으로 다독 프로그램을 운영하는 경우에는 다양한 주제와 장르의 영어책이 많이 준비되어 있어 아이들 각자가 원하는 책을 고를 수 있어야 합니다. 하지만 일반적인 엄마 아빠의 입장에서는 내 아이가 좋아하는 주제와 장르의 영어책만 많이 있으면 충분합니다.

데이와 뱀퍼드가 제시한 다독의 원칙에서는 일반적인 책뿐 아니라 잡지, 신문, 소설과 비소설, 여러 가지 많은 정보와 지식을 담은 책 등 다양한 형태의 읽을거리가 있어야 한다고 말합니다. 하지만 그동안의 경험으로 볼 때 다양한 유형의 읽을거리가 물론 도움은 되겠지만 반드시 필요한 것은 아닙니다.

다독 원칙 #4: 충분히 쉬운 책을 골라 읽는다

넷째, 충분히 쉬운 영어책을 골라 읽어야 합니다. 여기에서 충분히 쉽다는 것은 모르는 단어의 의미를 굳이 사전에서 찾아보지 않고 계속 읽어나가도 전체적인 내용을 파악하고 읽기를 즐기는 데 문제가 없는 것을 의미합니다. 또 영어 읽기가 서툰 학습자일수록 어렵고 두꺼운 영어책을 많은 시간을 들여 한 권 읽기보다는 쉽고 얇은 영어책을 가급적 여러 권 읽는 것이 더 바람직합니다. 하지만 약간 어렵게 보이는 영어책이라 해도 아이가 좋아해 열심히 읽고 있다면 굳이 말릴 필요는 없습니다.

딱 맞는 수준이나 약간 어려운 영어책이 더 좋다고 생각하는 사람도 있습니다. 그런 생각에는 나름대로 그럴 만한 이유가 있을 겁니다. 그렇지만 일단 많이 읽어야 읽기 능력이 발전하게 되고, 먼저 충분한 영어 읽기 능력을 갖추어야 책의 수준과 상관없이 본인에게 필요한 영어책도 문제없이 읽을 수 있게 됩니다. 따라서 읽기 능력을 발전시켜나가는 단계에서는 영어책의 수준도 가급적 많이 읽는 것에 도움이 되는 쪽으로 선택하는 것이 좋습니다.

다독 원칙 #5:
읽는 즐거움이 가장 중요한 목적인 동시에 가장 큰 보상이 된다

마지막으로, 영어책의 다독에 성공하려면 읽기 자체를 즐길 수 있어야 합니다. 영어책을 읽는 즐거움이 가장 중요한 목적과 동기가 되어야 합니다. 또 읽는 것 자체가 다른 어떤 것보다도 큰 보상으로 느껴지고 다른 외적 보상이 없어도 영어책 읽기를 즐기는 것이 가능해야 합니다.

한편, 데이와 뱀퍼드의 다독 원칙에서는 읽는 즐거움 외에도 정보의 습득이나 내용의 일반적인 이해가 읽기의 중요한 목적이 됩니다. 아이에 따라서는 유용한 정보의 습득에 큰 관심을 가진 경우도 있을 것입니다. 하지만 어린아이들의 영어책 읽기에서는 첫째도 재미, 둘째도 재미, 그리고 셋째도 재미입니다. 책을 읽는 재미와 즐거움 외에 다른 목적을 굳이 일부러 생각할 필요는 없습니다.

아직도 열심의 부족이
문제라고 생각하십니까?

우리나라의 영어교육은 국가적으로나 개인적으로 열심의 부족이 문제
가 된 적은 거의 없는 듯합니다. 혹시 아이의 열심과 노력이 모자라 영어
를 잘하지 못한다고 생각하십니까? 부모로서 당신의 열의와 뒷바라지가
부족해 아이가 뛰어난 영어 실력을 갖지 못한다고 생각하십니까? 오히려
열심과 열의는 넘치는데 방향이 엉뚱해서 문제가 되는 것은 아닐까요?

165층 남쪽 면의 유리창을 닦기 위해 열심히 기어 올라갔는데…

제가 대학 다닐 때 들었던 이야기입니다. 당신은 두바이의 부르즈 칼리파
보다 훨씬 높은 320층짜리 사각 기둥 모양의 빌딩에서 유리창 닦는 일을
하고 있습니다. 오늘 닦을 유리창은 빌딩의 165층 남쪽 면의 커다란 통유
리창 10개입니다. 165층의 유리 외벽에 기어 올라가려면 시간이 많이 걸
리기 때문에 아침 일찍 일어나 간식을 싸들고 일터로 나갑니다. 도착하자
마자 남쪽 유리벽을 기어오르기 시작해 2시간 정도 땀을 뻘뻘 흘리며 고
생한 끝에 드디어 165층에 도착했습니다.

밧줄에 매달려 간식을 먹으며 잠시 휴식을 취한 후 일을 막 시작하려

고 하는데 갑자기 유리벽 안쪽의 사무실에서 어떤 젊은 여성 하나가 다가오더니 당신에게 무언가를 말하려 합니다. 하지만 바람 소리가 워낙 시끄러워 무슨 말인지 알아들을 수 없습니다. 왼쪽 귀를 손으로 틀어막고 오른쪽 귀를 유리창에 바싹 밀착시켜 들으려 해보지만 여전히 알아들을 수 없습니다. 결국 그 여성은 종이에 무언가를 써서 당신에게 보여줍니다. 그 젊은 여성은 당신에게 대체 무슨 말을 하려고 했던 것일까요?

"있잖아요, 오늘 닦을 유리창은 이쪽이 아니라 반대편이라는데요."

만일 당신이 그와 같은 상황에 처했다면 심정이 어떠했을까요? 십중팔구 황당하기도 하고 허탈하기도 했을 겁니다. 아래로 내려가 다시 반대편 유리벽을 타고 올라가야 한다는 생각을 하면 한숨이 저절로 나왔을 것 같고요.

하지만 어쩌겠습니까? 살다 보면 별의별 일이 다 생기는 법이니 그 정도는 그냥 받아들여야 하겠지요.

그런데 말입니다

이제 현실로 돌아옵니다. 당신은 지난 세월 동안 고층 빌딩의 유리벽을 오르듯이 정말 열심히 살아왔습니다. 힘든 일도 있었고 고생도 좀 했지만 열심히 노력한 덕분에 어느 정도 자리를 잡았고 성취한 것도 꽤 있어 큰 아쉬움은 없습니다. 무엇보다 신념을 가지고 제대로 된 길을 걸어왔다고 믿기 때문에 나름대로 자부심도 느낍니다.

그런데 말입니다, 그런 상황에서 어느 날 갑자기 고층 빌딩의 엉뚱한 면에 올라가 있던 유리창닦이처럼 당신이 본래 의도한 것과는 전혀 다른 곳에 가 있다는 것을 깨닫게 된다면 어떻게 하시겠습니까?

비싼 영어 사교육이나 조기 유학보다 더 좋은 방법

경제적으로 감당할 수 없는 사설 영어 유치원이나 조기 유학을 보내는 것이 불가능한 상황이라고 슬퍼하거나 부러워하지 마시기 바랍니다. 그런 곳에 보내면 영어는 어떻게든 해결될지 모르지만 부작용의 가능성도 만만치 않으니까요. 더군다나 무리해서 그런 곳에 보내 공부하도록 하는 것이 가장 좋은 방법도 아니고 반드시 좋은 결과를 보장하는 것도 아닙니다. 사실은 비용도 훨씬 덜 들고 아이의 균형 잡힌 성장에도 바람직한 더 좋은 방법이 있습니다.

그 방법이 대체 무엇이냐고요? 그것은 바로 제가 이 책에서 그 내용과 방법을 설명해온 영어책 읽기입니다. 영어 문제의 해결을 위한 최선의 방법이자 유일한 방법이라는 영어책 다독입니다.

왜 최선의 방법이며 왜 유일한 방법인지 아십니까?

영어책 읽기가 왜 최선의 방법인지, 왜 유일한 방법인지 아십니까? 그 이유를 여러 가지로 설명할 수 있겠지만 제가 경험으로 아는 확실한 이유는 바로 영어책 읽기가 우리 아이들에게 유창한 영어 실력을 가져다줄 가장 좋은 방법이기 때문입니다. 언어적으로는 물론 정서적으로나 인지적으로도 우리 아이들의 성장과 발전을 가장 잘 도와줄 수 있는 책 읽기이기 때문입니다.

그리고 무엇보다 아주 특별한 언어적 재능이나 끈기를 지닌 아이도 아니면서, 부모의 경제적 능력 덕분에 어릴 때부터 고비용의 영어 사교육을 받을 수 있는 아이도 아닌 평범한 다수의 보통 아이들이 영어 문제를 해결할 수 있는 사실상의 유일무이한 방법이기 때문입니다.

Soli Deo Honor et Gloria!
Honor and Glory to God Alone!

부록

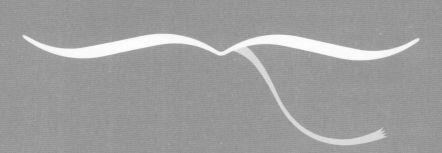

① TV용 애니메이션 시리즈 추천작

1. 선택 원칙

(1) 아이들의 영어 듣기 능력 향상을 위해 성공적으로 사용된 자료

(2) 교육적으로도 바람직하고 문제가 없다고 생각되는 작품

(3) 가급적 누구나 쉽게 구해 활용할 수 있는 자료 (예: 유튜브 등에서 시청 가능)

(4) 영어와 내용 면에서 아주 쉬운 수준부터 꽤 높은 수준까지 난이도가 점진적으로 올라가도록 선택하고 배열

2. TV용 애니메이션 시리즈 추천작 Best 15

번호	시리즈	핵심 개요
1	Teletubbies 텔레토비	• 영국의 어린이 TV 시리즈로 천연색 외계인 인형 같은 모습을 한 4명의 텔레토비가 주인공으로 등장 　- 딥시(Dipsy, 녹색), 라라(Laa-Laa, 노란색), 포(Po, 빨간색), 팅키 윙키(Tinky Winky, 보라색) 　- 한국에서는 각각 뚜비, 나나, 뽀, 보라돌이로 알려져 있음 • 실제 말은 거의 없고 어린 유아들의 옹알이와 유사한 방식으로 의사소통을 하는데, 그림만으로 많은 걸 이해할 수 있듯이 (무성영화 시대의 찰리 채플린 영화들처럼) 영상만으로도 많은 걸 이해하는 것이 얼마든지 가능함을 보여줌 • 영미권의 TV 프로그램 적용용으로 영아들의 심리 구조와 발달에 관련된 사건이나 문제로 구성되어 있음 • 1회 방송분인 각 에피소드의 길이가 약 25분(첫 시리즈)과 15분(새 시리즈) 정도인데 어린아이들의 주의 집중 시간을 고려하여 결정된 것이라고 함

		• 총 9개 시즌 485개의 에피소드로 구성되어 있음. 첫 시리즈(시즌 1~5, 365개 에피소드)는 BBC Two(1997~2001)에서, 새로운 시리즈(시즌 6~8, 120개 에피소드)는 CBeebies(2015~2018)에서 방송됨
2	Blue's Clues 블루스 클루스	• 진행자(Steve: 시즌 1~4, Joe: 시즌 5~6)와 함께 스토리를 이끌어가는 강아지 이름이 블루(Blue)라서 애니메이션의 명칭이 Blue's Clues임 • 블루가 남긴 3개의 단서를 활용해 진행자가 문제를 해결하거나 필요한 물건을 알아냄 • 기본적인 영어 단어들을 알기 쉽게 제시하고 몸으로도 표현해 단어의 의미와 쓰임을 쉽게 이해할 수 있게 해줌 • 총 6개 시즌, 143개 에피소드(각 21~26분)가 있으며 미국 케이블 채널 Nickelodeon에서 1996년부터 2006년까지 방송됨
3	Clifford the Big Red Dog 클리포드	• 거대한 몸집의 빨간색 강아지 클리포드(Clifford)와 강아지의 주인인 어린 소녀 에밀리(Emily)에게 벌어지는 이야기들 • 클리포드의 성품은 다음과 같은 영어 표현에 잘 드러나 있음: shy, gentle, friendly, loyal, lovable, clumsy, well-meaning and helpful • 큰 체구와 친구들로 인해 여러 가지 어려움이나 곤란한 상황에 처하지만 커다란 덩치와 지혜를 활용해 문제를 해결함 • 총 2개 시즌, 65개 에피소드(각 30분)가 있으며, 각 에피소드는 각각 15분짜리 이야기 2개로 구성되어 있음 • PBS Kids에서 2000년부터 2003년까지 방송함
4	Barney and Friends 바니와 친구들	• 아주 어린 유아들부터 초등학생에 이르기까지 꽤 넓은 연령층의 어린이를 대상으로 한 미국 TV 프로그램 • Barney가 아이들의 문제를 해결해가는 내용으로서 정해진 스토리 라인에 따라 춤추고 노래하며 교육적 메시지를 전달하려고 노력함• • 총 14개 시즌, 268개의 에피소드(각 30분 혹은 15분)가 있으며, 본래 PBS Kids(1992~2010)에서 방송되었고 현재까지도 재방송되고 있음

5	Dora the Explorer 도라 디 익스플로러	• 주인공인 도라(Dora)와 빨간 장화를 신은 원숭이 친구 부츠(Boots)가 주어진 목표를 달성하기 위해 목적지로 가는 과정에서 중간 지점에 있는 퍼즐 같은 문제를 해결하고 여우의 훼방을 이겨내면서 목적지에 도달하는 내용 • 친구들의 도움과 지도 그리고 가방 속의 물건을 활용해 문제를 해결하는 경우가 많음 • 간단한 스페인어가 자주 등장해 스페인어 노출에 도움이 됨** • 총 8개의 시즌, 178개의 에피소드(각 22분 정도, 일부는 45분 정도)가 있으며, 케이블 채널인 Nickelodeon에서 2000년부터 2019년까지 방송됨
6	Sesame Street 세서미 스트리트	• 현재에도 새로운 에피소드가 출시되고 있는 최장수 어린이용 프로그램으로 세서미 스트리트란 마을을 중심으로 스토리가 전개됨 • 주요 등장인물은 노란색의 빅버드(Big Bird), 빨간 인형인 엘모(Elmo), 파란색의 쿠키 몬스터(Cookie Monster)를 비롯해 세서미 스트리트에 사는 아이들과 어른들 등이며, 마을 주민은 고정 멤버로서 출현하고 초대 손님도 자주 등장함 • 매 에피소드나 스토리 안에서 숫자와 알파벳 등을 주기적으로 반복하기 때문에 기본적인 수 개념과 알파벳, 파닉스의 기초를 쌓는 데 많은 도움이 됨 • 1969년부터 PBS에서 방영되기 시작해 현재까지 계속되고 있으며 2016년부터는 HBO에서도 방송되고 있음 • 2019년 현재까지 총 50개 시즌, 4556개의 에피소드가 만들어졌으며,*** 2015년까지는 60분, 2016년부터는 30분 길이로 방송되고 있음
7	Dragon Tales 드래곤 테일즈	• 주인공인 맥스(Max)와 에미(Emmy)가 드래곤들이 사는 나라인 드래곤 랜드(Dragon Land)로 가서 다양한 모험을 즐긴 후 집으로 돌아오는 이야기 • 맥스와 에미 외에 드래곤 친구들(Ord, Cassie, Zak, Wheezie, Quetzal)이 주요 등장인물이며, 드래곤 가운데 잭(Zak)과 위지(Wheezie)는 몸은 하나인데 머리가 2개인 쌍두 드래곤 남매임 • 총 3개의 시즌, 94개의 에피소드(각 30분)가 PBS Kids에서 1999년부터 2005년까지 방송되었음 • DVD로도 출시되었으며 각 DVD에 이야기가 5개 정도 들어 있음

8	Mister Rogers' Neighborhood 미스터 로저스의 이웃	• 미스터 로저스(Mister Rogers)와 함께 주요 인물, 회사, 공장 등을 방문해 설명을 듣고 여러 가지 체험을 하게 됨 • 미국에서는 2~5세 정도의 어린이를 대상으로 하는 프로그램으로 분류되지만 한국 아동들에게는 〈Between the Lions〉보다 높은 수준으로 느껴질 수도 있음 • 총 31개 시즌, 912개(특별판 포함)의 에피소드(각 30분)가 있으며, 주로 PBS Kids(1971－2001)에서 방송됨
9	Between the Lions 비트윈 더 라이언즈	• 다양한 아동용 책을 바탕으로 제작된 리터러시(literacy)와 독서 장려 목적의 프로그램으로 영어의 소리와 문자를 다루는 파닉스와 단어를 설명하는 부분이 항상 포함되어 있음 • 이야기 속으로 주인공 사자가 들어가거나 책 속의 등장인물과 허리케인 같은 것을 꺼내 도서관에서 소동이 벌어지는 경우가 많음 • 미국 아동을 기준으로 할 때 만 5~8세 대상의 프로그램으로 주로 교훈이 담긴 그림책을 소개하고 읽어주게 됨 • 총 10개 시즌, 130개의 에피소드(각 50분)가 있으며, PBS Kids에서 2000년부터 2010년까지 방송되었음
10	Arthur 아서	• 마크 브라운(Marc Brown)의 인기 시리즈 도서인 아서 북 시리즈(Arthur Book Series)를 바탕으로 제작된 교육적인 내용의 TV 시리즈 • 동물을 의인화한 아서(Arthur)와 여동생 디더블유(D.W.), 아서의 가족과 친구들이 주요 등장인물임 • 엘우드 시티(Elwood City)에 사는 8살 아서와 친구 그리고 가족들의 일상사를 다루고 있으며 주로 3~4학년 정도의 학교생활을 배경으로 하고 있음 • 2019년 현재 총 23개 시즌, 246개의 에피소드(각 24~26분)가 있으며 PBS에서 1996년부터 현재까지 방송되고 있음

11	**Rugrats** 러그래츠	• 아기들의 일상 속에서 벌어지는 모험에 관련된 드라마로 토미(Tommy), 처키(Chuckie), 쌍둥이 필(Phil)과 릴(Lil), 안젤리카(Angelica) 등이 대표적인 아기 주인공들임 • 초등학교 입학할 나이 정도의 어린 아동들을 대상으로 하지만 나이가 더 많은 아이들은 물론 어른들도 함께 즐길 수 있는 프로그램임 • 총 9개 시즌, 172개의 에피소드(각 23분씩)가 있으며 Nickelodeon에서 1991년부터 2004년까지 방송되었음
12	**Magic School Bus** 매직 스쿨버스	• 조애너 콜(Joanna Cole)과 브루스 디건(Bruce Degen)의 책을 기반으로 만든 아동용 TV 시리즈 • 초등학교 교사인 미즈 프리즐(Ms Frizzle)과 그녀의 학생들이 매직 스쿨버스를 타고 과학 체험 여행을 하는 내용 　– 아이들이나 버스가 연어, 거미, 꿀벌 등의 탐구 대상으로 변하거나 등장인물들이 아예 탐구 대상(예: 사람의 신체나 요리되는 음식) 속으로 들어가 모험하며 체험으로 과학을 배우는 이야기 • 총 4개 시즌, 52개의 에피소드(각 30분)가 있으며 PBS Kids에서 1994년부터 1997년까지 방송됨
13	**Bill Nye the Science Guy** 빌 아저씨의 과학 이야기	• 과학 실험 등을 통해 궁금증을 풀어가는 일종의 과학 호기심 천국 프로그램 • 키가 크고 마른 체격에 늘 에너지가 넘치는 과학자 빌 나이(Bill Nye)가 파란색 실험복에 나비넥타이를 매고 등장해 유머와 액션을 적절히 구사하며 일상에서의 다양한 주제를 다룸 • 총 5개 시즌, 100개의 에피소드(각 30분)가 있으며 PBS에서 1994년부터 1999년까지 방송됨
14	**Hey Arnold!** 헤이 아놀드!	• 조부모와 함께 사는 4학년 아놀드(Arnold)가 힐우드(Hillwood)란 도시의 이곳저곳을 돌아다니며 경험하는 일과 이웃에 사는 친구들의 문제를 다룬 이야기 • 아동용 프로그램이긴 하지만 러그래츠(Rugrats)처럼 문제를 다루는 시각과 방식, 등장인물들이 사용하는 Joke 등이 어른들도 충분히 함께 즐길 수 있는 내용임

		• 주인공의 좌우로 기다란 얼굴 모양과 뾰족뾰족한 머리카락 스타일이 기형적으로 보일 수 있음
		• 총 5개 시즌, 100개 에피소드(각 23분, 각각 11분 정도인 2개 부분으로 구성)가 있으며 Nickelodeon에서 1996년부터 2004년까지 방송됨
15	 SpongeBob SquarePants 스폰지밥 네모바지	• 해저 도시인 비키니 바틈(Bikini Bottom)에 사는 해면동물 스폰지밥과 친구들의 모험과 탐험 이야기 • 2019년 현재 총 12개 시즌, 271개 에피소드(각 11분, 특별 에피소드는 22분)가 있으며 Nickelodeon에서 1999년부터 현재까지 방송되고 있음 • 시즌 4부터는 질적 수준이 저하되고 아이들에게도 교육적으로 좋지 않다는 비판도 있음

● 바니와 친구들의 노래와 춤을 한국에서는 흔히 "위씽"이라고 부르는 것 같습니다. 하지만 본래 위씽(Wee Sing)이란 미국의 음악 교육가인 팸 비올(Pam Beall)과 수잔 닙(Susan Nipp)이 약 40년 동안 "음악을 통해 배우자!(Learning Through Music!)"라는 기치를 내걸고 아이들 노래를 모아 발간한 노래책을 가리킵니다. 이 노래책은 관련 오디오와 비디오를 포함해 전 세계적으로 6,700만 개 이상이 팔렸을 만큼 큰 인기를 끌고 있습니다(http://weesing.com/About#About).

●● 〈도라 디 익스플로러〉는 한국에서 〈하이 도라(Hi Dora)〉라는 이름으로 방송된 바 있습니다. 한국 버전에서는 본래 영어로 되어 있던 부분은 한국어로, 스페인어 부분은 (아마도 한국인에 의해) 영어로 더빙되어 있는데, 그러한 편집과 더빙된 영어가 어색하게 느껴져 아쉬운 마음이 듭니다.

●●● 2013년과 2014년에 방송된 시즌 44부터는 이전과 달리 에피소드의 번호가 현재까지 제작된 모든 에피소드들의 총 일련번호가 아니라 시즌 번호와 해당 시즌 안에서의 번호를 조합하는 방식으로 매겨지기 시작했습니다. 예를 들어, 에피소드 4401은 4401번째 에피소드가 아니라 시즌 44의 첫 번째 에피소드란 의미입니다 (https://en.wikipedia.org/wiki/Sesame_Street).

⬤02 Dolch 일견어휘 목록

기본어휘 220개 (알파벳순)

A

a
about
after
again
all
always
am
an
and
any
are
around
as
ask
at
ate

away

B

be
because
been
before
best
better
big
black
blue
both
bring
brown
but
buy
by

C

call
came
can
carry
clean
cold
come
could
cut

D

did
do
does
don't
done
down

draw
drink

E

eat
eight
every

F

fall
far
fast
find
first
five
fly
for
found
four

from	him	**L**	no
full	his	laugh	not
funny	hold	let	now
G	hot	light	**O**
gave	how	like	of
get	hurt	little	off
give	**I**	live	old
go	I	long	on
goes	if	look	once
going	in	**M**	one
good	into	made	only
got	is	make	open
green	it	many	or
grow	its	may	our
H	**J**	me	out
had	jump	much	over
has	just	must	own
have	**K**	my	**P**
he	keep	myself	pick
help	kind	**N**	play
her	know	never	please
here		new	pretty

pull	sleep	those	we
put	small	three	well
R	so	to	went
ran	some	today	were
read	soon	together	what
red	start	too	when
ride	stop	try	where
right	**T**	two	which
round	take	**U**	white
run	tell	under	who
S	ten	up	why
said	thank	upon	will
saw	that	us	wish
say	the	use	with
see	their	**V**	work
seven	them	very	would
shall	then	**W**	write
she	there	walk	**Y**
show	these	want	yellow
sing	they	warm	yes
sit	think	was	you
six	this	wash	your

기본 어휘 220개 (빈도순)

1	the	21	at	41	do	61	big
2	to	22	him	42	can	62	went
3	and	23	with	43	could	63	are
4	he	24	up	44	when	64	come
5	a	25	all	45	did	65	if
6	I	26	look	46	what	66	now
7	you	27	is	47	so	67	long
8	it	28	her	48	see	68	no
9	of	29	there	49	not	69	came
10	in	30	some	50	were	70	ask
11	was	31	out	51	get	71	very
12	said	32	as	52	them	72	an
13	his	33	be	53	like	73	over
14	that	34	have	54	one	74	your
15	she	35	go	55	this	75	its
16	for	36	we	56	my	76	ride
17	on	37	am	57	would	77	into
18	they	38	then	58	me	78	just
19	but	39	little	59	will	79	blue
20	had	40	down	60	yes	80	red

81	from	103	by	125	eat	147	try
82	good	104	their	126	again	148	new
83	any	105	here	127	play	149	must
84	about	106	saw	128	who	150	start
85	around	107	call	129	been	151	black
86	want	108	after	130	may	152	white
87	don't	109	well	131	stop	153	ten
88	how	110	think	132	off	154	does
89	know	111	ran	133	never	155	bring
90	right	112	let	134	seven	156	goes
91	put	113	help	135	eight	157	write
92	too	114	make	136	cold	158	always
93	got	115	going	137	today	159	drink
94	take	116	sleep	138	fly	160	once
95	where	117	brown	139	myself	161	soon
96	every	118	yellow	140	round	162	made
97	pretty	119	five	141	tell	163	run
98	jump	120	walk	142	much	164	gave
99	green	121	six	143	keep	165	open
100	four	122	two	144	give	166	has
101	away	123	or	145	work	167	find
102	old	124	before	146	first	168	only

169	us	182	fast	195	small	208	clean
170	three	183	say	196	under	209	grow
171	our	184	light	197	read	210	best
172	better	185	pick	198	why	211	upon
173	hold	186	hurt	199	own	212	these
174	buy	187	pull	200	found	213	sing
175	funny	188	cut	201	wash	214	together
176	warm	189	kind	202	show	215	please
177	ate	190	both	203	hot	216	thank
178	full	191	sit	204	because	217	wish
179	those	192	which	205	far	218	many
180	done	193	fall	206	live	219	shall
181	use	194	carry	207	draw	220	laugh

고빈도 명사 95개

A
apple

B
baby
back
ball
bear
bed
bell
bird
birthday
boat
box
boy
bread
brother

C
cake
car
cat

chair
chicken
children
Christmas
coat
corn
cow

D
day
dog
doll
door
duck

E
egg
eye

F
farm
farmer
father

feet
fire
fish
floor
flower

G
game
garden
girl
goodbye
grass
ground

H
hand
head
hill
home
horse
house

K
kitty

L
leg
letter

M
man
men
milk
money
morning
mother

N
name
nest
night

P
paper
party
picture

pig

R

rabbit

rain

ring

robin

S

Santa Claus

school

seed

sheep

shoe

sister

snow

song

squirrel

stick

street

sun

T

table

thing

time

top

toy

tree

W

watch

water

way

wind

window

wood

③ Fry 일견어휘 목록

빈도순
첫 번째 100단어 (빈도순)

the	with	what	their
of	his	all	if
and	they	were	will
a	I	we	up
to	at	when	other
in	be	your	about
is	this	can	out
you	have	said	many
that	from	there	then
it	or	use	them
he	one	an	these
was	had	each	so
for	by	which	some
on	words	she	her
are	but	do	would
as	not	how	make

like	go	first	long
him	see	water	down
into	number	been	day
time	no	called	did
has	way	who	get
look	could	oil	come
two	people	sit	made
more	my	now	may
write	than	find	part

두 번째 100단어 (빈도순)

over	years	our	where
new	live	just	help
sound	me	name	through
take	back	good	much
only	give	sentence	before
little	most	man	line
work	very	think	right
know	after	say	too
place	things	great	means

old	end	read	air
any	does	need	away
same	another	land	animal
tell	well	different	house
boy	large	home	point
follow	must	us	page
came	big	move	letter
want	even	try	mother
show	such	kind	answer
also	because	hand	found
around	turn	picture	study
form	here	again	still
three	why	change	learn
small	ask	off	should
set	went	play	America
put	men	spell	world

세 번째 100단어 (빈도순)

high	light	life	sea
every	thought	always	began
near	head	those	grow
add	under	both	took
food	story	paper	river
between	saw	together	four
own	left	got	carry
below	don't	group	state
country	few	often	once
plant	while	run	book
last	along	important	hear
school	might	until	stop
father	close	children	without
keep	something	side	second
tree	seem	feet	late
never	next	car	miss
start	hard	mile	idea
city	open	night	enough
earth	example	walk	eat
eyes	begin	white	face

watch	let	cut	song
far	above	young	being
Indian	girl	talk	leave
real	sometimes	soon	family
almost	mountains	list	it's

네 번째 100단어 (빈도순)

body	complete	red	low
music	room	door	hours
color	knew	sure	black
stand	since	become	products
sun	ever	top	happened
questions	piece	ship	whole
fish	told	across	measure
area	usually	today	remember
mark	didn't	during	early
dog	friends	short	waves
horse	easy	better	reached
birds	heard	best	listen
problem	order	however	wind

rock	vowel	pulled	fall
space	true	draw	king
covered	hundred	voice	town
fast	against	seen	I'll
several	pattern	cold	unit
hold	numeral	cried	figure
himself	table	plan	certain
toward	north	notice	field
five	slowly	south	travel
step	money	sing	wood
morning	map	war	fire
passed	farm	ground	upon

다섯 번째 100단어 (빈도순)

done	gave	quickly	verb
English	box	person	stars
road	finally	became	front
half	wait	shown	feel
ten	correct	minutes	fact
fly	oh	strong	inches

street	island	bring	am
decided	week	explain	rule
contain	less	dry	among
course	machine	though	noun
surface	base	language	power
produce	ago	shape	cannot
building	stood	deep	able
ocean	plane	thousands	six
class	system	yes	size
note	behind	clear	dark
nothing	ran	equation	ball
rest	round	yet	material
carefully	boat	government	special
scientists	game	filled	heavy
inside	force	heat	fine
wheels	brought	full	pair
stay	understand	hot	circle
green	warm	check	include
known	common	object	built

여섯 번째 100단어 (빈도순)

can't	region	window	arms
matter	return	difference	brother
square	believe	distance	race
syllables	dance	heart	present
perhaps	members	site	beautiful
bill	picked	sum	store
felt	simple	summer	job
suddenly	cells	wall	edge
test	paint	forest	past
direction	mind	probably	sign
center	love	legs	record
farmers	cause	sat	finished
ready	rain	main	discovered
anything	exercise	winter	wild
divided	eggs	wide	happy
general	train	written	beside
energy	blue	length	gone
subject	wish	reason	sky
Europe	drop	kept	grass
moon	developed	interest	million

west	meet	represent	shall
lay	third	soft	teacher
weather	months	whether	held
root	paragraph	clothes	describe
instruments	raised	flowers	drive

일곱 번째 100단어 (빈도순)

cross	snow	instead	themselves
speak	ride	phrase	temperature
solve	care	soil	bright
appear	floor	bed	lead
metal	hill	copy	everyone
son	pushed	free	method
either	baby	hope	section
ice	buy	spring	lake
sleep	century	case	iron
village	outside	laughed	within
factors	everything	nation	dictionary
result	tall	quite	hair
jumped	already	type	age

amount	natural	bear	let's
scale	lot	wonder	fight
pounds	stone	smiled	surprise
although	act	angle	French
per	build	fraction	died
broken	middle	Africa	beat
moment	speed	killed	exactly
tiny	count	melody	remain
possible	consonant	bottom	dress
gold	someone	trip	cat
milk	sail	hole	couldn't
quiet	rolled	poor	fingers

여덟 번째 100단어 (빈도순)

row	continued	burning	glass
least	itself	design	you're
catch	else	joined	grew
climbed	plains	foot	skin
wrote	gas	law	valley
shouted	England	ears	cents

key	touch	coast	ring
president	information	bank	serve
brown	express	period	child
trouble	mouth	wire	desert
cool	yard	pay	increase
cloud	equal	clean	history
lost	decimal	visit	cost
sent	yourself	bit	maybe
symbols	control	whose	business
wear	practice	received	separate
bad	report	garden	break
save	straight	please	uncle
experiment	rise	strange	hunting
engine	statement	caught	flow
alone	stick	fell	lady
drawing	party	team	students
east	seeds	God	human
choose	suppose	captain	art
single	woman	direct	feeling

아홉 번째 100단어 (빈도순)

supply	fit	sense	position
corner	addition	string	entered
electric	belong	blow	fruit
insects	safe	famous	tied
crops	soldiers	value	rich
tone	guess	wings	dollars
hit	silent	movement	send
sand	trade	pole	sight
doctor	rather	exciting	chief
provide	compare	branches	Japanese
thus	crowd	thick	stream
won't	poem	blood	planets
cook	enjoy	lie	rhythm
bones	elements	spot	eight
mall	indicate	bell	science
board	except	fun	major
modern	expect	loud	observe
compound	flat	consider	tube
mine	seven	suggested	necessary
wasn't	interesting	thin	weight

meat	property	park	block
lifted	particular	sell	spread
process	swim	shoulder	cattle
army	terms	industry	wife
hat	current	wash	sharp

열 번째 100단어 (빈도순)

company	wouldn't	oxygen	especially
radio	ahead	plural	shoes
we'll	chance	various	actually
action	born	agreed	nose
capital	level	opposite	afraid
factories	triangle	wrong	dead
settled	molecules	chart	sugar
yellow	France	prepared	adjective
isn't	repeated	pretty	fig
southern	column	solution	office
truck	western	fresh	huge
fair	church	shop	gun
printed	sister	suffix	similar

death	bought	deal	tools
score	led	determine	conditions
forward	march	evening	cows
stretched	northern	hoe	track
experience	create	rope	arrived
rose	British	cotton	located
allow	difficult	apple	sir
fear	match	details	seat
workers	win	entire	division
Washington	doesn't	corn	effect
Greek	steel	substances	underline
women	total	smell	view

알파벳순

첫 번째 100단어 (알파벳순)

A
a
about
all
an
and
are
as
at

B
be
been
but
by

C
called
can
come
could

D
day
did
do
down

E
each

F
find
first
for
from

G
get
go

H
had
has
have

he
her
him
his
how

I
I
if
in
into
is
it

L
like
long
look

M
made
make

many
may
more
my

N
no
not
now
number

O
of
oil
on
one
or
other
out

P
part

people	the	**U**	which
S	their	up	who
said	them	use	will
see	then	**W**	with
she	there	was	words
sit	these	water	would
so	they	way	write
some	this	we	**Y**
T	time	were	you
than	to	what	your
that	two	when	

두 번째 100단어 (알파벳순)

A	another	**B**	**C**
after	answer	back	came
again	any	because	change
air	around	before	**D**
also	ask	big	different
America	away	boy	does
animal			

E

end

even

F

follow

form

found

G

give

good

great

H

hand

help

here

home

house

J

just

K

kind

know

L

land

large

learn

letter

line

little

live

M

man

me

means

men

most

mother

move

much

must

N

name

need

new

O

off

old

only

our

over

P

page

picture

place

play

point

put

R

read

right

S

same

say

sentence

set

should

show

small

sound

spell

still

study

such

T

take

tell

things

think

three

through

too

try

turn

U

us

V

very

W	went	work	Y
want	where	world	years
well	why		

세 번째 100단어 (알파벳순)

A	C	example	grow
above	car	eyes	H
add	carry	F	hard
almost	children	face	head
along	city	family	hear
always	close	far	high
B	country	father	I
began	cut	feet	idea
begin	D	few	important
being	don't	food	Indian
below	E	four	it's
between	earth	G	K
book	eat	girl	keep
both	enough	got	L
	every	group	last

late

leave

left

let

life

light

list

M

might

mile

miss

mountains

N

near

never

next

night

O

often

once

open

own

P

paper

plant

R

real

river

run

S

saw

school

sea

second

seem

side

something

sometimes

song

soon

start

state

stop

story

T

talk

those

thought

together

took

tree

U

under

until

W

walk

watch

while

white

without

Y

young

네 번째 100단어 (알파벳순)

A		H	measure
across	dog	happened	money
against	door	heard	morning
area	draw	himself	music
B	during	hold	**N**
become	**E**	horse	north
best	early	hours	notice
better	easy	however	numeral
birds	ever	hundred	**O**
black	**F**	**I**	order
body	fall	I'll	**P**
C	farm	**K**	passed
certain	fast	king	pattern
cold	field	knew	piece
color	figure	**L**	plan
complete	fire	listen	problem
covered	fish	low	products
cried	five	**M**	pulled
D	friends	map	**Q**
didn't	**G**	mark	questions
	ground		

R	since	today	V
reached	sing	told	voice
red	slowly	top	vowel
remember	south	toward	W
rock	space	town	war
room	stand	travel	waves
S	step	true	whole
seen	sun	U	wind
several	sure	unit	wood
ship	T	upon	
short	table	usually	

다섯 번째 100단어 (알파벳순)

A	base	building	class
able	became	built	clear
ago	behind	C	common
am	boat	cannot	contain
among	box	carefully	correct
B	bring	check	course
ball	brought	circle	

D

dark

decided

deep

done

dry

E

English

equation

explain

F

fact

feel

filled

finally

fine

fly

force

front

full

G

game

gave

government

green

H

half

heat

heavy

hot

I

inches

include

inside

island

K

known

L

language

less

M

machine

material

minutes

N

note

nothing

noun

O

object

ocean

oh

P

pair

person

plane

power

produce

Q

quickly

R

ran

rest

road

round

rule

S

scientists

shape

shown

six

size

special

stars

stay

stood

street

strong

surface

system

T

ten

though

thousands

U

understand

V

verb

wait

warm

week

wheels

yes

yet

여섯 번째 100단어 (알파벳순)

A

anything

arms

B

beautiful

believe

beside

bill

blue

brother

C

can't

cause

cells

center

clothes

D

dance

describe

developed

difference

direction

discovered

distance

divided

drive

drop

E

edge

eggs

energy

Europe

exercise

F

farmers

felt

finished

flowers

forest

G

general

gone

grass

H

happy

heart

held

I

instruments

interest

J

job

K

kept

L

lay

legs

length

love

M	present	shall	test
main	probably	sign	third
matter	**R**	simple	train
meet	race	site	**W**
members	rain	sky	wall
million	raised	soft	weather
mind	ready	square	west
months	reason	store	whether
moon	record	subject	wide
P	region	suddenly	wild
paint	represent	sum	window
paragraph	return	summer	winter
past	root	syllables	wish
perhaps	**S**	**T**	written
picked	sat	teacher	

일곱 번째 100단어 (알파벳순)

A	age	amount	**B**
act	already	angle	baby
Africa	although	appear	bear

beat

bed

bottom

bright

broken

build

buy

C

care

case

cat

century

consonant

copy

couldn't

count

cross

D

dictionary

died

dress

E

either

everyone

everything

exactly

F

factors

fight

fingers

floor

fraction

free

French

G

gold

H

hair

hill

hole

hope

I

ice

instead

iron

J

jumped

K

killed

L

lake

laughed

lead

let's

lot

M

melody

metal

method

middle

milk

moment

N

nation

natural

O

outside

P

per

phrase

poor

possible

pounds

pushed

Q

quiet

quite

R

remain

result

ride

rolled

S

sail

scale

section

sleep

smiled	speak	**T**	type
snow	speed	tall	**V**
soil	spring	temperature	village
solve	stone	themselves	**W**
someone	surprise	tiny	within
son		trip	wonder

여덟 번째 100단어 (알파벳순)

A	**C**	control	else
alone	captain	cool	engine
art	catch	cost	England
B	caught	**D**	equal
bad	cents	decimal	experiment
bank	child	desert	express
bit	choose	design	**F**
break	clean	direct	feeling
brown	climbed	drawing	fell
burning	cloud	**E**	flow
business	coast	ears	foot
	continued	east	

G

garden

gas

glass

God

grew

H

history

human

hunting

I

increase

information

itself

J

joined

K

key

L

lady

law

least

lost

M

maybe

mouth

P

party

pay

period

plains

please

practice

president

R

received

report

ring

rise

row

S

save

seeds

sent

separate

serve

shouted

single

skin

statement

stick

straight

strange

students

suppose

symbols

T

team

touch

trouble

U

uncle

V

valley

visit

W

wear

whose

wire

woman

wrote

Y

yard

you're

yourself

아홉 번째 100단어 (알파벳순)

A
addition
army

B
bell
belong
block
blood
blow
board
bones
branches

C
cattle
chief
compare
compound
consider
cook
corner

crops
crowd
current

D
doctor
dollars

E
eight
electric
elements
enjoy
entered
except
exciting
expect

F
famous
fit
flat
fruit

fun

G
guess

H
hat
hit

I
indicate
industry
insects
interesting

J
Japanese

L
lie
lifted
loud

M
major
mall

meat
mine
modern
movement

N
necessary

O
observe

P
park
particular
planets
poem
pole
position
process
property
provide

R
rather

rhythm	sharp	supply	tube
rich	shoulder	swim	**V**
S	sight	**T**	value
safe	silent	terms	**W**
sand	soldiers	thick	wash
science	spot	thin	wasn't
sell	spread	thus	weight
send	stream	tied	wife
sense	string	tone	wings
seven	suggested	trade	won't

열 번째 100단어 (알파벳순)

A	apple	chance	cows
action	arrived	chart	create
actually	**B**	church	**D**
adjective	born	column	dead
afraid	bought	company	deal
agreed	British	conditions	death
ahead	**C**	corn	details
allow	capital	cotton	determine

difficult

division

doesn't

E

effect

entire

especially

evening

experience

F

factories

fair

fear

fig

forward

France

fresh

G

Greek

gun

H

hoe

huge

I

isn't

L

led

level

located

M

march

match

molecules

N

northern

nose

O

office

opposite

oxygen

P

plural

prepared

pretty

printed

R

radio

repeated

rope

rose

S

score

seat

settled

shoes

shop

similar

sir

sister

smell

solution

southern

steel

stretched

substances

suffix

sugar

T

tools

total

track

triangle

truck

U

underline

V

various

view

W

Washington

we'll

western

win

women

workers

wouldn't

wrong

Y

yellow

04 필수 일견어휘 목록 (268단어)

필수 어휘 선정을 위한 기초 자료

(1) Dolch Word List의 220개 단어

(2) Fry Word List의 상위 200개 단어

(3) NGSL의 상위 300개 단어

(4) COCA의 상위 300개 단어

필수 일견어휘 (알파벳순 268개)

A		**B**	
a	an	back	big
about	and	be	black
after	another	because	book
again	any	become	both
against	are	been	bring
all	around	before	but
also	as	begin	buy
always	ask	best	by
am	at	better	**C**
American	away	between	call
			came

can	even	going	**I**
case	every	good	I
change	**F**	got	if
child	family	great	in
come	far	group	include
company	feel	**H**	interest
could	few	had	into
country	find	hand	is
course	first	has	it
D	five	have	its
day	follow	he	**J**
did	for	hear	just
different	form	help	**K**
do	found	her	keep
does	four	here	kind
done	from	high	know
don't	**G**	him	**L**
down	gave	his	large
during	get	hold	last
E	give	home	late
each	go	house	learn
end	goes	how	leave

let

life

like

line

little

live

long

look

lot

M

made

make

man

many

may

me

mean

meet

men

might

more

most

mother

move

much

must

my

myself

N

name

need

never

new

next

no

not

now

number

O

of

off

old

on

once

one

only

open

or

other

our

out

over

own

P

part

pause

people

place

play

point

problem

program

put

Q

question

R

ran

read

really

report

right

run

S

said

same

saw

say

school

see

seem

set

she

should

show

sit

small

so

some	then	under	which
something	there	up	while
start	these	us	who
state	they	use	why
still	thing	**V**	will
student	think	very	with
study	this	**W**	woman
such	those	want	word
system	three	was	work
T	through	water	world
take	time	way	would
talk	to	we	write
tell	today	week	**Y**
than	too	well	year
thank	try	went	yes
that	turn	were	you
the	two	what	your
their	**U**	when	
them	unclear	where	

05 단계별 읽기책 필수 어휘 (779단어)

단계별 읽기책 필수 어휘 (알파벳순)

A

a
about
across
act
actor
afraid
after
afternoon
again
ah
airport
alarm
alive
all
almost
along

also
always
America
American
and
angrily
angry
animal
another
answer
any
anybody
anything
apartment
apple
aren't
arm

around
arrest
arrive
arrow
artist
as
ask
astronaut
at
August
away

B

baby
back
bad
bag
balcony

banana
bang
bank
bar
battle
be
beach
beard
beautiful
because
bed
bedroom
beep
before
begin
behind
believe

best	break	can't	clock
better	breakfast	canteen	close
bicycle	bridge	captain	clothe
big	bring	car	clown
bill	brother	card	club
binoculars	bud	careful	coat
bird	build	carefully	coffee
birthday	bunch	carry	cold
black	bus	castle	colour
blond	business	cat	come
blood	but	catch	computer
blue	buy	CD	contest
boat	by	century	corridor
bone	bye	chance	costume
book	**C**	change	count
boot	cable	character	country
boss	café	chief	course
bottle	call	child	cowboy
box	camera	choose	crack
boy	camp	cigarette	crazy
boyfriend	can	clean	creek
brave	cannot	climb	crown

cry	doctor	eighteen	**F**
cupboard	doesn't	elephant	face
curse	dog	elevator	fall
cut	dollar	eleven	family
D	dolphin	e-mail	famous
dad	don't	end	far
dance	door	England	farmer
dangerous	down	English	fast
dark	dream	entrance	fat
daughter	drink	escape	father
day	drive	even	feel
dead	driver	every	fence
dear	drop	everybody	ferry
deep	drug	everyone	few
desk	dump	everything	fifteen
detective	**E**	everywhere	fight
die	each	excite	film
different	early	excuse	find
dirty	east	expensive	finish
dive	easy	experiment	fire
do	eat	explore	first
dock	editor	eye	fish

five	get	happen	him
floor	ghost	happy	his
flower	girl	hard	hit
fly	girlfriend	hasn't	hmm
follow	give	hat	hold
food	go	hate	hole
foot	good	have	holiday
for	goodbye	haven't	home
forest	good-looking	he	hood
forget	gray	head	hospital
four	great	hear	hot
fourteen	green	helicopter	hotel
free	guard	hello	hour
friend	guitar	help	house
frighten	gun	helper	how
from	guy	her	huh
front	**H**	here	hullo
fruit	ha	hey	hundred
full	hair	hi	hungry
future	half	hide	hurt
G	hall	high	husband
garage	hand	hill	

I

I
ice
idea
ill
important
in
innocent
interactive
interest
into
island
isn't
it

J

jacket
job
jogger
joke
jump
June
just

K

kangaroo
keep
key
kill
killer
kilometers
king
kiss
knife
knight
knock
know

L

laboratory
ladder
lady
lake
land
last
late
laugh

leaf
leave
leg
let
let's
letter
library
lie
life
light
lighter
like
liquid
list
listen
little
live
lock
long
look
lord
lose

lot
love
lovely
luck
lucky
lunchtime

M

magic
magician
make
man
manor
many
map
mar
marry
matter
maybe
me
meet
meeting
message

meter	Mrs.	nobody	only
metre	much	noise	onto
midnight	mum	north	open
mile	music	not	or
milk	must	notebook	orange
minute	my	nothing	other
mirror	mystery	now	ouch
miss	**N**	number	our
mobile	name	**O**	out
money	near	o'clock	outlaw
moon	nearly	of	outside
more	need	off	over
morning	never	office	**P**
most	new	officer	paper
motel	news	often	parcel
mother	newspaper	oh	park
motorcycle	news-reader	oil	part
motorway	next	OK	party
mountain	nice	okay	passenger
move	night	old	password
movie	nine	on	past
Mr.	no	one	pay

people	poor	ransom	round
perhaps	porter	read	rubbish
person	pound	ready	rucksack
phone	present	really	run
photo	president	red	**S**
photograph	press	remember	safe
photographer	prince	reporter	sail
pick	prison	restaurant	sailor
picture	professor	rich	same
pier	purse	ride	sandwich
pilot	push	right	Saturday
pink	put	ring	say
pirate	**Q**	rise	screech
place	queen	river	screen
plane	question	road	sea
play	quick	robber	second
please	quickly	robbery	security
pocket	quiet	rock	see
point	quietly	roof	sell
police	**R**	room	send
policeman	radio	rope	seven
policewoman	rain	rosy	seventeen

shake	sketch	song	student
shall	skip	soon	study
shark	skirt	sorry	stunt
she	sky	speak	stupid
sheriff	slave	special	suddenly
shine	sleep	spray	suit
ship	slow	square	summit
shirt	slowly	stand	sun
shoe	small	star	supermarket
shoot	smell	start	surprise
shop	smile	stay	swim
shout	smoke	steal	sword
show	snake	stepfather	**T**
sign	snow	still	table
signal	so	stone	take
silver	soldier	stop	talk
sing	some	store	tall
singer	somebody	story	taxi
sir	someone	straight	tea
sister	something	strange	teacher
sit	sometimes	street	telephone
six	son	strong	television

tell	tie	tunnel	voice
ten	time	turn	volcano
than	tire	TV	**W**
thank	to	twenty	wait
that	today	two	wake
the	together	**U**	walk
their	tomb	uncle	wall
them	tomorrow	under	want
then	tonight	understand	warm
there	too	unhappy	watch
they	top	up	water
thief	towards	upstairs	wave
thing	town	us	way
think	track	use	we
thirsty	train	usually	weapon
this	traitor	**V**	wear
thousand	treasure	valley	Wednesday
three	tree	very	week
through	trouble	video	well
throw	truck	village	whale
Thursday	true	visit	what
ticket	try	visitor	when

where	win	work	yellow
which	window	worker	yes
whisky	wine	world	you
white	with	would	young
who	without	wow	your
why	wolf	write	
wife	woman	wrong	
wig	wonderful	**Y**	
will	wood	year	

단계별 읽기책 필수 어휘 (빈도순)

the	he	look	this
be	in	get	with
you	it	at	they
to	can	man	have
a	of	on	my
and	but	his	very
I	do	see	that
go	she	her	want
say	there	for	we

now	about	them	need
him	talk	big	next
not	back	red	wait
me	know	walk	bill
think	money	again	leave
come	from	Mr.	suddenly
what	take	up	ha
your	run	down	minute
must	oh	plane	smile
no	good	work	when
here	some	phone	friend
ask	all	like	who
don't	where	old	time
then	find	day	watch
out	away	near	why
stop	late	woman	home
yes	lot	tell	put
car	room	something	right
OK	girl	new	let
into	too	drive	more
help	door	police	full
people	one	house	hair

thank	happy	rise	their
long	sorry	tomorrow	bag
two	picture	eye	job
call	today	please	meet
move	road	stay	sleep
name	will	laugh	tire
stone	arrive	morning	because
after	little	quickly	ship
give	cannot	so	year
nice	can't	cat	answer
street	king	nothing	apartment
begin	open	truck	build
hear	us	behind	just
make	across	black	only
fast	boy	fight	slowly
water	drink	hand	first
how	sea	small	killer
perhaps	thing	young	noise
sit	well	beautiful	sun
afraid	boat	doctor	table
tree	eat	hello	face
computer	or	listen	hit

newspaper	clock	tonight	maybe
week	interest	treasure	much
window	policeman	under	mum
August	quick	volcano	shout
bad	remember	airport	somebody
blue	sing	best	thief
boss	wear	careful	three
bring	around	every	uncle
coffee	café	gun	angry
cold	camera	kill	by
happen	different	night	dark
over	e-mail	off	dead
town	everybody	way	dear
white	everything	wrong	jump
doesn't	hill	arm	matter
fire	live	feel	music
hour	nobody	fish	party
important	river	flower	soon
our	shop	follow	swim
through	sir	forget	track
another	star	head	any
book	tomb	hot	course

die	speak	start	hurt
film	strong	story	many
green	wonderful	turn	Mrs.
helicopter	bed	baby	screen
hungry	bud	bank	skirt
number	child	carefully	snow
question	island	carry	ten
stand	knight	dog	try
taxi	read	goodbye	wave
understand	sail	liquid	America
always	sky	motorcycle	anything
close	someone	pirate	coat
fall	catch	pocket	cry
guitar	excite	professor	dangerous
hat	five	quiet	father
hi	front	rock	hey
life	isn't	whale	leg
news	let's	beard	moon
office	mother	curse	okay
outside	mountain	even	other
ring	quietly	hood	son
sandwich	radio	hotel	telephone

train	song	sketch	never
village	true	smoke	queen
before	visitor	store	ready
better	would	supermarket	robber
box	bird	ticket	rosy
break	costume	tunnel	safe
bus	country	TV	sailor
crown	dock	buy	signal
driver	easy	CD	six
family	England	character	sometimes
four	everyone	climb	tall
hundred	excuse	dream	than
idea	fly	early	visit
ill	forest	everywhere	wife
last	hospital	ferry	banana
light	jogger	few	beach
list	knife	finish	bicycle
orange	lady	guard	bone
past	lake	haven't	bottle
pick	love	leaf	bye
play	motel	magic	clothe
shirt	president	map	daughter

famous	afternoon	upstairs	poor
future	balcony	valley	restaurant
key	castle	yellow	Saturday
laboratory	dad	alive	shark
luck	dollar	along	sheriff
miss	far	bedroom	shoe
ouch	ghost	blond	slow
photo	guy	boyfriend	square
photograph	half	bridge	which
really	holiday	brother	world
robbery	kiss	cable	wow
sell	letter	change	animal
shoot	marry	dive	anybody
sister	mystery	eighteen	apple
smell	password	escape	aren't
stunt	prison	fruit	astronaut
suit	reporter	lovely	bar
twenty	same	message	believe
unhappy	soldier	mobile	blood
video	steal	most	bunch
whisky	sword	movie	canteen
write	trouble	pilot	cigarette

clown	round	colour	onto
contest	screech	cowboy	park
creek	security	cut	policewoman
dirty	send	desk	rucksack
dump	seventeen	detective	second
editor	shall	elevator	shake
eleven	television	end	sign
fat	usually	expensive	skip
foot	voice	free	stepfather
great	Wednesday	high	straight
hold	win	huh	strange
hole	without	joke	student
lighter	wolf	June	thirsty
metre	worker	kangaroo	throw
often	alarm	kilometers	wake
pink	American	knock	weapon
pound	arrow	lock	act
purse	brave	lose	almost
rich	breakfast	meter	angrily
ride	captain	north	arrest
roof	chance	notebook	artist
rope	clean	officer	battle

beep	land	teacher	dance
birthday	lucky	thousand	east
boot	mar	together	elephant
choose	midnight	traitor	English
corridor	mirror	wall	entrance
crazy	motorway	warm	experiment
deep	nearly	wine	explore
dolphin	nine	actor	farmer
drop	o'clock	ah	fence
drug	paper	also	fifteen
each	parcel	as	food
floor	pay	bang	fourteen
gray	place	binoculars	frighten
hall	present	business	garage
hard	prince	camp	girlfriend
hasn't	rain	card	good-looking
hide	ransom	century	hate
hmm	rubbish	chief	helper
husband	shine	club	hullo
ice	singer	count	interactive
innocent	special	crack	jacket
keep	study	cupboard	ladder

library	outlaw	show	tie
lie	part	silver	top
lord	passenger	slave	towards
lunchtime	person	snake	use
magician	photographer	spray	wig
manor	pier	still	wood
meeting	point	stupid	
mile	porter	summit	
milk	press	surprise	
news-reader	push	tea	
oil	seven	Thursday	

06 수상작 및 기관 추천
영어 그림책 베스트 104권

수상작 및 추천 도서 목록

번호	수상작과 추천 도서 목록	주관 기관과 단체
1	Caldecott Medal	American Library Association
2	Kate Greenaway Medal	Chartered Institute of Library and Information Professionals
3	Geisel Award	American Library Association
4	SLJ's Top 100 Picture Books	School Library Journal
5	The 100 Best Children's Books of All Time	Time
6	100 Great Children's Books	New York Public Library
7	Teachers' Top 100 Books for Children	National Education Association
8	Kids' Top 100 Books	National Education Association
9	The 100 Best Children's Books of All Time	The Telegraph
10	Charlotte Zolotow Award	Cooperative Children's Book Center

수상작 및 추천 그림책 베스트 104권

번호	책 제목	작가 (글, 그림)	추천 횟수
1	Where the Wild Things Are	Maurice Sendak	7
2	Good Night Moon	Margaret Wise Brown, Clement Hurd	6
3	Green Eggs and Ham	Dr. Seuss	6
4	A Sick Day for Amos McGee	Philip C. Stead, Erin E. Stead	5
5	Don't Let the Pigeon Drive the Bus!	Mo Willems	5
6	Make Way for Ducklings	Robert McCloskey	5
7	Olivia	Ian Falconer	5
8	The Cat in the Hat	Dr. Seuss	5
9	The Snowy Day	Ezra Jack Keats	5
10	The True Story of the Three Little Pigs	Jon Scieszka, Lane Smith	5
11	Alexander and the Terrible, Horrible, No Good, Very Bad Day	Judith Viorst, Ray Cruz	4
12	Chicka Chicka Boom Boom	Bill Martin Jr. & John Archambault, Lois Ehlert	4
13	Click, Clack, Moo: Cows That Type	Doreen Cronin, Betsy Lewin	4
14	Corduroy	Don Freeman	4
15	Grandfather's Journey	Allen Say	4

16	Harold and the Purple Crayon	Crockett Johnson	4
17	Lilly's Purple Plastic Purse	Kevin Henkes	4
18	Madeline	Ludwig Bemelmans	4
19	Sylvester and the Magic Pebble	William Steig	4
20	The Giving Tree	Shel Silverstein	4
21	The Little House	Virginia Lee Burton	4
22	The Polar Express	Chris Van Allsburg	4
23	The Very Hungry Caterpillar	Eric Carle	4
24	Tikki Tikki Tembo	Arlene Mosel, Blair Lent	4
25	Amelia Bedelia	Peggy Parish, Fritz Siebel	3
26	Bark, George	Jules Feiffer	3
27	Blueberries for Sal	Robert McCloskey	3
28	Curious George	H. A. Rey	3
29	Freight Train	Donald Crews	3
30	Go, Dog, Go!	P. D. Eastman	3
31	Harry the Dirty Dog	Gene Zion, Margaret Bloy Graham	3
32	How the Grinch Stole Christmas	Dr. Seuss	3
33	Kitten's First Full Moon	Kevin Henkes	3
34	Lon Po Po: A Red-Riding Hood Story from China	Ed Young	3
35	Millions of Cats	Wanda Gag	3

36	Miss Nelson Is Missing!	Harry G. Allard Jr., James Marshall	3
37	Miss Rumphius	Barbara Cooney	3
38	My Father's Dragon	Ruth Stiles Gannett, Ruth Chrisman Gannett	3
39	No, David!	David Shannon	3
40	Officer Buckle and Gloria	Peggy Rathmann	3
41	Owl Moon	Jane Yolen, John Schoenherr	3
42	Stellaluna	Janell Cannon	3
43	Strega Nona	Tomie dePaola	3
44	Swimmy	Leo Lionni	3
45	The Lorax	Dr. Seuss	3
46	The Mitten	Jan Brett	3
47	The Stinky Cheese Man and Other Fairly Stupid Tales	Jon Scieszka, Lane Smith	3
48	The Story of Ferdinand	Munro Leaf, Robert Lawson	3
49	This Is Not My Hat	Jon Klassen	3
50	A Chair for My Mother	Vera B. Williams	2
51	A River of Words: The Story of William Carlos Williams	Jen Bryant, Melissa Sweet	2
52	Are You My Mother?	P. D. Eastman	2
53	Big Red Lollipop	Rukhsana Khan, Sophie Blackall	2
54	Brown Bear, Brown Bear, What Do You See?	Bill Martin Jr., Eric Carle	2

55	Caps for Sale	Esphyr Slobodkina	2
56	Chrysanthemum	Kevin Henkes	2
57	Cloudy with a Chance of Meatballs	Judi Barrett, Ronald Barrett	2
58	Extra Yarn	Mac Barnett, Jon Klassen	2
59	First the Egg	Laura Vaccaro Seeger	2
60	Frederick	Leo Lionni	2
61	Frog and Toad Are Friends	Arnold Lobel	2
62	Gorilla	Anthony Browne	2
63	Hop on Pop	Dr. Seuss	2
64	How I Learned Geography	Uri Shulevitz	2
65	If You Give a Mouse a Cookie	Laura Joffe Numeroff, Felicia Bond	2
66	In the Night Kitchen	Maurice Sendak	2
67	Joseph Had a Little Overcoat	Simms Taback	2
68	Jumanji	Chris Van Allsburg	2
69	King Bidgood's in the Bathtub	Audrey Wood, Don Wood	2
70	Knuffle Bunny: A Cautionary Tale	Mo Willems	2
71	Love You Forever	Robert Munsch, Sheila McGraw	2
72	Madeline's Rescue	Ludwig Bemelmans	2
73	May I Bring a Friend?	Beatrice Schenk de Regniers, Beni Montresor	2

74	Me . . . Jane	Patrick McDonnell	2
75	Mufaro's Beautiful Daughters: An African Tale	John Steptoe	2
76	Not a Box	Antoinette Portis	2
77	Oh, the Places You'll Go!	Dr. Seuss	2
78	One Fish, Two Fish, Red Fish, Blue Fish	Dr. Seuss	2
79	One Wide River to Cross	Barbara Emberley, Ed Emberley	2
80	Pierre: A Cautionary Tale in Five Chapters and a Prologue	Maurice Sendak	2
81	Rumpelstiltskin	Paul O. Zelinsky	2
82	Snow	Uri Shulevitz	2
83	Tar Beach	Faith Ringgold	2
84	Ten, Nine, Eight	Molly Bang	2
85	Thank You, Mr. Falker	Patricia Polacco	2
86	The Garden of Abdul Gasazi	Chris Van Allsburg	2
87	The Gardener	Sarah Steward, David Small	2
88	The Gruffalo	Julia Donaldson, Axel Scheffler	2
89	The Important Book	Margaret Wise Brown, Leonard Weisgard	2
90	The Kissing Hand	Audrey Penn, Ruth E. Harper & Nancy M. Leak	2
91	The Little Engine That Could	Watty Piper, George & Doris Hauman	2

92	The Monster at the End of This Book	Jon Stone, Mike Smollin	2
93	The Sneetches and Other Stories	Dr. Seuss	2
94	The Tale of Peter Rabbit	Beatrix Potter	2
95	The Three Pigs	David Wiesner	2
96	The Velveteen Rabbit	Margery Williams, William Nicholson	2
97	There Is a Bird on Your Head!	Mo Willems	2
98	There Was an Old Lady Who Swallowed a Fly	Simms Taback	2
99	Waiting	Kevin Henkes	2
100	We Are in a Book!	Mo Willems	2
101	When Sophie Gets Angry– Really, Really Angry …	Molly Bang	2
102	Where Is the Green Sheep?	Mem Fox, Judy Horaceck	2
103	Why Mosquitoes Buzz in People's Ears	Verna Aardema, Leo & Diane Dillon	2
104	Zen Shorts	Jon J. Muth	2

⑦ 영어 그림책 추천 240선

초급 수준 (80권)*

001. A Bear-y Tale – Anthony Browne
002. A Bit Lost – Chris Haughton
003. A Dragon on the Doorstep – Stella Blackstone, Debbie Harter
004. A Good Day – Kevin Henkes
005. Alphabet Ice Cream – Nick Sharratt & Sue Heap

006. Bark, George – Jules Feiffer
007. Bear About Town – Stella Blackstone, Debbie Harter
008. Blue Chameleon – Emily Gravett
009. Butterfly Butterfly: A Book of Colors – Petr Horáček
010. Can You Keep a Secret? – Pamela Allen

● 작가 이름에서 &기호는 작가가 2인임을, 쉼표는 각각 글 작가(author)와 그림 작가(illustrator)임을 나타냅니다.

011. Chicka Chicka Boom Boom – Bill Martin Jr. & John Archambault, Lois Ehlert
012. Colour Me Happy! – Shen Roddie, Ben Cort
013. David Gets in Trouble – David Shannon
014. David Goes to School – David Shannon
015. Dear Zoo – Rod Campbell

016. Dinosaur Roar! – Paul & Henrietta Stickland
017. Dogs – Emily Gravett
018. Dot – Patricia Intriago
019. Draw Me a Star – Eric Carle
020. Dry Bones – Kate Edmunds

021. Duck, Duck, Goose! – Karen Beaumont, Jose Aruego & Ariane Dewey
022. Duck! Rabbit! – Amy Krouse Rosenthal & Tom Lichtenheld
023. Each Peach Pear Plum – Janet & Allan Ahlberg
024. First the Egg – Laura Vaccaro Seeger
025. Five Little Monkeys Jumping on the Bed – Eileen Christelow

026. Go Away Mr Wolf! – Mathew Price, Atsuko Morozumi
027. Good Night, Gorilla – Peggy Rathmann
028. The Hello, Goodbye Window – Norton Juster, Chris Raschka
029. Henny Penny – H. Werner Zimmermann
030. Hickory Dickory Dock – Keith Baker

031. Hooray for Fish – Lucy Cousins
032. I Broke My Trunk! – Mo Willems
033. I Like Books – Anthony Browne
034. I'm the Biggest Thing in the Ocean – Kevin Sherry
035. In the Small, Small Pond – Denise Fleming

036. It's a Little Book – Lane Smith
037. It's Mine! – Rod Campbell
038. It's My Birthday – Helen Oxenbury
039. Not a Box – Antoinette Portis
040. Little Blue and Little Yellow – Leo Lionni

041. Llama Llama Red Pajama – Anna Dewdney
042. Lunch – Denise Fleming
043. Mary Wore Her Red Dress – Merle Peek
044. Monster, Monster – Melanie Walsh
045. My Friends – Taro Gomi

046. No, David! – David Shannon
047. Oh No, George! – Chris Haughton
048. Orange Pear Apple Bear – Emily Gravett
049. Penguin – Polly Dunbar
050. Pete the Cat and His Four Groovy Buttons – Eric Litwin, James Dean

051. Pete the Cat I Love My White Shoes – Eric Litwin, James Dean
052. Pete the Cat Rocking in My School Shoes – Eric Litwin, James Dean
053. Piggies – Audrey Wood & Don Wood
054. Press Here – Hervé Tullet
055. Rosie's Walk – Pat Hutchins

056. Silly Sally – Audrey Wood
057. Silly Suzy Goose – Petr Horáček
058. The Animal Boogie – Debbie Harter
059. The Chick and the Duckling – Mirra Ginsburg, Jose Aruego & Ariane Dewey
060. The Mitten – Jan Brett

061. The Little Mouse, the Red Ripe Strawberry, and the Big Hungry Bear
     – Don & Audrey Wood, Don Wood
062. The Mixed-Up Chameleon – Eric Carle
063. The Odd Egg – Emily Gravett
064. The Very Hungry Caterpillar – Eric Carle
065. The Wind Blew – Pat Hutchins

066. There Are Cats in This Book – Viviane Schwarz
067. There Is a Bird on Your Head! – Mo Willems
068. There Was an Old Lady Who Swallowed a Fly – Simms Taback
069. Things I Like – Anthony Browne
070. Titch – Pat Hutchins

071. Waiting Is Not Easy! – Mo Willems
072. Walking Through the Jungle – Debbie Harter
073. Washing Line – Jez Alborough
074. We Are in a Book! – Mo Willems
075. We're Going on a Bear Hunt – Michael Rosen, Helen Oxenbury

076. What's the Time, Mr Wolf? – Annie Kubler
077. Where Is the Green Sheep? – Mem Fox, Judy Horacek
078. Who Stole the Cookies from the Cookie Jar? – Jane Manning
079. Yes Day! – Amy Krouse Rosenthal, Tom Lichtenheld
080. Wolf Won't Bite! – Emily Gravett

중급 수준 (80권)

001. Aaaarrgghh! Spider! – Lydia Monks
002. A Hole in the Bottom of the Sea – Jessica Law, Jill McDonald
003. Baghead – Jarrett J. Krosoczka
004. Don't Let the Pigeon Drive the Bus! – Mo Willems
005. Don't Do That! –Tony Ross

006. Elmer – David McKee
007. Everyone Poops –Taro Gomi
008. Extra Yarn – Mac Barnett, Jon Klassen
009. Go, Dog. Go! – P. D. Eastman
010. Good-Night, Owl! – Pat Hutchins

011. Grandpa Green – Lane Smith
012. Green – Laura Vaccaro Seeger
013. Green Eggs and Ham – Dr. Seuss
014. Guess How Much I Love You – Sam McBratney, Anita Jeram
015. Handa's Surprise – Eileen Browne

016. How Do Dinosaurs Say Good Night? – Jane Yolen, Mark Teague

017. I Love You, Stinky Face – Lisa McCourt, Cyd Moore

018. I Want My Hat Back – Jon Klassen

019. I Will Not Ever Never Eat a Tomato – Lauren Child

020. If You Give a Mouse a Cookie – Laura Joffe Numeroff, Felicia Bond

021. Inch By Inch – Leo Lionni

022. Inside Mary Elizabeth's House – Pamela Allen

023. It's Okay to Be Different – Todd Parr

024. It's Okay to Make Mistakes – Todd Parr

025. Happy Birthday, Moon – Frank Asch

026. Joseph Had a Little Overcoat – Simms Taback

027. Kitten's First Full Moon – Kevin Henkes

028. Knock Knock Who's There? – Sally Grindley, Anthony Browne

029. Knuffle Bunny Too: A Case of Mistaken Identity – Mo Willems

030. Leo the Late Bloomer – Robert Kraus, Jose Aruego

031. Love, Splat – Rob Scotton
032. Miss Mary Mack – Mary Ann Hoberman, Nadine Bernard Westcott
033. May I Bring a Friend? – Beatrice Schenk de Regniers, Beni Montresor
034. Mole Music – David McPhail
035. Mr. Grumpy's Outing – John Burningham

036. Mr McGee and the Perfect Nest – Pamela Allen
037. My Cat Likes to Hide in Boxes – Eve Sutton, Lynley Dodd
038. My Dad – Anthony Browne
039. My Mum – Anthony Browne
040. Not Now, Bernard – David Mckee

041. Olivia – Ian Falconer
042. Papa, Please Get the Moon for Me – Eric Carle
043. Perfect Square – Michael Hall
044. Pete's a Pizza – William Steig
045. Presto Change-O – Audrey Wood

046. Russell the Sheep – Rob Scotton
047. Seven Blind Mice – Ed Young
048. Snow – Uri Shulevitz
049. Something from Nothing – Phoebe Gilman
050. Spring Is Here – Taro Gomi

051. Stars – Mary Lyn Ray, Marla Frazee
052. Suddenly! – Colin McNaughton
053. Swimmy – Leo Lionni
054. The Alphabet Tree – Leo Lionni
055. The Adventures of Beekle: The Unimaginary Friend – Dan Santat

056. The Bear's Lunch – Pamela Allen
057. The Cat in the Hat – Dr. Seuss
058. The Day It Rained Hearts – Felicia Bond
059. The Doorbell Rang – Pat Hutchins
060. The Elephant and the Bad Baby – Elfrida Vipont, Raymond Briggs

061. The Gruffalo – Julia Donaldson, Axel Scheffler

062. The Haunted House – Kazuno Kohara

063. The Kissing Hand – Audrey Penn, Ruth E. Harper & Nancy M. Leak

064. The Little Old Lady Who Was Not Afraid of Anything – Linda Williams, Megan Lloyd

065. The Paper Dolls – Julia Donaldson, Rebecca Cobb

066. The Pig in the Pond – Martin Waddell, Jill Barton

067. The Pigeon Finds a Hot Dog! – Mo Willems

068. The Pigeon Needs a Bath! – Mo Willems

069. The Princess and the Dragon – Audrey Wood

070. The Secret Birthday Message – Eric Carle

071. The Snowy Day – Ezra Jack Keats

072. The Watermelon Seed – Greg Pizzoli

073. This Is Not My Hat – Jon Klassen

074. Tooth Fairy – Audrey Wood

075. We Found a Hat – Jon Klassen

고급 수준 (80권)

001. A Bad Case of Stripes – David Shannon
002. A Chair for My Mother – Vera B. Williams
003. Again! – Emily Gravett
004. A House Is a House for Me – Mary Ann Hoberman, Betty Fraser
005. Alexander and the Wind-Up Mouse – Leo Lionni

006. Amelia Bedelia – Peggy Parish, Fritz Siebel
007. A New Coat for Anna – Harriet Ziefert, Anita Lobel
008. Caps for Sale: A Tale of a Peddler Some Monkeys and Their Monkey
     Business – Esphyr Slobodkina
009. Chrysanthemum – Kevin Henkes
010. Click, Clack, Moo Cows That Type – Doreen Cronin, Betsy Lewin

011. Cloudy With a Chance of Meatballs – Judi Barrett, Ron Barrett
012. Curious George – H. A. Rey
013. Enemy Pie – Derek Munson, Tara Calahan King
014. Emily – Michael Bedard, Barbara Cooney
015. Farmer Duck – Martin Waddell, Helen Oxenbury

016. Finding Winnie: The True Story of the World's Most Famous Bear
　　　 – Lindsay Mattick, Sophie Blackall
017. Fish Is Fish – Leo Lionni
018. Giggle, Giggle, Quack – Doreen Cronin, Betsy Lewin
019. Harry the Dirty Dog – Gene Zion, Margaret Bloy Graham
020. Harvey Slumfenburger's Christmas Present – John Burningham

021. Hattie and the Fox – Mem Fox, Patricia Mullins
022. Hi! Fly Guy – Tedd Arnold
023. Ish – Peter H. Reynolds
024. I Spy Fly Guy! – Tedd Arnold
025. Interrupting Chicken – David Ezra Stein

026. Jennie's Hat – Ezra Jack Keats
027. John Patrick Norman McHennessy, the Boy Who Was Always Late
　　　 – John Burningham
028. Little Mouse's Big Book of Fears – Emily Gravett
029. Lilly's Purple Plastic Purse – Kevin Henkes
030. Look What I've Got! – Anthony Browne

031. Louise, The Adventures of a Chicken – Kate DiCamillo, Harry Bliss

032. Miss Nelson Is Missing! – Harry Allard, James Marshall

033. Miss Rumphius – Barbara Cooney

034. My Lucky Day – Keiko Kasza

035. Night Monkey, Day Monkey – Julia Donaldson, Lucy Richards

036. Officer Buckle and Gloria – Peggy Rathmann

037. One Fine Day – Nonny Hogrogian

038. Pierre: A Cautionary Tale in Five Chapters and a Prologue – Maurice Sendak

039. Piggybook – Anthony Browne

040. Prince Cinders – Babette Cole

041. Pumpkin Soup – Helen Cooper

042. Ruby the Copycat – Peggy Rathmann

043. Silly Billy – Anthony Browne

044. Show Way – Jacqueline Woodson, Hudson Talbott

045. Sky Color – Peter H. Reynolds

046. Somebody Loves You, Mr. Hatch – Eileen Spinelli, Paul Yalowitz
047. Spaghetti in a Hot Dog Bun: Having the Courage to Be Who You Are
    – Maria Dismondy, Kim Shaw
048. Spoon – Amy Krouse Rosenthal, Scott Magoon
049. Stephanie's Ponytail – Robert Munsch, Michael Martchenko
050. Strega Nona – Tomie dePaola

051. Stuck – Oliver Jeffers
052. Sylvester and the Magic Pebble – William Steig
053. The Adventures of the Dish and the Spoon – Mini Grey
054. The Book with No Pictures – B. J. Novak
055. The Day the Crayons Quit – Drew Daywalt, Oliver Jeffers

056. The Dot – Peter H. Reynolds
057. The Empty Stocking – Richard Curtis, Rebecca Cobb
058. The Fantastic Flying Books of Mr. Morris Lessmore – William Joyce
059. The Frog Prince Continued – Jon Scieszka, Steve Johnson
060. The Gardener – Sarah Stewart, David Small

061. The Giving Tree – Shel Silverstein
062. The Jolly Christmas Postman – Janet & Allan Ahlberg
063. The Library – Sarah Stewart, David Small
064. The Money Tree – Sarah Stewart, David Small
065. The Night Shimmy – Gwen Strauss, Anthony Browne

066. Owl Moon – Jane Yolen, John Schoenherr
067. The Paper Bag Princess – Robert Munsch, Michael Martchenko
068. Rainbow Fish to the Rescue! – Marcus Pfister
069. The Spiffiest Giant in Town – Julia Donaldson, Axel Scheffler
070. The Story of the Little Mole Who Went in Search of Whodunit
     – Werner Holzwarth & Wolf Erlbruch

071. The Three Little Wolves and the Big Bad Pig – Eugene Trivizas,
     Helen Oxenbury
072. The Tiny Seed – Eric Carle
073. The Tree Lady – H. Joseph Hopkins, Jill McElmurry
074. The True Story of the 3 Little Pigs! – Jon Scieszka, Lane Smith
075. The Witches' Supermarket – Susan Meddaugh

076. Who's Afraid of the Big Bad Book? – Lauren Child
077. Winnie the Witch – Valerie Thomas, Korky Paul
078. Willy the Wimp – Anthony Browne
079. Wolves – Emily Gravett
080. Zomo the Rabbit: A Trickster Tale from West Africa – Gerald McDermott

핵심 용어 설명

ATOS 지수 ATOS measures
주어진 책을 읽는 것이 얼마나 쉬운지 혹은 어려운지를 나타내는 이독성 지수. 책의 언어 수준(book level), 학습자의 읽기 수준(reading level), 책의 내용 수준(interest level)을 포함한 세 가지 지표를 제공하며, 렉사일 지수와 함께 현재 가장 널리 사용된다.

COCA Corpus of Contemporary American English
다양한 장르의 미국 영어 텍스트를 모아서 만든 현대 영어 코퍼스. 2020년 1월 현재 그 규모가 약 6억 1,000만 단어 정도에 달한다.

Dolch 일견어휘 Dolch Word List
에드워드 윌리엄 돌치(Edward William Dolch)란 미국의 교육자가 아동용 영어책에서 가장 많이 쓰이는 영어 단어들을 골라 만든 필수 일견어휘 목록. 220개의 최고 빈도 어휘와 고빈도 일반명사 95개를 포함해 총 315개의 단어로 구성되어 있다.

Fry 일견어휘 Fry Word List
에드워드 프라이(Edward Fry)란 학자가 3∼9학년 학생들 대상의 읽기 교재에서 가장 빈번하게 사용되는 영어 단어들을 뽑아 만든 고빈도 일견어휘 목록. 총 1,000개의 단어로 구성되어 있다.

Learn-to-Read 단계
읽는 요령을 배우고 숙달하기 위해 노력하는 읽기의 입문 단계. 이후의 Read-to-Learn 단계와는 달리 읽기 자체를 배우는 것이 책 읽기의 주된 목적이 된다.

NRP 보고서 NRP Report
미국의 국립읽기위원회(National Reading Panel, NRP)가 2000년에 발간한 미국 아동들의 읽기 교육에 관한 보고서. 다양한 읽기 교육 방법을 비교 분석하여 읽기 교육의 올바른 방향을 제시하고 있다.

Read-to-Learn 단계
(읽기를 배우기 위한 것이 아니라) 지식을 확장하고 새로운 어휘를 습득하는 것이 책 읽기의 주된 목적이 되는 읽기 단계. 성공적인 학습과 지적 발전을 위해 적어도 초등학교 3학년 때부터는 이러한 본격적인 읽기가 가능해야 한다는 것이 일반적인 견해이다.

TPR Total Physical Response
학습 내용과 관련된 신체적 활동을 통해 언어를 배우도록 돕는 언어 교수법. 미국의 언어심리학자인 제임스 애셔(James Asher)가 창안했으며 흔히 "전신 반응 교수법"이라고 번역된다.

가이젤상 Theodor Seuss Geisel Award
어린 아동들을 위한 읽기 입문용 영어책 가운데 가장 뛰어난 작품을 선정해 그 책의 저자와 삽화가에게 수여하는 아동문학상. 수상작의 선정과 시상은 미국도서관협회(ALA)의 한 분과인 어린이도서관협회(ALSC)에서 담당한다.

굴절형 inflections

단어의 변이형으로서 동사의 3인칭 단수형, 과거형, 과거분사형, 진행형, 명사의 복수형, 형용사의 비교급과 최상급 형태를 가리킨다.

내적 보상 intrinsic rewards

좋은 일을 했을 때 받는 칭찬, 어려운 일을 해결했을 때 느끼는 뿌듯함, 목표를 달성했을 때 갖게 되는 성취감이나 만족감 등을 의미한다. 목표 달성에 대해 주어지는 돈이나 상품 같은 외적인 보상과 대비되는 개념이다.

누적적 블렌딩 cumulative blending

소리를 해독한 후 바로 직전에 읽어낸 소리와 합치고 그다음 소리를 해독해 이미 합쳐진 소리들과 다시 합치는 방식으로 소리를 계속 누적시키면서 진행하는 블렌딩. 연속적 블렌딩(successive blending)이라고도 불린다.

뉴베리상 Newbery Medal

미국에서 출판된 최고의 아동용 영어책 작가에게 미국도서관협회(ALA)가 수여하는 세계 최초의 아동문학상. 칼데콧상이나 가이젤상과 마찬가지로 미국도서관협회의 분과인 어린이도서관협회(ALSC)에서 수상작의 선정과 시상을 담당한다.

다독 extensive reading

모르는 표현에 구애 받지 않고 가급적 많은 양의 텍스트를 읽어나감으로써 읽기 능력의 향상을 꾀하는 책 읽기 방식. 자신의 수준에 알맞은 흥미로운 내용의 책을 선택하여 책 읽기 자체를 즐기는 것이 중요하다. 모르는 단어와 문법을 모두 찾아 이해하고 문장을 하나하나 꼼꼼하게 해석하며 읽는 정독

(intensive reading)과 대비되는 개념이다.

다섯 손가락 규칙 The Five Finger Rule

손가락으로 모르는 단어의 수를 표시하여 주어진 영어책이 읽기에 알맞은 수준인지 알아보는 방법. 일반적으로 주어진 페이지에 모르는 단어가 1개이면 아주 쉬운 책, 2~3개이면 딱 맞는 책, 4개이면 어려운 책, 5개 이상이면 매우 어려운 책으로 평가한다.

단계별 읽기책 graded readers

영어 학습자들의 읽기 능력 향상에 도움이 될 수 있도록 아주 쉬운 단계부터 시작하여 단계가 올라감에 따라 수준이 점차 높아지도록 구성되어 있는 읽기 학습용 영어책. 각 단계별로 사용되는 어휘의 수와 텍스트의 길이가 통제되어 있어 학습자들이 각자 자기의 수준에 맞는 책을 골라 읽을 수 있도록 설계되어 있다.

돌아가며 읽기 alternated reading

문장이나 문단 혹은 페이지 단위로 엄마 아빠와 아이가 일정한 분량을 돌아가면서 읽는 함께 읽기의 한 유형.

동시 블렌딩 final blending

해독된 소리를 연결해 읽어내는 방법의 하나로서 주어진 단어의 소리를 하나씩 해독하여 모두 기억했다가 마지막 순간에 한꺼번에 합쳐 발음하는 방식의 블렌딩.

디코딩 decoding

주어진 단어의 각 문자가 나타내는 소리를 읽어내는 것. 흔히 "문자 해독(文字解讀)"이라고 번역된다. 예를 들어, dog란 단어가 종

이에 적혀 있을 때 단어를 문자별로 d - o - g로 분리해 읽고 이 소리들을 연결해 단어 전체의 발음을 읽어내는 것이 디코딩이다.

라이트너 학습법 Leitner system

독일의 과학 저널리스트였던 세바스티안 라이트너(Sebastian Leitner)가 고안한 학습법으로 플래시 카드를 효율적으로 활용할 수 있게 해주는 방법. 보통 여러 칸으로 구분된 라이트너 박스의 첫 번째 칸에 단어 카드를 넣어두고 아는 내용이면 다음 칸으로, 모르는 내용이면 현재 칸의 맨 뒤로 보내는 방식으로 카드를 옮겨가면서 학습을 진행하게 된다.

라임 rhyme

같은 소리가 단어의 처음과 끝에서 조화롭게 반복되어 소리의 맛과 흥을 더해주는 수사법. 보통 "압운(押韻)"이라고 번역된다. 행의 앞부분에 들어가면 두운(頭韻, alliteration), 끝부분에 들어가면 각운(脚韻, end rhyme)이라 부르는데, 좁은 의미에서 라임이나 압운은 보통 각운을 가리킨다.

레마 lemma

동사의 기본형과 3인칭 단수형, 과거형, 과거분사형, 진행형, 혹은 명사의 단수형과 복수형처럼 형태가 약간씩 다른 변이형들을 같은 단어로 간주해 모두 하나로 묶어 단어의 수를 세는 계산 단위. 레마는 단어의 기본형을 가리키는 용어로 쓰이기도 한다.

렉사일 지수 Lexile measures

최근 널리 사용되는 이독성 지수 중 하나로 학습자의 읽기 능력을 나타내는 렉사일 독자 지수(Lexile reader measures)와 텍스트의 읽기 난이도를 나타내는 렉사일 텍스트 지수(Lexile text measures)가 있다.

메아리 읽기 echo reading

엄마 아빠가 한 부분을 읽은 후 아이가 동일한 부분을 따라 읽는 방식의 함께 읽기.

문맥적 단서 contextual clues

어려운 단어나 드물게 사용되는 단어를 독자가 잘 이해할 수 있도록 하기 위해 글쓴이가 글 속에 넣어놓은 힌트. 보통 잘 모르는 단어의 의미를 추측할 수 있는 실마리가 된다.

문자소 grapheme

음소를 표현하기 위해 사용되는 문자의 가장 작은 단위. 한 개의 문자로 구성되는 경우가 많지만 2개 이상의 문자가 하나의 문자소를 구성하기도 한다. 예를 들어, those란 단어의 첫소리를 나타내는 문자소 th는 t와 h라는 2개의 문자로 구성되어 있다.

발견 학습 discovery learning

교사가 직접 도와주지 않고 학습자 스스로 주어진 문제의 답을 찾거나 학습 목표를 달성하게 이끌어주는 학습법.

블렌드 blends

여러 개의 말소리가 뭉쳐져 만들어진 말소리 덩어리. 영어 파닉스에서는 반드시 자음과 자음이 합쳐져 덩어리를 형성한 경우만을 가리킨다. 예를 들어, string과 spring의 첫 부분은 각각 3개의 자음이 합쳐져 이루어진 블렌드이다.

블렌딩 blending

문자를 해독해 단어의 발음을 읽어내는 과정

에서 해독된 소리들을 모두 연결해 한꺼번에 읽어내는 것. 보통 동시 블렌딩과 누적적 블렌딩이 있다.

안데르센상
Hans Christian Andersen Award

국제아동청소년도서협의회(IBBY)가 세계 최고의 아동문학 작가와 삽화가에게 수여하는 아동문학상. 작가의 국적이나 언어에 상관없이 세계 각국의 작가들 가운데 아동문학에 지속적으로 기여한 사람을 선정해서 2년마다 한 차례씩 시상하고 있다.

어말 E-규칙 Bossy E

끝에 오는 모음 e가 묵음인 단어에서 그 앞에 오는 모음(특히 a, i, o)이 (각 모음의 이름을 말하는 것처럼) 길게 발음되는 현상. 예를 들어 cake란 단어에서 어말의 e는 소리가 나지 않는 묵음이며 앞에 오는 a는 그 글자의 알파벳 이름처럼 "에이"라고 길게 발음된다.

어휘족 word family

단어의 변이형뿐 아니라 학습 부담이 크지 않은 일부 파생어들까지도 하나로 묶어 단어의 수를 세는 계산 단위. 예를 들어, drive 란 동사의 변이형인 drives, drove, driven, driving에 더해 파생어인 driver와 drivers 도 하나의 동일한 어휘족으로 간주한다.

외적 보상 extrinsic rewards

목표를 달성했을 때 주어지는 돈이나 상품 등의 외적인 보상. 목표 달성에 대한 내적인 만족감이나 성취감 같은 내적 보상과 대비되는 개념이다.

우연적 학습 incidental learning

내용을 이해하고 즐기는 과정에서 문맥을 통해 어휘나 문법 등이 학습자 자신도 모르는 사이에 저절로 학습되는 것. 의식적인 학습 노력이 수반되는 명시적 학습(explicit learning)이나 의도적 학습(intentional learning)과 대비되는 개념이다.

음소 phoneme

단어의 의미 구분을 가능하게 하는 말소리의 가장 작은 단위. 예를 들어, 영어 단어 pat과 bat는 첫소리에서만 발음이 다르므로 두 단어의 의미 차이는 바로 첫소리 /p/와 /b/의 차이에서 오는 것임을 알 수 있다. 이와 같이 /p/와 /b/는 영어에서 두 단어의 의미를 구분해주는 소리이므로 영어의 음소가 된다. 최근의 파닉스 교재나 안내서에서는 영어의 음소를 44개로 나누어 설명하는 것이 일반적이다.

음소 인식 능력 phonemic awareness

말소리의 가장 작은 의미 구분 단위인 음소(phoneme)를 구분해 듣고 조작할 수 있는 능력.

이독성 공식 readability formula

주어진 책을 읽는 것이 얼마나 쉬운지 혹은 어려운지를 계산하는 공식. 최근에 가장 널리 사용되는 대표적인 이독성 공식으로는 ATOS 지수와 렉사일 지수가 있다.

인코딩 encoding

단어의 발음을 문자로 적는 것을 가리키며 흔히 "암호화"라고 번역된다. 암호화라고 하는 이유는 (우리가 잘 아는) 말소리를 (암호처럼 읽을 줄 아는 사람만이 해독할 수 있는) 문자로 바꾸는 것이기 때문이다. 디코딩(decoding)과 반대되는 개념이다.

일견어휘 sight words

단어의 형태를 통째로 암기해 문자 해독을 거치지 않고 바로 인식할 수 있는 단어들, 혹은 그렇게 할 수 있도록 학습되어야 하는 단어들.

자동성 automaticity

정확하고 신속한 읽기가 의식하지 않아도 자동적으로 이루어질 수 있는 것을 가리킨다. 이러한 자동성은 보통 유창한 영어책 읽기를 위해 반드시 필요한 능력이라고 알려져 있다.

첫째 모음 우선 규칙 First Vowel Talking

모음 글자 2개가 겹쳐서 올 때 두 번째 모음 글자는 가만히 있고 첫 번째 모음 글자가 자신의 이름을 말하는 것처럼 발음되는 것. 예를 들어, bead라는 단어에서 두 번째 모음 글자 a는 소리가 나지 않고 첫 번째 모음 글자인 e가 자신의 이름인 [이~]를 말하는 것처럼 길게 소리가 난다.

카네기상 CILIP Carnegie Medal

영국 문헌정보전문가협회(CILIP)가 매년 영국에서 출판된 아동 청소년 대상의 문학 작품 가운데 가장 훌륭한 책을 집필한 저자에게 수여하는 아동문학상. 미국의 뉴베리상과 비슷한 성격을 지닌다.

칼데콧상 Caldecott Medal

미국도서관협회(ALA)에서 매년 가장 훌륭한 아동용 그림책의 삽화가에게 수여하는 아동문학상. 수상작의 선정과 시상은 미국도서관협회의 분과인 어린이도서관협회(ALSC)에서 주관한다.

케이트 그린어웨이상 CILIP Kate Greenaway Medal

미국의 칼데콧상처럼 영국에서 출판된 아동 대상의 영어책 가운데 삽화가 가장 뛰어난 작품의 삽화가에게 수여하는 아동문학상. 카네기상처럼 영국의 문헌정보전문가협회가 수여한다.

코퍼스 corpus

한 언어의 화자들이 실제로 사용한 말이나 글을 텍스트로 만들어 모아놓은 텍스트의 모음. 예를 들어, 영어 일기를 많이 모아놓으면 영어 일기 코퍼스가 되고, 아동용 동화책의 텍스트를 많이 모아놓으면 동화 코퍼스가 된다. 한국어로는 흔히 "말뭉치"라고 번역된다.

코퍼스 언어학 corpus linguistics

텍스트의 모음인 코퍼스를 컴퓨터 소프트웨어로 분석하여 언어를 연구하는 언어학의 한 분야.

타입 type

단어의 동일한 형태가 여러 번 출현해도 모두 하나로 간주하여 단어를 세는 방식. 예를 들어, 어떤 책에 you가 모두 열다섯 번 쓰였다면 you의 토큰 수는 15개가 되지만 타입 수는 하나이다.

토큰 token

주어진 텍스트에 모두 몇 개의 단어가 사용되었는지를 계산하는 단위 가운데 하나로서 중복 여부와 상관없이 사용된 단어들은 모두 별도의 토큰이 된다. 예를 들어, 어떤 텍스트에 we, love, you가 각각 다섯 번씩 나오는 경우 단어 타입은 3개에 불과하지만 토큰은 모두 15개가 된다.

파닉스 phonics

문자와 문자가 나타내는 소리 사이의 규칙적인 관계. 때로는 그런 관계에 대한 지식을 바탕으로 문자를 해독해 단어의 발음을 읽어내거나 단어의 철자를 스펠링하는 요령을 가리키기도 한다.

파생어 derived words

특정 단어에서 파생되어 나온 단어. 예를 들어, teach란 동사에 '~하는 사람'이라는 의미의 파생어미 —er가 붙으면 teacher란 파생명사가 만들어진다.

한목소리로 읽기 choral reading

아이와 엄마 아빠가 동시에 소리를 내어 한목소리로 책을 읽어나가는 방식의 함께 읽기.

해독 가능한 텍스트 decodable text

이미 배운 파닉스 규칙으로 읽을 수 있는 단어를 사용해 만든 텍스트. 읽는 요령을 배워 처음 읽기를 시작하는 단계에서 많이 사용되며 "파닉스 기반 영어 읽기책(phonetically controlled books)"이라고도 불린다.

참고 문헌

고광윤, 김효진, 박명아, 이윤지, 정정혜, 정휴정, 조주은 (2016). 영어 그림책의 주관적, 객관적 난이도 분석을 위한 현장 실험. 2016년도 한국영어학학회 추계학술대회. 서울대학교.

말콤 글래드웰 (저), 노정태 (역) (2009). 《아웃라이어》. 서울: 김영사. (원제: *Outliers: The Story of Success*).

서울대학교 교육연구소 (1995). 《교육학용어사전》. 서울: 하우동설.

제프 콜빈 (저), 김정희 (역) (2010). 《재능은 어떻게 단련되는가?》. 서울: 부키. (원제: *Talent Is Overrated: What Really Separates World-Class Performers from Everybody Else*).

짐 트렐리즈 (저), 눈사람 (역) (2018). 《하루 15분 책 읽어주기의 힘》. 서울: 북라인. (원제: *The Read-Aloud Handbook*).

한국교육심리학회 (2000). 《교육심리학 용어사전》. 서울: 학지사.

Ames, W. S. (1966). The development of a classification scheme of contextual aids. *Reading Research Quarterly* 2(1): 57-82.

Atkinson, R. C. and R. M. Shiffrin (1971). The control of short-term memory. *Scientific American* 225(2): 82-90.

Bauman, J. and B. Culligan (1995). About the General Service List. Retrieved on November 15, 2017 from http://jbauman.com/aboutgsl.html.

Beck, I. L. and M. E. Beck (2013). *Making Sense of Phonics: The Hows and Whys*. Second Edition. New York: The Guilford Press.

Blevins, W. (2017). *Phonics From A to Z: A Practical Guide*. Third Edition. New York: Scholastic.

Byram, M. (ed.) (2000). Total Physical Response. In M. Byram and A. Hu (eds.),

Routledge Encyclopedia of Language Teaching and Learning. London: Routledge. pp. 631–633.

Carroll, J. B., P. Davies, and B. Richman (1971). *The American Heritage Word Frequency Book.* Boston: Houghton Mifflin.

Chihara, T., J. Oiler, K. Weaver, and M. A. Chavez-Oller (1977). Are cloze items sensitive to discourse constraints? *Language Learning* 27: 63-73.

Child Study Committee of the International Kindergarten Union (CSCIKU) (1928). *A Study of the Vocabulary of Children before Entering the First Grade.* Washington, DC: International Kindergarten Union.

Coleman, E. B. (1970). Collecting a data base for a reading technology. *Journal of Educational Psychology Monograph* 61(4): 1-23.

Colvin, G. (2008). *Talent is Overrated: What Really Separates World-Class Performers from Everybody Else.* New York: Portpolio.

Culligan, B. and J. Phillips (2013). New General Service List (1.01): The Most Important Words for Second Language Learners of English. Retrieved on November 15, 2017 from http://www.newgeneralservicelist.org/.

Cunningham, P. M. (1995). *Phonics They Use: Words for Reading and Writing.* Second Edition. New York: HarperCollins.

Cunningham, P. M. (2009). *Phonics They Use: Words for Reading and Writing.* Fifth Edition. Boston, MA: Pearson.

Day, R. R. (2015). Extending extensive reading. *Reading in a Foreign Language* 27(2): 294-301.

Day, R. R. and J. Bamford (2002). Top ten principles for teaching extensive reading. *Reading in a Foreign Language* 14(2): 136-141.

Dempster, F. N. (1981). Memory span: Sources of individual and developmental differences. *Psychological Bulletin* 89: 63-100.

Dewey, G. (1970). *Relative Frequency of English Spellings*. New York: Teachers College Press, Columbia University.

Dolch Word List of 220 Words by Frequency. Retrieved on September 17, 2017 from http://www.mrsperkins.com/dolch.htm.

Dolch, E. W. (1936). A basic sight word vocabulary. *The Elementary School Journal* 36(6): 456-460.

Farrell, L., T. Osenga, and M. Hunter (2013). Comparing the Dolch and Fry High Frequency Word Lists. *Readsters*. Retrieved on September 27, 2017 from www.Readsters.com.

Fry, E. (1980). The new instant word list. *The Reading Teacher* 34(3): 284-289.

Fry, E. (2000). *1000 Instant Words*. Westminster, CA: Teacher Created Resources.

Fry, E. (2004). *The Vocabulary Teacher's Book of Lists*. San Francisco: Jossey-Bass.

Fry, E. and J. Kress (2006). *The Reading Teacher's Book of Lists*. San Francisco: Jossey-Bass.

Gates, A. I. (1926). *A Reading Vocabulary for the Primary Grades*. New York: Teachers College, Columbia University.

Gladwell, M. (2008). *Outliers: The Story of Success*. New York: Little, Brown and Company.

Grabe, W. and F. L. Stoller (2002). *Teaching and Researching Reading*. London: Pearson Longman.

Hu, M. and I. S. P. Nation (2000). Unknown vocabulary density and reading comprehension. *Reading in a Foreign Language* 13(1): 403-30.

Johnson, D. D. and T. C. Barrett (1972). Johnson's basic vocabulary for beginning reading and current basal readers: Are they compatible? *Journal of Reading Behavior* 4: 1-11.

Kear, D. J. and M. A. Gladhart (1983). Comparative study to identify high-frequency words in printed materials. *Perceptual and Motor Skills* 57(3): 807-810.

Kosanovich, M. and B. Foorman (2016). *Professional Learning Communities Facilitator's Guide for the What Works Clearinghouse Practice Guide: Foundational Skills to Support Reading for Understanding in Kindergarten Through 3rd Grade* (REL 2016-227). Washington, DC: U.S. Department of Education, Institute of Education Sciences, National Center for Education Evaluation and Regional Assistance, Regional Educational Laboratory Southeast. Retrieved on February 19, 2018 from http://ies. ed.gov/ncee/edlabs.

Krashen, S. D. (1985). *The Input Hypothesis: Issues and Implications.* New York: Longman.

Krashen, S. D. (2011). *Free Voluntary Reading.* Santa Barbara, CA: Libraries Unlimited.

Laufer, B. (1989). What percentage of text-lexis is essential for comprehension? In C. Lauren and M. Nordman (eds.), *Special Language: From Humans Thinking to Thinking Machines.* Clevedon: Multilingual Matters. pp. 126-32

Leys, M., L. Fielding, P. Herman, and P. D. Pearson. (1983). Does cloze measure intersentence comprehension? A modified replication of Shanahan, Kamil, and Tobin. In J. A. Niles and L. A. Harris (eds.), *New Enquiries in Reading.* Rochester, NY: National Reading Conference. pp. 111-14.

Miller, G. (1956). The magical number seven, plus or minus two: Some limits on our capacity for processing information. *The Psychological Review* 63: 81-97.

Milone, M. (2014). Development of the ATOS™ Readability Formula. Wisconsin Rapids, WI: Renaissance Learning. Retrieved on July 25, 2017 from http://doc.renlearn.com/KMNet/R004250827GJ11C4.pdf.

Moats, L. C. (2000). *Speech to Print: Language Essentials for Teachers*. Baltimore: Paul H. Brookes Pub.

Mondria, J. A. and B. Wiersma (2004). Receptive, productive, and receptive + productive L2 vocabulary learning: What difference does it make? In Bogaards, P. and B. Laufer (eds.), *Vocabulary in a Second Language: Selection, Acquisition, and Testing*. Amsterdam: John Benjamins. pp. 79-100

Nation, I. S. P. (2008). *Teaching Vocabulary: Strategies and Techniques*. Boston: Heinle ELT.

Nation, I. S. P. (2013). *Learning Vocabulary in Another Language*. Second Edition. Cambridge: Cambridge University Press.

National Reading Panel (NRP) (2000). *Report of the National Reading Panel: Teaching Children To Read: An Evidence-based Assessment of the Scientific Research Literature on Reading and its Implications for Reading Instruction: Reports of the Subgroups*. (NIH publication NO. 00-4754). Washington, DC: U.S. Government Printing Office.

Oxford, R. and D. Crookall (1990). Vocabulary learning: A critical analysis of techniques. *TESL Canada Journal* 7(2): 9-30.

Renaissance Learning (2007). ATOS™ readability formula: At a glance. Wisconsin Rapids, WI: Renaissance Learning. Retrieved on July 25, 2017 from http://bmsmedia.weebly.com/uploads/8/5/0/6/8506449/lexile_vs._atos.pdf.

Rye, J. (1985). Are cloze items sensitive to constraints across sentences? A review. *Journal of Research in Reading* (UKRA) 8(2): 94-105.

Samuels, S. J. (1979). The method of repeated readings. *The Reading Teacher* 32: 403-408.

Schmitt, N., X. Jiang, and W. Grabe (2011). The percentage of words known in a text and reading comprehension. *The Modem Language Journal* 95(1): 26-43.

Trelease, J. (2013). *The Read-Aloud Handbook.* Seventh Edition. New York: Penguin Books.

Wallace, C. (1992). *Reading.* Oxford: Oxford University Press.

West, M. (1953). *A General Service List of English Words.* London: Longman.

Wheeler, H. E. and E. A. Howell (1930). A first grade vocabulary study. *The Elementary School Journal* 31: 52-60.

미국 사는 김 기자가
《영읽힘》에 진심인 이유

● 전 미주한국일보, 뉴욕중앙일보 기자 **김동희** ●

치열한 육아와 막막한 교육

기자로 16년을 살았습니다. 기자가 엄마가 되니 육아는 취재 현장이었습니다. 전문 서적을 뒤지고, 전문가를 찾아 인터뷰를 했습니다. 육아에 진심이었습니다. 치열했던 육아가 끝나자 막막한 교육이 펼쳐졌습니다. 아이가 학교에서 책을 읽었다는데 모르는 책이었습니다. 아이가 그 책이 너무 재미있었다는데 들어본 적도 없었습니다. 책 좀 읽고 글 좀 쓴다는 기자 엄마도 미국 초등학생 딸 앞에서는 속수무책이었습니다. 아이와 책 수다를 하고 싶었습니다. 아이의 책 세계를 더 많이 이해하고 싶었습니다. 미국 사는 한국 엄마가 최단 시간에 미국 어린이 권장 도서를 파악하는 방법은 '엄마표 영어' 서적을 섭렵하는 일이었습니다. 아직까지 기자의 감이 죽지 않았다면 모범 답안이 될 만한 책과 전문가를 찾는 일은 시간 문제라고 자신했습니다.

《영어책 읽기의 힘》을 만나다

그 무렵이었습니다. 우연히 인스타그램을 통해 《영어책 읽기의 힘》을 만났습니다. 작가의 이력과 책 소개를 읽으니 죽지 않은 '감'이 왔습니다. 무려 500페이지에 달하는 묵직한 책이지만 두께에 비해 쉽게 읽혔습니다.

한 장 한 장 빨리 넘어가고 중간중간에 그림이 있어서 지루하지도 않았습니다.

매 주제별로 고개를 끄덕이며 읽다 보니 특히나 눈길이 가는 부분은 풍부한 자료들이었습니다. 인터넷 검색만으로는 도저히 구할 수 없는 수많은 자료들이 빼곡히 들어 있었습니다. 수년에 걸쳐서 일목요연하게 정리한 자료들은 이 책의 가치를 한층 높여주었습니다. 처음 엄마표 영어를 시작하는 경우, 수많은 엄마표 영어책 중에서 도저히 무얼 골라야 할지 모르겠다 하는 경우, 그리고 진짜 제대로 된 자녀교육을 해보고 싶은 경우, 여기저기서 헤매지 말고 이 책 한 권이면 되겠다는 '감'이 또 왔습니다. 한마디로 《영어책 읽기의 힘》은 엄마표 영어의 첫 번째 책이자 마지막 책이 되어도 조금도 이상하지 않습니다.

엄마표 영어의 모범 답안

엄마표 영어 관련 서적 몇 권 읽어 보신 분들은 아실 겁니다. 수많은 책을 읽어 봐도 결국 본질은 같은 이야기입니다. 사람마다 실천하는 방법에서 차이가 나는데, 너무 개인적인 경험만 늘어놓은 책은 보편성이 부족합니다. 너무 전문적인 책은 읽기에 지루합니다. 하지만 《영읽힘》은 영문과 교수님의 이론과 네 아이 아버지의 경험이 잘 어우러져 있습니다. 실천하기도 어렵지 않습니다.

무엇보다 좋았던 것은 이 책이 엄마표 영어의 정답 제시 정도에 그치지 않는다는 점이었습니다. 내 인생을 통틀어 아이에게 단 한 가지를 선물할 수 있다면 가장 좋은 것은 무엇일까? 아이가 평생 살아가는 데 힘이 될 수 있도록 한 가지를 물려줄 수 있다면 무엇일까? 이러한 본질적인 질문의 답이 궁금하다면 《영읽힘》을 추천합니다. 책 속에 답이 있습니다.

《영읽힘》으로 스페인어 배우기

《영어책 읽기의 힘》에서 말하는 유창한 영어의 비결은 '즐다잘' 입니다. 영어책을 읽는 것이 즐거우면 자연스레 많이 읽게 되고, 많이 읽으면 점점 더 잘 읽게 되며, 더 잘 읽으면 더 즐거워져서 계속해서 더 많이 읽고 더 잘 읽게 되는 선순환이 일어납니다. 이러한 선순환이 계속되면 눈덩이 효과가 발생하고 그 결과 유창한 영어 실력을 갖추는 것은 시간문제가 된다는 것입니다. 그런데 이것이 단지 영어책 읽기에만 해당하는 것일까요?

얼마 전부터 아이가 스페인어에 관심을 갖기 시작했습니다. 스페인어에 까막눈인 엄마 앞에는 깜깜한 세계가 펼쳐졌습니다. 그러나 곧 《영읽힘》이 생각났고, 모든 것은 귀에서 시작된다는 교수님의 조언이 떠올랐습니다. 충분한 듣기가 우선이라는 점, 즐겨듣기가 비결이라는 점을 기억하고 스페인어에도 이를 적용해 보았습니다. 우리는 어느새 스페인어 책을 즐겨 읽기 시작했고, 더 많이 읽게 되었으며, 점점 더 잘 읽게 되었습니다. 《영읽힘》의 즐다잘 공식으로 '스읽힘'의 즐다잘 역시 날마다 경험하고 있습니다.

'힘'을 얻은 우리가 할 일은

《영어책 읽기의 힘》을 비롯하여 요즘 서점에는 제목이 '~힘'으로 끝나는 책들이 적잖게 있습니다. 왜 우리는 책 제목을 '~힘'으로 지어가면서까지 강해지고 싶을까, 영어책 읽기의 힘을 가지면 어떻게 되는 걸까 궁금했습니다.

《영읽힘》의 추천 도서들을 읽으면서 명확해졌습니다. 많은 영어책들은 말하고 있습니다. 세상을 더 나은 곳으로 만드는 일을 함께 하자고, 세상이 더 나은 방향으로 가는 데 너의 힘을 보태 달라고 말입니다. 그리고 실제로 작가님은 '범국민 느리게 100권 읽기'라는 영어책 읽기 운동을 통해 지식과 희망 나눔을 실천하고 있습니다.

영어책 추천 도서 리스트를 단시간에 얻고 싶은 마음, 엄마표 영어를 섭렵하고픈 마음에 읽게 된 《영읽힘》이었지만 '영어' 그 너머의 것들을 더 많이 얻었습니다. 네이버 카페 '슬로우 미러클'을 통해서 영어 그림책 느리게 100권 읽기를 시작할 수 있었고, 이제는 세상을 더 나은 곳으로 만드는 데 어떤 힘을 보탤 수 있을지도 생각해 봅니다.

《영읽힘》 덕분에 생각과 마음이 단단해진 우리가 우리를 거울삼는 아이들에게 좋은 본이 되어 주었으면 합니다. 세상을 아름답게 만드는 일을 함께 해 나갔으면 합니다. 책 한 권을 읽었을 뿐인데 세상이 달라져 보입니다. 《영읽힘》에 진심인 이유입니다.

《영읽힘》, 영어 흙수저만큼은
물려주고 싶지 않은 부모들의 희망

• 두 아이의 엄마 **김승연** •

신혼여행 내내 우리 부부의 발목을 붙잡았던 것은 영어였다. 파파고를 열심히 돌리고 손짓 발짓까지 동원하여 겨우 의사소통을 했던 첫 해외여행에서 굳은 다짐을 했다.

'우리 아이만큼은 영어로부터 자유롭게 해줘야겠다!'

하지만 막상 아이가 태어나자 내가 해줄 수 있는 것이 무엇인지조차 알 수 없었다. 그러던 중 지인에게 유아 영어교재와 원서 읽어주기를 병행하는 게 어떻겠냐는 권유를 받았다.

'원서라니!' 듣기만 해도 두려운 단어! '아이가 벌써부터 원서를 볼 필요는 없지 않나?' 하고 생각하며 유아 영어교재를 알아봤지만, 경제적으로 부담이 너무 컸다. 그러다 우연히 영어 그림책을 접하게 되었는데, 짧은 글에 아기자기한 그림까지 평소 읽어주던 한글 그림책과 다르지 않아 원서에 대한 오해를 풀 수 있었다.

1년간 1~2줄의 쉬운 영어 그림책만 야금야금 사서 아이에게 읽어주었다.

하지만 계속해서 비슷한 수준의 책만 보다 보니 여러 의문점이 생겨났다.

- 지금처럼 책만 읽어줘도 괜찮은 건가?
- 아직 어린데 영상은 어떡하지?
- 번역되어 나온 쌍둥이 책도 같이 보는 게 좋을까?
- 흘려듣기, 집중듣기도 필요하다는데 어떻게 해야 하지?
- 파닉스는 또 어떻게 해야 해?

"유레카! 《영어책 읽기의 힘》과의 운명 같은 만남"

그렇게 우리 부부는 지독한 영어의 늪 속에 빠져 방황하게 되었다. 그러던 중 우연히 방문한 서점에서 고광윤 교수님께서 쓰신 《영어책 읽기의 힘》을 정말 운명처럼 발견하게 되었다. 차례를 읽고는 책을 사서 홀린 듯 읽기 시작했다. 500페이지가 넘는 두꺼운 책이었지만 마치 옆에서 자상하게 설명해주시는 것처럼 느껴져 쉽게 읽혔고, 말씀 하나하나가 귀에 쏙쏙 들어왔다. 책의 마지막 페이지를 덮었을 때, 한줄기 빛이 보이는 느낌을 받았다. 부모가 실력이 없어도 아이가 영어를 잘할 수 있다니! 더구나 책 속에 퐁당 빠지기만 하면 된다고 하니, 독서를 중요시했던 우리 부부에게는 그야말로 "유레카!"를 외칠만한 발견이었다.

그동안 부모가 부족하여 다른 아이들처럼 영어 교육을 따로 해주지 못했고, 영어로 대화할 기회조차 주지 못하는 것 같아 마음속에 늘 무거운 짐을 가지고 있었다. 그런데 책 읽기가 올바른 방향이며, 잘 해오고 있었다고 교수님께 칭찬받고 격려받은 느낌이 들어 책에 대해 신랑에게 말하다가 눈물이 났다. 그리고 그동안 우리를 괴롭혔던 의문들에 대해서도 속시원하게 설명해줄 수 있었다.

- 지금처럼 책만 읽어도 괜찮다! 그러니 책 속에 더 푹 빠질 수 있게 더 많이, 신나게 읽어줘야겠어. 우리가 미리 연습도 하고, 아이와 리드 얼라우드도 함께 듣고.
- 교수님 추천 영상이 있어. 교육적이고 잔잔한 것으로 우리가 시간도 정하고 아이와 약속도 정해서 아이가 충분히 즐겨들 수 있게 해줘야겠어!
- 영어 원서도 같은 그림책인걸. 원서에 담긴 문화와 정서를 있는 그대로 느낄 수 있게 해주자.
- 흘려듣기? 집중듣기? 거기에 연연하지 말고 그냥 책을 즐기는 것에 더 집중하면 돼!
- 동영상을 즐겨 보게 해주고 영어책을 꾸준히 읽어주면 파닉스는 자연스럽게 익혀질 가능성이 크대! 아이가 스스로 읽고자 하는 때가 오면, 그때 읽는 법을 배워도 늦지 않대.

"우리 가족에게 일어난 변화"

우리 아이들은 4살, 2살이다. 아직 아이들이 어릴 때 교수님의 책을 만난 것은 우리 가족에게 큰 행운이라는 생각이 든다. 그저 한 권의 책을 읽었을 뿐인데 우리 가족에겐 정말 많은 변화가 생겨났다.

그 변화의 시작은 우리 부부의 마음에서 아이의 영어를 이끌어주는 것에 대한 두려움이 사라졌다는 것이다. 영어에 대한 공포가 사라지니 자연스레 행동에도 변화가 찾아왔다. 교수님 책을 만나고 약 1년의 시간 동안, 우리 가족은 영어가 생활 속에 녹아들게끔 배운 것을 하나씩 실천해 나갔다.

1. 매일 꾸준히 짧은 시간이라도 틈틈이 '책' 읽어주기

교수님의 책을 만난 후 약 1년, 현재 첫째 아이는 한국어책이든 영어책이든 상관없이 똑같은 '책'으로 여기고 있다. 한국어로 읽어주면 한국어로 받아들이고, 영어로 읽어주면 영어로 받아들인다. 물론 책을 읽고 난 후의 대화는 우리말로 하지만, 영어로 읽어준 책의 내용을 찰떡같이 알아듣고 신나게 떠드는 것을 보면 신기하게 느껴진다.

2. 매일 규칙적인 시간에 아이와 약속한 만큼의 영상 보기

아이들이 어렸기에 영상 자체의 노출을 꺼리는 편이었다. 하지만 지금은 걱정되는 마음을 일단 내려놓고, 아이와 함께 영상을 보면서 노래도 따라 부르고 같이 춤도 춘다. 또, 영상 속의 내용에 대해서 아이와 대화도 나눈다. 영상이 아이에게 줄 수 있는 악영향을 예방하기 위해서라도 영상을 베이비시터로 활용하는 일이 없어야 한다는 교수님의 말씀을 지키려고 노력하며 즐겨보고 즐겨듣기를 실천한다.

3. '노래방 영어' 실천하기

엄마인 내가 일주일에 최소 1권 이상 정확하게 읽어주기 위한 리딩 연습을 하고 있다. 슬미 성우와 유튜브 속 원어민의 리드 얼라우드를 틀어놓고 정확한 발음과 강세, 리듬을 따라하려고 노력하고 있다. 이렇게 연습해서 아이들에게 읽어주면 아이가 평소보다 더 집중해서 들어주는 마법이 일어난다.

4. 뜻을 모를 때 '모호함' 견디기

영어실력이 부족하다 보니 아이가 단어 뜻을 질문하는 것 자체가 겁이 났다. 그래서 내가 먼저 책을 읽어보고 있다. 그림을 보면서 리드 얼라우드를 듣다 보면 얼추 전반적인 내용이 이해되었고, 도저히 이해되지 않는 경우 최소한의 단어만 찾아보았다. 그렇게 이해한 내용을 바탕으로 아이의 질문에 단어 뜻이 아닌 상황적인 설명만 해주었다. 이렇게 실천하기를 반년 정도, 이제는 나름 영어의 모호함을 견딜 수 있게 되었다. 그런데 재미있는 건, 내가 모호함을 그대로 받아들이자 아이 역시 단어에 대한 질문이 사라졌다는 점이다. 지금은 그냥 있는 그대로 듣고 그림을 보며 대화한다. 참 신기한 일이다.

5. 도서관에 가는 날은 특별한 날!

평소에도 도서관에 가는 걸 좋아했지만 더욱 여유를 가지고 아이가 충분히 책을 살펴볼 수 있게 기다려주었다. 그리고 이날은 공원에서 산책도 하고, 아이가 먹고 싶어 하는 간식도 함께 나누어 먹으며 더 많은 소통을 하고 있다. 그런 날들이 하루하루 쌓여가면서 책을 더욱 좋아하는 아이로 성장해가고 있다.

"가장 느린 것이 가장 빠른 것이다."

우리나라 영어 교육은 풍요 속의 빈곤이라 할 수 있다. 이러한 환경 속에서 아이에게 진정으로 필요한 영어가 무엇인지 생각해 볼 필요가 있다.

내 아이에게 영어란 무엇이 되어야 할까? 12년 동안 받아야 하는 학창 시절의 점수인가, 아니면 아이에게 더 넓은 세상으로의 진출과 활약에 필요한 '자유'의 열쇠가 될 것인가? 우리 부부는 영어가 아이들에게 '자유'를 주길 원했다. 현재 아이의 발전이 눈에 보이지 않더라도 단단한 뿌리를 내리고 있노라 믿으며 아이가 스스로 성장해가는 시간을 함께 걸어가기로 했다.

《영어책 읽기의 힘》은 소위 영알못 부모의 암담하고 막막한 심정을 헤아려주고 이끌어주는 등대 같은 책이다. 부디 이 책을 읽고 '결국 책이 중요하다는 거네.' 하며 그냥 덮지 않기를! 이 책에는 나와 내 아이들이 영어와 친구가 될 수 있는 느린 것 같지만 사실은 가장 빠르고 확실한 길이 안내되어 있다. 모든 이들이 차별 없이 영어로부터 자유로워질 수 있는 지름길 말이다.

《영어책 읽기의 힘》이 시중의 많은 부모표 영어 관련 서적과 차별화되는 7가지 이유 분석

● 4세 아이 엄마, 고등학교 국어교사 **이예린** ●

영어를 좋아하고 영어교육에 관심이 많아 지난 몇 년간 시중에 출간된 영어교육 관련 서적을 수도 없이 찾아 읽어왔습니다. 그러던 중 2020년에 운명같이 《영어책 읽기의 힘》을 만나 2회 정독했고, 앞으로 제 아이의 영어교육을 위한 바이블이자 자녀양육을 위한 길잡이 같은 책으로 삼게 되었습니다.

그동안 읽은 많은 '엄마표 영어' 책들은 자녀 한두 명의 경험담에 국한되어 있었고 유전적, 환경적 요인 등의 변수가 많아 제가 가지고 있었던 영어 교육에 대한 갈증을 해소해주지 못했습니다. 게다가 저자가 영어 관련 전문가이거나 뛰어난 영어 실력을 갖춘 경우가 적지 않았는데, 수많은 평범한 부모들의 마음을 제대로 이해하지 못하는 것 같아 위화감이 드는 책들도 있었고요.

그런데 이 책의 저자는 현직 영문과 교수로서 오랫동안 영어학과 영어교육을 연구하고 가르쳤으며, 네 자녀의 아빠로서 부모표 영어를 성공적으로 적용한 분입니다. 또한 대중 속으로 들어가 영어책 읽기의 큰 힘을 실제로 보여주고 있습니다. 특히, 학자임에도 불구하고 일반 독자들이 전혀 부담감이나 위화감을 느끼지 않도록 세심하게 배려하는 글을 쓰고 있어 놀라웠습니다.

이 책은 술술 쉽게 읽히는 대중서이면서도 동시에 각주로 부연 설명과 인용이 꼼꼼히 기록된 훌륭한 연구 논문입니다. 저자 자신의 연구를 포함해 수많은 관련 연구를 바탕으로 탄탄히 저술되어 있고, 두께도 500쪽이 넘을 정도로 방대합니다. 하지만 문장력과 가독성이 뛰어나 멋진 강연을 듣는 것처럼 느껴졌고 책 속에 빠져들어 쉽게 완독할 수 있었습니다.

저자는 영어책 읽기가 우리 아이들에게 유창한 영어 실력을 기를 수 있는 최선의 방법이자 유일한 방법이라고 강조합니다. 바로 알고 제대로만 실천한다면 영어책 읽기야말로 아이의 성향이나 수준과 관계없이 누구나 성공할 수 있는 가장 확실하고 안전한 방법이라는 확신이 들었습니다.

개인적으로 《영어책 읽기의 힘》은 시중의 많은 부모표 영어 관련 서적을 평정했다고 생각합니다. 이 책이 다른 관련 서적들과 다르다고 생각되는 특징을 7가지로 꼽자면 다음과 같습니다.

1. 영어를 못하는 부모가 부담 없이 자녀의 영어책 읽기를 시작하도록 도와줍니다.
교육자의 입장에서 영어에 어려움을 느끼는 독자들을 최대한 배려하고 부담감을 덜어주려는 노력이 곳곳에 배어있습니다. 부모가 영어 공부를 해라, 생활 영어 회화를 구사할 수 있도록 문장을 외우고 아이와 프리토킹을 하라는 등의 부담스러운 노력을 요구하지 않습니다. 영어를 못해도, 발음이 좋지 않아도, 아이를 가장 사랑하는 부모가 뛰어난 영어 전문가보다 아이에게 훨씬 좋은 선생님이 될 수 있다며 따뜻하게 손을 내밀어줍니다.

2. 유전적 요인에서 벗어나, 직접 만들어나갈 수 있는 능동적인 운을 만들어 보라고 발상을 전환해 줍니다.

성공의 비결은 타고난 재능이나 노력보다는 운이며, 그 운은 바로 영어책 읽기의 가치를 알고 실천하도록 돕는 부모를 만나는 것이라는 저자의 말에서 무릎을 탁 쳤습니다. 유전적, 환경적 요인은 바꿀 수 없지만, 우리의 노력으로 얼마든지 자녀가 성공하도록 도울 수 있다는 뜻이지요. 특히 자녀들에게 그런 부모를 만날 수 있는 행운을 선물하라는 말씀은 제 마음을 뜨겁게 했으며, 반드시 해내야겠다는 도전 정신과 자신감을 북돋아 주었습니다.

3. 엄마표 영어에 고정적으로 등장하는 흘려듣기와 집중듣기 대신 '즐겨듣기'를 제안합니다.

아무리 좋아하는 노래도 흘려들으면 가사 내용이 기억나지 않는 것처럼 흘려듣기는 생각보다 실효성이 적다는 점을 알려줍니다. 또 글자나 단어 하나하나를 손가락으로 짚으며 읽어나가야 하는 집중듣기의 고통과 폐해를 언급하면서 그림이나 영상을 보며 내용을 즐기는 '즐겨듣기'를 제안하고 있습니다. 뭐든 즐기는 자를 이길 수 없다는 당연한 진리를 다시금 깨닫도록 해주는 것이지요.

4. 영어책을 읽을 때 해석을 해주지 말라고 속 시원하게 말해줍니다.

자녀에게 영어책을 읽어주다 보면 누구나 가장 고민되는 부분이 우리말 해석의 필요성일 것입니다. 저자는 영어책 읽기가 단어 찾기나 문장의 해석이 되어서는 안 된다고 강조합니다. 특히, 자꾸 해석을 해주다 보면 해석 없이는 읽을 수 없는 고치기 어려운 나쁜 습관이 형성될 수 있으므로 영어책은 영어 그대로 읽어주는 것이 가장 좋다고 확실하게 알려줍니다.

5. 파닉스 교육에 대한 궁금증을 완벽히 해결해 줍니다.

파닉스에 대해 이렇게 자세히 다룬 부모표 영어 지침서는 처음 본 것 같습니다. 내용을 즐기다 보면 많은 경우 파닉스를 따로 공부하지 않아도 자연스럽게 영어를 읽을 수 있게 된다는 점, 시중에 나온 파닉스 교재들은 대부분 필수 요소를 다 담고 있으므로 선택에 큰 고민을 하지 말라는 점과 함께 효과적인 파닉스 교육 방법을 자세히 설명하고 있습니다.

6. 추천하는 영어 동영상이 모두 느리고 소박하고 잔잔한 것들입니다.

저자의 네 자녀에게 직접 적용해보고 가장 성공적으로 사용된 동영상 자료들을 엄선하여 추천하고 있습니다. 특히 저자는 요즘 유튜브를 중심으로 홍수처럼 넘쳐나는 빠르고 현란하고 자극적인 동영상들이 책 읽기와는 상극임을 지적합니다. 그런 동영상들은 영어책 읽기를 망치기가 아주 쉬우므로 가급적 피해야 한다고 강조하며, 책 읽기와 잘 어울리는 느리고 소박하고 잔잔한 동영상만을 골라 추천하고 있는 점이 신선했습니다.

7. 멀리 가기 위해 느리더라도 많은 사람들과 함께 가라고 말해주고 있습니다.

마지막으로, 저자는 '동지를 구해 함께 하라'고 조언합니다. 혼자 하는 것보다는 단 한 사람이라도 누군가와 함께하면 성공의 가능성이 훨씬 더 커지기 때문입니다. 그리고 저자는 단지 말에 그치지 않고 직접 '슬로우 미러클'이라는 북클럽을 조직하여 독자들이 함께 갈 수 있도록 돕고 있습니다. 부모가 먼저 영어책 읽기의 맛을 경험한 후 자녀에게 그 즐거움과 열정이 자연스레 전해지도록 도와주고 있습니다. 지식과 희망을 나누어 주는 일에 헌신적인 저자와 그 뜻을 이해하고 자발적으로 봉사하는 슬로우 미러클의 수많은 회원분들을 지켜보며 선한 영향력의 진가가 바로 이런 것이구나 깨닫게 됩니다.

《영어책 읽기의 힘》은 앞으로 부모표 영어를 꿈꾸는 모든 사람들의 좋은 길잡이가 될 것이라 확신합니다. 대학 교수이자 네 아이의 아버지이면서 일반인들의 실천을 돕고 있는 저자의 연구와 노력, 열정과 확신이 가득한 멋진 책을 만날 수 있음에 진심으로 감사합니다.

나의 18년을 칭찬해 준 책

● 수하(18세) 엄마 **임숙연** ●

"수하는 도대체 영어를 어디서 배운 거에요?"

"아, 저랑 어려서부터 영어책을 많이 읽고, 또 영어 소리도 많이 들었어요."

"에이, 책 읽히면 좋다는 거 알지. 근데 그거 다 엄마 일이잖아요. 난 발음도 별로고 꾸준히 안 되더라고요."

영어를 잘한다는 건(잘) 영어책을 좋아하여(즐) 많이 읽고 들으면(다) 저절로 따라오는 결과란 걸 경험했지만 그걸 설명할 자신은 없어 이내 말을 삼킵니다. 우리가 성공한 방법을 알기 쉽게 전해줄 수 있다면 좋을 텐데 하는 생각이 가시질 않습니다.

《영어책 읽기의 힘》을 읽은 이유

저의 엄마표 영어는 이미 마무리된 상황이라 《영어책 읽기의 힘》을 처음 봤을 때에는 별 관심이 없었습니다. 다만 제목처럼 영어책 읽기의 '힘' 이 얼마나 강한지 잘 알고 있기 때문에 그냥 목차만 펼쳐봤어요. 그런데 정말 놀랍게도 제 아이와 진행해 온 18년 동안의 영어 학습 방법이 마치 누군가 저희를 관찰해 쓴 것처럼 일목요연하게 정리되어 있더군요. 그렇다면 저조차도 구체적으로 설명하기 어려운 저희의 영어 학습 성공 비법을 이론적으로 알 수 있겠다 싶어 바로 책을 구입해 읽게 되었습니다. 그럼 특히 저희 경험과 일치했던 부분을 적어볼게요.

유아기

저도 여느 엄마들처럼 아이가 영어를 편하게 할 수 있으면 좋겠다고 생각했어요. 그래서 아기 때부터 영어 표현을 외워 말해 주고 영어 동요도 불러 줬지만 곧 한계를 느꼈는데 이후엔 뭘 해야 할지 모르겠더라고요. 그러다가 영어 그림책을 접하게 되었고, 영어책이 가장 많이 구비된 도서관을 자주 이용했어요. 아장아장 걷는 아이와 숲길을 지나 우리를 반기는 사서 선생님께 인사하고, 아무도 없는 열람실에서 책도 읽고 대출도 하며 매점에서 군것질 하다 집에 돌아오는 루틴은 우리의 행복한 추억입니다. (7-10 우리 가족만의 특별한 도서관 이용 비법).

동영상

첫 영상물은 텔레토비였어요. 보자마자 눈을 떼지 못하고 포~를 따라했지요. 알아듣는 건지 연신 깔깔대던 아이는 Dora the Explorer로 단어를 배웠고, Between the Lions로 파닉스를 익혔고, Arthur 시리즈로 학교생활을 간접 경험했고, The Magic School Bus로 과학 상식을 알아갔어요. (p.408 TV용 애니메이션 시리즈 추천작). 보다 보니 익히게 된 것이지 뭘 배우게 하려고 보여준 게 아니었던 점에 유의해 주세요. (2-4 동영상 시청: 영어를 보고 듣는 최고의 방법).

영어를 알아듣다

7살까지 이렇게만 하다가 아이가 책과 동영상의 내용을 너무 그럴싸하게 말하길래 소리만 따로 들려줬어요. 그런데 소리를 켜자 하던 일을 멈추고 듣더니 피식피식 웃더라고요. 어떻게 알아듣게 된 걸까요? (2-6 영어를 전혀 모르던 아이가 어떻게 영어를 듣고 이해하게 될까?).《영읽힘》에 그 이론과 설명이 나와 있답니다. 이렇게 아이는 오로지 영어 그림책과 동영상 보고 듣기로 귀가 트이게 되었습니다. 이후 아이는 영어 듣기를 정말 좋아했어요. 책과 함께 듣기도 하고 소리만 듣기도 했는데 저는 그 소리가 힘들어 일정 시간만 들으라고 말린 적도 많습니다. 좋아서 듣는 건 정말이지 무서운 속도를 냈습니다. (2-11 즐겨듣기의 핵심 원칙).

파닉스와 일견 어휘

아이는 어느새 외워서 읽는 책이 늘어나고 이젠 어떻게 읽는 거냐고 묻기 시작했어요. 그래서 7살 때 알파벳과 파닉스, 일견 어휘를 교재와 리더스로 익혀 나갔습니다. 여전히 긴 호흡의 책은 제가 읽어주었지만, 파닉스 규칙과 일견 어휘만으로 읽을 수 있는 책은 아이가 제게 읽어 주며 즐거운 낭독 시간을 보냈습니다. (2-7 영어 파닉스, 즐기다 보면 저절로 해결된다). 이미 소리로 의미를 알고 있어서인지 글을 읽기 시작하며 해석없이 바로 책을 이해하는 게 신기했는데《영읽힘》을 읽고 나서 그 이유를 알게 되었지요. (4-1 파닉스는 구어 영어 능력을 영어 읽기에 활용하도록 해준다). 저희도 열심히 했던 라이트너 박스를 이용한 어휘 공부법이 책에 소개되어있어 정말 기분 좋았습니다.

아이 중심 독후 활동

독후 활동을 따로 하지 않았어요. 한데,《영읽힘》154쪽의 "책을 읽은 후 해야 할 가장 중요한 두 가지는 점검과 활동이 아니라 책에 대해 대화하고 다음 책을 골라 다시 책 읽기 속에 푹 빠지는 것입니다." 이 부분을 읽고서 두근거리는 감동에 잠시 읽기를 멈췄습니다. 이것이 진정한 독후 활동이라면 전 지금도 하고 있으니까요. 어느새 18살이 된 아들과 여전히 책 수다를 나누지요. 서로 자기가 읽은 내용을 더 이야기하고 싶어 시간이 길어지는 게 문제지만요.

날개를 단 영어책 읽기

이제 아이는 챕터북 시리즈에 푹 빠졌다가 뉴베리 수상작을 거쳐 고전을 읽고 있어요. 감동받은 책의 감상을 기록하고 영어 강연과 뉴스도 챙겨보지요. 여전히 최고의 당근은 원하는 영어책 선물과 오디오 북 구독입니다. (7-11 영어책 읽기에 진짜 도움이 되는 보상 제공 방법).

슬미에 함께 스며들다

《영읽힘》의 저자가 운영하는 슬미(슬로우 미러클) 카페의 '느리게 100권 읽기' 프로그램에 참여하게 되면서 아이가 커서는 잘 보지 않던 그림책을 자연스레 다시 읽게 되었습니다. 그림책을 읽고 나면 역시 책 수다 아니겠어요? 각자의 홈런 문장과 맘에 드는 그림을 나누고 낭독 영상을 만드는 취미도 생겼지요.

솔직히 《영어책 읽기의 힘》을 처음 펼칠 땐 약간 두려웠습니다. 이 책은 최고 전문가가 쓴 책인데, 내 방법이 틀렸다고 혼나는 기분이면 어쩌지? 하지만 마지막 페이지를 끝낸 지금 벅찬 감동을 만끽하고 있습니다. 제가 참 잘한 거였네요. 무소의 뿔처럼 끝까지 걸은 저를 만난 제 아이는 엄청 운(fortune)이 좋은 거였어요. (1-1 대체 비결이 뭔가요?).

저의 지난 18년을 잘했다고 칭찬해 준 《영어책 읽기의 힘》 정말 감사합니다. 이 책의 안내를 따라가 보세요. 함께 가는 분들과 '즐다잘' 하다 보면

저 같은 경험을 하게 되실 거예요.

에필로그

"엄마, 엄마표 영어가 뭐예요?"

"(이건 또 무슨 소리인가) 우리가 한 게 엄마표 영어잖아. 엄마랑 집에서 영어 공부하는 거."

"공부요? 난 영어 공부한 적 없는데?"

"(헉… 배은망덕한… 일단 들어나 보자) 그럼 네가 어떻게 영어를 잘하게 되었다고 생각해?"

"음… 영어 많이 듣고 읽은 거? 근데 다 제가 좋아서 한 거잖아요. 그건 공부가 아닌데?"

네. 제가 18년 동안 한 건 엄마표 영어가 아니라 '즐다잘'이었어요. 이상 저의 행복한 엄마표 영어 퇴사 기록이었습니다.

대체 비결이 뭔가요?

● 남은 인생은 그림책과 함께 지낼 남매 맘 **장미영** ●

영어 교육에 대한 방향 상실로 모든 것이 멈추어버린 것 같던 시기에 《영어책 읽기의 힘》을 만났다. 교보문고에서 발견한 이 두꺼운 책이 운명 같은 이끌림에 의해 나의 가방 속으로 쏘옥 들어왔고, 집에 돌아오는 지하철 안에서 단숨에 읽어 내려갔다. 읽는 내내 안도와 후회로 엎치락뒤치락하면서 알게 되었다. 나의 착각을, 나의 잘못을, 나의 무지함을.

위축되어 있던 나의 마음을 교수님은 아셨던 것일까? 처음부터 끝까지 일관된 어조와 온화함으로 자상하게 이끌어주시는 모습은 방금 막 쪄낸 백설기같이 따뜻하고도 포근하게 다가왔다. 교수님 말씀을 따라가다 보니 어두운 밤 등불을 들고 길을 밝게 비춰주는 안내자의 모습이 연상되었다.

교수님께서는 그간 나의 잘못된 방향과 방법을 요목조목 짚어가며 자상하게 가르쳐 주셨다. 읽을수록 마음에 와닿고 내면에 쌓이는 깊이가 달라졌다. 교수님께서 알려주시는 것들을 잊지 않기 위해 몇 번을 읽고 또 읽었다. 읽을 때마다 내게 깨달음을 주는 문장들 아래에 서로 다른 색깔의 선들이 퇴적층처럼 쌓여갔다.

그동안 접했던 다른 안내서들과는 확실히 달랐다. 영어의 기초를 쌓고 실력을 기르기 위해 순차적으로 알려주시는 영어책 읽기의 구체적인 방법과 지침들, 이를 뒷받침하는 전문적인 학술 자료들과 쉽고 친절한 설명, 그리고 네 자녀를 기르고 지도한 오랜 경험을 함께 버무려 요리한 교수님의 책은 어디에서도 경험해보지 못한 엄마표 영어의 살아있는 바이블처럼 느껴졌다.

첫 아이가 어렸을 때 영어 그림책을 함께 즐기고 많은 것을 나누던 그때의 추억들이 떠올랐다. 하지만 굳어버린 화석처럼 추억만을 아련히 간직한 채 영어책 읽기를 위한 더 이상의 노력은 기울이지 않고 학습에만 열중이었던 나의 모습이 부끄러웠다.

사실은 늘 의문이었다. 파닉스는 물론 단어와 문법도 공부했는데 왜 영어책을 읽는 능력은 늘지 않을까? 거기에다 아이가 영어를 점점 피하려는 모습까지 보이니 마음이 조급해졌다. 무엇보다 그 원인을 알 수 없어 답답했다.

하지만 이제는 그 이유를 분명히 알게 되었다. 영어를 모르는데, 즉 단어와 어구, 문장의 의미를 모르는데, 소리 내어 읽는 것을 아무리 잘한들 무슨 소용이 있으랴! 우리말을 잘 모르는 사람이라도 한글을 배우면 문자를 해독하여 소리 내어 읽을 수는 있겠지. 그렇지만 그 의미를 이해하지 못한다면 그것은 진짜로 책을 읽는 것이 아닌데, 그런 당연한 사실을 왜 몰랐을까? 이제서야 확실히 깨달았다. 파닉스가 아니라 영어를 알아야 영어책을 읽을 수 있다는 것을. 영어를 모르면 파닉스를 아는 것은 단지 껍데기에 불과하다는 것을.

교수님께서 왜 그렇게 충분한 듣기를 강조하시는지, 왜 집중듣기가 아닌 즐겨듣기가 되어야 하는지도 이제는 명확히 이해가 된다. 결국 영어를 아는 것이 우선이고, 영어를 알기 위해서는 들어야 하며, 그런 의미에서 영어책 읽기는 귀에서 시작된다고 하는 것인데, 왜 그것을 생각하지 못했을까? 그런데도 모르는 영어를 알게 하려고 단어와 문법을 무작정 암기 시키고 억지로 공부하게 하고 있었으니 그것을 어떤 아이가 좋아할까? 그런 것들은 모두 동영상을 즐기다 보면 대부분 저절로 알게 되는 것인데 말이다.

'역시 영어책 읽기가 정답이었어!' '내가 그동안 알고 있던 것은 진짜가 아니었어!' 나도 모르게 이렇게 외치면서 새로운 마음으로 다시 시작할 수 있는 용기를 얻게 되었다. 이번에야말로 영어책 읽기를 통해 나의 아이가 운이 좋은 아이로 성장하게 될 것이라는 기대와 믿음을 갖게 되었다. 엄마인 나만 제대로 한다면.

여러 번 반복해 읽으면서 비로소 알게 되었다. 아이를 위해 무엇을 어떻게 실천해야 하는지. 조금씩, 꾸준히, 제대로, 그리고 아이의 속도에 맞추어 천천히 가는 것이 왜 필요한지. 그리고 엄마로서 끝까지 흔들림 없이 가는 것이 얼마나 중요한지를. 그리고 깊이 깨닫게 되었다. 영어보다는 아이의 행복과 교육이 중요하다는 것을.

《영어책 읽기의 힘》에서 제시하고 있는 길과 방법들이 내 아이를 행복한 아이, 영어가 유창한 아이로 이끌어 줄 것이라는 확신을 갖게 되었다. 책을 반복해 읽을 때마다 그 확신이 더 강해지고 자신감도 늘어갔다. 무엇보다 아이를 위해 엄마가 먼저 영어책 읽기를 배우고 경험하여 그 맛을 알아야 한다는 것을 깨달았기에 슬로우 미러클 네이버 카페에서 교수님이 진행하는 '느리게 100권 읽기 프로젝트'에 망설임 없이 참여하였다. 오롯이 나를 위한 영어 그림책 읽기는 그렇게 시작되어 매일매일의 루틴이 되었고 나를 조금씩 변화시켜 갔다.

'느리게 100권 읽기'에 참여하여 책을 처음부터 다시 정독하기 시작했다. 여러 번 읽었는데도 또 새롭다. 그리고 오랫동안 나를 괴롭혔던 불안과 후회는 점점 사라지고 희망과 자신감이 내 안을 채워 갔다. 다시 영어 그림책 읽기에 빠져 즐기기를 6개월 남짓, 엄마가 즐기는 것을 지켜보던 아이도 조금씩 마음을 열고 책에 관심을 보이기 시작했다. 책을 읽어주면 이제는 가만히 듣고 엄마와 자연스레 책 보는 것을 즐긴다. 지난 한 해 동안은 주로 나만을 위한 시간을 가지며 모든 시간을 교수님과 함께 영어책을 읽었다면, 올해부터는 아이와 함께 영어책 읽기의 힘을 맛보기 위해 노력할 것이다.

책을 하도 많이 펴 보다 보니 3등분으로 갈라졌다. 다시 새 책을 한 권 더 사야 할 지경이다. 그렇게 많이 읽었는데도 늘 새롭게 느껴지는 교수님의 핵심 질문과 답변을 다시 한번 되새겨 본다.

"당신의 아이가 유창한 영어 실력을 갖게 되길 바라십니까?
그러한 바람은 바로 영어책 읽기의 즐다잘을 통해 가장 잘 달성할 수 있습니다. 무엇보다 아이가 영어책 읽기의 즐거움을 깨달 수 있도록 도와줘야 합니다. 영어책을 읽는 것이 즐거워 더 많이 더 열심히 읽고 싶어 하도록 해야 합니다. 그리하여 좋아하면 더 많이 읽게 되고, 더 많이 읽으면 더 잘 읽게 되고, 더 잘 읽으면 더 좋아하게 되어 더 많이 읽게 되는 즐독과 다독과 잘독의 선순환이 시작되도록 해주어야 합니다."

영어책 읽기의 즐다잘에 성공하려면 무엇을 어떻게 해야 할까? 답은 책
속에 이미 다 나와 있다. 고민하지 말고, 불안해하지 말고, 곁눈질도 하지
말고, 이번에야말로 배운 것을 제대로 실천해보자. 아무리 좋은 것이라도
실천하지 않으면 소용이 없으니 말이다.

"하지만 명심하십시오! 아는 것만으로는 아무 소용이 없습니다. 성공의
비결은 타고난 재능이 아니라 올바른 방법으로 부단히 행한 연습과 실
천이라고 합니다. 단순한 앎이나 불충분한 실행에 그치지 않고 아는 것
을 끝까지 제대로 실천에 옮기는 것, 이것이 바로 유창한 영어 실력 획
득의 가장 중요한 열쇠입니다."

이미 잘 아는 이야기라고요?
하지만 명심하십시오.
아는 것만으로는 아무 소용이 없습니다.

• 유림(11세), 보경(14세) 엄마 **최숙희** •

문득 고1 지리 시간이 떠올랐다. 선생님이 들려주신 일화가 내겐 퍽 인상적이었는지 선생님의 표정과 모습이 또렷하게 기억난다. 선생님의 이야기는 매우 간단했다. "선생님 저는 기초가 없어서 영어를 못해요."라고 했던 고1 학생이 고3이 되어서도 똑같이 "선생님 저는 기초가 없어서 영어를 못해요."라고 한다는 것이다. 기초가 없어서 영어를 못한다는 걸 알았는데 대관절 2년 동안 뭘 하고 고3이 되어서도 똑같은 소리를 하냐는 거다. 참 한심한 선배 이야기였다. 하지만 안타깝게도 기초가 없어서 영어를 못했던 고1의 나는 고3이 되어도 영어를 잘하지 못했다. 왜 그랬을까? 지금 와서 생각해보면 '기초'부터 공부하는 방법을 몰랐다. 영어 선생님을 찾아가 무엇부터 하면 좋을지 조언을 구하는 것은 창피했고, 마음 한편에 '이미 늦었다'라는 생각이 자리 잡고 있었다.

그렇게 영어를 못하는 성인이 되었다. 서점에는 나처럼 영어를 못하는 성인을 위한 영어책이 많이 준비되어 있었다. 회화책, 단어책을 사기도 했고 유명 영어 강사가 TV에 나오면 그 책도 샀다. 하지만 차곡차곡 책장에 자리를 잡을 뿐 꾸준히 보는 책은 없었고, 엄마가 되고 나서야 겨우 문법책 하나를 뗐다. 엄마가 되기 전까지 내 영어 공부에는 목표가 없었다. 엄마가 되자 아이가 영어를 접하게 되었을 때 유창하지는 못할지라도 호응은 해줄 수 있는 엄마가 되고 싶다는 목표가 생겼다.

하지만 아이에게 영어 노출을 많이 시켜주라는 주변의 말들이 몹시 불편했다. 왜 이리들 극성인 걸까? 지금 영어를 시키지 않으면 큰일이 나는 듯이 영어책 구입을 권하는 영업 사원의 말에 귀를 닫았다. 난 참 주관이 뚜렷한 엄마라는 생각에 뿌듯했다. 영어공부는 장기 레이스이기 때문에 학교에서 배우기 전까지는 강요하거나 밀어붙이지 않고 되도록 늦게 천천히 시작하여 질리지 않게 하는 것이 최선이라고 생각했다. 《영어책 읽기의 힘》을 만나기 전까지는.

처음부터 이 책이 와닿았던 것은 아니다. 재밌게 엄마표로 영어를 시작해 볼 수 있는 것을 찾아보곤 했는데 절망스럽게도 그 '엄마'가 영어를 잘했다. 게다가 천천히 하고 싶은 내 눈에는 모두 아이들에게 너무 가혹한 공부로 보였다. 그러다 지난해에 지인을 통해 슬로우 미러클을 알게 되었다. 일단 '슬로우 미러클'이라는 타이틀이 마음에 들었다. 아이들을 학습시키는 프로그램이 아니라 성인을 위한 프로그램이라는 점은 더욱 맘에 들었다. 엄마 아빠가 먼저 영어 그림책 읽기에 빠져보라니, 이렇게 매혹적일 수가! 그런데 나는 이내 절망했다. '엄마표 영어'의 엄마들이 영어를 잘해서 절망했는데, 이 책의 저자는 무려 '영문과 교수'라는 것이 아닌가! 일단 카페에 들어가 공지와 주인장 칼럼 등을 살펴보았다. 아는 것을 나누고 실천한다는 것이 결코 쉬운 일은 아닐 텐데 대체 이곳은 무엇이란 말인가? 가슴이 벅찼다. 나는 이 교수님이 하라는 대로 해보고 싶어졌다.

고백하자면 슬로우 미러클의 느리게 100권 읽기 프로젝트는 참여하고 싶지만《영읽힘》은 읽고 싶지 않았다. 영어책 읽기가 좋다는 내용일 게 뻔한데 굳이 뭐 하러 읽나 싶었고, 책은 두꺼웠으며 두꺼운 만큼 비쌌다. 필독서여서 구매는 했는데 도대체 이 벽돌책을 어찌하란 말인가. 아하! 깨끗하게 보고 중고로 팔면 되겠구나!

책은 역시나 뻔해 보였다. 그런데 첫 장을 넘기자마자 그런 마음을 들켜버렸다. "이미 잘 아는 이야기라고요?" 하고 묻는 것이 아닌가! 놀랍게도 이 책은 읽는 내내 저자와 소통하는 착각을 불러일으켰다. 발음이 안 좋은 내가 어찌 아이들에게 영어 그림책을 읽어줄 수 있을지 고민을 하고 있으면, 그것은 문제가 아니라고 답해 준다. 끄덕이며 한참을 읽다가 마음 한편에 불안함이 올라올 때쯤 '그래도 발음이 걱정되는데 어떻게 하면 좋을까요?'라는 제목이 눈에 들어온다. 일견 어휘는 어떻게 활용해야 하는지 걱정이 생길 때쯤 활용법을 알려준다. 더불어 이 책의 가장 큰 장점은 쉽게 읽힌다는 점이다. 문장이 매우 간결하고 쉬운 문장으로 쓰였다. 또한, 책은 무척 두껍지만 한 챕터 안에 4~7개의 소제목이 달려있어 손쉽게 언제라도 펼쳐서 볼 수 있다.

하지만 이 책을 읽어 갈수록 아쉬움이 생겼다. 맨 처음 영어를 어떻게 시작해야 하는지부터 설명을 하고 있는데 애석하게도 내 아이들은 초등 고학년이다. 처음부터 해보려고 아이를 낳을 수도 없고 시간을 되돌릴 수도 없는 노릇이 아닌가? 이렇게 투덜대다 어느 순간 무릎을 탁 쳤다. 또다시 불현듯 지리 선생님이 떠올랐고, 깨끗하게 읽고 중고로 팔겠다는 생각을 버렸다. 형광펜을 들고 밑줄을 긋기 시작했다. 늦었다고 생각되는 지금이 바로 최고의 적기임을 깨달았기 때문이다. 고1의 나는 창피해서 그 방법을 묻지 못했는데 다행히 지금 이 책은 내가 묻기도 전에 대답해 주고 있으니 나는 참 운이 좋은 사람이다.

종종 이 책을 읽고 파닉스를 하지 말라는 것이 불편하다는 말을 듣곤 한다. 정말 그럴까? 물론 파닉스는 우연적으로 학습될 수 있고 자연스럽게 적용된다고 말하고 있다. 하지만 4장에서 파닉스 학습의 허와 실 그리고 학습 방법에 대해 충분히 설명하고 있고, 또한 명시적인 파닉스 학습이 필요하지 않다는 뜻으로 오해하지 말라고 분명히 밝히고 있다. 6장에서는 파닉스만으로 읽을 수 있는 영어책에 대해서도 친절하게 설명해준다. 파닉스만으로 읽을 수 있는 책이란 우리나라의 받침 없는 동화책쯤 되는 것 같다. 나는 이 책을 읽고 이렇게 적용하기로 했다. 파닉스든 일견 어휘든 뭘 좀 안 다음에 들이밀어라.

두 딸에게 늘백 프로젝트와 《영읽힘》에 대해 말했을 때 아이들은 환호성을 질렀다. "아이에게 이걸 시키세요, 저걸 시키세요"가 아니라 "안.뽀.사. 하세요", "즐.다.잘. 하세요", "엄마 아빠가 먼저 즐기세요"라니! 그것도 영문과 교수님이 말이다. 그렇게 말하는 전문가가 있다는 것도 신기한데 그걸 또 엄마가 그대로 해보겠다 하니 아이들이 환호성을 지를 만하다.

이 책에서 말하는 것이 단지 영어책 읽기에만 해당되는 것은 아니다. 영어책을 읽어 주는 요령은 '영어'라는 글자만 빼면 한글로 쓰인 우리말 책에도 적용이 된다. 어떻게 하면 영어를 잘할 수 있는지를 말하면서 끊임없이 부모와의 상호작용을 이야기하니 때로는 육아서 같기도 하다. 영어책을 읽어주는 것은 영어를 가르치는 것이 아니다. 조급함을 버리고 여유와 기다림이 필요하다는 말을 마음에 되새겨 본다.

이미 잘 아는 이야기라고요? 아는 것을 실천하는 것이 힘입니다.

영어책 읽기의 힘

The Power of Reading Books in English

초판 1쇄 발행 | 2020년 2월 5일
초판 11쇄 발행 | 2022년 12월 20일

지은이 | 고광윤
발행인 | 이종원
발행처 | (주)도서출판 길벗
출판사 등록일 | 1990년 12월 24일
주소 | 서울시 마포구 월드컵로 10길 56(서교동)
대표 전화 | 02)332-0931 | 팩스 · 02)323-0586
홈페이지 | www.gilbut.co.kr | 이메일 · gilbut@gilbut.co.kr

기획 및 책임편집 | 최준란(chran71@gilbut.co.kr) | 디자인 · 최주연
제작 · 이준호, 손일순, 이진혁 | 영업마케팅 · 진창섭, 강요한 | 웹마케팅 · 조승모, 송예슬
영업관리 · 김명자, 심선숙, 정경화 | 독자지원 · 윤정아, 최희창

전산편집 · 수디자인 | 일러스트 · 박민주(mimong)
CTP 출력 및 인쇄 · 상지사피앤비 | 제본 · 상지사피앤비

ISBN 979-11-6521-042-7 03740
(길벗 도서번호 050143)

독자의 1초를 아껴주는 정성 길벗출판사

⫷ (주)도서출판 길벗 ⫸ IT실용, IT/일반 수험서, 경제경영, 취미실용, 인문교양(더퀘스트), 자녀교육 www.gilbut.co.kr
⫷ 길벗이지톡 ⫸ 어학단행본, 어학수험서 www.eztok.co.kr
⫷ 길벗스쿨 ⫸ 국어학습, 수학학습, 어린이교양, 주니어 어학학습, 교과서 www.gilbutschool.co.kr

✦ 이 책을 미리 읽어본 사람들의 한마디 ✦

- 본질을 알려주고 실천 방법까지 안내해 주는 소프트웨어가 장착된 책 – 서연(8세) 엄마 박진영
- 천천히 즐기기만 했을 뿐인데 멈추기 힘든 영어 질주 시작 – 리오(4세) 아빠 권혁수
- 아이와 유년의 나를 위한 '사랑하는 이와의 책 읽기',《영읽힘》덕분에 시작했어요. – 스페인어 튜터 최미나
- 영알못 부모의 등대와 같은, 놓치지 말아야 할 운(fortune) – 페럿의 꿈꾸는 다락방 대표 신재금
- 교수님의 이론과 경험이 한데 어우러진 한국인의 필독서 영어 공부 바이블 – 두 손주 할아버지 이대형
- 얘들아 미안해. 너희보다 나를 위한 영어 힐링 시간이었어. – 설이(6세) 산이(2세) 엄마 안경미
- 걱정말아요, 괜찮아요, 다독이며 불안을 잡아주는 자상한 지침서 – 두 아이 아빠 이성호
- 불안한 마음에 따스한 위로와 격려를 보내주는 엄빠표 영어책 – 현준(9세) 나희(6세) 엄마 김정은
- 《영읽힘》과 만나는 새로운 세계, 마법 같은 그 곳이 기다립니다. – 다연(7세) 민지(5세) 엄마 정희정
- 작은 실천이 기적을 만드는 마법 – 두 딸 아빠 회사원 서진원
- 진정한 엄마표가 무엇인지, 그 안에서 자유로움을 느끼게 해줄 책 – 혜린(초5) 소율(초1) 엄마 문설희
- 저자가 알려주는 영어책 읽기의 가치와 숨겨진 비밀을 놓치지 마세요! – 방통대 영문과 할머니표 김영란
- 험난해보이던 영어라는 길, 우리가 안전하게 달릴 수 있게 도와주는 초고성능 타이어
  – 정우(12세) 아빠 최병호
- 사랑이 넘치고 영어 잘하는 아이로 키워내는 '즐다잘 길라잡이' – 로하(4세) 시하(2세) 엄마 류정이
- 영어책 읽기의 즐다잘, 다독으로 가는 영어 지름길 – 로시 아빠 김영민
- 방황과 혼돈의 엄마표 영어의 마침표이자 느낌표! – 현진(9세) 현서(7세) 현우(3세) 엄마 권민희
- 영어책에 울고 웃는 나와 아이를 발견하는 과정 – 지환(초1) 윤재(2세) 엄마 김소연
- 자녀의 영어교육을 위한 엄마 아빠의 길잡이 – 도연(6세) 아빠 과학자 고성균
- 고민은 시간만 늦출 뿐. 지금 바로《영읽힘》시작! – 정호(중2) 준호(5세) 엄마 김신우
- 이보다 더 친절하고 확실한 지침서는 없다. – 지온(6세) 예온(2세) 엄마 김영희
- 《영읽힘》은 나의 북극성 – 보경(13세) 유림(11세) 엄마 최숙희
- 내 삶에 조금씩 녹아들어 전부가 되어준 영어 길잡이 – 연우(4세) 은우(3세) 엄마 권숙진
- 영어가 유창한 아이로 만들어 줄 비법서! – 우현(7세) 우민(3세) 엄마 김은주
- 대한민국 영어를 사랑과 실천으로 푸는 친절한 해설서 – 정민, 정주 (4세) 엄마 배가란
- 엄마의 욕심을 타일러 초심을 잡아주는 책 – 하은(3세) 엄마 조은영
- 고수가 아니더라도 믿고 따라가면 누구나 할 수 있게 해주는 마법의 책 – 하윤(8세) 하준(6세) 엄마 조은진
- 영어 걱정과 불안을 해소해주는 상세하고 구체적인 지침서 – 나우(2세) 엄마 조주미
- 왕초보 엄마도 영어책 읽기를 사랑하게 되는 최고의 책 – 은서(10세) 현서(8세) 엄마 최미나
- 자세히 보아야 좋다. 오래 보아야 깨닫는다.《영읽힘》도 그렇다. – 초등 남매 아빠 최경욱

- 《영읽힘》, 벽돌 같지만 그래서 더욱 놓칠 수 없는 책 -우성(초4) 서연(초2) 엄마 송봉선

- 내 것으로 소화하고 싶은 책! 운 좋은 아이로 키워주는 책! -세 아이 엄마 부준매

- 영문학과 교수님이 시중 엄마표 영어 교육서를 평정하다. -고등학교 교사 이예린

- 모든 가정에 하나씩 있어야 할 영어 길잡이이자 육아서 -효주(초4) 엄마 황현경

- 자녀가 영어책 읽기를 평생의 취미로 즐길 수 있게 해주는 안내서 -이야기할머니 박경숙

- 영어의 정석을 만나는 행운을 아이에게 선물할 수 있는 책 -원빈(7세) 승아(3세) 엄마 홍지윤

- 세상의 엄마표 영어 유혹에 빠지기 전 나를 유혹해줘서 감사한 책 -우혁(2세) 엄마 황보혜인

- 영어교육의 큰 울림을 주고 내비게이션이 되어 준 안내서 -택준(14세) 예주(11세) 엄마 황정희

- 영어의 기본은 독서라는 진리로 돌아오게 만든 책 -진후(10세) 진률(4세) 주예(2세) 엄마 황지은

- 확신을 주고 길을 알려주며 함께 동행해주는 친절하고 믿음직한 친구 -예은(5세) 예준(3세) 엄마 황현주

- 영어도 아이와의 관계도 한 번에 꽉 잡아주는 말랑말랑한 책 -수연(8세) 엄마 신진숙

- 모든 아이에게 영어의 유일무이한 방법을 제시하는 책 -세준(5세) 엄마 신향진

- 한번 펼치면 멈출 수 없는 마법 같은 책 -서윤(8세) 엄마 심재옥

- 책 속에 담긴 방법을 실천해보니 우리 아이가 영어와 친해졌어요. 꼭 읽어보시길.
  -아리아리 수학 김승연

- 멋진 수식어가 아깝지 않은 영어책 읽기의 아버지와 같은 책 -완전공감 어른이 양정운

- 《영읽힘》 읽고 영어도 잡고 아이와의 관계도 잡고! -수진(7세) 시영(5세) 엄마 여민정

- 시작할 수 있는 용기를 주고 길을 밝혀주는 등대와도 같은 책 -시형(8세) 엄마 초등교사 여지영

- 아이들과 함께 성장하는 영어책 읽기의 정석! -라온(9세) 해든(7세) 엄마 염활란

- 더 이상 기웃거릴 필요가 없는 엄마표 영어의 종착지 -하연(8세) 유준(8세) 동이맘 오성희

- 아이의 영어 마침표를 찾으려다 내 삶의 마침표를 찾았다! -서우(3세) 은우(3세) 엄마 오희전

- 우리의 인생이 매일 기적임을 알게 되었다. 영어 공부는 덤으로! -중학생 엄마 원문기

- 철저한 이론, 따뜻한 사랑과 믿음으로 점철된 책 -일국(22세) 엄마 영어강사 유수현

- 영어책 읽기의 즐거움을 느끼고 싶은 분께 추천합니다! -승원(6세) 승아(4세) 엄마 유지민

- 내가 즐기니 아이들도 즐기는 Slow Miracle! -서연(8세) 민송(5세) 보경(2세) 엄마 윤나경

- 엄마표 영어의 길잡이를 넘어 인생의 지표가 된 운명과 같은 책 -수빈(4세) 엄마 윤보영

- 아이의 영어교육 방법에 대해 마음이 흔들릴 때 나를 잡아준 책 -나연(초6) 엄마 윤정화

- 평생 소장각인 엄마표 영어의 시작을 알리는 책 -승훈(10세) 혜성(8세) 엄마 윤향

- 영어 공부의 종합 사전. 영어가 힘들고 지칠 때 펼쳐보는 인생책 -진 자매 엄마 이명숙

- 가장 현실적인 영어교육 대안을 제시해주는 지침서 -도현(4세) 아빠 곽인철

- 대한민국 영어교육의 새 바람 《영읽힘》, 우리가 가야 할 유일무이한 길 -빅토리아(초4) 아빠 정영엽

- 《영읽힘》, 흔들리지 않는 편안함 -준혁(초2) 수정(7세) 수연(3세) 엄마 노동희

- 영어라는 높은 산을 기분 좋은 설레임으로 넘을 수 있는 마법의 책! -준혁(7세) 아빠 양현진

- 엄마들의 영어 불안증을 없애고 한국 영어교육의 문제를 해결해 줄 보물 상자! - 서연(초4) 엄마 이현정
- 아이와 함께 즐독 다독 잘독, 엄마의 힐링템 슬로우 미러클! - 지후(초4) 서형(7세) 엄마 김미정
- 영어를 배우게 하고픈 부모님은 《영읽힘》부터 읽고 시작하는 겁니다. - 혜정(6세) 혜윤(4세) 엄마 홍승희
- 아이가 어려 천천히 쫓아가지만 언제나 응원합니다. - 태양(3세) 엄마 김이영
- 영어를 대하는 방향을 모를 때 길라잡이가 되어주는 나침반 같은 책 - 주아(7세) 채아(5세) 엄마 정선린
- 부모와 아이에게 무엇이 중요한 것인지 느끼게 해준 육아서이자 영어 교육서 - 지호(7세) 엄마 최선영
- 거인의 어깨에 올라타기 위한 여행 티켓 - 사랑(5세) 엄마 강자영
- 힘 빼고 엄마가 즐기면 아이도 즐기게 됩니다. - 로사(초5) 미카엘(초3) 다니엘(4세) 엄마 아우레
- 전국민 느리게 100권 읽기와 슬로우 미러클로 입증하는 참 영어 교육서 - 시율(초1) 찬율(6세) 엄마 고명희
- 《영읽힘》은 배움을 안내하는 등불! 즐거움을 타오르게 하는 횃불! - 한동(초3) 서현(6세) 엄마 공승연
- 《영읽힘》과 함께 하다 보면 행운은 저절로 따라오게 됩니다. - 리아(5세) 류겸(4세) 엄마 구지예
- 이런저런 영어교육서로 영어에 답답함을 느끼는 사람이 꼭 읽어야 할 지침서 - 재현(초3) 엄마 구진경
- 기본에 충실하고 진지한 엄마표 영어 교육의 숨은 맛집 - 태연(4세) 엄마여서 행복한 기성미
- 그 어디에도 없는 영어책 육아서. 영어는 책 읽기를 즐길 때 주어지는 보너스
  - 범준(초1) 서영(6세) 엄마 강민정
- 영어에 대한 두려움 대신 즐거움을 안겨주는 선물 같은 책 - 도연(6세) 엄마 김건희
- 엄마표 영어 초보 부모도, 영어 선생님도 모두 정독해야 하는 책 - 소민(3세) 엄마 김경애
- 인생 후반기의 이정표를 보여주는 책입니다! - 60세 할미 김경희
- 엄마표 영어 지침서의 뿌리, 원서 읽기에 확신을 주는 책 - 엘사(8세) 안나(7세) 엄마 김미성
- 영어 그림책에 푹 빠지게 해 준 은인이자 영어 인생 동반자 - 예나(8세) 예빈(2세) 엄마 김미연
- 매번 눈물 쏟게 하는, 육아서보다 더 큰 위로와 용기를 얻는 책 - 예준(7세) 예찬(5세) 엄마 김미은
- 더 이상 헤맬 필요없어요. 《영읽힘》과 함께라면! - 새롬(12세) 은결(11세) 시영(9세) 아빠 김민석
- 영어교육의 출발선에서 볼 수 있는 내비게이션 - 진서(3세) 엄마 김보금
- 영어, 육아, 책 읽기, 모두 해결할 수 있는 책 - 연수(20세) 은영(14세) 두 딸맘 김선미
- 베스트 영어 교육서, 이 책 한 권으로 충분! 어서 시작하세요! - 윤서(4세) 엄마 초등교사 김세영
- 아이들을 위해 시작했지만 엄마가 먼저 반해버린 책 - 찬양(20세) 찬희(16세) 찬주(14세) 홈스쿨맘 김세진
- 30년 전 우리 엄마가 알았다면 내 인생이 더욱 다채로워졌을 책 - 지아(7세) 엄마 김시내
- 영어교수법의 진가를 알려주는 유일한 책 - 주아(8세) 엄마 김연미
- 영어뿐 아이라 육아까지 도와주는 책이 바로 《영읽힘》이다. - 주원(8세) 엄마 김연정
- 영어 공부의 올바른 이정표이자 나침반 - 예준(8세) 재현(3세) 엄마 김연희
- 영어의 방향을 잡아주는 교본 같은 책! - 태하(9세) 서하(7세) 엄마 김윤정
- 한 살이라도 어릴 때 만나면 좋지만 나중에도 초심을 지켜줄 책 - 남우(13세) 나현(11세) 엄마 조연주
- 넘쳐나는 엄마표 영어 정보 속에서 나를 움직이게 한 유일한 책 - 도영(7세) 나윤(4세) 엄마 조은경

- 《영읽힘》, 읽기의 즐거움을 알려 주는 친절한 안내서 - 서준(9세) 시현(5세) 엄마 김주은

- 이보다 더 정확하고 제대로 꼼꼼하게 알려 주는 엄마표 영어책은 없었다. - 예정(3세) 엄마 김미숙

- 영어라는 언어를 즐길 수 있는 유일한 방법을 알려주는 지침서 - 주니(9세) 허니(5세) 아빠 이수웅

- 즐겁게 다독할 수 있는 길을 알려주는 모두의 필독서 - 지환(9세) 지윤(9세) 엄마 남효정

- 그거 아십니까? 《영읽힘》을 읽으면 누구나 영어를 즐기고 다독할 수 있습니다. - 지후(9세) 엄마 김서현

- 엄마표 영어의 정도. 바른 길을 아는 사람은 한눈 팔지 않습니다. - 솔다영어 원장 김은혜

- 엄마표 영어 성공을 위해 이 책 한 권만 정독하고 부디 실천하시기를 - 버클리음대 출신 음악교사 윤기웅

- 한 번도 안 읽은 사람은 있어도 한 번만 읽은 사람은 없다! - 마케터 연년생 맘 윤인아

- 하루에 한 권, 매일의 힐링 여행. 영어 그림책을 사랑하게 만들어준 마술피리
  - 은우(8세) 은재(7세) 엄마 희정

- 《영읽힘》을 믿고 출발했습니다. 저를 만난 아이들은 행운아인 거죠? - 재휘(초3) 재훈(초3) 둥이엄마 이현경

- 복잡한 엄마표 영어 따라하기를 포기한 평범한 엄마의 마지막 희망 - 도언(9세) 승언(6세) 엄마 함주현

- 《영읽힘》은 영어교육서가 아닙니다. 과학입니다. - 지용(3세) 엄마 허소영

- 우리 아이들의 영어 고민은 이제 그만! 《영읽힘》과 함께 가자. - 오래전 육아 졸업 27세 딸 엄마 현연금

- 수천 권의 영어 교육서 더미에서 찾아낸 찐보석 《영읽힘》! 심봤다! - 매일 즐다줄중인 서랑(초3) 엄마 김지영

- 엄마표 영어의 올바른 이정표이며 진정한 마침표! - 찬희(7세) 채희(4세) 엄마 고희선

- 아이들의 영어로 방황하던 엄마들의 마음에 안식처가 되어 준 최고의 책 - 채원(3세) 엄마 안신영

- 아이의 영어로 길을 잃었다면 고개를 들어 《영읽힘》을 보라! - 귀요미 기연(8세) 엄마 신지연

- 아이의 영어때문에 펼쳤다가 나의 영어 인생에 빛이 되어 준 책 - 지원(3세) 아빠 고건우

- 진정한 영어책 읽기와 진정한 육아를 함께 배우세요. - 7년차 할미 간현주

- 누구나 알지만 아무나 실천할 수 없는 엄마표 영어, Just do it! 용기를 준 책 - 재이(7세) 엄마 유리

- 누구보다 나 자신을 위해 이 책을 가까이 두십시오. 행복한 날들은 덤! - 태이(4세) 아빠 류원기

- 함께 아이를 키우는 엄마들에게 소개하고 추천했어요. 나눌 수 있어서 감사한 책이에요.
  - 정우(6세) 엄마 박원진

- 꼭 챙겨 먹어야 하는 아침밥 같은 《영읽힘》! 읽어본 사람만이 압니다. - 여준(5세) 여나(3세) 엄마 조이

- 영어뿐 아니라 육아의 힘도 키울 수 있도록 도와주는 퍼스널 트레이너 - 지우(10세) 지아(9세) 엄마 하진희

- 《영읽힘》, 어린 자녀를 둔 모든 부모의 필독서 - 예온(8세) 라희(7세) 라율(4세) 할머니 김용희

- 유창한 영어는 물론 아이를 대하는 자세와 지혜까지! - 인준(13세) 혜원(17세) 세원(21세) 엄마 김현미

- 엄마의 영어교육 방법이 이 책에 전부 들어있네요. - 영어영문학 전공 최수하(18세)

- 조리원에서 수유 중인 산모님께 추천! 지금부터 시작! - 은서(10살) 현서(8살)의 사업가 엄마 최미나

- 수학에는 《수학의 정석》이, 엄마표 영어에는 당연히 《영어책 읽기의 힘》이 - 연우(4세) 은우(3세) 아빠 김상우

- 부족한 엄마와 평범한 아이의 영어 고수 지름길 - 영어영문학 전공 권민희

- 우리 아이 영어교육만이 아니라 양육의 마음가짐을 품은 책 - 시현(11세) 시완(9세) 엄마 손정현

- 엄마표 영어계의 진정한 바이블, 알파와 오메가 같은 가이드 - 이든(5세) 이담(4세) 아빠 김학훈